suhrkamp taschenbuch
wissenschaft 388

W0395264

Herbert Jäger, geboren 1928 in Hamburg. Rechtswissenschaftliches Studium in Hamburg und München. 1957 Promotion, 1966 Habilitation für die Fächer Strafrecht, Strafprozeßrecht und Kriminologie. 1966–1972 Professor für Strafrecht an der Universität Gießen, seit 1972 Professor für Strafrecht und Kriminalpolitik an der Universität Frankfurt. Arbeits- und Interessenschwerpunkte: Strafrechtspolitik und Strafrechtsreform; Kritik und Reform des Sexualstrafrechts; Kriminologie des Kollektivverbrechens, insbesondere Genozid- und Terrorismusforschung; Studien- und Ausbildungsreform im Strafrecht; strafrechtlich-psychoanalytische Grenzfragen; Soziotherapie und Strafvollzug; Konsequenzen der Kriminologie für Strafrecht und Kriminalpolitik. In der Reihe suhrkamp taschenbücher wissenschaft hat er herausgegeben: *Kriminologie im Strafprozeß. Zur Bedeutung psychologischer, soziologischer und kriminologischer Erkenntnisse für die Strafrechtspraxis* (stw 309).

In den Denkmodellen, die das Phänomen der totalitären Herrschaft zu erfassen suchen, erscheint der Terror häufig anonym, der ausführende Täter als unselbständige, gleichsam antriebslos agierende Partikel einer ferngesteuerten Terror-Maschine, in die er mehr oder minder zufällig hineingeraten ist. Die kriminologische Untersuchung der nationalsozialistischen Gewaltkriminalität ergibt jedoch, daß erst die differenzierende Situationsanalyse neben der großen historischen Perspektive die komplizierte Wirklichkeit der totalitären Herrschaft ganz erschließt und ihre latent vorhandenen Gefahren sichtbar und einschätzbar macht. Gilt die historische Forschung mehr den großen Sachkomplexen und kollektiven Zusammenhängen, etwa der Struktur des Herrschaftsapparats der SS, der Geschichte der Judenverfolgung oder den ideologischen Wurzeln des Nationalsozialismus, so hat es die kriminologische Wissenschaft mit Einzelfällen und Einzeltaten zu tun: sie untersucht die Verhaltensweise, Bewußtseinslage und Umweltsituation der ausführenden Funktionäre und stößt dabei auf unübersehbare individuelle Unterschiede bei gleichen politischen Bedingungen. In dieser individualisierenden Betrachtungsweise, die unsere Kenntnisse über die konkreten Verhältnisse im Dritten Reich wesentlich erweitert, liegt auch der überragende Beitrag, den die Strafverfahren zur Erhellung der jüngsten Vergangenheit geleistet haben.

Herbert Jäger
Verbrechen unter totalitärer Herrschaft

Studien zur
nationalsozialistischen
Gewaltkriminalität
Mit einem Nachwort
zur Neuauflage
von Adalbert Rückerl

Suhrkamp

Bis auf das «Vorwort (1982)» und die beiden neuen Texte am Ende des Bandes ist diese Ausgabe mit der 1967 im Walter Verlag erschienenen Erstausgabe identisch.

suhrkamp taschenbuch wissenschaft 388
Erste Auflage 1982
© dieser Ausgabe Suhrkamp Verlag Frankfurt am Main 1982
Suhrkamp Taschenbuch Verlag
Alle Rechte vorbehalten, insbesondere das des öffentlichen Vortrags, der Übertragung durch Rundfunk und Fernsehen sowie der Übersetzung, auch einzelner Teile
Druck: Georg Wagner, Nördlingen
Printed in Germany
Umschlag nach Entwürfen von
Willy Fleckhaus und Rolf Staudt

CIP-Kurztitelaufnahme der Deutschen Bibliothek
Jäger, Herbert:
Verbrechen unter totalitärer Herrschaft:
Studien zur nationalsozialist. Gewaltkriminalität /
Herbert Jäger. - 1. Aufl. - Frankfurt am Main:
Suhrkamp, 1982.
(Suhrkamp-Taschenbuch Wissenschaft; 388)
ISBN 3-518-27988-2
NE: GT

Inhalt

Im Gedenken
an Hannah Arendt
(1906–1975)

Vorwort (1982)

Mit diesem Buch, das erstmals 1967 erschienen ist, habe ich den Versuch einer kriminologischen Auseinandersetzung mit den nationalsozialistischen Verbrechen des Massen- und Völkermordes unternommen. Zielsetzung, Vorgehensweise und thematische Begrenzung der Untersuchung, die sich weitgehend auf Unterlagen und Dokumente aus Strafverfahren stützt, aber auch die zeitgeschichtliche Literatur auswertet, werden in der Einleitung im einzelnen erläutert.

Die jetzige – unveränderte – Neuausgabe fällt in eine Zeit auslaufender Strafprozesse gegen die an diesen Verbrechen Beteiligten; sie bietet insofern Material und Erkenntnishilfen für eine bilanzierende Retrospektive auf die Strafverfolgung der zurückliegenden Jahre und die besonderen Probleme, mit denen sie fertig zu werden hatte. Der Abstand zu den Ereignissen, die Gegenstand der Prozesse waren, ist inzwischen spürbar größer geworden. Mit einem Zwischenraum von anderthalb Jahrzehnten begegnet das Buch auch einem anderen Leserkreis als bei seiner ersten Veröffentlichung und einer in vieler Hinsicht veränderten Situation: War der Höhepunkt der Prozesse in den Sechziger- und Siebzigerjahren gleichzeitig auch Kulminationspunkt der Verdrängung des Vergangenen und seiner Überlagerung durch Aktuelles, so trifft eine solche Darstellung heute, zumal bei der jüngeren Generation, auf ein unbefangeneres Informationsbedürfnis über diese dunkelste Epoche der deutschen Geschichte.

Auch die zur Zeit der Erstausgabe verbreitete Sichtweise, Kriminalität einseitig und auf oft simplifizierende Weise als Ausdruck gesellschaftlicher Verhältnisse anzusehen, führte zu Vorstellungen von kollektiver Zurechnung, ja einer unverbindlichen und folgenlosen Kollektivschuldbetrachtung neuer Art, die die Rezeption von Erkenntnissen erschwerte, die sich – wie zwangsläufig in den Prozessen, aber auch in diesem an den Besonderheiten des Einzelfalles interessierten Buch – auf individuelle Anteile und Bedingungen kollektiver Verbrechen bezogen. In dieser Hinsicht ist die Diskussion, gerade auch die wissenschaftliche, inzwischen wieder offener und differenzierter geworden.

Der beunruhigendste Anlaß, Einsichten über die nationalsozialistischen Massenvernichtungen vor dem Verschüttetwerden zu bewahren, besteht aber zweifellos in militanten Formen der Verleugnung und Dementierung des Geschehens im Gefolge eines auflebenden Rechtsradikalismus und Neonazismus während der letzten Jahre. Solchen Tendenzen entgegenzuwirken, soweit wissenschaftliche Aufklärung überhaupt Einbrüche in die Welt des Vorurteils und der ideologischen Abschirmung gegen Erkenntnisse zu erreichen vermag, ist eines der Ziele dieser Neuveröffentlichung.

Der Verzicht auf eine Neubearbeitung und Aktualisierung, die an sich wünschenswert wären, ist Eingeständnis und kritischer Hinweis auf wissenschaftliche Versäumnisse zugleich. Eingeständnis insofern, als die unübersehbaren Materialmassen, die die Straf- und Ermittlungsverfahren der vergangenen Jahre hinterlassen haben, durch die Forschungsarbeit eines einzelnen, dazu noch neben seiner Hochschultätigkeit, nicht zu bewältigen sind. Schon das Material, das in die Untersuchung damals Eingang gefunden hat, überstieg im Grunde individuelle Möglichkeiten, machte strikte thematische Selbstbeschränkungen nötig und hätte an sich insgesamt Gegenstand eines großen fortlaufenden wissenschaftlichen Projekts sein müssen. Befremdlich ist daher, daß die kriminologische Analyse der nationalsozialistischen Verbrechen eine randständige Angelegenheit weniger isoliert arbeitender einzelner und damit zwangsläufig unvollkommen und fragmentarisch geblieben ist. Niemals in den vergangenen Jahren ist auch nur der Versuch unternommen worden, die kollektiven «Menschheitsverbrechen», wie Hannah Arendt sie treffend genannt hat, als eines der großen Themen dieses Jahrhunderts zum Gegenstand umfassender interdisziplinärer Forschungen auf breiter Grundlage zu machen. Dieses wissenschaftliche Vakuum ist für mich heute so unfaßbar wie damals, als ich mich an die Arbeit machte. An den 1967 hierzu in der Einleitung des Buches gemachten kritischen Bemerkungen gibt es daher nichts zu korrigieren.

Für mich selbst, aber auch für den Verlag, der das Buch für die Taschenbuchausgabe übernommen hat, bestand unter diesen Umständen die keineswegs leicht zu beantwortende Frage, ob es zu verantworten sei, die Untersuchung in der bisherigen Form neu zu publizieren. Drei Gründe vor allem waren es, die dafür sprachen, vorhandenen Zweifeln und Bedenken nicht zu folgen: die Tatsache zunächst, daß das Buch zu weiten Teilen nicht nur Material ausbreitet und analysiert, sondern grundsätzliche strafrechtlich-kriminologische Probleme dieses neuartigen Verbrechensbereichs abhandelt; sodann das schon erwähnte Fehlen neuerer Forschungen, das ohnehin den Rückgriff auf weiter zurückliegende Literatur nötig macht, wenn man auf eine wissenschaftliche Beschäftigung mit diesem Themenkreis nicht völlig verzichten will; schließlich aber auch die Überzeugung, daß kein Anlaß erkennbar ist, die Ergebnisse, zu denen die Untersuchung gelangt ist, in entscheidenden Punkten zu revidieren, so daß eine Überarbeitung nur die Materialbasis verbreitert hätte.

Der letzte dieser Gründe, die Annahme der im ganzen gültig gebliebenen Einsichten und Beurteilungen, bedurfte allerdings einer gewissen Kontrolle. Deshalb hat Adalbert Rückerl, der langjährige Leiter der Ludwigsburger Zentralen Stelle der Landesjustizverwaltungen zur Aufklärung nationalsozialistischer Verbrechen, in einem Nachwort den heutigen Erkenntnisstand zu den in dem Buch behandelten Fragen aus der sachkundigen Sicht seiner für die Ermittlungen in erster Linie zuständigen Behörde skizziert.

Der ursprüngliche Text wird durch einen 1980 erschienenen kurzen Beitrag mit Gedanken zur Kriminologie kollektiver Verbrechen ergänzt, der eine Verbindung zu neueren theoretischen Entwicklungen der Kriminologie herzustellen und Gemeinsamkeiten und Besonderheiten politischer Kollektivverbrechen aufzuzeigen versucht. Auf diese Weise soll deutlich gemacht werden, daß kollektive Destruktivität und Großkriminalität nicht einmalige, in der Vergangenheit liegende und daher nur historisch zu betrachtende Unglücksfälle der Weltgeschichte sind, sondern mehr als jedes individuelle Verbrechen Menschheitsgefährdungen unserer Gegenwart und Zukunft, die deshalb auch für die Ursachen- und Präventionsforschung eine ständige Herausforderung bleiben.

Einleitung

Diese Schrift versucht, zur Klärung von Problemen beizutragen, die für die strafrechtliche, kriminologische und ethische Beurteilung der nationalsozialistischen Gewaltverbrechen und der Situation des Einzeltäters unter totalitärer Herrschaft von besonderer Bedeutung sind. Sie konzentriert sich auf folgende vier Fragenkreise: 1. die unterschiedlichen Formen der individuellen Beteiligung an derartigen Verbrechen; 2. das Problem des Befehlsnotstands; 3. das Unrechtsbewußtsein der Täter sowie 4. die Unterschiede und Zusammenhänge zwischen Krieg und Genocid.

Mehrere Gründe sind es gewesen, die mich zur Beschäftigung gerade mit diesem Gegenstand veranlaßt haben. In erster Linie war es die Überzeugung, daß man nach den Ereignissen der nationalsozialistischen Zeit nur schwer über Verbrechen, ihre Bewertung und ihre Ursachen, sprechen und nachdenken kann, ohne zu wissen, was totalitäre Verbrechen sind, d. h. ohne jene besondere Form der Kriminalität mit ins Auge zu fassen, die durch den Staats- oder Herrschaftsapparat nicht bekämpft, sondern im Gegenteil gerade ausgelöst wird. Bereits die Zahl solcher Verbrechen ist in den letzten Jahrzehnten von derart «astronomischer Höhe»[1] gewesen, daß sie schon deshalb das Interesse der strafrechtlichen und kriminologischen Wissenschaft auf sich lenken müßten.

Davon ist jedoch bisher nicht allzuviel zu merken. Sieht man sich in der strafrechtlichen und kriminologischen Literatur um, so ist dort über den Totalitarismus, den Leibholz «das politische Phänomen des 20. Jahrhunderts»[2] genannt hat, und über seine verbrecherischen Folgen kaum etwas zu finden. Man könnte fast meinen, es gäbe ihn nicht. Lediglich auf dem Gebiet des Völkerstrafrechts sind mehrere umfangreiche und in die Tiefe gehende Arbeiten erschienen, deren Entstehung jedoch noch in die Jahre nach den Nürnberger Prozessen fällt. Außerdem existieren einige Aufsätze und Beiträge strafrechtsdogmatischen Inhalts aus der unmittelbaren Nachkriegszeit und aus den allerletzten Jahren. Alles, was sonst über die nationalsozialistischen Verbrechen veröffentlicht worden ist, stammt von Autoren anderer Fachrichtungen oder gehört zur außerwissenschaft-

1 Siehe dazu Camus, Fragen der Zeit, S. 174.
2 Das Phänomen des totalen Staates, S. 156.

lichen Publizistik, die allerdings zum Teil wissenschaftlichen Rang hat. Von einer kriminologischen Erforschung der nationalsozialistischen Verbrechen kann erst recht keine Rede sein. Daß es auf manchen anderen Gebieten ähnlich aussieht, merkt man, sobald man die Grenzen seines eigenen überschreitet. Noch heute sind z. B. in den akademischen Ethiken, wie Günther Anders mit Recht feststellt, «die Liquidations-Installationen eine unentdeckte Sache der Zukunft» [3]. Wenige Ausnahmen bestätigen die Regel.

Diese Situation ist um so erstaunlicher, als es sich ja nicht nur um einen rein historischen, rückwärtsgewandten, sondern wegen der ständig stattfindenden Prozesse – darunter der größten, die es in der Rechtsgeschichte jemals gegeben hat – um einen durchaus aktuellen Problemkreis handelt. Sie steht auch in auffallendem Kontrast zu der üppig wuchernden strafrechtlichen Literatur, die sich oft um Fragen von weit geringerer Bedeutung entfaltet hat. Das Vakuum ist schließlich auch deshalb schwer zu verstehen, weil staatlich organisierte und totalitäre Verbrechen nicht ein einmaliger Unglücksfall der Weltgeschichte geblieben, sondern bis in die Gegenwart hinein immer wieder vorgekommen sind.

Auch für das öffentliche Bewußtsein ist die neuartige Form der totalitären Kriminalität in gewissem Sinne nicht existent. Der Begriff «Verbrechen» hat durch seinen Alltagsgebrauch eine verengte Bedeutung angenommen, die im Einzelmord zu kulminieren scheint. Bis hierhin reicht der Begriff, und was darüber liegt, so könnte man sagen, gilt als «Geschichte», «Politik», «Krieg», jedenfalls aber als etwas, das mit Maßstäben gemessen werden muß, die nicht vorhanden oder doch im Bewußtsein nicht fest verankert zu sein scheinen. Wenn Baumann es als «die wichtigste Aufgabe der jetzt lebenden Juristengeneration» bezeichnet, «zum Unrecht der Vergangenheit Stellung zu nehmen und seine Auswirkungen zu beseitigen» [4], so wird es dabei in erster Linie um die Prüfung und Neuentwicklung solcher Maßstäbe und Kategorien gehen müssen.

Auffallend – und ein weiterer Anstoß zu dieser Arbeit – war auch, daß sich in der Öffentlichkeit hartnäckig bestimmte Vorstellungen über die Bedingungen, unter denen die Verbrechen begangen worden sind, gehalten haben, obwohl die dafür nötige Tatsachenkenntnis eigentlich nicht vorhanden sein konnte, und zwar schon deswegen

3 Die Antiquiertheit des Menschen, S. 237.
4 JZ 1963, 111.

nicht, weil ein wirklicher Überblick über die Vielzahl von Verbrechen und Prozessen, der bestimmte dezidierte und verallgemeinerungsfähige Ansichten über die Tatsituation hätte stützen können, nur schwer zu erlangen war und ist – wie schwer, das ist dem Verfasser im Laufe seiner Arbeiten auf diesem Gebiet klar geworden. Wenig glaubwürdig ließ diese Erkenntnissituation daher auch bestimmte generalisierende Deutungen erscheinen, die in Umlauf waren: einerseits eine Tendenz zur Dämonisierung des Täters, die aus ihm ein «Ungeheuer» machte, indem sie das Gesamtgeschehen auf ihn projizierte, ohne sich auf konkrete Verhaltensweise, Tatsituation und Persönlichkeitsbild näher einzulassen; andererseits die Neigung zur völligen Depersonalisation, die den Funktionär zum unselbständig und gleichsam antriebslos agierenden Partikel einer ferngesteuerten Terrormaschinerie werden ließ. Beides kam mir gleichermaßen unwahrscheinlich vor; und obwohl diese Arbeit zur psychologischen Analyse nur wenig beitragen kann, dürfte sie doch deutlich machen, daß solche Zweifel berechtigt waren und daß Anlaß zu einer differenzierteren Betrachtung besteht.

Bei der Auswahl der behandelten Probleme geht die Untersuchung davon aus, daß der Sinn der strafrechtlich-kriminologischen Beschäftigung mit den nationalsozialistischen Verbrechen nicht nur darin besteht, zu ihrer angemessenen prozessualen Beurteilung beizutragen, sondern daß sie auch eine allgemeine Klärungsfunktion hat. Diese Aufgabe tritt um so mehr in den Vordergrund, je mehr die Prozesse ihrem Endstadium entgegengehen. Die strafrechtlich-kriminologische Betrachtung fügt nämlich dem Bild, das uns die Geschichtsforschung vermittelt, dadurch ein weiteres und nicht unwichtiges Element hinzu, daß sie gezwungen ist, das Geschehen zu individualisieren. Damit verändert sich gewissermaßen die Perspektive: Während das Interesse der historischen Analyse im allgemeinen mehr den größeren geschichtlichen Zusammenhängen und Sachkomplexen gilt, etwa der Struktur des SS-Apparates oder Konzentrationslagersystems, dem Gesamtablauf der Judenverfolgung oder den geistig-politischen Hintergründen des Nationalsozialismus und Totalitarismus, befaßt sich das Strafrecht mit Einzelfällen und Einzeltätern. Beide Perspektiven, die historische wie die kriminologische, sind mit Vorteilen und Nachteilen verbunden. Während die Geschichtsbetrachtung Individuelles oft übersieht und den einzelnen in historisch-politische Bezugssysteme eingliedert, neigt die strafrechtliche Analyse zur Atomisierung kollektiver Gesamtzusammenhänge und reduziert sie zum kriminologischen Hintergrund einer Einzeltat. Beide zusammen, Geschichtsforschung und Kriminologie, machen jedoch erst eine genauere Erkenntnis dessen, was totalitäre Kriminalität ist, möglich.

Man sollte hier einmal bedenken, was gerade die Prozesse und die kriminalistische Aufklärung der Verbrechen, auch wenn darin nicht ihre primäre Aufgabe bestand, zur Klärung der Vergangenheit beigetragen haben. Hätten wir nur die Literatur, die geistesgeschichtliche und politische Analyse, die Biographien führender Nationalsozialisten und das dokumentarische Material, so würde uns die Epoche der totalitären Herrschaft wie eine große, hinter uns liegende Naturkatastrophe vorkommen: Namen wie Auschwitz und Majdanek, Belzec und Treblinka wären für uns heute wie die Bezeichnungen von Erdbeben oder Vulkanausbrüchen, Symbole eines kollektiven, transpersonalen Geschehens, in das zwar viele Menschen verstrickt waren, das jedoch mit individuellen Kategorien nicht zu messen ist. Ein Bewußtsein dafür, in welcher Weise viele heute in unserer Mitte lebende Einzelne daran beteiligt waren, würde so kaum entstanden sein.

Die prozessuale Durchleuchtung von Einzelfällen hat dieses Bild grundlegend geändert. Wir fangen allmählich an, das Gesicht – oder besser: die Gesichter – des Terrors zu erkennen. Was bisher ein weiträumiges, anonymes Geschichtspanorama war, beginnt, sich mit Einzelwesen zu füllen, die einen Namen, eine Physiognomie, eine Vorgeschichte und bestimmte charakterliche Eigenschaften haben und auf besondere Weise mit den Ereignissen verflochten sind. Wir sehen Taten vor uns, deren Einzelheiten rekonstruierbar sind, die sich vielfach genau lokalisieren und datieren lassen und bei denen in manchen Fällen sogar das einzelne Opfer namhaft zu machen ist.

Jeder, der diesen Erkenntnisvorgang einmal an sich erlebt hat – als Richter, Staatsanwalt, Verteidiger, Kriminalbeamter oder Teilnehmer an Gerichtsverhandlungen –, weiß, wie sich auf einmal das leere, anonyme Bild der totalitären Vergangenheit mit Gestalten bevölkert, die aus ihm nicht wieder zu verbannen sind. Selbst von Eichmann würden wir – von dem vergleichsweise kleinen Kreis der unmittelbar Betroffenen abgesehen, für die der Name ein Begriff war – nichts wissen, wenn wir ihn in unserer Vorstellung nicht im Glaskasten des Jerusalemer Gerichtssaales sitzen sähen, sein Gesicht, seine Funktion innerhalb der Apparatur und seine unverwechselbare Sprache nicht kennen würden.

Die Untersuchung stützt sich auf Grundlagen unterschiedlicher Art. Entscheidend war, daß mir das Material der Zentralen Stelle der Landesjustizverwaltungen in Ludwigsburg zugänglich war und ich dort mehrmals kürzere oder längere Zeit arbeiten konnte. Bei der Fülle der dort vorhandenen Unterlagen war allerdings eine strikte Beschränkung auf dasjenige Material nötig, das für die untersuchten Spezialfragen von unmittelbarer Bedeutung war. Im Falle des Befehlsnotstands konnte ich auf dort vorhandene Sammlungen und Vorarbeiten zurückgreifen; daher glaube ich, jedenfalls hier eine gewisse Vollständigkeit erreicht zu haben, soweit ein solcher Begriff auf einen so verzweigten, schwer zu überblickenden Gegenstand überhaupt anwendbar ist. Ergänzende Studien konnte ich im Institut für Zeitgeschichte in München, im Centre de Documentation Juive Contemporaine in Paris und im Rijksinstituut voor Oorlogsdocumentatie in Amsterdam durchführen. Hier bestand vor allem die Möglichkeit, ausgefallenere Publikationen zu finden, die für die Einarbeitung in die Gesamtmaterie nützlich, wenn auch nicht immer unmittelbar für den speziellen Themenkreis der Arbeit von Bedeutung waren. Außerdem waren dort manche der Dokumente vorhanden, auf die ich durch die zeitgeschichtliche Literatur oder durch Gerichtsurteile aufmerksam geworden war.
Im Fall Eichmann stellte mir die Mission d'Israel in Köln das sechsbändige Protokoll der Polizeivernehmung sowie die Urteile erster und zweiter Instanz zur Verfügung.
Die Schwurgerichtsurteile aus den Jahren 1958 bis 1963 wurden so gut wie vollständig ausgewertet; spätere Urteile konnten dagegen nur zum Teil berücksichtigt werden, nicht zuletzt deshalb, weil sie oft noch nicht rechtskräftig waren und mir daher nicht zur Verfügung gestellt wurden. Bei der Beschaffung der Urteile wirkte sich nachteilig aus, daß es bisher an einer Regelung über die wissenschaftliche Auswertung gerichtlicher Entscheidungen und Akten leider noch fehlt. Es ist begreiflicherweise für eine solche Untersuchung außerordentlich ungünstig und hinderlich, wenn man auf die Bereitwilligkeit der Staatsanwaltschaften und Gerichte, Urteilsausfertigungen zur Verfügung zu stellen, angewiesen ist, eine Bereitwilligkeit, die zum größeren Teil vorhanden war, in manchen Fällen jedoch fehlte.

Ich habe mir dann oft die Urteile auf andere Weise, z. B. durch die Zentrale Stelle oder andere Staatsanwaltschaften, noch beschaffen können; in einigen Fällen war das jedoch nicht möglich. Dabei bildeten die Schwurgerichtsurteile insofern eine wichtige Grundlage dieser Untersuchung, als ich mich bei der phänomenologischen Darstellung der Tatbeteiligung im ersten Kapitel durchweg darauf beschränkt habe, gerichtlich festgestellte Sachverhalte zugrunde zu legen.

Bei der Behandlung der Rechtsfragen spielten außerdem die zahlreichen unveröffentlichten Entscheidungen des Bundesgerichtshofs eine große Rolle. Dabei ist mir aufgefallen, daß bisher nur ganz ausnahmsweise Urteile des Bundesgerichtshofs in Verfahren wegen nationalsozialistischer Gewaltverbrechen in die Amtliche Entscheidungssammlung aufgenommen oder in den Zeitschriften abgedruckt worden sind; so sind viele Urteile auch dann unveröffentlicht geblieben, wenn sie von grundsätzlicher Bedeutung waren.

Außerdem konnte ich gelegentlich auf Ermittlungs- oder Prozeßakten zurückgreifen. Das gesamte riesenhafte Aktenmaterial, das die Prozesse hinterlassen, ist allerdings auf diese Weise kaum zu durchforschen, von einem einzelnen schon sicher nicht. Nützlich war, daß mir die wichtigsten historischen Prozeßgutachten von den Sachverständigen auf meine Bitte hin freundlicherweise zugänglich gemacht wurden.

Außerdem ist die bisher erschienene Literatur, soweit sie für die behandelten Fragen von Bedeutung war, herangezogen worden. Das gilt insbesondere für zeitgeschichtliche Monographien und Dokumentationen, von denen in großem Umfang Gebrauch gemacht worden ist, aber natürlich auch für das strafrechtliche Schrifttum und Werke von allgemeiner psychologischer oder moraltheoretischer Bedeutung.

Schließlich ist noch die in den vergangenen Jahren geführte umfangreiche Korrespondenz zu erwähnen, mit deren Hilfe ich mir ergänzende Informationen und Kenntnisse über Einzeltatsachen und Spezialprobleme verschafft habe.

Die Methode, der ich mich bei meiner Arbeit bediente, mußte – und zwar immer erneut – den Besonderheiten des Gegenstands angepaßt werden. Sie bestand, auf eine kurze Formel gebracht, darin, alles mir im Laufe der Zeit erreichbare Material – in dem soeben dargelegten Sinne – unter den theoretischen Aspekten, die untersucht werden sollten, zu betrachten, zu lesen und zu analysieren. Die Einwände, die gegen ein solches Verfahren erhoben werden können, lassen sich nicht übersehen. Es ist jedoch nicht möglich, bei Problemen wie dem Befehlsnotstand, dem Unrechtsbewußtsein oder den Kriegszusammenhängen so vorzugehen, wie es in kriminologischen Arbeiten sonst üblich ist. Insbesondere kann man sich nicht auf bestimmte Teilbereiche beschränken, z. B. auf ein genau umgrenztes Aktenmaterial, weil auf diese Weise die umfassenderen Zusammenhänge verlorengehen, auf die bei derartigen organisierten Kollektivverbrechen immer Rücksicht zu nehmen ist. Die Mängel, die damit verbunden sind, lassen sich nicht leugnen. Sie sind aber wohl nicht zu vermeiden, solange es ein einzelner ist, der sich den Problemen zuwendet, nicht aber ein Institut oder interfakultatives Forschungsteam, deren weit größer dimensionierte, kooperative Arbeitsweise dem Gegenstand natürlich angemessener wäre. Dennoch ist es vielleicht nützlich, zunächst einmal allein und auf sich selbst gestellt diese Fragen zu durchdenken und darauf zu bauen, daß die Wissenschaft auch auf diesem Gebiet ihren Fortgang nimmt.

Drei mehr formale Aspekte seien noch hervorgehoben. Der erste betrifft die Sprache. Jede Arbeit, die sich mit den totalitären Verbrechen befaßt, hat Schwierigkeiten mit der Terminologie. Schon andere Autoren haben resignierend festgestellt, daß es ihnen nicht gelungen sei, die den erörterten Geschehnissen angemessene Ausdrucksweise zu finden[5]. Vor allem ist es fast unmöglich, sich vom totalitären Fachjargon völlig zu lösen. Von strafrechtlichen Begriffen – Mord, Totschlag – kann oft nur zurückhaltend Gebrauch gemacht werden, da sie nicht der Beschreibung, sondern bereits der juristischen Qualifikation von Handlungsweisen dienen. Auch würde der Verzicht auf die damals übliche Nomenklatur das Bild und die Atmosphäre jener Jahre verfälschen. Deshalb war es nicht möglich, ihre Verwendung völlig zu umgehen. Der Stil ist insofern ein Kompromiß.

Auffallen wird dem Leser, daß die Namen der Angeklagten durchweg fehlen. Nur ausnahmsweise wurde diese Regel durchbrochen, nämlich überall dort, wo Täter bereits so sehr zum Gegenstand der zeitgeschichtlichen Literatur geworden sind, daß eine anonyme Kennzeichnung unnatürlich gewesen wäre. Das gilt z. B. für Höß

5 Vgl. etwa Goldschmidt in seinem Vorwort zu dem Band von Henkys, Die nationalsozialistischen Gewaltverbrechen; dort S. 13.

oder Eichmann. Im übrigen nimmt die Untersuchung aber Rücksicht auf laufende Ermittlungen und Verfahren sowie auf die Tatsache, daß in einer Reihe von Fällen Urteile, die kriminologisch ausgewertet worden sind, noch nicht rechtskräftig waren. Auch Namen von Zeugen sind nicht genannt worden, da ihre Aussagen noch in künftigen Prozessen Bedeutung erlangen könnten. Die Fußnoten enthalten jedoch Hinweise auf das jeweilige Straf- oder Ermittlungsverfahren; sie dürften allerdings oft nicht ausreichen, um in der gerichtlichen Praxis von den berichteten Einzelheiten Gebrauch zu machen.

Die Bibliographie enthält im ganzen nur Publikationen, die im Text unmittelbar berücksichtigt worden sind. Gelegentlich sind allerdings Veröffentlichungen auch aufgeführt worden, weil sie für das Verständnis der behandelten Fragen grundsätzliche Bedeutung haben. Andererseits fehlen viele Bücher und Aufsätze, die der Orientierung über die Geschichte des Nationalsozialismus, den Antisemitismus, bestimmte historische Teilkomplexe des Terrors oder andere allgemeine Fragen dienen, ohne unmittelbar für die behandelten Spezialprobleme ergiebig zu sein.

I. Typologie der Beteiligung

Die Situation des einzelnen bei totalitären Verbrechen ist bisher in Wissenschaft und Öffentlichkeit vor allem unter dem Aspekt der Befehlsabhängigkeit diskutiert worden, also in bezug auf Täter, die unter dem Druck staatlicher Anordnungen an Verfolgung und Völkermord mitwirkten. Im Mittelpunkt des Interesses stand dabei meistens die Frage, welchen Gefahren sich derjenige aussetzte, der ohne sein Zutun und gegen seinen Willen in befohlene Aktionen verstrickt wurde und sich der Teilnahme an solchen Verbrechen zu entziehen versuchte.

Dieses Problem, obwohl es bereits einen Spezialfall der totalitären Kriminalität betrifft, nimmt in der Diskussion deshalb einen so breiten Raum ein, weil die Beteiligung an staatlich organisierten Kollektivverbrechen – von derjenigen der Verbrechensurheber und den Fällen extremer individueller Grausamkeit einmal abgesehen – oftmals als eine Form «instrumentalen», von persönlichen Antrieben losgelösten Verhaltens betrachtet wird, bei dem der Täter auf unselbständige, rein funktionale Weise den Willen der Machthaber vollstreckte. Diese Deutung sieht in dem Täter also weniger den Akteur als das Instrument des Terrors, das «winzige Rädchen», das in ein riesiges apparaturhaft funktionierendes Handlungssystem zwanghaft eingegliedert ist.

Die folgende Darstellung unternimmt nun den Versuch, dieses Bild des Verbrechens kriminalphänomenologisch zu differenzieren, indem sie jedenfalls umrißhaft zeigt, auf welch verschiedenartige Weisen individuelle Taten und Tatbeiträge mit dem Kollektivnetz des Verbrechens verflochten waren. Ohne eine solche Herausarbeitung typischer Grundsituationen läßt sich weder beurteilen, in welchem Maße der nationalsozialistische «Verwaltungsmassenmord» (Hannah Arendt) als Befehlsphänomen anzusehen ist, noch ein Eindruck davon gewinnen, welche tatsächliche Bedeutung dem Problem des Befehlsnotstandes nun eigentlich zukommt.

Dabei müssen von Anfang an drei Erscheinungsformen totalitärer Kriminalität unterschieden werden: 1. befehlslose Verbrechen (Exzeßtaten), 2. relativ selbständige Formen der Befehlsausführung (Initiativtaten) und 3. unselbständige Formen der Ausführung, bei denen ein individueller Einfluß auf das Geschehen nicht bestand (Befehlstaten). Diese Kategorien bezeichnen ganz verschiedene Ausgangslagen der Tatbegehung; sie lassen sich außerdem im Hinblick auf die Befehls- und Umweltsituation des Täters noch weiter auffächern.

1. Exzeßtaten

Zunächst gehören zur nationalsozialistischen Gewaltkriminalität Verbrechen, die völlig ohne jeden Befehl begangen wurden und die in Übereinstimmung mit einem sich allmählich durchsetzenden, wenn auch nicht immer ganz geklärten Sprachgebrauch als «Exzeßtaten» bezeichnet werden sollen. Es sind zwar Taten aus eigenem Antrieb; von «normalen» Individualverbrechen unterscheiden sie sich jedoch dadurch, daß sie kriminologisch an bestimmte Umweltverhältnisse – totalitäre Herrschaft, kollektiven Terror, politisch-ideologische Massenindoktrination, Veränderungen der sozialethischen Wertvorstellungen, Beschränkungen der Strafrechtspflege – gebunden sind. Man könnte sie deshalb als individuelle Taten in kollektiven Ausnahmezuständen kennzeichnen.

a) Ungedeckte Taten

Eine Randerscheinung dieser Kriminalität bilden Verbrechen, die vom Staatsapparat nicht in vollem Umfang gedeckt, sondern als unerlaubte Übergriffe betrachtet und teilweise sogar strafrechtlich verfolgt wurden; ihre Zahl ist allerdings, verglichen mit dem Ausmaß des befohlenen und geduldeten Unrechts, verschwindend gering.
Vor allem aus der ersten, bis in den Krieg hineinreichenden Phase der nationalsozialistischen Herrschaft sind Fälle bekannt, in denen eigenmächtige Terrorakte als Rechts- und Disziplinarverstöße behandelt wurden. Die Literatur erwähnt z. B. die kriegsgerichtliche Verurteilung eines SS-Sturmmannes und eines Polizeiwachtmeisters aus dem ersten Kriegsmonat. Die Täter hatten etwa 50 Juden, die zur Ausbesserung einer Brücke herangezogen worden waren, abends nach der Arbeit in eine Synagoge getrieben und dort ohne jeden Anlaß zusammengeschossen. Das Gericht verurteilte sie zu milden Freiheitsstrafen, die überdies später unter eine Amnestie fielen; es bewertete die Verbrechen, für die der Anklagevertreter die Todesstrafe gefordert hatte, als «völlig unüberlegte» Taten, die in «jugendlichem Draufgängertum» verübt worden seien, und betrachtete es als Milderungsgrund, daß der angeklagte SS-Mann «im besonderen Maße

beim Anblick der Juden die deutschfeindliche Einstellung des Judentums empfunden» habe[1]. Etwa um dieselbe Zeit wurde ein kriegsgerichtliches Verfahren gegen einen Angehörigen der «Leibstandarte Adolf Hitler» eingeleitet, der 50 jüdische Zivilgefangene hatte erschießen lassen; dieser Fall gab dann offenbar den Anstoß zu Hitlers Gnadenerlaß für alle bis zum 4. Oktober 1939 in den besetzten polnischen Gebieten verübten Gewaltverbrechen[2].

In einem anderen Fall veranstaltete ein angetrunkener SA-Führer aus fanatischem Polenhaß ein Massaker unter den polnischen Insassen eines Gerichtsgefängnisses, dem mindestens 56 Menschen zum Opfer fielen. Der Täter wurde wegen dieser Verbrechen, die großes Aufsehen erregten, von einem Sondergericht zu 15 Jahren Zuchthaus verurteilt, nachdem sich sein Vorgesetzter, Gauleiter Greiser, vergeblich um eine außerstrafrechtliche Regelung bemüht hatte, um nicht «einem befähigten jungen Draufgänger sein Leben zu verderben»[3].

Diese Fälle lassen die Ambivalenz der offiziellen Bewertung erkennen, die spontanen, aber in der Tendenz konformistischen Gewalttaten entgegengebracht wurde. Einerseits gab es für den individuellen Terror Grenzen, die der einzelne Funktionär – schon aus Gründen der Disziplin – nicht einfach überschreiten durfte. Andererseits ist unverkennbar, daß auch hier staatliche Begünstigung wirksam war. Sie äußerte sich allerdings nicht in einer völligen Lahmlegung der Strafrechtspflege, sondern nur in einer Verminderung der Verfolgungsintensität, einer milderen Beurteilung durch Umwelt und Gerichte und einer Bereitschaft zur Niederschlagung von Verfahren und zur Amnestie. Ganz deutlich wird, daß die Mißbilligung weniger dem Unrecht als solchem galt als der Eigenmächtigkeit, durch die das staatliche Terrormonopol angetastet wurde. Diese Unterscheidung zwischen staatlichem und individuellem Terror trat bereits bei den parteigerichtlichen Untersuchungen zutage, die sich an die Novemberpogrome des Jahres 1938 anschlossen. Während die Täter, die Befehle befolgt hatten, straffrei ausgingen, kam es bei be-

1 Dok. D-421. Siehe: IMT XXXV, 91-93; XX, 490 f. Vgl. auch Poliakov-Wulf, Das Dritte Reich und seine Diener, S. 485 f.

2 ZStL: 2 AR-Z 324/59. Dokument MAR 1506 aus dem Manstein-Prozeß (IfZ). Der Gnadenerlaß vom 4. Oktober 1939 als Original im IfZ (Abschrift ZStL).

3 Urteil des Sondergerichts I Posen vom 23. 7. 1940 – Sond. Is. 92/40 – in der Strafsache gegen v. Hirschfeld und Jahnz (Abschrift ZStL). In der Literatur: Henkys S. 82 mit Anm. 143 und Broszat, Nationalsozialistische Polenpolitik 1939–1945, S. 44.

fehlslosen oder befehlswidrigen Taten zu Verurteilungen, die sich jedoch nicht gegen den Mord, sondern die Disziplinlosigkeit richteten[4]. Daß sich auf die Bewertung von Exzeßtaten auch die Normvorstellungen der SS-Moral auswirkten, zeigt ein Urteil des Obersten SS- und Polizeigerichts vom 9. Juni 1943. Ein SS-Untersturmführer war angeklagt worden, auf eigene Faust und besonders grausame Weise Hunderte von Juden ermordet zu haben. Das Gericht bekannte sich ausdrücklich zur Vernichtung der Juden und betonte, daß der Angeklagte nicht wegen der Judenaktion als solcher bestraft werde, sondern deshalb, weil er sich in seinem Judenhaß zu Grausamkeiten habe hinreißen lassen, die «eines deutschen Mannes und SS-Führers unwürdig» seien. Wörtlich heißt es: «Der Angeklagte hat es zu einer so üblen Verrohung seiner Männer kommen lassen, daß sie sich ... wie eine wüste Horde aufführten. Die Manneszucht ist vom Angeklagten in einer Weise aufs Spiel gesetzt worden, wie sie schlimmer kaum denkbar ist.»[5]

Eine andere, wesentlich bedeutsamere Verbotssituation ergab sich aus der Verbindung von Terror und privater Kriminalität. Dafür gibt es ein sehr instruktives Beispiel. In der zweiten Hälfte des Jahres 1943 – in einer Zeit also, als die Massenvernichtung bereits ihren Kulminationspunkt erreicht hatte – kam es zu kriminalistischen Untersuchungen in Konzentrationslagern, die an sich der Aufklärung von Korruptionserscheinungen galten, gleichzeitig jedoch Mordtaten ans Licht brachten, deren Überprüfung nicht ohne weiteres unterdrückt werden konnte. Ausgangspunkt der Untersuchungen war das Konzentrationslager Buchenwald, dessen Kommandant im Verdacht stand, Kriegswirtschaftsverbrechen begangen zu haben. Dabei fiel der Untersuchungskommission auf, daß gerade solche Häftlinge, die als Zeugen in Betracht gekommen wären, nicht mehr am Leben waren. Auf diese Weise kam die Kommission den im Lager verübten Morden auf die Spur, darunter solchen, die offensichtlich in der Absicht begangen worden waren, Belastungszeugen aus dem Wege zu schaffen. Mehrere führende Lagerfunktionäre, unter ihnen der Kommandant Koch und seine Ehefrau Ilse Koch (die «Kommandeuse von Buchenwald»), wurden verhaftet. Es kam zu SS-gerichtlichen Verfahren, die zum Teil zu Verurteilungen führten, zum Teil auch im Sande verliefen.

4 Graml, Der 9. November 1938, S. 51-53.
5 Zit. nach Buchheim, An. I, S. 319.

Die Ermittlungen wurden anschließend auf weitere Konzentrationslager ausgedehnt. In Auschwitz kam es z. B. zur Verhaftung des Leiters der Politischen Abteilung, Untersturmführer Grabner, der des Mordes in 2000 Fällen beschuldigt wurde. Insgesamt wurden in diesem verzweigten Tatkomplex etwa 800 Fälle untersucht, mit der Konsequenz, daß in 400 Fällen Anklage erhoben wurde und 200 SS-Angehörige verurteilt wurden. Von den in die Verfahren verstrickten fünf Lagerkommandanten wurden zwei zum Tode verurteilt. Die Ermittlungen, denen die zuständigen Dienststellen des Reichssicherheitshauptamtes und der Inspektion der Konzentrationslager offenbar jeden nur erdenklichen Widerstand entgegensetzten, wurden schließlich auf Anordnung Himmlers eingestellt, als nämlich die Gefahr drohte, daß sie auf die systematischen Mordtaten übergreifen könnten [6].

Die Hintergründe dieser Prozesse lassen sich nur schwer klären. Kogon sieht die Motive vor allem in persönlichen Gegensätzen und Interessenverflechtungen der SS-Führer [7]. Außerdem ist in ihnen aber wohl jenes Prinzip zu erkennen, das für die Situation des Rechts unter totalitärer Herrschaft überhaupt typisch war: die Rechtsordnung war nur insoweit suspendiert, als es den Interessen des Regimes entsprach; standen hinter Verbrechen jedoch nur oder überwiegend persönliche Motive, so war sie wieder voll verfügbar [8].

Problematischer als in Bestrafungsfällen ist die Situation dort, wo Taten im Widerspruch zu ausdrücklichen Anordnungen standen, strafrechtlich jedoch folgenlos blieben. Sie waren zwar verboten, im Endeffekt aber doch dem strafrechtlichen Zugriff entzogen. Der Grund konnte sein, daß sie eben letztlich doch geduldet wurden, aber auch, daß sie wegen des geringen Aufklärungsinteresses unbekannt blieben. So kam es z. B. im Lager Melk zu zahlreichen Mordtaten, obwohl es sich nicht um ein Vernichtungs-, sondern ein Arbeitslager handelte und die ausdrückliche Weisung bestand, die Häftlinge zu schonen, um sie wichtigen Rüstungsbetrieben als Arbeitskräfte zur Verfügung zu stellen [9]. Auch verbotswidrige, ohne höhere Anordnung verhängte oder in grausamer Übertreibung voll-

[6] KZ-Verbrechen, S. 290 f. Außerdem: IMT XX, 453 ff. u. 533.
[7] Kogon, SS-Staat, S. 307.
[8] Siehe dazu unten S. 223 ff.
[9] SchwG Fulda 3 Ks 1/60 (Muzikant).

zogene Lagerstrafen müssen zur ungedeckten Kriminalität gerechnet werden[10]. Gerade in diesen Fällen konnte sich nun allerdings die Situation ergeben, daß die Verletzung von Dienstvorschriften zur allgemeinen Praxis wurde, etwa wenn in Konzentrationslagern die für die Strafvollziehung vorgeschriebene offizielle Genehmigung nur selten und dann auch mit fingierten Begründungen eingeholt wurde[11]. In einem Prozeß gab ein Angeklagter, dem 14 Morde nachgewiesen werden konnten, selbst zu, daß es offiziell verboten war, Häftlinge zu schlagen; die Beweisaufnahme ergab aber auch, daß sich niemand an diese Anordnung hielt[12].

Oft ist es schwer zu beurteilen, welche reale Bedeutung ein Verbot hatte. Manche Anordnungen, z. B. solche, die Einzelaktionen gegen Juden untersagten, wurden vom Funktionärstum ganz selbstverständlich in eine laxere Praxis übertragen[13]. Ein Beispiel sind etwa Verbote, die sich gegen nichtangeordnete Häftlingstötungen in Konzentrationslagern richteten. Kogon erwähnt jedoch die Äußerung eines Gerichtsoffiziers der SS: der Reichsführer SS habe zwar einen solchen Befehl erlassen; es sei aber zu fragen, ob er damit nicht den geheimen Vorbehalt verbunden habe, mit der Nichtbefolgung dieses Befehls einverstanden zu sein[14].

Diese Fälle, obwohl sie kriminalstatistisch kaum ins Gewicht fallen, haben doch eine gewisse symptomatische Bedeutung; denn sie zeigen, daß wir nicht ohne weiteres von einer epochalen Totalfreigabe des Terrors ausgehen können. Es gab auch Taten, die nicht nur in keiner Befehls-, sondern in einer Verbotssituation begangen wurden. Das wird allerdings meistens erst bei genauerer Betrachtung ihres normativen Hintergrunds deutlich, d. h. der im konkreten Fall bestehenden Dienstvorschriften und Anordnungen, aber auch der jeweiligen politischen Interessenlage.

10 SchwG Ansbach Ks 1ab/61 – 12/59 – (Chmielewski).
11 KZ-Verbrechen, S. 40 f.
12 SchwG München 1 Ks 3/59 – IV 97/59 – (Bugdalle).
13 Siehe z. B. Buchheim, An. I, S. 318.
14 Kogon, a. a. O., S. 360.

b) Willkürakte

Vor allem in Konzentrations-, Vernichtungs-, Arbeitslagern und Ghettos – also unter den Extrembedingungen totaler Machtausübung – wurden in kaum beschreibbarem Ausmaß Verbrechen begangen, die entweder stillschweigend geduldet oder ausdrücklich gebilligt wurden[15]. Eine gewisse Differenzierung der individuellen Situation ergibt sich dadurch, daß manche dieser Mordtaten in völlig unkontrollierten Machtpositionen verübt wurden, in denen die Täter die unumschränkte Herrschaft über Leben und Tod der Häftlinge hatten[16], während in anderen Fällen jedenfalls allgemeine Richtlinien bestanden, die jedoch den Tätern, was Tötungsumfang, Ausführungsart und Häftlingsauswahl betrifft, fast völlige Handlungsfreiheit ließen[17]. Das Erscheinungsbild der Taten unterscheidet sich auch darin, daß bei einem Teil von ihnen planmäßige Systematik, ja manchmal geradezu Routine erkennbar wird, während andere Gewaltakte momentanen Stimmungen, Launen, Impulsen oder Affektausbrüchen entsprangen oder unter Alkoholeinfluß begangen wurden[18].

Im ganzen gehörten Tötung und Mißhandlung in den Lagern zum Alltag; sie kamen, wie Hannah Arendt es einmal ausgedrückt hat, dem Zerdrücken einer Mücke gleich[19]. Viele Verbrechen wurden fast beiläufig begangen; nicht selten fehlte jeder äußere Tatanlaß: der Mord war Gewalt um ihrer selbst willen, Terror an sich. Angehörige des Lagerpersonals von Treblinka töteten die ihnen ausgelieferten Häftlinge oft ganz nach Belieben, ohne irgendwelchen Vorgesetzten Rechenschaft für ihre Taten schuldig zu sein. Sie mordeten, wann immer es ihnen in den Sinn kam; dabei genügte es, daß ihnen das Gesicht eines Häftlings nicht paßte, um ihn zu mißhandeln, zu erschießen oder zur Vergasung zu schicken. Die Zahl der auf diese Weise durch einzelne Täter ermordeten Opfer geht oft in die Hunderte; in manchen Fällen ist sie nicht annähernd zu schätzen. So gibt

15 Siehe etwa: KZ-Verbrechen, S. 327.
16 Z. B. SchwG Mosbach/Baden Ks 2/61 (Müller).
17 Z. B. KZ-Verbrechen, S. 337 (Schubert/Sorge).
18 Siehe hierzu z. B. den Sammelband »Auschwitz«, S. 141, 144. Als weiteres Beispiel für Alkoholtaten: SchwG Ansbach Ks 1ab/61 – 12/59 – (Chmielewski).
19 Hannah Arendt, Elemente totalitärer Herrschaft, S. 235.

es Täter, bei denen die von ihnen selbst zugestandene Zahl von 200 bis 300 Opfern nach den gerichtlichen Feststellungen weit hinter der Wirklichkeit zurückbleibt und die tatsächliche Verbrechensdimension die zugegebene oder mit Sicherheit nachweisbare Zahl wahrscheinlich um ein Mehrfaches übersteigt.

Über den letzten Kommandanten von Treblinka, der nach den Schilderungen von Zeugen «wie ein Tiger» wütete, stellte das Schwurgericht Düsseldorf in der mündlichen Urteilsbegründung fest, daß er seine Macht im Lager furchtbar ausgenützt habe. Er nahm an allem «tatkräftig» teil und hatte «uneingeschränkten Einfluß» auf den Lagerbetrieb. Er mißhandelte und ermordete Häftlinge bei jeder sich bietenden Gelegenheit: bei Rundgängen und Appellen suchte er Häftlinge zur Erschießung oder Vergasung aus; er hetzte einen abgerichteten Hund auf sie, schlug mit einem Gewehrkolben, Wassereimer oder Spaten auf sie ein, schoß hinterrücks oder vom Pferd aus auf seine Opfer und benutzte Verfehlungen und Widerstandshandlungen von Häftlingen, um blutige Vergeltungsaktionen veranstalten zu können. Kinder ermordete er, indem er sie erschoß, mit dem Kopf gegen einen Balken oder eine Barackenwand schlug oder aber in die Luft warf und auf ein Barackendach aufschlagen ließ. Auch von anderen Lagerfunktionären wissen wir, daß sie die uneingeschränkte Herrschaft über Leben und Tod der Häftlinge hatten und bei ihren Mordtaten von keinen Weisungen abhängig waren. Einen dieser Täter bezeichnete das Gericht als «rastlos tätigen Schießer».

Manche Verbrechen hatten absurde, künstlich provozierte Scheinanlässe, etwa wenn ein Funktionär einen Häftling nach seinem Ergehen oder seiner Herkunft fragte und ihn dann, wenn er ganz harmlos antwortete, unvermittelt niederschoß[20].

Es gab Lagerfunktionäre, die sich bei einem Rundgang einen Häftling heranwinkten und ihn dann völlig grundlos, aber auch mit unsinnigen Scheinbegründungen – z.B.: er sehe zu gut oder auch zu schlecht aus, er denke zu viel usw. – erschossen[21].

Der Kommandant eines Judenarbeitslagers beispielsweise zwang eines Tages zehn seiner Häftlinge, Papierschnitzel aufzusammeln,

20 SchwG Düsseldorf II 93/63 S (Franz u. a.); nach der mündlichen Urteilsbegründung. Vgl. zu dem zuletzt erwähnten Fall auch die ähnliche Schilderung im Sammelband «Auschwitz», S. 21.

21 SchwG Düsseldorf a. a. O.

die er auf der Lagerstraße hatte verstreuen lassen; als sie sich bückten, schoß er zwei von ihnen nieder und ließ die übrigen acht ebenfalls erschießen[22].

Häufig machten sich Lagerfunktionäre ein Vergnügen daraus, Häftlinge in die Postenkette zu jagen. Das geschah z. B. in der Weise, daß dem Häftling die Mütze weggenommen, in die verbotene Zone geworfen und das Opfer dann gezwungen wurde, sie sich zurückzuholen; die beabsichtigte Folge war, daß Wachtposten den «Flüchtling» niederschossen[23]. Dabei mag verschiedentlich das Motiv gewesen sein, daß der Täter sich eine für die Erschießung fliehender Häftlinge ausgesetzte Prämie in Form von Geld, Urlaub oder rascher Beförderung verdienen wollte[24].

In vielen Fällen wurde also gemordet, nicht weil ein Befehl oder ein Anlaß dazu bestand, sondern weil die Täter die Macht dazu hatten. Diese Verbrechen waren nicht das Produkt äußeren Drucks, sondern im Gegenteil rechenschaftsloser Handlungsfreiheit. Oft hatten Mordtaten mit der systematischen Vernichtung überhaupt nichts zu tun. In einem Fall z. B. wurde ein Häftling das Opfer der Rivalität zweier Dienststellen, die ihn beide als Arbeitskraft beanspruchten. Diesem Interessenkampf machte der Leiter der einen Dienststelle schließlich durch eine «Machtdemonstration» ein Ende, indem er den Häftling erhängen ließ; er wollte damit zeigen, «wer der Herr im Hause sei»[25].

In anderen Fällen sind Verbrechen als lynchartige Ausbrüche von Rassenhaß zu betrachten. Das wird vor allem an folgendem Beispiel deutlich: Einer der gefürchtetsten SS-Männer des Lagers Dachau ermordete im November 1937 zusammen mit einem oder zwei weiteren SS-Angehörigen einen jüdischen Häftling. Er zwang ihn, sich in den eisernen Förderkasten einer Betonmischmaschine zu setzen. Diesen Förderkasten ließ er auf eine Höhe von etwa 3 Metern hochziehen und dann auf den Boden zurückfallen, wo er infolge seines großen Gewichts und der Fallhöhe hart aufschlug. Die-

22 SchwG Mosbach/Baden Ks 2/61 (Müller).

23 Siehe z. B. folgende Urteile: SchwG München II, 2 Ks 8/61 (Hofmann); SchwG Hannover 2 Ks 1/60 (Layer); SchwG Coburg 2 Ks 3/62 (Eccarius); KZ-Verbrechen, S. 482 (Sorge); siehe in der Literatur auch: Sammelband «Auschwitz», S. 140.

24 Bundesjustizministerium, Die Verfolgung nationalsozialistischer Straftaten, S. 21.

25 SchwG Stade 16 Ks 1/59 (Marschall).

sen Vorgang ließ er mindestens eine halbe Stunde lang wiederholen; gleichzeitig beschimpfte er das Opfer mit Worten wie: «Du Saujude, dir werde ich es zeigen.» Als der Häftling, der schwerste äußere Verletzungen und innere Prellungen erlitt, bewußtlos wurde, übergossen ihn die SS-Leute mit kaltem Wasser, bis er wieder zu sich kam. Die Prozedur wurde fortgesetzt, bis der Häftling blutüberströmt und ohne ein Lebenszeichen von sich zu geben aus dem Förderkasten fiel. Er verstarb noch am gleichen Tage[26].

Besonders charakteristisch für die Phänomenologie des individuellen Terrors sind zwei umfangreiche Verbrechenskomplexe aus dem Konzentrationslager Sachsenhausen[27]. Die Täter griffen sich ihre Opfer bei Appellen, Kontrollgängen, gezielten Mordstreifzügen oder zufälligen Begegnungen wahllos aus der Menge der Häftlinge heraus. Sie verhöhnten und demütigten sie, schlugen sie zusammen, traten oder trampelten sie tot, erschlugen sie mit Schaufeln, Besen, Knüppeln, Bambusstöcken, Feuerhaken, Stahlgurten oder Wasserkannen, hetzten ihre oft hochgradig geschwächten oder kranken Opfer durch sogenannten «Sport» – Marschieren, Strafexerzieren, Dauerlauf, Hüpfen, Robben, Rollen oder Kniebeugen – zu Tode, ließen Häftlinge eng zusammengedrängt in einem luftdicht abgeriegelten Raum ersticken oder töteten sie durch systematische Unterkühlung, indem sie sie mit Wasser übergossen, bei winterlichen Temperaturen im Freien stehen, hocken oder liegen ließen oder durch einen Kaltwasserstrahl in die Herzgegend den Tod herbeiführten. Zwei Häftlinge, darunter ein Professor aus Lodz, wurden ermordet, indem ihnen unter allgemeinem Gelächter ein Wasserschlauch in den Mund gesteckt und der Wasserhahn voll aufgedreht wurde, bis der Tod eintrat. Andere Opfer wurden eingegraben, in der Latrine erstickt oder mußten in leeren Loren einen Sandberg hinunterfahren, bis jedenfalls einige von ihnen tödlich verunglückt waren. Oft wurden Häftlinge nicht unmittelbar ermordet, sondern systematischen, sich über längere Zeiträume erstreckenden Mißhandlungen ausgesetzt, so daß sie allmählich dahinsiechten und schließlich verstarben.

Bei vielen dieser Untaten war die Auswahl der Opfer zufällig. Gelegentlich ist jedoch in dem Vorgehen der Täter auch «System» zu

26 SchwG München 2 Ks 2/60 (Seuss).

27 SchwG Bonn 8 Ks 1/58 (Sorge/Schubert) = KZ-Verbrechen, S. 263 ff.; SchwG München 1 Ks 3/59 – IV 97/59 – (Bugdalle).

erkennen, d. h. es treten Kriterien in Erscheinung, die bestimmte Häftlinge oder Häftlingsgruppen zu «bevorzugten» Opfern solcher Verbrechen werden ließen. Diese Kriterien hängen alle in irgendeiner Weise mit der ungeschriebenen Norm der Konzentrationslager zusammen, daß ein Häftling nicht «auffallen» durfte[28]. Hierin – wie auch in der Ausführungsweise (z. B. Tötung durch sogenannten «Sport») – stellt ein bestimmter Typ des KZ-Verbrechens unverkennbar eine überdimensionale, mörderische Abart der Kasernenhofschinderei dar. Fritz v. Hippels Formulierung vom «dschungelhaft verwilderten Unteroffizierstum», das sich an wehrlosen Gefangenen austobte, trifft daher den Sachverhalt sehr genau[29]. Zu den Auffälligkeiten, die für einen Häftling tödlich sein konnten, gehörten äußere Eigentümlichkeiten und körperliche Defekte, z. B. Korpulenz, Gehbehinderungen, Mißbildungen, Schmächtigkeit und Gebrechlichkeit; sie bildeten offenbar für die Täter einen Anreiz zu besonderen Quälereien. Einem 73jährigen Juden wurde, bevor man ihn allmählich zu Tode mißhandelte, von den SS-Leuten der Bart abgebrannt. Ein Häftling, der eine etwas verzogene Mundstellung hatte, wurde wegen «ständigen Grinsens» geschlagen und getreten, bis er nach 8 bis 10 Tagen verstarb.

Besonderen Grausamkeiten waren korpulente Häftlinge ausgesetzt; sie wurden entweder durch Robben und Rollen zu Tode erschöpft oder durch Tritte in den Unterleib ermordet. Gefährdet waren auch Kranke, die zum Appell getragen werden mußten und dadurch den Funktionären auffielen. Bei manchen Fällen treten Sozialressentiments als Auswahlprinzip zutage, etwa wenn sich die Täter gerade Akademiker als Opfer aussuchten. Gezielte Gewalttätigkeiten richteten sich auch gegen Häftlinge, von denen bekannt war, daß es sich um Gegner des Systems – z. B. einen Staatsanwalt aus einem früheren politischen Verfahren, einen Reichstagsabgeordneten, Gewerkschaftsredakteur, Bibelforscher oder Wehrdienstgegner – handelte. Speziell bei der zuletzt genannten Gruppe hatten die Mißhandlungen zunächst oft den Zweck, Häftlinge durch systematischen Terror zur Aufgabe ihrer bisherigen Gesinnung zu bringen; sie wurden erst tödlich, wenn die Täter dieses Ziel nicht erreichten. Besonders aufreizend wirkte es auf das Lagerpersonal, wenn ein Häftling unbeugsames Selbstbewußtsein oder Verachtung gegenüber der SS

28 Vgl. Bettelheim, Aufstand gegen die Masse, S. 169.
29 v. Hippel, Die Perversion von Rechtsordnungen, S. 22 f.

erkennen ließ oder der Lagerverwaltung durch Beschwerden lästig wurde[30].

In anderen Fällen war die Gewaltanwendung vor allem Mittel zum Zweck, auch wenn es oft von irrationalen Antrieben – Grausamkeit, Rassenhaß, Machtbedürfnissen – abhing, ob und in welcher Weise die Täter von diesem Mittel Gebrauch machten. Das gilt namentlich für die Folter als Mittel der Aussageerpressung, z. B. bei Häftlingen, die bestimmter Delikte außerhalb oder innerhalb des Lagers, der Fluchtvorbereitung oder des geheimen Widerstandes verdächtig waren[31].

Einen Teil der Verbrechen wird man als reaktive, strafähnliche Gewaltakte beschreiben können, die in angeblichen Verfehlungen der Häftlinge ihren Anlaß – oder Vorwand – hatten.

Jedes noch so kleine Vergehen konnte mit dem Tode geahndet werden. So konnte es beispielsweise für Häftlinge lebensgefährlich sein, die Mütze nicht vorschriftsmäßig abzunehmen oder einen Lagerfunktionär «schlecht zu grüßen»[32]. In einem Judenarbeitslager war es ein todeswürdiges Verbrechen, wenn eine Frau ihrem auf einer Außenstelle beschäftigten Ehemann Essen brachte, Angehörige einen Häftling besuchen wollten, Juden mit Polen oder Polen mit Juden sprachen oder ein Häftling sich dem Stacheldraht näherte, um mit dem dort liegenden Schnee seinen Durst zu löschen[33]. In einem anderen Lager wurden Häftlinge ebenfalls aus den geringfügigsten Anlässen erschossen, z. B. ein 15jähriger Jude, weil er ein Pferd beim Reiten zu sehr strapaziert hatte, zwei Häftlinge, weil sie bei Gleisbauarbeiten einen Balken versehentlich hatten fallen lassen, ein jüdischer Ordnungsdienstmann, weil er geschlafen hatte, ein anderer, weil seine Arbeitskolonne nicht geschlossen genug marschierte. Zwei jüdische Häftlinge, die der Kommandant dafür verantwortlich machte, daß ab sofort mindestens 1000 Arbeitskräfte mehr zum Einsatz kämen, wurden erschossen, als sich herausstellte, daß die

30 Siehe Anm. 27.

31 Dazu KZ-Verbrechen, S. 61 ff. (Sommer) sowie Henkys, S. 50 f. Mord durch verschärfte Vernehmungen spielte auch in Auschwitz eine Rolle. Siehe hierzu die Feststellungen des SchwG Frankfurt 4 Ks 2/63 (Mulka u. a.) zum Fall Boger. Allerdings konnten hier auch indirekte Weisungen vorliegen. Wenn nach Anordnung des Leiters der Politischen Abteilung «unter allen Umständen» ein Vernehmungsergebnis zu erzielen war, dann «war Schlagen erlaubt» (Boger).

32 Vgl. Sammelband «Auschwitz», S. 35 und 141.

33 SchwG Hagen 11 Ks 1/57 (Thomanek).

Zahl nicht erreicht war[34]. Im KZ Sachsenhausen wurde ein schmächtiger Zigeuner erschlagen, weil er beim Marschieren den Trittwechsel nicht konnte; ein chinesischer Häftling, der sich trotz eines offiziellen Verbots bei winterlicher Kälte einen Mantel angezogen hatte, wurde mit Wasser übergossen und ins Freie gelegt, bis er erfroren war[35]. Todeswürdig war es auch, wenn ein Häftling aus Hunger eine Steckrübe oder ein paar Mohrrüben wegnahm, morgens zu spät aufstand, Tintenflecke in Briefsendungen machte, Blumen auf den Sarg eines verstorbenen Gefährten legte[36] oder wenn er zu einer unüblichen Zeit im Waschraum angetroffen wurde[37]. Gewalttaten dieser Art wurden auch außerhalb des Dienstes begangen. Der Leiter eines Arbeitskommandos z. B. schoß während seiner dienstfreien Zeit vom Balkon seiner Villa aus einen im Garten beschäftigten Juden nieder, aus Wut darüber, ihn einen Augenblick lang untätig zu sehen[38].

Diese dem Prozeßmaterial der letzten Jahre entnommenen Einzelfälle wurden etwas ausführlicher dargestellt, weil erst das konkrete Erscheinungsbild solcher Verbrechen deutlich macht, daß es sich nicht einfach um Teilakte einer organisierten Kollektivaktion, sondern um Taten handelt, die von spontanen Antrieben abhängig waren. Die Willkür wird in ihrem vollen Ausmaß erst am Detail erkennbar.

c) Aktionsexzesse

Individuelle Willkürakte waren nicht nur mit dem stationären Terror der Lager, sondern auch mit kollektiven, jedoch nicht unmittelbar auf Vernichtung gerichteten Verfolgungsaktionen – z. B. Razzien, «Durchkämmungen» von Judenvierteln, Ghettoräumungen und Deportationen – verbunden. Allerdings weicht die Befehlssituation von derjenigen der KZ-Verbrechen insofern ab, als hier jedenfalls die Aktionsbeteiligung als solche im allgemeinen auf Befehle zurückzuführen ist. Dagegen müssen die einzelnen Tötungs-

34 SchwG Mosbach/Baden Ks 2/61 (Müller).
35 SchwG München 1 Ks 3/59 – IV 97/59 – (Bugdalle).
36 SchwG Bonn 8 Ks 1/58 (Sorge/Schubert). Siehe Anm. 27.
37 SchwG München II, 2 Ks 8/61 (Hofmann).
38 SchwG Stuttgart 14 Ks 9/61 (Landau).

verbrechen, die im Verlauf solcher Aktionen begangen wurden, vielfach als Spontantaten angesehen werden.

Das gilt z. B. für jene Fälle, in denen Funktionäre plötzlich ohne ersichtlichen Grund in eine Ansammlung festgenommener, auf den Abtransport wartender Juden hineinschossen[39] oder an der Peripherie der Aktion selbständig Häftlinge töteten[40].

Andere Gewalttaten standen in engerem Zusammenhang mit der Terroraktion selbst. So wurden bei der Festnahme und Verschleppung der Juden oft kranke, hilflose, alte, gebrechliche, schwangere oder verkrüppelte Häftlinge niedergeschossen, bei längeren Fußmärschen auch diejenigen, die hinfielen oder aus Entkräftung hinter der Marschkolonne zurückblieben[41].

Immer wieder wurden auch Häftlinge niedergeschossen oder erschlagen, wenn sie für sich oder Angehörige um Gnade flehten, bittende Bewegungen machten oder sich bemühten, nicht von ihren nächsten Verwandten – Ehegatten, Eltern oder Kindern – getrennt zu werden[42]. Zur Erschießung gehunfähiger und geschwächter Häftlinge kam es nicht nur beim Transport zu den Vernichtungsstätten, sondern auch noch in der Endphase des Krieges, als die Konzentrationslager geräumt und die Gefangenen in abgelegene, von den Alliierten noch nicht eroberte Gebiete getrieben wurden: Bei diesen Todesmärschen wurden unzählige Häftlinge, die zusammenbrachen oder zurückblieben, von den Wachtmannschaften erschossen, hier allerdings wohl auf Grund genereller Weisungen, jedoch zumeist in völlig unkontrollierten Tatsituationen und ohne konkrete Einzelbefehle[43].

Die psychologische Situation der Täter ist oft nur schwer zu beurteilen. In einem Teil der Fälle mag eine Rolle gespielt haben, daß Funktionäre durch rigorose Gewaltanwendung den raschen und möglichst komplikationslosen Abtransport der Opfer erzwingen wollten. Zum Teil kann es sich auch um die mechanische Befolgung genereller Weisungen gehandelt haben. Es gibt aber auch Fälle, in denen die kollektive Atmosphäre der Rechtlosigkeit und allgemei-

39 SchwG Hagen 11 Ks 1/57 (Thomanek).

40 SchwG Saarbrücken 6 Ks 52/62 (Köllner).

41 SchwG Saarbrücken 6 Ks 52/62 (Köllner); SchwG Hanau 4 Ks 1/58 (Unkelbach) = KZ-Verbrechen, S. 560 ff.

42 Siehe die Fälle Anm. 39-41.

43 SchwG Coburg 2 Ks 3/62 (Eccarius). Siehe dazu auch Henkys, S. 156 ff., 159.

nen Grausamkeit triebhafte, irrationale Verbrechensimpulse freisetzte, die zu Mord und Mißhandlung führten[44].

Zur Verdeutlichung noch ein Beispiel aus dem Ermittlungsmaterial: Ein Judentransportzug hatte Aufenthalt auf einer polnischen Zwischenstation. Ein kleines Mädchen zwängte sich aus dem Zug und bat um einen Löffel Wasser, für den es 5 Zloty bot. Ein deutscher Bahnbeamter gab Anweisung, ein Glas Wasser zu bringen. Während das Mädchen trank, erschien der Transportführer, schlug ihm das Glas aus der Hand und begann, es zu mißhandeln. Aus dem Zug drängte sich nun der Vater des Kindes und flehte um Gnade. Der Transportführer zog daraufhin seine Pistole und tötete den Vater durch Genickschuß. Diese auch bei Henkys[45] erwähnte Episode veranschaulicht den Aktionsexzeß auf sehr eindrucksvolle Weise; denn sie zeigt, daß auch Handlungen, die in das Aktionsnetz des Terrors eingefügt zu sein schienen, durchaus befehlslos und von momentanen Impulsen abhängig sein konnten.

d) Willfährigkeitstaten

Bei anderen Verbrechen ist zwar eine Anpassung des Täters an den Willen seiner Vorgesetzten erkennbar; es fehlt jedoch an ausdrücklichen Anordnungen. Die Absichten der Vorgesetzten wurden oft nur als beiläufige Anregungen, Wünsche, Hinweise oder allgemeine, manchmal verschlüsselt ausgedrückte Richtlinien geäußert, oder sie konnten von den Untergebenen sogar nur «erfühlt» werden[46].

Das System des Terrors wurde also nicht allein durch Befehle gesteuert, sondern es basierte zum Teil auch auf mittelbaren psychologischen Lenkungsmethoden, bei denen das im Sinne des Regimes «richtige» Verhalten nicht einfach befohlen wurde, sondern von den Funktionären interpretierend ermittelt werden mußte. Dieser Mechanismus von indirekter Beeinflussung und willfähriger Anpassung, der an die Stelle von Befehl und Gehorsam trat, funktionierte

44 Siehe zu der zuletzt genannten Deutung die im Urteil zitierten Sachverständigen-Ausführungen in der Sache SchwG Hanau 4 Ks 1/58 (Unkelbach) = KZ-Verbrechen, S. 560 ff.

45 Henkys, a. a. O., S. 100.

46 Kogon, a. a. O., S. 359.

im allgemeinen so zuverlässig, daß die Führung, wenn sie bei verbrecherischen Aktionen nicht offiziell in Erscheinung treten wollte, sich ganz im Hintergrund halten und auf ausdrückliche Weisungen verzichten konnte; dennoch konnte sie sich darauf verlassen, daß ihrem Willen, wenn sie ihn in irgendeiner Form hatte erkennbar werden lassen, entsprochen wurde, weil sich immer Funktionäre fanden, die auch undeutlich und verklausuliert geäußerten Wünschen ohne weiteres nachkamen[47].

So gab es in den Konzentrationslagern Häftlinge, von denen bekannt war, daß sich in ihren Personalakten der Vermerk «Rückkehr nicht erwünscht!» befand oder daß sie, weil sie längere Zeit krank und arbeitsunfähig waren, als «im Konzentrationslager unerwünscht» betrachtet wurden[48]. Die offiziellen Verhaltenserwartungen waren also eindeutig: die Häftlinge waren gewissermaßen «zur Tötung freigegeben»; für den Täter, der sie erschoß, erschlug oder auf andere Weise umbrachte, bestand jedoch kein Befehl, den Willen seiner Vorgesetzten in die Tat umzusetzen. Die Unterlassung des Verbrechens hätte ihm daher auch nicht den Vorwurf des Ungehorsams einbringen können; nur hätte er sich die «Chance» entgehen lassen, sich im Sinne des Systems besonders zu «bewähren». Ähnlich liegen auch die Fälle demonstrativer Willfährigkeit, in denen Funktionäre – nicht selten auch Kapos – Gewalttätigkeiten in Gegenwart von SS-Führern begingen, um sich beliebt zu machen[49]. Der Täter handelte also nicht unter dem Druck des Befehls, sondern aus opportunistischen Motiven.

Der Methodik befehlsloser Lenkung bediente sich das Regime auch dort, wo es Anreize zur Begehung von Verbrechen schuf, etwa indem es für die Erschießung von Häftlingen bei sogenannten Fluchtversuchen Prämien aussetzte[50] und Komplikationen für den Täter durch die Anordnung auszuschalten versuchte, daß Wachtposten von anschließenden Vernehmungen «möglichst zu verschonen» seien, um sie nicht «unsicher zu machen»[51].

Die Situation des willfährigen Täters soll an zwei Beispielen weiter

47 KZ-Verbrechen, S. 338.

48 Zum Konzentrationslager Sachsenhausen siehe: KZ-Verbrechen S. 321; zum Lager Gusen: siehe SchwG Ansbach Ks 1ab/61 – 12/59 – (Chmielewski).

49 Siehe z. B. Langbein, Im Namen des deutschen Volkes, S. 96.

50 Siehe hierzu: Anm. 23 und 24.

51 Kogon, a. a. O., S. 359.

verdeutlicht werden, und zwar an Mordtaten in zwei Nebenlagern des Konzentrationslagers Mauthausen, Melk und Gusen.

Dem Leiter des Häftlingsreviers in Melk wurde neben anderen Verbrechen zur Last gelegt, kranke Häftlinge (nach dem Urteil in mindestens 5, nach früheren Geständnissen in 100 oder sogar wenigstens 200 Fällen) eigenhändig erwürgt zu haben. Der Angeklagte verteidigte sich damit, der Lagerführer habe ihm zu verstehen gegeben, es seien «zuviel unnütze Fresser im Revier»; deshalb habe er versucht, das zu tun, was man offenbar von ihm erwartet habe. Dabei habe er sich immer solche Häftlinge ausgewählt, die nach seiner Ansicht nicht mehr lange zu leben hatten[52].

Ähnlich ist die Tatsituation im Fall des Schutzhaftlagerführers von Gusen, der wegen 282 selbständiger Verbrechen des Mordes verurteilt wurde. Als Tötungsart für die Massenvernichtung unerwünschter Häftlinge hatte sich in diesem Lager das «Totbaden» herausgebildet. Bei Appellen wählte der Lagerführer nach eigenem Gutdünken mehr oder minder umfangreiche Gruppen von Arbeitsunfähigen und Kranken aus, die dann in einer Duschanlage solange unter eiskaltes Wasser gestellt wurden, bis sie an Unterkühlung starben, infolge akuter Kreislaufstörungen bewußtlos zusammenbrachen, von SS-Leuten unter das Wasser getreten wurden und in den Becken erstickten oder aber sich Krankheiten zuzogen, denen sie wenige Tage später erlagen. Auf diese Weise sind in der Zeit vom Oktober 1941 bis Januar 1942 wenigstens 242 Häftlinge – wahrscheinlich aber mehr – ums Leben gekommen. Nach den Feststellungen des Gerichts erhielt der Schutzhaftlagerführer keine konkreten Tötungsbefehle; die «Wünsche» der oberen Dienststellen wurden ihm jedoch bei den regelmäßigen Dienstbesprechungen mitgeteilt. Im Urteil heißt es u. a.: «Als getreuer Gefolgsmann und eifriger Lagerführer, der im Interesse seiner Laufbahn seine Tätigkeit als Schutzhaftlagerführer zur vollen Zufriedenheit seiner Vorgesetzten auszuführen bestrebt war, wußte er, was man von ihm erwartete, und handelte danach.»[53]

In beiden Fällen ist übrigens deutlich geworden, daß sich das Verhalten der Täter nicht ausschließlich als opportunistische Unterordnung betrachten läßt, sondern daß eigene verbrecherische Antriebe hinzukamen. Im zuletzt genannten Fall konstatierte das Gericht

52 SchwG Fulda 3 Ks 1/60 (Muzikant).
53 SchwG Ansbach Ks 1ab/61 – 12/59 – (Chmielewski).

«ausgeprägte sadistische, zynische und grausame Züge», die auch in anderen Brutalitäten – z. B. exzessiven Mißhandlungen – zum Ausdruck kamen; außerdem war ein persönliches Interesse des Täters erkennbar, sein Lager von solchen Häftlingen zu «säubern», die «wirtschaftlich wertlos» waren oder Ausgangspunkt von Seuchen und Krankheiten sein konnten[54].

Die planmäßige Ausnützung der Willfährigkeit wird in den unteren Rängen fast noch deutlicher. In dem eben geschilderten Fall ließ der Gusener Schutzhaftlagerführer eine größere Zahl von Häftlingen durch SS-Leute und Häftlingsfunktionäre töten[55]. Dabei bediente er sich folgender Methode: Um bei den für die Ausführung vorgesehenen Funktionären Stimmung für die Massentötungen zu machen, bezeichnete er die arbeitsunfähigen und kranken Häftlinge häufig als «unnütze Fresser», die er nicht mehr sehen wolle oder die «abzuschreiben» seien, oder er äußerte auch: «Für Häftlinge, die nicht arbeiten wollen, oder Invalide ist kein deutsches Brot da!» Unterführer und Kapos sahen darin den Hinweis, daß solche Häftlinge getötet werden sollten, und taten, was von ihnen erwartet wurde. Insgesamt finden wir also eine die Apparatur durchlaufende Kette von Lenkungs- und Anpassungsvorgängen, ohne daß ein einziger unmittelbarer Tötungsbefehl erteilt worden wäre.

Diese indirekten Einflüsse sind oft – insbesondere als Massenphänomen – nur schwer objektivierbar; denn die Beziehung zwischen dem nur beiläufig geäußerten oder verhüllt zutage tretenden Willen der höheren Führer und dem willfährigen Verhalten der Untergebenen ist durchweg so irrational und so wenig an faßliche Kriterien gebunden, daß sie sich nur unter optimal günstigen Beweisbedingungen ausreichend konstruieren läßt.

Auch in den erwähnten Fällen ist nicht mit Gewißheit zu sagen, was Realität und was Schutzbehauptung ist. Umgekehrt sind auch Fälle denkbar, in denen die Abhängigkeit von fremder Steuerung dem Ausführenden unzureichend bewußt wurde. Die Erkenntnissituation ist also wesentlich schlechter als bei klaren Befehlsverhältnissen. Gelegentlich gibt es allerdings Indizien, die plötzlich Licht auf solche Steuerungsvorgänge werfen. Es gibt z. B. Fälle, in denen sich Verhaltenserwartungen und Mentalität eines Kommandanten in der Kriminalität des Lagerpersonals widerspiegelten. Die Ablösung von

54 Siehe Anm. 53.
55 Siehe Anm. 53.

Höß im Jahre 1943, die zu einer Eindämmung der Exzeßkriminalität in Auschwitz führte, ist dafür ein Beispiel[56].

e) Pogrombeteiligung

Für bestimmte Formen des Massenverbrechens – besonders Pogrome – war typisch, daß sie zwar oft als Gesamtaktion gesteuert, in bezug auf das Einzelverhalten jedoch relativ willkürlich waren. Die Steuerung bestand darin, daß die Machthaber und ihre Rädelsführer der Aggressivität ihrer bereits fanatisierten oder planmäßig aufgehetzten Anhängerschaft eine bestimmte Richtung gaben und sich auf diese Weise einer latenten Verbrechensbereitschaft als Terrorinstrument bedienten; gelenkt war in solchen Fällen jedoch nicht der konkrete Verlauf, sondern nur die Auslösung des Pogroms. Der einzelne Täter sah sich daher oft keinen bestimmten, sein Verhalten genau festlegenden Anordnungen gegenüber, sondern war nur in eine im massenpsychologischen Sinne suggestive Kollektivsituation mit bestimmten akuten Gewalttendenzen einbezogen.

Besonders deutlich wird der Mechanismus der «gelenkten Spontaneität» am Beispiel der Novemberpogrome des Jahres 1938 (der sogenannten «Reichskristallnacht»)[57]. Obwohl die Aktionen des 9. November zentral dirigiert waren, müssen doch die einzelnen Verbrechen zum Teil als spontane, befehlslose Gewaltakte angesehen werden. Ausgangspunkt der Pogrome bildeten Partei- und SA-Versammlungen, in deren Verlauf der Tod des Legationssekretärs vom Rath bekanntgegeben wurde.

Die Entwicklungsstadien des Terrors lassen sich am besten an einem typischen Einzelfall verfolgen[58], der sich in einer ostpreußischen Kleinstadt zutrug. Hier – wie auch an anderen Orten – rief die Mitteilung von der Ermordung vom Raths eine antisemitische Haßstimmung hervor, die von den Parteifunktionären noch weiter geschürt wurde. Einzelne SA-Leute erhielten den Auftrag, die Synagoge in Brand zu setzen. In Reden, die gehalten wurden, hieß es: der

56 Siehe Langbein, Im Namen des deutschen Volkes, S. 93. Vgl. auch unten S. 58 f.
57 Dazu Graml, Der 9. November 1938.
58 SchwG Paderborn 10 Ks 1/61 (Strysio/Kubin).

Attentäter sei Jude, das gesamte Judentum sei für den Mord verantwortlich. Es müsse etwas gegen die Juden unternommen werden, wobei diese nicht sanft angefaßt zu werden brauchten. Auch auf anderen Versammlungen wurden ähnliche Aufhetzreden gehalten, in denen erklärt wurde: Nicht der Jude Grynszpan, das ganze Judentum trage die Schuld am Tode vom Raths; das deutsche Volk nehme infolgedessen Rache am gesamten Judentum; im ganzen Reich würden die Synagogen in Brand gesetzt; jüdische Wohnungen und Geschäfte seien zu verwüsten, Leben und Eigentum der Arier jedoch zu schützen; ausländische Juden dürften nicht belästigt werden; die Aktion werde auf Befehl des Führers durchgeführt; die Polizei sei zurückgezogen worden; die Pistole sei mitzubringen; bei geringstem Widerstand sei rücksichtslos von der Waffe Gebrauch zu machen; als SA-Mann müsse nun jeder wissen, was er zu tun habe[59].

Die Folge waren antisemitische Äußerungen; SA-Leute forderten Vergeltung, andere zogen ihren Dolch; es fielen Worte wie: man solle doch die Juden «kaltmachen». Das nächste Stadium bestand in der Bekanntmachung, daß Razzien durchgeführt werden sollten, und in der Einteilung kleiner Trupps. Genaue Befehle wurden in dem hier zugrunde gelegten Fall nicht erteilt; allerdings wurden die Namen einiger jüdischer Familien genannt, bei denen Razzien durchgeführt werden sollten. Unklar blieb, was mit diesen Familien geschehen sollte. Offenbar lautete die Weisung nur, «verdächtige» Juden festzunehmen und zur brennenden Synagoge zu bringen. Auf die Frage eines SA-Mannes, was sie tun sollten, wenn sie angegriffen würden, erwiderte allerdings einer der Rädelsführer: «Wozu habt ihr euren Dolch!» Da einige SA-Leute keinen Dolch bei sich hatten, wurden Messer ausgegeben. Mit der Verteilung der Einzeltrupps über die Stadt war das gelenkte Auslösungsstadium beendet, und es schloß sich das weitgehend von individuellen Antrieben und Entschlüssen bestimmte Ausführungsstadium an. In einigen Fällen verhielten sich die SA-Leute so, wie es ihnen befohlen worden war, indem sie die Juden festnahmen; in anderen Fällen kam es jedoch zu blutigen Gewaltakten, bei denen die in ihren Wohnungen überfallenen Juden mißhandelt und getötet wurden. Der Gesamtverlauf macht deutlich, in welchem Maße die psychologischen Einflüsse planmäßiger Indoktrination wirksam waren, daß aber doch von

59. Siehe: Dok. PS-3063. Vgl. auch Graml a. a. O. S. 51 f.

einem genau fixierten Befehlsverhalten nicht gesprochen werden kann[60].

Die Methode, Pogrome zu organisieren, hat nicht nur bei antisemitischen Ausschreitungen der Vorkriegszeit eine Rolle gespielt, sondern sie wurde später zum festen Bestandteil der Massenvernichtungstechnik. Bereits die Entfesselung des Terrors in Polen in den Jahren 1939/40 war ein «Gemisch von organisierter Aktion und freier Willkür»[61]. Vor allem aber haben sich die Einsatzgruppen des Pogroms bedient, indem sie antisemitische Kräfte in den eroberten Ostgebieten zu judenfeindlichen Gewaltaktionen, zu selbsttätigen Razzien und Massenerschießungen mobilisierten[62]. Die Absicht, die hinter dieser Taktik steckte, war einmal, die eigenen Einheiten zu entlasten; vor allem aber ging es den Einsatzgruppen um eine psychologisch und propagandistisch wichtige Verlagerung der Verantwortung auf die einheimische Bevölkerung.

Das wird z. B. in einem Bericht des Führers der Einsatzgruppe A ganz klar ausgesprochen. Dort heißt es u. a.:

> «Aufgabe der Sicherheitspolizei mußte es sein, die Selbstreinigungsbestrebungen in Gang zu setzen und in die richtigen Bahnen zu lenken, um das gesteckte Säuberungsziel so schnell wie möglich zu erreichen. Nicht minder wesentlich war es, für die spätere Zeit die feststehende und beweisbare Tatsache zu schaffen, daß die befreite Bevölkerung aus sich selbst heraus zu den härtesten Maßnahmen gegen die bolschewistischen und jüdischen Gegner gegriffen hat, ohne daß eine Anweisung deutscher Stellen erkennbar ist. In Litauen gelang dies zum ersten Mal in Kauen durch den Einsatz der Partisanen. Es war überraschenderweise zunächst nicht einfach, dort ein Judenpogrom größeren Ausmaßes in Gang zu setzen. Dem Führer der ... Partisanengruppe ..., der hierbei in erster Linie herangezogen wurde, gelang es, auf Grund der ihm von dem in Kauen eingesetzten kleinen Vorkommando gegebenen Hinweise ein Pogrom einzuleiten, ohne daß nach außen irgendein deutscher Auftrag oder eine deutsche Anregung erkennbar wurde. Im Verlauf des ersten Pogroms in der Nacht vom 25.

60 Die Einzelheiten aus dem Urteil vgl. Anm. 58.

61 Broszat, Nationalsozialistische Polenpolitik, S. 38 ff.

62 Vgl. die Urteile: SchwG Ulm Ks 2/57 (Fischer-Schweder u. a.); SchwG Berlin (500) 3 P (K) Ks 1.62 (23.61) (Filbert u. a.); SchwG Tübingen Ks 2/61 (Wiechert/Schulz).

zum 26. 6. (1941) wurden über 1500 Juden von den litauischen Partisanen beseitigt, mehrere Synagogen angezündet oder anderweitig zerstört und ein jüdisches Wohnviertel mit rund 60 Häusern niedergebrannt. In den folgenden Nächten wurden in derselben Weise 2300 Juden unschädlich gemacht.»

Auch in einer Mitteilung Heydrichs an die Höheren SS- und Polizeiführer heißt es, daß den «Selbstreinigungsversuchen antikommunistischer oder antijüdischer Kreise in den neu zu besetzenden Gebieten» keine Hindernisse zu bereiten seien; sie seien «im Gegenteil, allerdings spurenlos, zu fördern, ohne daß sich diese örtlichen ‹Selbstschutz›-Kreise später auf Anordnungen oder gegebene politische Zusicherungen berufen» könnten[63].

Obwohl mir kein Prozeßmaterial mit genau analysierten Einzelfällen bekanntgeworden ist, kann doch vermutet werden, daß gewisse typische Aktionsverläufe organisierter Pogrome auch bei diesen Massendelikten wiederzufinden sind: insbesondere die relative Freiheit des Einzelverhaltens. Anders als bei den innerdeutschen Novemberpogromen waren die auslösenden Direktiven jedoch eindeutig auf die Ermordung der Juden gerichtet.

f) Eigenmächtige Befehle

Auch größere Vernichtungsaktionen waren nicht immer nahtlos in das System der Massenvernichtung – d. h. in die staatliche «Befehlsmaschinerie» – eingefügt. Manche Tatkomplexe – z. B. Liquidierungen aus situationsgebundener Zweckmäßigkeit, lokalisierte Pogrome, «wilde» Aktionen im Rahmen der Judenvernichtung, eigenmächtige Terrormaßnahmen einzelner SS-Führer – müssen als dezentralisierte, organisatorisch selbständige Kollektivverbrechen betrachtet werden, bei denen die Urheberschaft einzelner Befehlsgeber nachweisbar ist. Die Selbständigkeit solcher Kollektivexzesse war allerdings unterschiedlich groß. In manchen Fällen handelt es sich um Tötungsbefehle innerhalb größerer Aktionszusammenhänge. Das gilt beispielsweise für die massenweise Tötung von Häftlingen als «Maßnahme der Seuchenbekämpfung», für die Selektion arbeits-

63 Vgl. Dok. 180-L, IMT XXXVII, 670 ff., 862 (Stahlecker-Bericht) sowie An. II, S. 364 f. (Mitteilung Heydrich).

unfähiger Häftlinge, um in überfüllten KZ-Unterkünften und Krankenrevieren «Platz zu schaffen», für die Ermordung «nutzloser Esser» oder für «vorweggenommene» Vernichtungen, wenn der Transportraum in den Deportationszügen nicht ausreichte.

So kennen wir einen Fall, in dem ein Kommandeur der Sicherheitspolizei und des SD die Erschießung körperbeschädigter und verkrüppelter Kriegsgefangener anordnete, weil er in ihnen eine «unnötige Belastung» der deutschen Dienststellen sah und es überflüssig fand, derart «nutzlose Menschen» weiter am Leben zu lassen. Ein Befehl dazu lag nicht vor[64].

Auch örtliche Pogrome wurden eigenmächtig ausgelöst. Ein SS-Offizier ordnete in einer jugoslawischen Kleinstadt, in der vor allem Volksdeutsche lebten, Gewaltakte gegen die jüdische Minorität an, bei denen die Synagoge verwüstet, Häuser demoliert und Juden festgenommen, mißhandelt und erschossen wurden[65].

In einem anderen Verfahren ging es um die Ermordung einer Gruppe von Geistesschwachen bei der Räumung eines Frontstadtkrankenhauses im April 1945. Obwohl die Kranken nach der Anweisung des Kampfkommandanten aus dem Orte zu entfernen waren, wofür ausreichende Transportmittel zur Verfügung standen, beschlossen mehrere Parteifunktionäre, darunter der Leiter des Gesundheitsamtes, die Patienten zu töten, da sie die Umständlichkeit des Abtransportes und der weiteren Unterbringung der Kranken scheuten, die für sie ohnehin «nur lebensunwerte, aus dem deutschen Volkskörper auszumerzende Individuen» waren. Es kam zu einem erbarmungslosen Gemetzel, bei dem wahllos auf die schreienden und flüchtenden Opfer eingeschossen wurde, von denen viele zunächst nur verletzt wurden und erst den Tod fanden, nachdem sie einen Nachschuß bekommen hatten[66]. Diesem Massaker lagen keinerlei Befehle zugrunde. Es war ein letzter, durch den allgemeinen Zusammenbruch begünstigter Exzeß der «Vernichtung unwerten Lebens», der als völlig isolierter Vorgang betrachtet werden muß.

64 SchwG Berlin (500) 3 P Ks 1/57 – 11/57 (Feststellungen in der Sache Knop und Hülsdünker, die sich jedoch nicht auf die Angeklagten beziehen).

65 SchwG Tübingen Ks 9/61 (Eichinger u. a).

66 SchwG Berlin Ks 2/59 (Dr. Matthes u. a.) sowie BGH 5 StR 581/60 in derselben Sache.

2. Initiativtaten

Die meisten Verbrechen oder verbrecherischen Teilakte – vor allem solche, die im Rahmen des Vernichtungssystems begangen wurden – lassen sich auf Befehle zurückführen. Trotzdem konnte der einzelne Täter auf relativ selbständige Weise an ihnen beteiligt sein. Sehr oft zeigt die genauere Verhaltensanalyse, daß die Ausführung auch von persönlichen Antrieben mitbestimmt wurde.

a) Freiwillige Beteiligung

Freiwilligkeit – hier nicht auf die Organisationszugehörigkeit, sondern auf die konkrete Tat bezogen – bezeichnet die befehlslose Beteiligung an befohlenen Verbrechen. Die Befehlssituation des Kollektivs konnte also eine andere sein als die des einzelnen. Im – allerdings wohl ausnahmsweisen – Extremfall bestand eine Einheit, die auf Befehl mordete, ausschließlich aus Freiwilligen.
So erinnerte sich ein Polizeioffizier bei seiner Vernehmung, daß sich bei einer Erschießung «so viele Leute gemeldet haben, daß es nicht erforderlich wurde, welche zu bestimmen»[67]. Ein Unterführer derselben Einheit bestätigte, daß die Erschießungskommandos aus Freiwilligen gebildet wurden[68]. Allerdings ist die psychologische Situation einer solchen Freiwilligkeit oft nur schwer zu beurteilen. Nur wenige Fälle dieser Art sind Gegenstand eines Strafverfahrens und damit einer wirklich gründlichen Einzeluntersuchung gewesen. Die meisten Fälle kennen wir nur aus der zeitgeschichtlichen und dokumentarischen Literatur und aus Zeugenberichten. Es ist daher nicht immer eindeutig zu erkennen, ob ein solcher Exekutionsteilnehmer wirklich aus eigenem Antrieb handelte oder dem für totalitäre Verhältnisse so typischen «freiwilligen Zwang»[69] unterlag, bei dem zwar die Entscheidungsfreiheit formal gewahrt war, der einzelne sich jedoch dem Appell an die Freiwilligkeit nur schwer entziehen konnte. Auch ist der Vorgang der Abstumpfung in Betracht zu zie-

67 ZStL 4 AR-Z 82/61.
68 A. a. O.
69 Buchheim, Die Lebensbedingungen unter totalitärer Herrschaft, S. 103.

hen: was zunächst auf Befehl geschah, konnte später selbstverständlich werden. Ein Polizeireservist sagte beispielsweise über einen einzelnen Tatkomplex aus, daß die Exekutionsteilnehmer zu Anfang bestimmt wurden, daß sich jedoch später, «nachdem sich die Leute an das Blutbad gewöhnt hatten», genügend Freiwillige fanden[70].
Immerhin gibt es manche Anhaltspunkte dafür, daß die Zahl derjenigen, die ohne jeden psychologischen Druck an Massentötungen teilnahmen, sich Exekutionstrupps anschlossen, ihre Mithilfe anboten oder an der Exekutionsstätte von sich aus mitschossen, nicht klein gewesen sein kann[71]. Diese Hilfsbereitschaft ist offenbar keineswegs immer als erwünscht angesehen worden. So heißt es z. B. in einem Bericht des Rüstungsinspektors in der Ukraine vom Dezember 1941: «... später wurde eine planmäßige Erschießung von Juden durch dazu eigens abgestellte Formationen der Ordnungspolizei durchgeführt. Sie erfolgte durchaus öffentlich und vielfach leider auch unter freiwilliger Beteiligung von Wehrmachtsangehörigen»[72].
Aus Aussagen und Berichten ist zu entnehmen, daß für freiwillig mitwirkende Angehörige der SS oder der Einheimischenverbände oft ein Anreiz darin bestand, «daß bei diesen Exekutionen etwas zu gewinnen war»[73]. Auch aus Konzentrations- und Vernichtungslagern lassen sich Fälle von Freiwilligkeit nachweisen, z. B. Meldungen zum Vollzug von Lagerstrafen, aber auch Andrang zu Vergasungsaktionen «wegen der dabei abfallenden Sonderverpflegung»[74].
In dem untersuchten Prozeßmaterial fanden sich nur zwei Fälle, die erwähnenswert sind:
Im ersten Fall hatte ein Angehöriger der «Technischen Nothilfe», der an sich mit Sprengungsaufgaben beauftragt war, zufällig von einem bevorstehenden Einsatz erfahren und daraufhin bei dem zuständigen Offizier die Genehmigung zur Teilnahme erwirkt. Am Exekutionsort hielt er sich meistens in unmittelbarer Nähe der Offiziere auf und machte Fotoaufnahmen von den Erschießungen und dem Antransport der Opfer. Er wurde verurteilt, weil er die zum Teil unerfahrenen und nervösen Polizisten bei dieser besonders

70 StA Dortmund 45 Js 7/62.
71 Hilberg, S. 214.
72 Nürnberger WVHA-Urteil, zitiert nach Kempner, SS im Kreuzverhör, S. 126.
73 Vgl. Henkys, S. 119, m. weit. Hinw.
74 Auschwitz-Tagebuch von Prof. Kremer. Eintragung vom 5. 9. 1942. Nach: Schoenberner, Wir haben es gesehen, S. 261.

grausamen Aktion angefeuert und Vorschläge für die Erschießung von Frauen und Kindern gemacht hatte. Als zwei Kinder sich an den Beinen ihres Vaters festklammerten, so daß er nicht zum Erschießungsplatz gehen konnte, gab er den Rat, sie von den Beinen abzuschießen[75].

Der zweite Fall betrifft die Hilfswilligkeit des Polizeidirektors von Memel, der von sich aus ein Exekutionskommando zur Verfügung stellte, um die Staatspolizeistelle in Tilsit bei Massenerschießungen im litauischen Grenzgebiet zu unterstützen. Die Staatspolizeistelle hatte ihm gegenüber keinerlei Weisungsbefugnisse und ihn nur im Wege der Amtshilfe um ein Absperrkommando gebeten. Er entschloß sich sofort, die Exekution mit der von ihm angeforderten Schutzpolizei durchführen zu lassen, da es – so seine Erläuterungen am Tatort – «doch lächerlich sei», die Stapo und den SD in Tilsit mit ihren paar Männern eine so große Anzahl von Gefangenen allein exekutieren zu lassen. Er erschien – nach Meinung des Ulmer Schwurgerichts aus Geltungsbedürfnis – persönlich an der Erschießungsstätte, erteilte dort Anweisungen und gab selbst mehrere Pistolenschüsse auf flüchtende oder sich zur Wehr setzende Opfer ab. Bemerkenswert ist, daß er mit seiner Aktivität bestehende Vorschriften verletzte, die ihm die völlig korrekte Möglichkeit gegeben hätten, die Teilnahme an der Aktion überhaupt zu verweigern. Denn für die Schutzpolizei bestand grundsätzlich das Verbot, als Exekutionskommando an Erschießungen mitzuwirken, da es sich bei ihnen um «polizeifremde Angelegenheiten» handelte. Außerdem bedurfte die Schutzpolizei für einen Einsatz außerhalb des Reichsgebietes der Erlaubnis des Hauptamtes der Ordnungspolizei in Berlin, die in Notfällen durch eine Entscheidung des Inspektors der Ordnungspolizei in Königsberg ersetzt werden konnte. Die Apparatur, d. h. der Befehlsmechanismus mit seinen streng geregelten Zuständigkeiten und Weisungsbefugnissen, hätte also auch einmal ein formales Hemmnis für die Verbrechensausführung sein können, über das sich der zur Mitwirkung entschlossene Aktivist jedoch einfach hinwegsetzte[76].

75 SchwG Gießen 2 Ks 1/62 (Fall Pillich). Hierzu auch Henkys, S. 91.
76 SchwG Ulm Ks 2/57 (Fischer-Schweder).

b) Selbständige Einzeltaten

Aber selbst dort, wo der einzelne auf Befehl an Vernichtungsaktionen teilnahm, konnten Verbrechen, die er im Verlauf solcher Aktionen beging, durchaus auch spontan sein. Sie waren zwar im allgemeinen durch generelle Befehle gedeckt, konnten dabei aber persönlichen und ganz momentanen Antrieben entspringen.
Das gilt z. B. für folgenden Fall: Die Juden eines Dorfes, in dem eine «Durchkämmungsaktion» bevorstand, waren rechtzeitig gewarnt worden und hatten sich versteckt. Dem Liquidierungstrupp fiel jedoch eine ältere Frau in die Hände, die ein Kind bei sich hatte. Als sie das Versteck ihrer Leidensgenossen nicht preisgeben wollte, riß ihr einer der Männer das Kind vom Arm, packte es an den Beinen und zerschmetterte den Kopf an einem Türpfosten. Die Frau, völlig außer Fassung gebracht, ließ sich daraufhin das Versteck entlocken. Der Täter soll die Tat seinen Kameraden gegenüber mit den Worten kommentiert haben: «Man muß es eben nur verstehen!» [77]
Es ist völlig eindeutig, daß diese Untat, obwohl im Rahmen einer gelenkten Aktion begangen, doch nicht auf einen konkreten Befehl zurückzuführen ist.
Auch bei Einzelbefehlen konnte es sich ähnlich verhalten. Als z. B. dem Kommandanten der Sicherheitspolizei und des SD in Kowno Anfang 1942 – etwa ein halbes Jahr nach der ersten großen Mordwelle der Einsatzgruppen – die Frage vorgelegt wurde, was mit zwölf noch in litauischem Polizeigewahrsam befindlichen Juden – darunter drei Frauen und zwei Kindern – zu geschehen habe, äußerte er sein Mißfallen darüber, daß sich noch Juden am Leben befänden, und verlangte die sofortige Exekution[78]. Dieser Befehl war zwar eine Einzelentscheidung, die im Zusammenhang mit einer umfangreichen Aktivität innerhalb der Massenvernichtung gesehen werden muß; sie war jedoch durch keine Anordnung zwingend vorgeschrieben.
Auch große Vernichtungsaktionen wurden von Einsatzkommandos selbständig durchgeführt. So heißt es bereits im Nürnberger Einsatzgruppenurteil aus dem Jahre 1948: «Es scheint, daß die Kom-

77 Fall aus einer Voruntersuchung. Vgl. auch Henkys, S. 117 und Anm. 220.
78 SchwG Dortmund 10 Ks 1/61 (Krumbach u. a.). Dieser Vorfall bezieht sich nicht auf einen der dort Angeklagten.

mandos neben den Hinrichtungen, die sie gemäß den ihnen erteilten Befehlen ausführten, noch bereit waren, auf Verlangen zu morden. Einsatzgruppe C meldet, daß ein Teilkommando des Sonderkommandos 4a, welches durch Tschernigow kam, von dem Direktor des Irrenhauses gebeten wurde, 270 unheilbar Kranke zu liquidieren. Das Teilkommando entsprach dieser Bitte.»[79] Es handelt sich also um eine Spontanaktion innerhalb eines Massenvernichtungseinsatzes, zu der kein spezieller Befehl vorlag.

Sehr ähnlich war die Situation in folgendem Fall: Ein Teiltrupp führte eine Partisanenaktion durch. Man fand jedoch keine Partisanen, dafür aber eine Vielzahl von Juden; mindestens 50 dieser Juden – darunter auch Frauen – wurden daraufhin eingefangen und durch Genickschuß getötet. Der «allgemeine» Erschießungsbefehl – so erklärte der Führer dieser Einheit vor Gericht – sei für ihn in dieser Situation zu einem «konkreten» Erschießungsbefehl geworden, da er sich des allgemeinen Befehls stets bewußt gewesen sei[80]. Oft handelte es sich um Rahmenbefehle, die ganz generell anordneten, daß jeder Jude zu erschießen sei; die Taten wurden dann bei späterer Gelegenheit ohne nochmalige konkrete Weisungen begangen[81]. Der Anlaß zu selbständigen Aktionen war manchmal ganz situativ. In einem Fall z. B. wurden 10 geisteskranke, völlig vernachlässigte Kinder erschossen, weil sie nach Auffassung eines Lazarettarztes «einen Seuchenherd erster Ordnung» darstellten und daher «ihre Erschießung geboten» erschien[82]. Eine solche Erschießung wurde von den Einheiten der Einsatzkommandos dann gleich «miterledigt».

In Verbrechenskomplexen aus Vernichtungslagern finden wir auch immer wieder Fälle, in denen Angehörige des Lagerpersonals außer befohlenen Tötungen noch zusätzliche Gewalttaten begingen. In Treblinka tötete ein SS-Unterscharführer mehrere Häftlinge ohne Befehl. Fünf Häftlinge wurden von ihm durch Kopf- oder Genickschüsse ermordet; ein Opfer wurde mit einem Spaten erschlagen. In wenigstens vier Fällen ermordete er jeweils mehrere Kinder im Alter von 1½ bis 2 Jahren, indem er sie an einem Eisenbahnwagen

79 Siehe: Fall 9, S. 41. Entsprechend auch: Kempner, a. a. O., S. 26.
80 SchwG Bonn 8 Ks 2/62 (Döring).
81 Erwähnt im Urteil SchwG Berlin (500) 3 P Ks 1/57 (Knop u. a.).
82 SchwG Bonn 8 Ks 2/62 (Döring) und die dort erwähnte Ereignismeldung Nr. 148.

zerschmetterte[83]. Diese Verbrechen sind in ihrem Erscheinungsbild manchen der schon geschilderten Willkürtaten sehr ähnlich; sie unterscheiden sich jedoch dadurch, daß sie in einem noch unmittelbareren Zusammenhang mit der Massenvernichtung standen.

In manchen Fällen kann insofern von einer Verselbständigung des Verbrechens gesprochen werden, als Tötungen, die zunächst nur auf ausdrücklichen Befehl begangen wurden, später relativ eigenmächtig fortgeführt wurden. So nahm ein Sanitätsdienstgrad in Auschwitz selbständige Krankenaussonderungen vor, indem er von sich aus Häftlinge zur Tötung bestimmte, Selektionen durchführte, wenn der zuständige Arzt Urlaub hatte, oder «Zahlen nach oben abrundete»[84]. Der Befehl hatte in solchen Fällen nur die Bedeutung eines Initialvorgangs, der eine umfangreiche verbrecherische Gesamtaktivität auslöste, ohne jedoch das Einzelverhalten genau zu steuern und eine Eigeninitiative des Befehlsempfängers auszuschließen.

c) Eigene Befehlsgewalt

Initiative gab es auch dort, wo Funktionäre eigene Entscheidungen zu treffen hatten. Obwohl die «Endlösung» auf einen – allerdings niemals schriftlich fixierten – Grundsatzbefehl Hitlers zurückführbar ist, kann der Verlauf dieser riesenhaften, weitverzweigten Vernichtungsaktion doch nicht einfach als zentralgesteuerter, mechanischer Ausführungsvorgang angesehen werden, der dem individuellen Einfluß völlig entzogen war. Der Befehl bedurfte im Einzelfall immer noch der weiteren Konkretisierung und Anpassung an unvorhersehbare Situationen und wechselnde Interessen; er war auch, z. B. was den Umfang der Vernichtung, aber ebenso die Ausnahmen betrifft, einer weiteren Interpretation bedürftig. Bereits das Prinzip der Arbeitsausbeutung und Selektion enthielt eine Modifikation des Befehls, die zeitweise zu Meinungsverschiedenheiten – namentlich zwischen dem Reichssicherheitshauptamt und dem Wirtschafts- und Verwaltungshauptamt – darüber führte, welches Prinzip den Vorrang haben solle: die Judenausrottung oder die Interessen der Rüstungsindustrie. Das Reichssicherheitshauptamt wollte möglichst viele Ju-

83 SchwG Frankfurt/M. 14/53 Ks 1/50 sowie BGH 3 StR 672/52 (Hirtreiter).
84 SchwG Frankfurt/M. 4 Ks 2/63 (Mulka u. a.).

den ausrotten, das Wirtschafts- und Verwaltungshauptamt dagegen möglichst viele Arbeitskräfte bekommen[85].

Der Grundsatzbefehl konnte also nur eine allgemeine Richtlinie schaffen, nicht aber die zahllosen Funktionäre, die an den Verbrechen mitwirkten, über Jahre hinweg auf ein bestimmtes Verhalten in sämtlichen nur denkbaren Situationen festlegen. Er war eine viel zu abstrakte Norm, um den konkreten Ablauf der Aktionen zu regeln und zu lenken, und schon deshalb auf die Initiative zahlreicher Befehlsgeber geradezu angewiesen. Um ihn in die Tat umzusetzen, d. h. um Millionen Menschen aus ganz Europa einzufangen, zu den Vernichtungsstätten zu deportieren und dort zu ermorden, war eine Unzahl weiterer Entscheidungen nötig, ohne die der generelle Befehl folgenlos geblieben wäre. Mindestens für viele höhere Funktionäre gab es daher einen Ermessensspielraum für eigene Entscheidungen. Das soll an zwei Beispielen illustriert werden, die beide aus dem Bereich der Einsatzkommandoverbrechen stammen.

Aufschlußreich in bezug auf diese Entscheidungsbefugnisse ist zunächst ein Bericht des Einsatzkommandos 3 vom 1. Dezember 1941 über die Erschießungsaktionen dieser Einheit. Der Führer des Einsatzkommandos gibt dort eine Gesamtaufstellung über die – «auf meine Anordnung und meinen Befehl» – durchgeführten Exekutionen, denen insgesamt 137 346 Menschen zum Opfer fielen. In diesem Bericht heißt es u. a.: «Ich kann heute feststellen, daß das Ziel, das Judenproblem für Litauen zu lösen, vom EK 3 erreicht worden ist. In Litauen gibt es keine Juden mehr, außer den Arbeitsjuden incl. ihrer Familien ... Diese Arbeitsjuden incl. ihrer Familien wollte ich ebenfalls umlegen, was mir jedoch scharfe Kampfansagen der Zivilverwaltung (dem [sic!] Reichskommissar) und der Wehrmacht eintrug und das Verbot auslöste: Diese Juden dürfen nicht erschossen werden ...» Der Bericht fährt fort: «Ich betrachte die Judenaktion für das EK 3 in der Hauptsache als abgeschlossen ... Ich bin der Ansicht, daß sofort mit der Sterilisation der männlichen Arbeitsjuden begonnen wird, um eine Fortpflanzung zu verhindern. Wird trotzdem eine Jüdin schwanger, so ist sie zu liquidieren ...»[86] Die Befehlsgewalt des Einzelführers ist hier unverkennbar.

Noch deutlicher wird die Mentalität und der persönliche Einfluß mancher höherer Funktionäre auf den Verlauf von Vernichtungs-

85 Vgl. Höß, S. 138 und 163.

86 Sowj. Dok. Mat. Film 3 Bild 30-38 (ZStL).

aktionen im Fall eines Einsatzkommandoführers, der des gemeinschaftlichen Mordes von 6800 Menschen für schuldig befunden wurde. Der Angeklagte, ein überzeugter Antisemit, wurde von ehemaligen Untergebenen als der «Motor» des von ihm geleiteten Einsatzkommandos geschildert; wir wissen außerdem, daß er die Empfehlung seines Vorgesetzten, sich bei Judenerschießungen größere Zurückhaltung aufzuerlegen, mit dem brüsken Hinweis zurückwies, er habe seine Befehle aus Berlin mitgebracht und werde sie auch ausführen. Zur Befehlssituation stellte das Gericht fest: «Es war dem Ermessen des Angeklagten überlassen, ob er alle jüdischen Einwohner einer Ortschaft umbringen und ob er überhaupt mit dem Einsatzkommando alle erreichbaren Ortschaften nach Juden durchsuchen ließ ... Dem Angeklagten, der insoweit kaum überwacht werden konnte, stand es in vielen Fällen frei, Juden am Leben zu lassen.» Die Beweisaufnahme ergab, daß er «immer wieder das Bestreben gezeigt hat, auch den letzten Juden erschießen zu lassen, der von dem Einsatzkommando ergriffen werden konnte. Er war in seinem Befehlsbereich der einzige Befehlsgeber, der im Einzelfall zu entscheiden hatte, ob Juden umzubringen waren oder nicht. Einzelbefehle hat er von seinen Vorgesetzten nicht erhalten.» [87]

d) Initiative nach oben

Der organisatorische Mechanismus der Massenvernichtung funktionierte aber nicht nur auf Grund einer streng hierarchischen Befehlslenkung «von oben nach unten», sondern es gab auch eine «Initiative nach oben». Wie in jeder Bürokratie, so wurden auch hier Aufgaben delegiert. Untere Dienststellen hatten Vorschläge zu unterbreiten und konnten Anregungen geben, die entweder gebilligt oder abgelehnt wurden. Zwar blieb die Hierarchie der Entscheidungsbefugnisse – d. h. das formelle System der Verantwortlichkeit – gewahrt; die untergeordneten Dienststellen erlangten jedoch durch ihren praktischen Einfluß auf die Aktionen eine gewisse Schlüsselstellung in dem Geschehen, während die Entscheidungen ihrer Vorgesetzten mehr den Charakter von Ermächtigungen und Genehmigungen bekamen.

87 SchwG Berlin (500) 3 P (K) Ks 1/62 (Filbert).

Eichmann erinnerte sich in Jerusalem z. B. daran, daß seine Judenreferenten in den besetzten Gebieten darüber Bericht erstatteten, welche Maßnahmen «praktisch überhaupt durchführbar» seien, und daß er dann einen zusammenfassenden Bericht gemacht habe, der entweder genehmigt oder verworfen wurde: «Es konnte also in der Praxis dann so sein, daß ein Vorschlag, der von Paris kam, oder ein Vorschlag, der ... aus dem Haag [sic!] kam, 14 Tage später als vom Reichssicherheitshauptamt bestätigte Richtlinie nach Paris bzw. nach dem Haag abging.» [88]

Der Befehl wechselte hier also gewissermaßen seine Funktion; er veranlaßte das Handeln nicht, sondern entlastete von der Verantwortung. So sagte der Zeuge Wisliceny in Nürnberg über seinen Vorgesetzten Eichmann, er habe immer wieder darauf hingewiesen, daß es das Wichtigste sei, jederzeit von oben gedeckt zu sein. «Er selbst scheute jede eigene Verantwortung und war sehr bemüht, für alle Maßnahmen, die er traf, eine Deckung seiner Verantwortlichkeit seinen Vorgesetzten gegenüber ... zu erlangen.» [89] Verantwortlichkeit wird hier also rein formal verstanden; derjenige, der «von oben gedeckt» war, konnte trotzdem durchaus der Urheber einer Terrormaßnahme sein.

Initiative nach oben hat vor allem dort eine Rolle gespielt, wo es sich um Verbrechen von Experten – wie z. B. bei den medizinischen Menschenversuchen – handelte. Hier hing es oft von den Ausführenden selbst ab, welche Experimente sie durchführen wollten und ob sie bestimmte Versuche überhaupt für wünschenswert hielten; der Reichsführer-SS wurde dann lediglich um seine Zustimmung ersucht [90].

Das vielleicht krasseste und bekannteste Beispiel einer solchen Initiative ist der – wenn auch letztlich gescheiterte – Vorstoß des Gauleiters Greiser, der Himmler den Vorschlag unterbreitete, «im Warthegau die Fälle der offenen Tbc innerhalb des polnischen Volkstums ausmerzen zu lassen», und ihn um die Genehmigung bat, mit dem «vorhandenen und eingearbeiteten Sonderkommando im Anschluß an die Judenaktion» den Gau von etwa 35 000 tuberkulösen Polen «befreien» zu dürfen [91]. Der Plan fand zunächst die Billigung

88 Zitiert nach Hannah Arendt, Eichmann in Jerusalem, S. 192.
89 IMT IV, 400.
90 Siehe etwa Mitscherlich, Medizin ohne Menschlichkeit, z. B. S. 20 f.
91 Mitscherlich, a. a. O., S. 230.

Himmlers und Heydrichs, wurde jedoch später fallengelassen, insbesondere wohl deshalb, weil die Geheimhaltung sich als unmöglich erwies[92]. Wäre es zu einem solchen Vernichtungsbefehl gekommen, so wäre Greiser zwar im rein formalen Sinne «Befehlsempfänger» gewesen. Seiner Rolle als Initiator hätte das jedoch keinen Abbruch getan.

e) Kooperatives Verhalten

Als Initiative innerhalb gelenkter Aktionen müssen auch viele Tatbeiträge betrachtet werden, mit denen einzelne Funktionäre die Massenvernichtung förderten. Man muß hier einmal bedenken, daß nicht jedes menschliche Verhalten befehlbar ist. Viele intellektuelle Tatbeiträge beispielsweise waren ihrer ganzen Natur nach jeder Befehlslenkung entzogen. Ein Funktionär konnte zwar den Befehl bekommen, an einer Erschießung teilzunehmen; er konnte aber nicht gezwungen werden, bestimmte Ideen und Einfälle zu haben, wie die Vernichtung technisch am besten durchzuführen sei. Bestimmte Formen der Beteiligung waren daher nur kooperativ möglich; sie setzten die Bereitschaft zur Mitwirkung voraus.

Welche Bedeutung diese Bereitschaft gehabt hat, wird einem klar, wenn man bedenkt, daß die Methoden der Vernichtung durch den Grundsatzbefehl nicht schon vorgegeben waren, sondern vielfach erst erdacht werden mußten. Hier bestand für die Funktionäre ein weites Betätigungsfeld. Um die «praktischsten» Lösungen zu finden, bedurfte es nicht des mechanischen Gehorsams, sondern der destruktiven technischen und organisatorischen Phantasie des einzelnen. Gaswagen, Gaskammern, Totbade- und Genickschußanlagen, in denen die Opfer bei vorgetäuschten ärztlichen Untersuchungen durch ein Loch in der Meßlatte, mit der angeblich die Körpergröße festgestellt werden sollte, vom Nebenraum aus erschossen wurden[93], mußten erst erfunden und geschaffen werden; sie waren nicht von Anfang an vorhanden.

In welchem Maße die produktive Mitwirkung des einzelnen vom

92 A. a. O., S. 231 ff.

93 KZ-Verbrechen, S. 332. Diese Praxis bestand auch in anderen Lagern. Siehe z. B. über das Lager Hinzert: SchwG Trier 5 Ks 4/61 (Brendel/Fenchel).

Regime beansprucht wurde, mag ein Beispiel verdeutlichen. Zu den Spezialisten der Massenvernichtung – zunächst der Geisteskrankentötung, später der Judenausrottung – gehörte der ehemalige Kriminalrat Christian Wirth. Im ersten Nürnberger Prozeß erwähnte ein Zeuge ein Gespräch, das er mit Wirth über die Krankenvernichtung geführt hatte: «Wirth schilderte mir sehr lebhaft, wie er an die Ausführung herangegangen sei, daß er dabei keinerlei Hinweise gefunden habe, keinerlei Hilfe, sondern daß er alles aus sich selbst heraus habe finden müssen. Man hatte ihm lediglich eine alte geräumte Anstalt in Brandenburg überlassen. In Brandenburg hatte er seine ersten Versuche unternommen und ist dann nach vielen Überlegungen und Einzelausführungen zu dem späteren System gekommen. Dieses System wurde nun in großem Rahmen bei dieser Irrenaktion angewandt.» Später hat Wirth das System dann mit einigen «Abwandlungen und Verbesserungen» auf die Judenvernichtung übertragen[94]. Das Bild des kooperativen Verhaltens hebt sich hier sehr deutlich vom Gehorsam ab.

f) Persönliche Aktivität

Immer wieder hingen Umfang und Tempo der Massenvernichtung – und damit das Schicksal vieler Menschen – von der Energie ab, mit der leitende, aber auch untergeordnete Funktionäre die Aktionen vorantrieben. Das wird allerdings erst deutlich, wenn man konkrete Handlungsdetails betrachtet.

Ein Beispiel bildet ein Tatkomplex aus dem Bereich der Einsatzkommandomorde: Gleich zu Beginn des Rußlandkrieges führte das Tilsiter Einsatzkommando «Säuberungsaktionen» im litauischen Grenzgebiet durch, denen nach einem Bericht des Einsatzgruppenführers Stahlecker 5502 Menschen – in ihrer weit überwiegenden Mehrzahl Juden – zum Opfer fielen[95]. Bereits das Verhalten des Einsatzgruppenführers, soweit es heute durch Zeugenaussagen noch rekonstruierbar ist[96], bot das Bild extremer persönlicher Aktivität.

94 Aussage Dr. Morgen. IMT XX, 540.

95 Dok. 180-L (sog. «Stahlecker-Bericht»). IMT XXXVII, 670 ff., 703. Außerdem: SchwG Ulm Ks 2/57 (Fischer-Schweder u. a.).

96 Stahlecker ist 1942 gefallen.

Er überbrachte dem Einsatzkommando den Befehl zu den Aktionen und veranlaßte alle nötigen Vorbereitungen. Schwierigkeiten, wie sie sich gerade in diesem ersten Stadium der Massenvernichtung notwendig ergaben, versuchte er mit allen Mitteln zu überwinden. Er machte Vorschläge, wie ein reibungsloser Ablauf der Exekutionen am besten zu gewährleisten sei, widersprach Einwänden gegen die technische Durchführbarkeit, beschwichtigte Bedenken von Untergebenen, bemühte sich, das Geschehen – z. B. durch Vorspiegelung falscher Exekutionsgründe – zu tarnen und drängte immer wieder auf schnelle Ausführung der Befehle[97]. Eine ähnliche Aktivität finden wir auch bei dem Führer des Kommandos, das dann die Vernichtungsaktionen durchzuführen hatte. Das Gericht stellte fest, daß er die Juden «mit einer geradezu eisernen Konsequenz» ausrottete, so daß es nach dem Beweisergebnis nur ganz wenigen gelang, ihr Leben zu retten[98]. Zu dieser «eisernen Konsequenz» gehörte zum Beispiel, daß er bei einer Aktion die Häuser nochmals durchsuchen ließ, weil er den Eindruck hatte, daß noch nicht alle männlichen Juden zusammengetrieben worden waren. Bei dieser erneuten «Durchkämmung» wurden daraufhin noch weitere 60 Opfer eingefangen und gleich anschließend erschossen. Ein Teil der Exekutionen wurde einzelnen Grenzpolizeikommissariaten überlassen, die sie «in eigener Regie und nach eigenem Ermessen» durchführten[99].

Zu den Instruktionen, die der Führer des Einsatzkommandos erhielt und die er als allgemeine Anweisung an seine Untergebenen weitergab, gehörte auch, daß sämtliche jüdischen Frauen und Kinder in die Vernichtung einzubeziehen seien. Ohne einen Sonderauftrag zu haben, schaltete sich daraufhin ein Angehöriger des Kommandos bei nächster Gelegenheit in eine örtliche Landratsbesprechung ein und verlangte die alsbaldige Tötung der Frauen und Kinder, die nur «unnütze Esser» seien[100]. Betrachtet man diesen sich immer mehr konkretisierenden Einzelvorgang, so findet man nicht nur eine Kette von Befehlen, sondern ebenso eine Kette von Initiativakten, die die ganze organisatorische Hierarchie durchzog.

Ein weiteres Beispiel dafür, daß die Vernichtungsmaschinerie durch die Aktivität einzelner Funktionäre in Betrieb gehalten wurde, bil-

97 SchwG Ulm Ks 2/57.
98 A. a. O.
99 Feststellungen des SchwG Dortmund 10 Ks 1/61 (Krumbach u. a.).
100 SchwG Ulm Ks 2/57 (Fischer-Schweder u. a.).

det eine Episode, die im Eichmann-Prozeß eine Rolle spielte: Als im Juli 1942 ein Transportzug aus Bordeaux von der Pariser Dienststelle zurückgehalten wurde, hatte das einen zornigen Anruf Eichmanns zur Folge. Über das Telefongespräch existiert eine Aufzeichnung. Eichmann bezeichnete die Verzögerung als blamabel, die sofortige Durchführung des Transportes als Prestigeangelegenheit und drohte damit, Frankreich als «Abschubland» fallenzulassen, falls die übrigen Züge nicht planmäßig fahren würden[101]. Ob Eichmann wirklich die Macht hatte, Frankreich «fallenzulassen», mag in diesem Zusammenhang offen bleiben; Hannah Arendt hat das bezweifelt, diese telefonische Äußerung als «eine von Eichmanns lächerlichen Prahlereien» bezeichnet und in ihr mehr die Drohung gesehen, seinen Untergebenen die komfortablen Auslandsposten zu entziehen[102]. Unbezweifelbar ist jedoch, daß die individuelle Situation nicht einfach als Gehorsam angesehen werden kann, sondern daß Eichmann hier in die Deportationen antreibend und steuernd eingriff.

Eine besondere Rolle spielte Eichmann bei der Deportation der Juden aus Ungarn. An der Spitze einer Sondereinheit erschien er im Frühjahr 1944 in Budapest, um das Land «durchzukämmen» und die Juden nach Auschwitz zu schaffen. Die Aktionen vollzogen sich nach der erprobten Methode: antijüdische Gesetzgebung, Ausschluß aus dem Wirtschaftsleben, Enteignung, Ghettoisierung, Deportation. In weniger als zwei Monaten wurden nach den Feststellungen des Jerusalemer Gerichts 434 351 Personen in 147 Zügen – 2 bis 3 Züge mit je 3000 Personen täglich – abtransportiert. Unter dem Druck ausländischer Interventionen, darunter des Papstes, sowie unter dem Eindruck der kriegerischen Entwicklung und der Bombenangriffe auf Budapest ordnete Horthy die Einstellung der Verschleppungen an. Dennoch versuchte Eichmann, weitere 1500 Juden abtransportieren zu lassen. Der Plan wurde jedoch bekannt, und Horthy, von jüdischen Funktionären benachrichtigt, veranlaßte die Rückkehr des Transportzuges. Eichmann fand sich mit der Durchkreuzung seiner Pläne nicht ab, sondern ließ die zurückgebrachten Juden ein zweites Mal deportieren; und zwar hinderte er dieses Mal

101 Urteil des Bezirksgerichts Jerusalem in der Strafsache gegen Adolf Eichmann, Az. 40/61, Ziffer 100. Dazu: IMT VII, S. 51 Dok. RF-1226. Siehe auch Kempner, Eichmann und Komplizen, S. 209.

102 Hannah Arendt, Eichmann in Jerusalem, S. 204.

die jüdischen Funktionäre daran, abermals bei Horthy vorstellig zu werden, indem er sie in seine Diensträume bestellte und dort so lange hinhalten ließ, bis der Zug die Grenze passiert hatte[103].
Entscheidender als dieser Vorfall ist, daß Eichmann sogar noch in einem Stadium, in dem Himmler bereits die Demontage der Vernichtungsanlagen in Auschwitz angeordnet hatte, die Initiative ergriff und den als «Todesmarsch» bekannten Fußmarsch der Budapester Juden zur österreichischen Grenze organisierte, da wegen der Zerstörung des Bahnnetzes das Deportationssystem nicht mehr funktionierte. Dieser Marsch, der auch von SS-Offizieren als grauenhaft empfunden wurde, mußte schließlich auf Anordnung Himmlers eingestellt werden[104].
Bereits die erwähnten Einzelbeispiele lassen Prestige und Ehrgeiz als häufiges Motiv des Handelns – gerade bei dem hier ins Auge gefaßten Typ des Aktivisten – deutlich werden. Dieses Motiv finden wir bei den höheren Funktionären immer wieder. Oft galt es als «Ehrensache», Tötungsrekorde zu brechen. Globocnik etwa, SS- und Polizeiführer des Distrikts Lublin und eine der beherrschenden Gestalten der Massenvernichtung in Polen, konnte nach einer Darstellung von Höß «nicht genug bekommen, denn er wollte unbedingt mit ‹seinen› Vernichtungen ... an der Spitze liegen»[105]. Auch über Eichmann schreibt Höß in seiner Autobiographie, er sei besessen für die restlose Vernichtung aller erreichbaren Juden eingetreten[106]. Seine eigene Situation schildert Höß im Grunde nicht viel anders: «Schon von Anfang an war ich von meiner Aufgabe, meinem Auftrag, voll erfüllt, ja besessen. Alle auftretenden Schwierigkeiten reizten mich zu vermehrtem Eifer an. Ich wollte mich nicht unterkriegen lassen. Mein Ehrgeiz ließ dies nicht zu.»[107] Als er 1943 von seinem Posten als Kommandant von Auschwitz abgelöst wurde, empfand er «im ersten Moment die Losreißung als schmerzlich», gerade weil er «durch die Schwierigkeiten, durch die Mißstände, durch die vielen schweren Aufgaben mit Auschwitz verwachsen war»[108].

103 Eichmann-Urteil (wie Anm. 101), Ziff. 113.
104 Eichmann-Urteil (wie Anm. 101), Ziff. 115, sowie Hannah Arendt, a. a. O., S. 176.
105 Wulf, Das Dritte Reich und seine Vollstrecker, S. 261.
106 Höß, a. a. O., S. 133.
107 A. a. O., S. 96.
108 A. a. O., S. 135.

Auch bei den Einsatzkommandos hat Ehrgeiz offenbar eine erhebliche Rolle gespielt. Der Führer des Einsatzkommandos 8 bemängelte zum Beispiel die zu geringen Erschießungsziffern seiner Einheit; er wolle endlich «Zahlen sehen»; die von anderen Einheiten gemeldeten Resultate seien besser[109]. Zwischen zwei Einsatzkommandoführern kam es zu einem regelrechten Zuständigkeitsstreit, bei dem jeder für sich in Anspruch nahm, die Vernichtungsaktionen durchzuführen[110]. Auch Eichmann berichtete in Jerusalem von der Rivalität der beteiligten Dienststellen, «von denen jede immer alles an sich reißen wollte»[111].

Oft lassen sich die einzelnen Details des Verhaltensbildes nur noch unzureichend rekonstruieren. Das gilt vor allem für Täter, die nicht eigenhändig töteten, sondern als Organisatoren – nicht selten über lange Zeiträume hinweg – an der Vernichtung beteiligt waren. Hier ist manchmal nur schwer zu beurteilen, welchen Einfluß der einzelne auf das Geschehen hatte. Selbst bei Lagerkommandanten, soweit ihnen nicht gerade Exzeßtaten nachzuweisen sind, bleibt das konkrete Tatbild oft farblos; das gilt sogar für einen Mann wie Höß. Gerade hier kann allzu leicht der Eindruck entstehen, daß sich der einzelne in einer vorgeprägten, durch seinen Aufgaben- und Zuständigkeitsbereich festgelegten Situation befand, die ihm nur wenig Spielraum ließ. Dieser Eindruck kann in manchen Fällen richtig sein; er kann aber auch damit zusammenhängen, daß die individuelle Wirksamkeit – etwa der Einfluß eines Kommandanten auf das Lagerpersonal – nicht mehr aufzuhellen ist, da es sich hierbei, anders als bei den groben Fakten, um die es bei unmittelbaren Taten und Befehlen geht, um komplizierte und oft subtile psychologische Tatbestände handelt.

Um so aufschlußreicher ist es, wenn sich einmal unter besonders günstigen Beweisbedingungen Anhaltspunkte für die persönliche Rolle eines solchen Täters finden lassen, etwa indem Vergleiche darüber angestellt werden können, wie sich zwei verschiedene Personen in ein und derselben äußeren Situation verhalten haben. Höß selbst – der «Typus des Funktionärs im eigentlichen Sinne»[112] und durch keine persönlichen Grausamkeitsakte zusätzlich belastet – ist ein

109 SchwG München I 22 Ks 1/61 (Bradfisch).
110 SchwG Ulm Ks 2/57 (Fischer-Schweder u. a.).
111 Nach Hannah Arendt, Eichmann in Jerusalem, S. 110.
112 J. C. Fest, Das Gesicht des Dritten Reiches, S. 374.

Beispiel dafür. So schreibt Hermann Langbein, selber ehemaliger Insasse des Lagers Auschwitz:

«Der Kommandantenwechsel im November 1943 hatte eine Änderung im Verhalten vieler SS-ler zur Folge. Unter dem ersten Kommandanten Rudolf Höß wußten die Blockführer und Kommandoführer, daß das tägliche Foltern und Morden gern gesehen war. Als der Nachfolger von Höß, SS-Obersturmbannführer Arthur Liebehenschel, solche Grausamkeiten nicht mehr honorierte und einige extreme Brutalitäten sogar abstellte, da änderte sich das ganze Klima in Auschwitz.» [113]

Eine solche Beobachtung trägt zur Individualisierung der Tatsituation wesentlich bei. Ähnlich hat sich der Austausch der Lagerkommandanten auch im KL Sachsenhausen ausgewirkt. Nach gerichtlichen Feststellungen führte die Ablösung dazu, daß eigenmächtige Übergriffe gegen Häftlinge nicht mehr geduldet und als Schläger bekannte aktive Blockführer abgelöst wurden [114]. Kogon berichtet entsprechend über Buchenwald, daß sich mit der Ablösung eines Hauptsturmführers, der sich den Häftlingen gegenüber jederzeit einwandfrei benommen hatte, die Lage grundsätzlich zum Schlechten wandelte [115].

Noch deutlicher traten persönliche Verschiedenheiten oft im Bereich des KZ-Personals und Kaposystems, also bei den unteren Chargen, zutage. So sind in den Verfahren immer wieder Namen von SS-Leuten bekanntgeworden, die sich korrekt verhalten und menschliche Regungen gezeigt haben [116]. Auch hier konnte die Neubesetzung eines Postens günstige, aber auch katastrophale Wirkungen haben. Während z. B. Muzikant, Revierführer in Melk, einem Nebenlager des Konzentrationslagers Mauthausen, einer der gefürchtetsten Massenmörder im Lager war, verhielten sich seine beiden Vorgänger im Amte den Häftlingen gegenüber menschlich. Der erste von ihnen ließ zu, daß die Kranken gut behandelt wurden. Als er verstarb, kam an seine Stelle ein kroatischer SS-Mann, der jegliches Schlagen der Häftlinge verbot und dafür sorgte, daß die Ärzte und Pfleger sich

113 Langbein. Im Namen des des deutschen Volkes, S. 93.

114 SchwG Verden/Aller 2 Ks 3/61 (Wessel): Kommandanturablösung Loritz durch Kaindl.

115 Kogon, SS-Staat, S. 63.

116 Z. B. Feststellungen des SchwG Ansbach Ks 1ab/61 – 12/59 – (Chmielewski).

nur der Pflege der Kranken widmeten. Das änderte sich sofort, als Muzikant die Revierleitung übernahm[117].

Selbst bei Häftlingsfunktionären konnte eine Umbesetzung unmittelbaren Einfluß auf die Behandlung der Lagerinsassen haben[118]. Wir kennen sogar Fälle, in denen der vorübergehende Krankheitsurlaub eines Lagerführers zu einer drastischen Verminderung der Todesziffern führen konnte[119].

Immer wieder zeigt sich also, daß die individuellen Verhaltensunterschiede, sobald das Tatbild nur deutlich genug erkennbar wird, erheblich sind. Man könnte die Einsicht, daß sich auch innerhalb des KZ-Personals menschliche Verschiedenheiten offenbarten, als kriminologische Binsenweisheit abtun, wenn sich nicht so hartnäckig die Auffassung halten würde, daß in der Extremsituation totalitärer Herrschaft alles Individuelle eingeebnet und zum Instrument in den Händen der Machthaber gemacht werde; um so wichtiger ist es, die Elemente des Individuellen auch in einer solchen Ausnahmewelt wiederzuentdecken.

g) Ausführungsverhalten

Selbst noch im Ausführungsstadium, also in der Endstufe der Vernichtung, sind individuelle Verhaltensvarianten erkennbar. Bei den Erschießungsaktionen der Einsatzkommandos etwa reicht die Skala von extremen seelischen Belastungssituationen[120] bis hin zu schweren pogromartigen Ausschreitungen, in deren Verlauf zusätzliche Grausamkeiten verübt wurden. Ausrufe wie «Mach schnell, Isidor, bald bist du bei deinem lieben Gott!« oder «Schnell, schnell, desto früher haben wir Feierabend!» begleiteten die Roheitsakte, die beim Zutreiben der eingefangenen Juden an die Erschießungsstelle oder bei der Ausschachtung der Massengräber, die von den Opfern selbst vorgenommen werden mußte, begangen wurden. Einzelne Opfer, z. B. Rabbiner mit Bart und Kaftan, waren besonderen Grausamkeiten ausgesetzt. Bei manchen Exekutionen, die zum Teil chaotische

117 SchwG Fulda 3 Ks 1/60 (Muzikant).
118 Vgl. etwa Otto Wolken im Sammelband «Auschwitz», S. 141.
119 Wie Anm. 116. Dazu: Heinz Liepmann, in: «Die Welt» vom 25. 3. 1961.
120 Siehe dazu den Abschnitt 3e dieses Kapitels.

Formen annahmen, wurden die Opfer von betrunkenen einheimischen Hilfspolizisten und Asozialen mit Knüppeln und Eisenstangen erschlagen oder mit Bajonetten erstochen. Es sind Fälle bekannt, in denen schwangere Frauen in den Unterleib geschossen, Säuglinge und kleine Kinder in die Luft geworfen und mit Maschinenpistolen abgeschossen oder aber im wörtlichsten Sinne zerschmettert wurden[121]. In einem Fall wurden zwei Juden gezwungen, sich mit Spaten zu schlagen, so daß sie schließlich blutüberströmt zusammenbrachen[122]. Oft wurden Opfer bereits im Vorbereitungsstadium, z. B. bei Vernehmungen oder während des Antransportes zum Exekutionsplatz, erschossen oder blutig geschlagen[123].

Verbrechen dieser Art entziehen sich jeder zentralen Lenkung; sie müssen als spontane Unmenschlichkeiten der unmittelbar an der Ausführung Beteiligten angesehen werden. Bemerkenswert ist, daß derartige zusätzliche Grausamkeiten – nach Zeugenaussagen – offenbar immer von denselben Gestapo- und SD-Angehörigen verübt wurden und die Mehrheit an ihnen nicht teilnahm[124]. Man wird sie daher nicht ohne weiteres als typische Folgeerscheinungen unmenschlicher Extremsituationen werten können. Der ganze Komplex des Ausführungsverhaltens bei Einsatzkommandomorden ist jedoch nur unzulänglich aufklärbar, da er bisher fast niemals den unmittelbaren Gegenstand eines Strafverfahrens gebildet hat. Für die Verurteilung genügt im allgemeinen der Nachweis der Beteiligung an den Exekutionen als solchen, während die besonderen Begleitumstände bei der Beweiserhebung vernachlässigt werden; auch geht es in den Prozessen überwiegend um die Verantwortung der leitenden und nicht so sehr der ausführenden Funktionäre. Die Ausführungsexzesse bleiben daher, soweit sie von Zeugen geschildert werden, meistens anonym und lassen sich nicht mehr individualisieren.

121 Vgl. etwa Henkys, S. 117 f. Außerdem: SchwG Freiburg I AK 1/63 – II AK 18/63 – SchwG AK 3/63 (Uhl u. a.).
122 SchwG Dortmund 10 Ks 1/61 (Krumbach u. a.).
123 SchwG Hannover 2 Ks 1/62 (Waltke).
124 SchwG Tübingen Ks 2/61 (Wiechert/Schulz).

3. Befehlstaten

Von Befehls- oder Gehorsamstaten soll – in Übereinstimmung mit den militärstrafrechtlichen Begriffen – nur in Fällen völlig unselbständiger Kriminalität gesprochen werden, in denen das individuelle Verhalten durch Befehle genau festgelegt war und dem Täter kein Raum für eigenes Ermessen blieb[125]. Eine Differenzierung ist hier nur auf Grund der unterschiedlichen Motivlagen der Befehlsempfänger möglich.

a) Überzeugungstaten

Zunächst findet man immer wieder Fälle, in denen sich Befehlsempfänger mit den Vernichtungsplänen der Staatsführung identifizierten, weil sie als Antisemiten der Ausrottung der Juden zustimmten, das Regime unterstützen wollten oder die Massenliquidierungen für «politisch richtig und kriegsnotwendig» hielten[126]. Das schließt nicht unbedingt aus, daß die Beteiligung an Erschießungen in manchen Fällen als «unangenehme» und «schwere» Aufgabe empfunden wurde, besagt jedoch, daß die Täter nicht nur mechanisch gehorchten, sondern als überzeugte Anhänger des Systems handelten.

So äußerten Angehörige von Einsatzkommandos, daß sie trotz ihrer Abneigung gegen die Exekutionen entschlossen gewesen seien, Tötungen, soweit sie ihnen befohlen wurden, auszuführen, «um der obersten Führung bei der Verwirklichung ihrer Ziele zu helfen und das nationalsozialistische Regime zu unterstützen»[127]. Selbst dort, wo innere Vorbehalte gemacht wurden, was oft nicht genau zu klären, aber auch nicht zu widerlegen ist, überwog doch bei vielen letztlich das Gefühl, daß es sich um «harte, aber notwendige Maßnahmen in einer ideologischen Auseinandersetzung» handelte[128]. Im ganzen ist

125 Vgl. die Rechtsprechung des BGH, z. B. BGH 1 StR 321/56 vom 22. 1. 1957.
126 SchwG Wuppertal 12 Ks 1/62 (Mohr u. a.).
127 SchwG Wuppertal 12 Ks 1/62 (Mohr u. a.); SchwG Ulm Ks 2/57 (Fischer-Schweder u. a.).
128 SchwG Ulm Ks 2/57 (Fischer-Schweder u. a.).

die psychologische Situation ähnlich wie bei vielen Initiativtätern, von denen sich dieser Verhaltenstyp oft nur schwer abgrenzen läßt; der Unterschied liegt jedoch in der festgelegten, durch Befehle vorbestimmten Ausführungsweise.

Die Situation soll an zwei typischen Fällen deutlich gemacht werden:

Ein Angeklagter, SS- und Polizeiführer in Minsk und dort im November 1941 an der Erschießung von 4000 bis 6000 im Ghetto lebenden Juden beteiligt, wirkte an der gesamten Durchführung der Exekutionen vom Beginn des Zusammentreibens der Juden bis zum letzten Schuß und zum Zuschütten der Massengräber unmittelbar mit. Er forderte die Polizeieinheiten an, die die Wohnblocks des Ghettos räumen und die Juden in eine Baracke treiben mußten, die Transportmittel, mit denen die Opfer zur Exekutionsstätte gebracht wurden, die Absperrmannschaften und das Erschießungskommando. Er handelte dabei auf Befehl, will damals auch die Judenvernichtung mißbilligt und eine «humane Lösung» bevorzugt haben; es bestand bei ihm jedoch die «vorbehaltlose Bereitschaft, im Rahmen der ihm erteilten Befehle an der ‹Endlösung der Judenfrage› mitzuwirken». Das Gericht sah auch als erwiesen an, daß er nicht daran dachte, sich den Aktionen zu entziehen. «Er fühlte sich vielmehr als Held, der im ‹scharfen Wind› des Ostens seinen Mann stand, und sprach zu einem Neuankömmling prahlerisch von den ‹rauhen Sitten›, an die sich jeder gewöhnen müsse, vom dauernden ‹Herumplagen› mit dem Judenproblem, von ‹Tausenden von Juden›, die ‹über die Klinge springen› mußten.» [129] Von einer Zwangslage kann hier nicht gesprochen werden.

Ähnlich liegt der Fall eines Teiltruppführers des Einsatzkommandos 8. Er hielt die Judenvernichtung für eine harte, aber notwendige Gewaltmaßnahme. Von seinen Untergebenen verlangte er die bedingungslose Befolgung der gegebenen Anordnungen. Er duldete keinen Widerspruch und begann sofort nach Übernahme des Teiltrupps, «dem für seine Begriffe schlappen Dienstbetrieb mehr Schwung zu geben». Bei «Durchkämmungsaktionen» und Exekutionen traf er die erforderlichen Anordnungen selbst und überwachte ihre Ausführung persönlich. Dabei achtete er immer darauf, daß die gegebenen Befehle befolgt wurden und sich seine Untergebenen

129 SchwG Koblenz 9 Ks 1/61 (Zenner).

nicht ihren Aufgaben entzogen. Er wies immer wieder darauf hin, daß sich jeder für die Ausführung des von höchster Stelle erteilten Befehls einzusetzen habe. Das Schicksal der Opfer war ihm gleichgültig, vor allem war es ihm darum zu tun, die Anordnung seiner Vorgesetzten auszuführen und sich persönliche Schwierigkeiten zu ersparen[130].

b) Automatischer Gehorsam

Bei einer bestimmten Form des Gehorsams kann von einer Zwangslage schon deshalb nicht gesprochen werden, weil es für die Täter ganz selbstverständlich war, die ihnen erteilten Befehle zu befolgen; sie kamen nicht einmal auf die Idee, sich der Ausführung zu entziehen, noch hatten sie das Bewußtsein, unter äußerem Druck zu handeln. «Ich stellte damals keine Überlegungen an», heißt es bei Höß, «ich hatte den Befehl bekommen – und hatte ihn durchzuführen. Ob diese Massenvernichtung der Juden notwendig war oder nicht, darüber konnte ich mir kein Urteil erlauben, soweit konnte ich nicht sehen. Wenn der Führer selbst die ‹Endlösung der Judenfrage› befohlen hatte, gab es für einen alten Nationalsozialisten keine Überlegungen, noch weniger für einen SS-Führer.»[131] Und an anderer Stelle: «Über die Tötung der russischen Kriegsgefangenen an und für sich machte ich mir damals keine Gedanken. Es war befohlen, ich hatte es durchzuführen.»[132] In der Aussage eines anderen Lagerkommandanten über seine Beteiligung an Vergasungen heißt es sehr ähnlich: «Ich habe bei der Ausführung dieser Dinge kein Gefühl gehabt, weil ich den Befehl erhalten hatte, diese 80 Insassen auf diese Weise zu töten ...»[133]. Dabei ist noch einmal daran zu erinnern, daß das Verhalten solcher Zentralfiguren des Völkermordes nicht etwa insgesamt unter dem Gesichtspunkt der automatischen Unterordnung gesehen werden darf.
Auch für Eichmann spielten Direktiven – nicht unbedingt im Sinne konkreter Befehle, wohl aber genereller Weisungen, die ihn deckten,

130 SchwG München I, 22 Ks 1/61 (Schulz).
131 Höß, S. 124.
132 Höß, S. 126.
133 Zit. nach Mitscherlich-Mielke, Medizin ohne Menschlichkeit, S. 177.

ihm jedoch oft erheblichen Ermessensspielraum ließen – eine entscheidende Rolle. Selbst seinen Vater, meinte er in Israel, hätte er erschossen, wenn man ihm gesagt hätte, er sei ein Verräter: «Ich habe damals ... stur meinen Befehlen Gehorsam geleistet, und darin habe ich meine – wie soll ich mal sagen – meine Erfüllung gefunden und hatte meine Beruhigung in diesem, wie es hieß und wie wir uns ja nichts anderes darunter vorstellen konnten, Schicksalskampf des deutschen Volkes, egal, was man mir für einen Auftrag gegeben hätte.» Oder: «Ich bekomme den Befehl von meinem Vorgesetzten und schau nicht rechts und nicht links, denn es ist nicht meine Aufgabe, und habe zu gehorchen und zu parieren.»
Alle Erwägungen Eichmanns, die sich auf die Möglichkeit der Befehlsverweigerung oder Befehlsumgehung beziehen, sind spürbar nachträgliche Konstruktionen, die erst in der Vernehmungssituation in sein Bewußtsein traten. Nicht selten sind solche Äußerungen von jener makabren Komik, die auch Hannah Arendt immer wieder in den Protokollen konstatiert hat: etwa, wenn Eichmann zugab, daß ihm in bezug auf die Verweigerung von Erschießungsbefehlen «die Praxis, möcht' ich mal sagen», gefehlt habe; «aber ich kann mir vorstellen – es gibt nur eines, Herr Hauptmann: wenn der Betreffende den Befehl bekommt, dann muß er den Befehl durchführen. Er kann sich nachher eine Kugel in den Kopf schießen – das kann er machen –, aber während der Kriegszeit, daß jemand den Befehl verweigert, – er kann umfallen, das kann er auch, fällt mir eben ein, das kann er ja auch, – er kann umfallen und kann, kann eben sich ohnmächtig oder irgend etwas, – es ist, es gibt vielleicht so etwas, ich weiß es nicht genau, Herr Hauptmann, ich bin nie in der Situation gestanden, aber ich könnt' mir das vorstellen, – er kann ja umfallen, – aber wenn jetzt nun, frag' ich weiter, wenn jetzt nun alle umkippen oder wenn es am laufenden Band passiert, dann nutzt Umkippen auch nichts mehr.» [134]
Charakteristisch für den hier beschriebenen Gehorsamstyp ist also die Eliminierung des eigenen Urteils; es fehlen nicht nur persönliche Überzeugungen und Eigeninteressen, sondern umgekehrt auch Konfliktsmöglichkeiten. Ein Angeklagter, der an Einsatzkommandomorden teilgenommen hatte, schilderte das so: «Wir waren instru-

134 Vernehmungsprotokolle IV, 1933 f., 1939, 2029. Die auf Tonband aufgenommenen Äußerungen Eichmanns werden hier, wie auch an anderen Stellen, wörtlich und ohne wesentliche stilistische Korrekturen wiedergegeben.

mentalisiert und funktionalisiert ... Innerlich lehnte ich diese Erschießungen zwar ab, ich hatte aber zu funktionieren.» Aus seinen weiteren Aussagen ergibt sich, daß er nicht etwa aus Angst vor einer Bestrafung mitgemacht hatte, sondern weil er es gewöhnt war, Befehlen zu gehorchen[135].

Wenn es überhaupt eine Berechtigung gibt, von einer «Instrumentalisierung» menschlichen Verhaltens zu sprechen, bei der ja, wenn der Begriff zutreffen soll, jede Eigensteuerung fehlen muß, dann in diesen Fällen. Den Typ des autoritären Gehorsamstäters verkörpern nach einer Bemerkung von Horst-Eberhard Richter «an sich geordnete und keineswegs immer undifferenzierte Individuen, bei denen nur in erschreckendem Ausmaß die Rolle der persönlichen Gewissens-Instanz an eine äußere Autorität übergegangen ist ... Diese Menschen kennen sich im Grunde nur in der Rolle der Funktion für einen anderen oder eine Gruppe. Ihr Ich-Ideal ist ganz und gar identisch mit den Erwartungen, die sie von dieser anderen Seite auf sich gerichtet glauben.» Die Situation des Täters besteht also hier in seiner «konfliktfreien Unterwerfung» unter die Autorität, von der er abhängig ist[136]. Um diesen Typ des konfliktlosen Gehorsams herum kristallisieren sich Motivlagen, die nur um Nuancen anders sind. Bei manchen Tätern ist der Anflug eines ganz oberflächlichen Konflikts erkennbar, etwa wenn ein Exekutionsteilnehmer seinem damals geführten Tagebuch folgendes anvertraute: «Zur Exekution antreten. Nun gut, spiele ich halt noch Henker und anschließend Totengräber, warum nicht? Es ist doch eigentümlich, da liebt man den Kampf, und dann muß man wehrlose Menschen über den Haufen schießen.» Und über die Reaktion bei den Erschießungen selbst: «Eigentümlich, in mir rührt sich nichts, kein Mitleid – nichts. Es ist eben so, und damit ist für mich alles erledigt. Nur ganz leise klopft mein Herz, wenn ungerufen die Gefühle und Gedanken erwachen, als ich mich in einer ähnlichen Situation befand.»[137]

Zynismus und Zustimmung werden deutlich, wenn ein Gendarmerie-Meister in einem Brief schreibt: «Wöchentlich 3–4 Aktionen. Einmal Zigeuner und ein andermal Juden, Partisanen und sonstiges Gesindel ... wir haben von den hier allein in Kamenez-Podolsk lebenden Jüdlein nur noch einen verschwindenden Prozentsatz von 24000. Die

135 SchwG Dortmund 10 Ks 1/61 (Krumbach u. a.).
136 H.-E. Richter, Mörder aus Ordnungssinn, in: «Die Zeit» Nr. 29 (1963), S. 3.
137 Zit. nach Langbein, Wir haben es getan, S. 62 f.

in den Rayons lebenden Jüdlein gehören ebenfalls zu unserer engeren Kundschaft. Wir machen Bahn ohne Gewissensbisse und dann: ‹... die Wellen schlagen zu, die Welt hat Ruh› ...»[138]

c) *Kriminelle Nebenmotive*

Bei manchen Verbrechen, die auf Befehl begangen wurden, sind kriminelle Eigenmotive des Befehlsempfängers erkennbar, die es ausschließen, seine Handlungen nur unter dem Aspekt des Gehorsams zu sehen.

Dazu gehören zunächst jene Fälle, in denen der Befehl den sadistischen Wünschen des Ausführenden entgegenkam. Nicht selten lassen sich bei solchen Tätern außer den befohlenen Verbrechen auch Exzeßtaten nachweisen[139]. Ein typisches Beispiel ist der Fall eines Hauptscharführers, der im KZ Buchenwald auf Anordnung des Kommandanten mindestens 25 Häftlinge durch intravenöse Injektionen von Evipan, Phenol und Luft tötete. Das Gericht ging davon aus, daß der Täter, dem auch Folterungen und Mißhandlungen von extremer Grausamkeit zur Last gelegt worden sind, nicht allein aus blindem Gehorsam handelte, sondern aus eigenem Interesse an der Ausmerzung der Häftlinge und dem Vergnügen, sie zu quälen und zu töten[140]. Die Bereitwilligkeit des Täters konnte also auch in Grausamkeit und Mordlust ihre Ursache haben.

Außerdem war die Befolgung von Terrorbefehlen gelegentlich mit materiellen Interessen verbunden. Obwohl persönliche Bereicherung offiziell streng verpönt war[141], war bei der Judenverfolgung doch unzweifelhaft «etwas zu holen»[142]. Es gab Täter, für die Terror-

138 Vgl. Langbein, a. a. O., S. 53. Außerdem: Henkys, S. 117, und Poliakov-Wulf, Das Dritte Reich und seine Diener, S. 378 ff.

139 Z. B. SchwG Bonn 8 Ks 1/58 (Schubert/Sorge).

140 KZ-Verbrechen, S. 136 ff., 147 (Sommer).

141 Vgl. etwa die Posener Himmler-Rede, Dok. PS-1919 des IMT. Auch aus Einsatzgruppenprozessen sind solche Äußerungen bekannt. So hatte z. B. ein Teiltruppführer des Einsatzkommandos 8 seinen Untergebenen gesagt, sie sollten sich nicht persönlich bereichern, sonst würden sie «die Tötung zum Verbrechen machen». Siehe: SchwG Bonn 8 Ks 2/62.

142 LG Bochum 10 VUs 16/60 (Zeugenaussage).

aktionen zu Beutezügen wurden und die sich bei der Festnahme oder den Exekutionen die Wertsachen ihrer Opfer aneigneten[143].
So betonte ein Kriminalangestellter bei seiner Vernehmung, «daß man sich heute ein falsches Bild macht, wenn man glaubt, die Judenaktionen seien widerwillig durchgeführt worden. Der Haß gegen die Juden war groß, es war Rache, und man wollte Geld und Gold.»[144] Die Verbindung von Terror und privater Bereicherung geht auch schon aus zeitgenössischen Dokumenten hervor. In einem Bericht des Reichskommissars für das Gebiet Sluzk vom Oktober 1941 heißt es beispielsweise: «Das Polizeibataillon hat während der Aktion in unerhörter Weise geplündert. Alles Brauchbare, wie Stiefel, Leder, Stoffe, Gold und sonstige Wertsachen, haben sie mitgenommen.»[145]
Auch die in anderem Zusammenhang schon erwähnten Untersuchungen des Reichskriminalpolizeiamtes in den Konzentrationslagern im Spätsommer 1943 beweisen, welche engen Zusammenhänge es zwischen Verfolgung und Wirtschafts- bzw. Eigentumskriminalität gab[146]. In den Prozessen der vergangenen Jahre spielten die Bereicherungsfälle allerdings keine nennenswerte Rolle. Im wesentlichen ist das darauf zurückzuführen, daß solche Delikte, die überdies bereits früh verjährten, gegenüber den ungeheuerlichen Tötungsverbrechen, um die es in den Verfahren ging, ganz in den Hintergrund traten. Auch ist eine Aufklärung solcher Sachverhalte nur ausnahmsweise möglich. Das ganze Problem ist überhaupt nur noch von Bedeutung, als es dazu beiträgt, die persönliche Situation und Motivlage einer bestimmten Tätergruppe, deren Größe sich nicht schätzen läßt, genauer zu beleuchten.

d) Opportunismus und Gruppenanpassung

Wesentlich deutlicher sind die Zusammenhänge zwischen Karriere und Verbrechen erkennbar; sie kamen auch in den abgeurteilten Fällen immer wieder zum Vorschein. Mit der aktiven Teilnahme an der

143 SchwG Dortmund 10 Ks 1/61 erwähnt z. B. einen solchen Fall.
144 S. Anm. 142.
145 IMT Dok. PS-1104.
146 Siehe oben S. 24 ff.

Massenvernichtung waren Aufstiegs- und Beförderungsaussichten verbunden, und nicht wenige unter den Einsatzkommando-Angehörigen versprachen sich von ihrem «Osteinsatz» Vorteile für ihr weiteres berufliches Fortkommen[147].

Das wird deutlich, wenn – wie im Falle eines SS-Hauptscharführers – der Antrag gestellt wurde, die Exekutionsbeteiligung im Soldbuch oder in den Personalakten zu vermerken[148]. Auch jene «einmaligen Leistungen», für die manche morderprobten Vernichtungsfunktionäre als «beste Männer aller polnischen Lager» befördert wurden, wird man u. a. unter Karriereaspekten betrachten müssen[149]. Gelegentlich ist dieses Motiv ganz zweifelsfrei nachzuweisen, etwa wenn sich ein SS-Führer seiner Erschießungsziffern rühmte und darauf hinwies, daß er sich nun das Kriegsverdienstkreuz holen werde[150].

Mit den Aufstiegsmöglichkeiten, aber auch mit Geltungsbedürfnis, hing das «Bewährungsbedürfnis» zusammen, das bei vielen Befehlstätern zu finden ist, d. h. der Wunsch, die Massenvernichtung wie eine harte Prüfung «durchzustehen», um im Sinne des Systems «vollwertig» zu sein[151]. So wurde die Mitwirkung an Massentötungen von manchen als eine Art «Chance» erlebt, den Beweis ihrer «Härte» zu erbringen. Härte war gewissermaßen die elitäre Qualitätsnorm der SS, der es zu genügen galt; nichts wurde so gefürchtet, als für «weich» gehalten zu werden.

So heißt es in den Aufzeichnungen von Höß, das Eingeständnis, für den Dienst der SS zu weich zu sein, hätte unweigerlich den «Ausschluß, zumindest schlichten Abschied» nach sich gezogen. Nicht also die Bestrafung oder gar Lebensbedrohung wurde in diesen Fällen gefürchtet, sondern die «Bloßstellung», das «Eingeständnis der Weichheit»[152], das Geltungseinbußen und möglicherweise eine Ausstoßung aus der «Elite» zur Folge gehabt hätte. Ein Angeklagter erklärte zum Beispiel dem Gericht, er habe Bedenken wegen seiner Standhaftigkeit gehabt, da er während der Vorbereitungszeit «bei Leichensachen» schon «zweimal schlapp gemacht» habe; er habe ge-

147 SchwG Tübingen Ks 2/61 (Wiechert/Schulz).
148 StA Hamburg 141 AR 194/63.
149 ZStL.
150 KZ-Verbrechen, S. 333.
151 Vgl. Pendorf, Mörder und Ermordete, S. 83.
152 Höß, a. a. O., S. 69.

dacht, wenn ihm das jetzt wieder passiere, noch dazu in SS-Uniform, wäre er erledigt[153]. Da nicht anzunehmen ist, daß jemand wegen eines nervlichen Schwächezustandes erschossen oder in ein Konzentrationslager eingeliefert worden wäre, kann eine solche Äußerung nur bedeuten, daß er Stellung und Karriere durch ein solches «Versagen» nicht in Gefahr bringen wollte.

Aufschlußreich sind folgende Aussagen aus Voruntersuchungsverfahren:

Ein SS-Scharführer, befragt, weshalb er die Teilnahme an Erschießungen nicht abgelehnt habe, erklärte: «Ich mußte befürchten, daß ich ... als Schlappschwanz angesehen würde. Ich hatte Befürchtungen, daß es mir in der Zukunft irgendwie schaden könnte, wenn ich mich als zu weich hinstellen würde. Ich wollte nicht haben, daß L. (sein Vorgesetzter) und andere den Eindruck hätten, ich sei nicht so hart, wie ein SS-Mann hätte sein müssen.»[154] Ein anderer Teilnehmer an Vernichtungsaktionen berichtete bei seiner Vernehmung, Himmler habe einen Befehl herausgegeben, daß derjenige, der sich den seelischen Strapazen nicht mehr gewachsen fühlte, abzulösen und in die Heimat zurückzuversetzen sei, wo für solche Fälle ein Genesungsheim geschaffen worden sei. Der Zeuge bezeichnete diesen Befehl als einen «ganz üblen Trick, – ich möchte fast sagen –, er grenzte an Niederträchtigkeit; denn welcher Führer und welcher SS-Mann hätte sich auf diese Weise schon selbst unmöglich gemacht. Einem Führer, der auf diese Weise von sich selbst behauptet hätte, er wäre für diese Dinge zu weich, wäre doch jede Führungsqualifikation abgesprochen worden.»[155]

Dieses Motiv durchzieht die Selbstdarstellungen von Befehlstätern wie ein roter Faden. Immer wieder geht es darum, daß Funktionäre nicht «das Gesicht verlieren»[156] oder ihre nationalsozialistische und antijüdische Einstellung «unglaubhaft erscheinen lassen» wollten[157]. Ganz vereinzelt scheint der Begriff «Bewährung» noch eine andere Bedeutung gehabt zu haben, nämlich dann, wenn die Zuweisung zu einem Einsatzkommando einer Strafversetzung gleichkam und da-

153 SchwG Dortmund 10 Ks 1/61 (Krumbach u. a.).
154 StA Darmstadt 2 Js 857/63.
155 StA Hamburg 141 Js 534/60.
156 SchwG Ulm Ks 2/57 (Schmidt-Hammer).
157 SchwG Tübingen Ks 9/61 (Eichinger u. a.).

her die Absicht bestand, eine Vorbelastung durch besonders aktive Beteiligung wieder wettzumachen[158].

Es ist also klar zu unterscheiden zwischen Lebensbedrohung und Karriererisiko, zwischen abgenötigtem und opportunistischem Verhalten. Zweifellos gehörte es zu den wichtigsten Druckmitteln des Regimes, das individuelle Verhalten mit Vor- und Nachteilen zu verknüpfen[159]. Man kann hier aber nicht von Zwang, sondern nur von einer bestimmten individuellen Interessenlage sprechen. Niemand wurde vom totalitären System genötigt, sich durch besondere Härte auszuzeichnen oder «Führungsqualitäten» zu beweisen, und niemand gezwungen, Karriere zu machen und Machtpositionen einzunehmen.

e) Konfliktsituationen

Als Konfliktsfälle – in einem sehr weit gefaßten Sinne – können nur Taten bezeichnet werden, die unter dem Druck des Terrors begangen wurden, bei denen also der Täter zu Handlungen gezwungen wurde, die er weder wollte noch billigte[160]. Im Extremfall konnte es sich dabei, je nach der Gefahrenlage, um Taten im Befehlsnotstand handeln[161]. Befehlstaten dieser Art haben in den Prozessen der letzten Jahre durchaus eine Rolle gespielt; ihre Zahl wird jedoch im allgemeinen überschätzt.

Graduell konnten solche Konfliktsituationen höchst unterschiedlich sein. In manchen Fällen finden wir flüchtige, schnell der Resignation weichende Versuche, der Mitwirkung an Erschießungen zu entgehen. Es wurden Einwendungen gemacht, nicht selten solche, die praktische Schwierigkeiten vorschoben; es behielt dann aber doch schließlich das Bedürfnis, nicht aufzufallen und sich keine Unannehmlichkeiten zu bereiten, die Übermacht[162]. Gelegentlich ist auch das Be-

158 SchwG Ulm Ks 2/57. Diese Deutung ist z. B. im Fall Hersmann nicht auszuschließen.

159 Zu den gefürchteten Nachteilen gehörte auch die Versetzung an die Front.

160 Siehe dazu die Rechtsprechung: S. 83 ff.

161 Dazu unten das Kapitel über den Befehlsnotstand.

162 SchwG Berlin (500) 3 P (K) Ks 1/62 – 23/61 – (Struck); SchwG Berlin (500) 3 P Ks 1/57 (Hülsdünker).

mühen zu erkennen, das eigene Gewissen durch die heimliche Freilassung einiger Opfer zu entlasten. Vereinzelt versuchten Einsatzkommando-Angehörige, Exekutionen zu verzögern[163]. Schließlich gab es auch echte Gewissenskonflikte, die im Sinne bestimmter Vorstellungen von soldatischer Haltung, unbedingtem Gehorsam und Gefolgschaftstreue gelöst wurden, obwohl die Massentötung der Juden durchaus als verwerflich betrachtet wurde[164].

Verschiedentlich führte der Konflikt zwischen Befehl und Gewissen zu schwersten seelischen Belastungssituationen. Aus Aussagen wissen wir, daß Exekutionsteilnehmer Weinkrämpfe bekamen und gesundheitlich zusammenbrachen. Über einen Einsatzkommando-Angehörigen wurde bekannt, daß er nach einer Massenerschießung nachts plötzlich in einer Art geistiger Umnachtung aufsprang, wild um sich schoß und mehrere seiner Kameraden tötete und verwundete[165]. Es kam zu Nervenzusammenbrüchen, seelischen Erkrankungen, Alkoholismus und Selbstmorden[166]. Von einem jungen Führer wissen wir, daß er in der Unterkunft einen Schreikrampf bekam und nach seiner Mutter rief, nachdem er erstmals an einer Exekution teilgenommen und Kinder getötet hatte[167]. Achtzehn- und neunzehnjährige Luftwaffenangehörige, die zu einer Erschießung abkommandiert worden waren, schossen vor Aufregung – zitternd und manche mit geschlossenen Augen – so schlecht, daß Gestapo- und SD-Beamte Nachschüsse auf die Getroffenen abgeben mußten[168]. Auch bei manchen Polizeieinheiten zielten die Exekutionsteilnehmer vor Erregung so ungenau, daß sie die Opfer nur verwundeten[169]. Die Führungsfunktionäre der Einsatzgruppen sahen sich dadurch vor Schwierigkeiten gestellt, mit denen sie nicht gerechnet hatten. Zum Teil mußten Angehörige von Einsatzkommandos, die mit ihren mörderischen Pflichten nicht fertig wurden, in die Heimat zurückgeschickt werden[170].

Wieder wird die Breite der Verhaltens- und Reaktionsskala deutlich.

163 SchwG Berlin (500) 3 P (K) 1/62 – 23/61 (Tunnat).
164 SchwG Berlin a. a. O. (Greiffenberger, Struck, Tunnat).
165 ZStL (Aussage Hartl).
166 Aussagen (ZStL).
167 SchwG Berlin (500) 3 P (K) Ks 1/62 – 23/61 (Filbert u. a.).
168 SchwG Tübingen Ks 2/61 (Wiechert/Schulz). Der Vorfall wird auch erwähnt bei Langbein, Im Namen des deutschen Volkes, S. 83.
169 Wie Anm. 167; siehe auch das Nürnberger Einsatzgruppenurteil bei Kempner, SS im Kreuzverhör, S. 50.
170 Aussage Ohlendorf in Nürnberg; vgl. Kempner, a. a. O., S. 82.

Sie reichte von schwersten Ausbrüchen persönlicher Grausamkeit über zynische Gleichgültigkeit oder jene Sensationssucht, aus der z. B. manche Exekutionsteilnehmer den Massenmord fotografierten, bis hin zum seelischen Zusammenbruch. Gerade angesichts der zuletzt beschriebenen Situationen kann wohl kein Zweifel daran bestehen, daß der Terror auch auf der Seite der Verfolger Opfer gefordert hat. Das hat auch Hermann Langbein – selbst ehemaliger Häftling in Auschwitz – betont[171]. Die Verantwortung des Regimes hierfür ist derjenigen für den Massenmord noch hinzuzurechnen.

Extreme Belastungsfälle der erwähnten Art sind mir aus den Prozessen selbst nicht bekannt geworden, sondern nur aus Zeugenaussagen und der Literatur. Die Konfliktsituationen, um die es in den Verfahren ging, sahen im ganzen anders aus. Zur Veranschaulichung einige Beispiele:

Im ersten Fall war ein Obersturmbannführer R. im Oktober 1941 nach Minsk abkommandiert worden, um die Leitung eines kleinen Trupps von Angehörigen verschiedener Einsatzkommandos zu übernehmen. Dort erhielt er eines Tages einen telefonischen Anruf aus dem Stabe des Einsatzgruppenführers. Es wurde ihm mitgeteilt, daß in Kürze ein Transport von etwa 1000 reichsdeutschen Juden eintreffen werde und daß weitere Transporte zu erwarten seien. Um für sie im Ghetto Platz zu schaffen, müsse unverzüglich mit der Exekution russischer Juden begonnen werden. R. wandte ein, er sei hierzu aus menschlichen Gründen nicht in der Lage und könne dies auch seinen Männern nicht zumuten. Der Anrufer erwiderte, man habe Verständnis für seine Abneigung, die er dem Auftrage gegenüber empfinde, aber es handele sich um einen Führerbefehl, den er auszuführen habe. R. wurde darauf hingewiesen, daß er unter Kriegsrecht stehe, und bekam die Weisung, sich wegen der Absperrung der Exekutionsstätte an den SS- und Polizeiführer zu wenden und später den Vollzug der Aktion zu melden. R. kam dem Befehl insoweit nach, als er den SS- und Polizeiführer bat, die notwendigen Vorbereitungen zu treffen, wenigstens einen seiner Untergebenen mit der Ordnungspolizei die Juden zusammentreiben ließ, mindestens einen weiteren Mann zum Exekutionsort schickte, um die Opfer zu zählen und sich selbst durch einen kurzen Besuch im Ghetto vom Beginn und durch eine spätere Besichtigung der Exekutionsstätte vom weiteren Ablauf der Aktion überzeugte. Nach den Feststellun-

171 Langbein, a. a. O., S. 83.

gen des Gerichts, das R. wegen Beihilfe verurteilte, wurden bei diesen Erschießungen 4000 bis 6000 Juden getötet[172].

Ein zweiter Fall betrifft einen SS-Hauptsturmführer und ehemaligen Kriminalbeamten H., der nach einer dienstlichen Auseinandersetzung über seine Zugehörigkeit zur katholischen Kirche zum Osteinsatz abkommandiert worden und dort zeitweise Leiter einer Außendienststelle der Sicherheitspolizei und des SD war.

Eines Tages bekam er den Befehl, das Judenlager in Berditschew zu «liquidieren». Zur Begründung wurde ihm gesagt, eine größere Anzahl der Juden habe beim Ausbau der Feldkommandostelle Himmlers mitgearbeitet und dabei nach Auffassung der höheren Kommandostellen zuviel gesehen und gehört und überdies nach der Rückkehr die ganze Unterkunft verseucht; sie stellten daher eine große Gefahr dar. H., der erkannte, daß es sich hierbei um bloße Vorwände handelte, versuchte, Einwendungen zu machen, mit denen er jedoch kein Gehör fand. Nach den Feststellungen des Gerichts brachte ihn der Befehl in einen schweren Gewissenskonflikt. Dennoch beschloß er, die Aktion durchzuführen, um Unannehmlichkeiten aus dem Wege zu gehen. Er veranlaßte, daß die Vorbereitung für die Exekution getroffen wurde, teilte Erschießungs- und Absperrkommandos ein und ordnete an, daß 30 auf der Dienststelle beschäftigte Juden von der Exekution auszunehmen seien. Insgesamt wurden etwa 300 Opfer durch Genickschüsse getötet[173].

Während die beiden bisher dargestellten Fälle zu Verurteilungen führten, wurde in folgendem Fall ein Befehlsnotstand der Täter anerkannt. Die Angeklagten hatten als Bataillonsadjutant und Kompaniechef desselben Polizeibataillons an der Massenerschießung der jüdischen Einwohner von Mogilew (Weißrußland) teilgenommen, bei der etwa 1000 bis 2000 Juden – vom Kind bis zum Greis – ermordet wurden. Der eine von ihnen scheint seinen Vorgesetzten gebeten zu haben, ihn von dieser Aufgabe zu entbinden; die Antwort, die er bekam, war: Befehl sei Befehl, er solle das Denken der Führung überlassen und nur die ihm erteilten Befehle ausführen. Obwohl beide Angeklagte in erheblichem Umfang an den Erschießungen mitwirkten, der eine durch die Leitung und Aufsicht der Absperrmaßnahmen und der Erschießungsaktion, der andere u. a. durch

172 SchwG Koblenz 9 Ks 1/61 (Remmers).

173 SchwG Berlin (500) 3 P Ks 1/57 (Hülsdünker). Ähnlich ist auch der Fall SchwG Kassel 3a Ks 1/61 (Lechthaler) zu deuten.

Feuerbefehle und Nachschüsse, verneinte das Gericht jeden Einfluß der Täter auf das Tatgeschehen. Das Gericht sah als erwiesen an, daß sie die Verbrechen innerlich ablehnten und daß die drohende Lebensgefahr der entscheidende Beweggrund ihres Handelns gewesen sei [174].

174 SchwG Freiburg 1 Ks 1/63 (Uhl u. a.). Siehe auch: BGH 1 StR 498/63; auszugsweise: NJW 1964, 730.

4. Kriminalstatistische Bemerkungen

Der kursorische Überblick hat gezeigt, daß das Spektrum der Tatsituationen vom ungedeckten, auch vom damaligen Regime verbotenen bis zum erzwungenen Verbrechen reicht und ganz unterschiedliche Formen der Beteiligung umschließt. Für die Deutung der nationalsozialistischen Gewaltkriminalität wäre es nun interessant, genauere Aufschlüsse über die zahlenmäßige Verteilung der hier skizzierten einzelnen Verbrechenstypen zu gewinnen. Das ist jedoch – jedenfalls bei dem bisherigen, noch ganz fragmentarischen Wissensstand – ein überaus problematisches, wenn nicht gar unmögliches Unterfangen.

Die Schwierigkeit einer kriminalstatistischen Aufschlüsselung besteht zunächst darin, daß wir bei der Differenzierung der Fälle nicht von Täter-, sondern von Tattypen ausgegangen sind. Das war deshalb angebracht, weil die Befehlssituation des Täters sich nur fallweise, d.h. in bezug auf bestimmte einzelne Tatsituationen, untersuchen läßt und bei den verschiedenen Taten ein- und desselben Täters durchaus unterschiedlich sein konnte. Wir kennen z. B. viele Fälle, in denen ein Täter zum Teil Exzeß-, zum Teil Befehlstaten begangen hat oder in denen Initiative nur in ganz bestimmten Einzelsituationen zutage getreten ist[175]. Es ist aber nicht möglich, solche Tatsituationen zu zählen oder überhaupt in irgendeiner Weise zu quantifizieren. Allerdings könnte man zu einer ganz groben Tätereinteilung gelangen, wenn man als Exzeß- und Initiativtäter diejenigen bezeichnet, die *auch* Exzeß- und Initiativtaten begangen haben, als Befehls- und Konflikttäter dagegen diejenigen, bei denen *nur* Befehls- oder Konfliktsituationen nachweisbar sind.

Die wahrscheinlich größere Komplikation liegt darin, daß das Prozeßmaterial bereits eine gewisse Auslese schwererer Fälle umfaßt, so daß die Exzeß- und Initiativtaten bei den Verurteilungen möglicherweise stärker vertreten sind als innerhalb der tatsächlichen, zu einem erheblichen Teil unabgeurteilten Gesamtkriminalität. Man denke nur an die vielen auf Befehl handelnden Angehörigen von Exekutionskommandos, die in den Verfahren nur als Zeugen oder aber überhaupt nicht in Erscheinung getreten sind. Andererseits wird

175 Ein Beispiel dafür, daß manche Täter Exzeß- und Befehlstaten begingen, sind die Fälle Sorge und Schubert. Siehe dazu: KZ-Verbrechen, S. 336 f.

man gerade bei Exzeß- und Initiativtätern mit einer nicht geringen Dunkelziffer rechnen müssen: bei den Exzeßtätern, weil es sich um Spontantaten handelt, die nicht im Rahmen größerer Tatkomplexe begangen wurden und daher oft der nachträglichen Aufklärung entzogen sind; bei den Initiativtätern, weil zu ihnen gerade auch viele der tatferneren Organisatoren und bürokratischen Verbrechensteilnehmer gehören, die für das Strafrecht nur schwer erfaßbar sind. Überhaupt ist zu vermuten, daß die Verbrechenslatenz für die verschiedenen Bereiche des Terrors und der Vernichtung unterschiedlich beurteilt werden muß. Es ist z. B. anzunehmen, daß die Aufklärungsmöglichkeiten bei den Konzentrationslagern mit ihrem relativ konstanten Personalbestand, der dazu führte, daß manche Funktionäre den Häftlingen genau bekannt waren, wesentlich besser sind als bei den Erschießungsaktionen mobiler Einheiten und bei reinen Vernichtungslagern.

Aber auch wenn man die statistischen Aussagen auf die Verurteilungen innerhalb eines bestimmten Untersuchungszeitraums beschränkt, wird man berücksichtigen müssen, daß es prozeßgeschichtliche Unterschiede gibt, die sich auf die typologische Verteilung auswirken können. Der ganze Bereich der Einsatzkommandomorde spielt z. B. in den Prozessen erst seit 1958 eine größere Rolle, damit aber auch eine Form der Kriminalität, in der reine Exzeßtaten relativ selten waren, und zwar schon deshalb, weil es sich um gesteuerte Aktionen handelt, die wohl mit Grausamkeit und Aktivität verbunden sein konnten, zu völlig befehlslosen Einzelverbrechen dagegen im allgemeinen weniger Gelegenheit boten als z. B. der stationäre Terror der Konzentrationslager. Auch bestehen höchstwahrscheinlich zwischen Einsatzkommando- und Lagermorden psychologisch bedeutsame Personalunterschiede, die dafür mitverantwortlich sind, daß Exzesse vor allem in Lagern und Ghettos vorkamen.

Geht man also davon aus, daß im Bereich der nationalsozialistischen Gewaltkriminalität zur Zeit nur vorsichtigste statistische Schätzungen möglich sind, so läßt sich z. B. für einen Verurteilungszeitraum von etwa 5 Jahren (August 1958 bis August 1963) sagen, daß etwa 20 % der Verurteilten Exzeßtäter, 20 % Initiativtäter und 60 % Befehlstäter waren[176]. Interessant ist in unserem Zusammenhang vor

176 Eine mögliche Fehlerquelle von allerdings wohl nur geringer Bedeutung ergibt sich daraus, daß einige wenige Urteile nicht beschaffbar waren. Hier mußte ich mich auf Presseberichte stützen oder auf die Auswertung verzichten.

allem, daß der Anteil der Konflikttäter nur bei etwa 15 bis 20% des untersuchten Materials liegt; nur einige ganz wenige Konfliktfälle wurden als Befehlsnotstand bzw. Putativnotstand gewertet. Dieses Ergebnis schließt jedenfalls in bezug auf die Fälle, die Gegenstand gerichtlicher Verfahren waren, die Möglichkeit aus, die nationalsozialistischen Verbrechen überwiegend als eine Folge von Zwang und Terror zu betrachten. Von einem Befehlsdruck kann vielmehr nur in einem relativ kleinen Teil der Fälle gesprochen werden.

II. Die Bedeutung des Befehlsnotstandes

Weit verbreitet ist die Vorstellung, daß es nur unter Gefährdung des eigenen Lebens möglich gewesen sei, der Ausführung eines Vernichtungsbefehls zu entgehen, und daß sich die am Massenmord beteiligten Funktionäre daher, von Ausnahmen exzessiver Einzeltaten abgesehen, in einem Befehlsnotstand befunden hätten. Diese These von der ausweglosen Befehlssituation ist nicht nur von vielen Angeklagten und ihren Verteidigern, sondern auch in der öffentlichen Diskussion immer wieder vertreten worden. Sie ist in den letzten Jahren allerdings zunehmend auf Widerspruch gestoßen.

Obwohl der Befehlsnotstand ein Problem ist, das sich ohne genaue juristische Begriffsklärung, gründliche Untersuchungen über die historischen Verhältnisse und umfassende Fallanalysen nicht wirklich beurteilen läßt, scheint er für einen Teil der Öffentlichkeit zu einer Art «Mythos» [1] geworden zu sein, der einer Fundierung durch empirische Beweise nicht bedarf. Sieht man einmal von der pragmatischen Bedeutung ab, die die Notstandsthese als Entlastungsbehauptung in den Prozessen immer wieder gehabt hat, so sind im wesentlichen vier Gründe zu erkennen, die sie auf den ersten Blick hin so einleuchtend erscheinen lassen:

1. Die allgemeine Erfahrung, «daß unter den Bedingungen des Terrors die meisten Leute sich fügen» (Hannah Arendt) [2]. Dieses Phänomen könnte aber auch andere Ursachen haben. Es könnte z.B. die Folge einer opportunistischen Anpassung an politische Verhältnisse und eines Bedürfnisses nach Konformität sein. Schon geringere Ängste, z.B. die Sorge um das berufliche Fortkommen oder die Furcht vor Isolation oder sozialen Nachteilen, könnten außerdem eine solche Fügsamkeit bewirken; sie brauchte nicht unbedingt einer Bedrohung von Leib oder Leben zu entspringen [3].

2. Die Tatsache, daß die Befehlsempfänger fast durchweg kriminell unvorbelastet und nach dem Zusammenbruch des Regimes wieder unauffällige Bürger waren [4]. Das wird oft als Anhaltspunkt für den auf sie ausgeübten Druck angesehen. Der epochale Charakter ihrer Kriminalität könnte jedoch auch damit zusammenhängen, daß man-

1 Vgl. Ormond, Plädoyer im Auschwitz-Prozeß, S. 26.

2 Eichmann in Jerusalem, S. 278.

3 Siehe dazu unten S. 89ff., 152ff.

4 Die These E. J. Gumbels von der Identität der Personenkreise, aus denen die individuellen Fememörder der zwanziger Jahre und die Massenmörder des Dritten Reiches hervorgegangen sind, trifft nur auf ganz wenige Fälle, z. B. Höß, zu. Vgl. Gumbel, Vom Fememord zur Reichskanzlei, S. 51.

che Erscheinungsformen des Verbrechens nur unter bestimmten gesellschaftlich-politischen Ausnahmebedingungen möglich sind. Dabei können ganz andere Faktoren als die äußere Bedrohung eine Rolle spielen, z.B. politische Massenindoktrination, Veränderungen des Moralbewußtseins, staatliche Sanktionierung des Verbrechens, Garantie der Straflosigkeit, Autoritätsbindungen oder die Kollektivität der Verbrechensausführung[5].
3. Die eng damit verknüpfte Anschauung, daß derart extreme Verbrechen nicht individuellen Antrieben entsprungen, sondern nur unter Zwang verübt worden sein können. Diese Annahme wird jedoch bereits durch die Exzeßfälle als allzu harmlose Deutung widerlegt.
4. Schließlich liegt auch der Gedanke nahe, daß ein Regime, das planmäßig Massenmord betrieben und nicht nur das eigene Volk, sondern einen ganzen Kontinent mit den Methoden des Terrors in Schach gehalten hat, kaum davor zurückgeschreckt sein dürfte, die Befolgung seiner Befehle mit den drastischsten Maßnahmen durchzusetzen. Das scheint sogar so sehr der totalitären Praxis zu entsprechen, daß bereits der Zweifel daran weltfremd und unrealistisch klingen muß. Die historische Analyse des Terrors hat jedoch immer wieder deutlich werden lassen, daß die komplizierte, widersprüchliche Wirklichkeit totalitärer Systeme nur selten durch gedankliche Analogieschlüsse und logische Folgerungen zutreffend erfaßt wird[6].
Eine solche Gegenüberstellung von Hypothesen kann an dieser Stelle nur den Sinn haben, einsichtig zu machen, daß sich das Problem des Befehlsnotstandes mit Hilfe abstrakter Überlegungen und notwendig subjektiver Rückerinnerungen an die «allgemeine Atmosphäre» der nationalsozialistischen Epoche, die ja für Unbeteiligte niemals die konkrete Situation der Verbrechensausführung einschließen, nicht beurteilen läßt. Deshalb soll der Versuch gemacht werden, konkrete Anhaltspunkte dafür zu finden, welche Bedeutung der Befehlsnotstand bei der Massenvernichtung nun wirklich gehabt hat. Dabei ist von einer Klärung des Begriffs «Befehlsnotstand» auszugehen.

5 Siehe dazu z. T. Kap. III.
6 Vgl. dazu vor allem die Arbeiten von Hannah Arendt und Hans Buchheim über Totalitarismus.

1. Rechtliche Kriterien

Bereits durch das Strafrecht selbst wird die Bedeutung der Befehlsnotstandsthese erheblich eingeschränkt. Im geltenden Recht ist der Befehlsnotstand, der durch die allgemeinen strafrechtlichen Bestimmungen über Notstand (§ 54 StGB) und Nötigungsstand (§ 52 StGB) definiert wird, so geregelt, daß nicht schon bestimmte Kollektivzustände als solche, z. B. die erhöhte Gefährdung aller unter totalitärer Herrschaft lebenden Menschen[7] oder die Befehlsabhängigkeit in militärischen oder paramilitärischen Verbänden, zur Straflosigkeit des Befehlsempfängers führen, sondern immer nur die unter bestimmten Extrembedingungen begangene Einzeltat; dabei berücksichtigt das Recht nicht nur die äußere Gefährdung des Täters, sondern auch sein eigenes Verhalten, seine Motive, sein Verschulden und die im konkreten Fall bestehenden Möglichkeiten, der Gefahr zu entgehen.

Schon deshalb ist es rechtlich nicht möglich, die Situation des Befehlsempfängers unter einem totalitären Regime generell als Notstand zu interpretieren, etwa indem man sagt, daß zur Zeit der nationalsozialistischen Herrschaft «ein allgemeiner Befehlsnotstand gegeben war»[8]. Kollektive, von der individuellen Situation losgelöste Befehlsnotstände kennt das geltende Recht nicht und kann es auch nicht gelten lassen, ohne in Kauf zu nehmen, daß die Entschuldigung auch all denen zugute käme, die dem Terror bereitwillig gedient oder sogar Exzeß- oder Initiativtaten begangen haben. Daß dies nicht der Sinn des Notstandsrechts sein kann, hat auch der Bundesgerichtshof nachdrücklich betont[9]. «Allgemein» könnte daher allenfalls die äußere Gefahrenlage gewesen sein. Ob sie es war, ist jedoch keine rechtliche, sondern eine – noch zu untersuchende – empirische Frage.

7 Vgl. Buchheim, in: Studien und Berichte, S. 106.
8 So etwa Roesen, NJW 1964, 135.
9 Z. B. BGHSt 3, 271 ff., 276 u. 1 StR 653/54.

a) Gefahrenlage

Nicht jedes Verbrechen, das von nationalsozialistischen Funktionären im Verlauf des staatlich organisierten Terrors begangen wurde, war eine befohlene Tat, nicht jedes befohlene Verbrechen geschah unter Zwang, und nicht jeder Zwang war bereits ein Befehlsnotstand. Der Begriff «Befehlsnotstand» bezieht sich nur auf eine rechtlich definierte, entschuldigende Extremform des psychologischen Drucks, die in einer gegenwärtigen Gefahr für Leib oder Leben bestand. Als gegenwärtig betrachtet die Rechtsprechung Gefahren, wenn eine Schädigung *sicher* oder doch *höchst wahrscheinlich* war[10]. Die verschiedentlich auch in Prozessen erörterte Frage, ob bestimmte Terrormaßnahmen gegen Befehlsempfänger *möglich* waren oder von der historischen Forschung *mit Gewißheit ausgeschlossen* werden können, überschreitet also bereits den Rahmen, den das Recht dem Befehlsnotstand setzt.

Außerdem kann von einem Befehlsnotstand dann nicht gesprochen werden, wenn keine Schädigung an Leib oder Leben drohte, sondern Nachteile anderer Art, z.B. Degradierung, Beförderungssperre, Frontversetzung, Berufs- und Karrierenachteile, Eintragungen in den Personalakten, Schädigungen des Ansehens, schikanöse Behandlung durch Vorgesetzte oder andere dienstliche Unannehmlichkeiten. Für Freiheitsstrafen, die keine physischen Schädigungen zur Folge hatten, dürfte Entsprechendes gelten[11].

Selbst die Versetzung zu einer Bewährungseinheit würde nach Auffassung des Bundesgerichtshofs «nicht ohne weiteres» eine Leibes- oder Lebensgefahr dargestellt haben[12]. Das Recht berücksichtigt also nicht alle Methoden des psychologischen Drucks, die dem Regime zu Gebote standen und kriminologisch bedeutsam waren, sondern nur naheliegende, besonders schwere Gefährdungen, praktisch also die Bedrohung durch Todesurteil, sofortige Liquidierung und KZ-Einweisung, außerdem mit gewissen Einschränkungen auch die Einweisung in eine Bewährungseinheit.

10 RGSt 66, 222ff., 225; BGH NJW 1951, 769; BGH 5 StR 353/54 u. 2 StR 531/61.

11 Vgl. Schönke-Schröder, III 2b zu § 52. Aber BGH 5 StR 540/64: Ankündigung eines kriegsgerichtlichen Verfahrens sei mindestens Leibesgefahr. Siehe dazu jedoch unten 3a die Strafpraxis der SS- und Polizeigerichte!

12 BGH 1 StR 117/56; BGH 2 StR 71/64.

b) Ausweglosigkeit

Außerdem bezieht sich die Exkulpation nur auf ausweglose Befehlssituationen[13]. Das Recht fordert also, in einer Notstandslage nicht einfach den «bequemsten und mit Bestimmtheit gefahrlosen Weg» zu gehen[14], sondern alle erkennbaren[15] Möglichkeiten auszuschöpfen, sich der Bedrohung auf andere Weise als durch die Ausführung eines Verbrechens zu entziehen[16]. Dabei geht die Rechtsprechung nicht so weit, eine heldenhafte Haltung zu verlangen[17]; sie hält jedoch ein gewisses Risiko für zumutbar[18]. Die Anforderungen, die im einzelnen gestellt werden, hängen von der Schwere des Verbrechens[19] und dem persönlichen Verschulden ab[20].

Die Verhaltensalternativen, die von der Rechtsprechung erwogen worden sind, sind vielfältig. Sie reichen von offener Weigerung, sachlichen Gegenvorstellungen, Rückfragen und Flucht[21] über Simulation, Bemühen um einen Sonderauftrag[22], stillschweigende Nichtausführung von Befehlen[23], Verzögerung von Aktionen[24] und Fluchthilfe[25] bis hin zu Ablösungsgesuchen[26], Einwänden gegen die fortgesetzte Heranziehung zu Exekutionen[27], Einspruch bei vorgesetzten Dienststellen[28] und dem Versuch, Unterstützung bei der Zivil-

13 § 52 StGB: «auf andere Weise nicht abwendbar»; § 54 StGB: «auf andere Weise nicht zu beseitigen».
14 BGH 1 StR 27/50 u. 5 StR 353/54.
15 BGH 2 StR 531/61.
16 RGSt 66, 222 ff., 227, 228: OGHSt 2, 225 ff., 227, 228; BGH NJW 1951, 111 ff., 113; BGHSt 18, 311 f.
17 BGH 1 StR 27/50 u. 3 StR 341/51.
18 BGH 1 StR 27/50, 4 StR 156/51, 3 StR 341/51 u. 4 StR 212 u. 213/53.
19 BGH 1 StR 27/50 u. 4 StR 500/62.
20 OGHSt 2, 228 u. 3, 129 f.; BGH 4 StR 760/52, 4 StR 212 u. 213/53, 1 StR 653/54 u. 4 StR 438/58.
21 3 StR 341/51 u. 2 StR 531/61.
22 SchwG Bonn 8 Ks 1/58 = KZ-Verbrechen, S. 340; z. T. abw. BGH 5 StR 540/64.
23 A. a. O. u. BGH 1 StR 321/56.
24 BGH 2 StR 531/61.
25 A. a. O.
26 A. a. O.
27 1 StR 321/56.
28 2 StR 531/61.

verwaltung zu finden[29], die der Judenvernichtung zum Teil ablehnend gegenüberstand.

Nicht jede dieser Methoden wird in jeder Situation zweckmäßig und praktikabel gewesen sein. Das noch darzustellende Fallmaterial läßt jedoch erkennen, daß solche nachträglichen Überlegungen keineswegs grundsätzlich unrealistisch sind, sondern daß manche der erwähnten Möglichkeiten tatsächlich ausgenützt wurden. Der Bundesgerichtshof spricht in diesem Zusammenhang von der «Lebenserfahrung, daß es einem Soldaten, der eine Beschäftigung nur widerwillig ausführte, möglich war, sich mindestens in gewissem Umfange zu ‹drücken›»[30].

Auch die historische Forschung hat auf Möglichkeiten, sich der Befehlsausführung zu entziehen, hingewiesen, die erfolgversprechend und ohne besonderes Risiko waren, auch wenn sie sich nicht immer und überall verwirklichen ließen. Buchheim teilt sie in drei Gruppen ein. Er unterscheidet: 1. Das Eingeständnis, den gestellten Aufgaben subjektiv, d.h. vor allem körperlich und seelisch nicht gewachsen zu sein, ohne jedoch ihre Berechtigung objektiv in Frage zu stellen[31]. Außerdem dürfte nach Buchheims Meinung die Berufung auf subjektiv-religiöse Gründe nicht so aussichtslos gewesen sein, wie es bei oberflächlicher Betrachtung scheinen könnte[32]. Speziell für Funktionäre, die schon längere Zeit der SS angehörten, scheint auch die interne Diskussion, ob polizeiliche Aufgaben mit dem «Ordensgeist» der SS vereinbar seien, Ansatzpunkte für eine Befreiung von verbrecherischen Aktionen geboten zu haben[33]. 2. Die «Opposition des Ja – aber», die Buchheim als «charakteristisch für das Leben unter totalitärer Herrschaft überhaupt» betrachtet. Sie war Opposition, die sich «in Formen der Zustimmung kleidete» und sachliche Einwände erhob, jedoch keine Zweifel an der Legitimität der Aktionen erkennen ließ[34]. 3. Die auch aus dem Militär bekannte Möglich-

29 4 StR 417/61.

30 BGH 1 StR 321/56.

31 Buchheim, An. I, S. 348, 350ff.

32 A. a. O., S. 352.

33 A. a. O., S. 351 f.

34 A. a. O., S. 353. Als Beispiel erwähnt Buchheim den Fall des stellvertretenden Reichsgesundheitsführers Blome, der Tausenden tuberkulöser Polen dadurch das Leben rettete, daß er die Möglichkeit einer Geheimhaltung ihrer «Sonderbehandlung» bezweifelte und die Frage aufwarf, ob die Aktion im Augenblick vom Führer für zweckmäßig und tragbar gehalten werde, gleichzeitig aber betonte,

keit, sich Befehlen stillschweigend zu entziehen, d. h. sich zu drücken oder sich in irgendeiner Funktion unentbehrlich zu machen[35].

Die rechtlichen und zeitgeschichtlichen Erörterungen machen deutlich, daß das Problem des Befehlsnotstandes nicht immer nur einseitig auf die Situation einer ausdrücklichen, demonstrativen Gehorsamsverweigerung und damit auf die Alternative Befehlsausführung oder Befehlsverweigerung zugespitzt werden darf, sondern daß den rechtlichen Anforderungen jede auch noch so unheroische Befehlsumgehung genügt haben würde.

c) *Verschulden*

Die Beurteilung des Befehlsnotstands hängt außerdem von einer Untersuchung des Verschuldens ab. Das ergibt sich im Falle des § 54 StBG unmittelbar aus dem Gesetz und im Falle des § 52 aus den von der Rechtsprechung entwickelten Grundsätzen.

Nach § 54 exkulpiert nur der unverschuldete Notstand. Hatte sich also ein Befehlsempfänger selbst schuldhaft in die Lage gebracht, aus der es nur den Ausweg des Verbrechens gab, so ist eine Berufung auf den Befehlsnotstand ausgeschlossen.

Das geltende Recht zwingt also dazu, die Tatsituation nicht nur punktuell zu betrachten, sondern die persönliche und vor allem auch politische Entwicklung des Täters in die Beurteilung einzubeziehen. Gerade insofern sind bei den nationalsozialistischen Verbrechen erhebliche Unterschiede zu erkennen. Es gab Funktionäre – z. B. manche Polizeiangehörige –, die ohne eigenes Zutun zu Exekutionen hinzugezogen wurden, sich mit einem Erschießungsbefehl also plötzlich konfrontiert sahen, während in anderen Fällen, auch wenn im Augenblick der Befehlsausführung selbst eine Zwangslage bestand, die Tatsituation nur als die logische Konsequenz einer oft steilen politischen Karriere erscheint, die auf derartige Terrorfunktionen folgerichtig zusteuerte. Bedeutsam kann auch sein, ob die «Weichen rechtzeitig gestellt» wurden, ein Funktionär also den Versuch gemacht hat, sich voraussehbaren Befehlssituationen zu entziehen. Im

daß man, wenn die Garantie der Geheimhaltung gegeben wäre, «Bedenken – gleich welcher Art – zurückstellen» könne. Vgl. a. a. O., S. 354 f.

35 A. a. O., S. 360.

Falle eines Lagerkommandanten nahm der Bundesgerichtshof z. B. ein Verschulden an, weil der Angeklagte schon bei Antritt seiner Stellung gewußt hatte, daß in den Konzentrationslagern Straftaten aller Art an der Tagesordnung waren, sich seiner Aufgabe aber dennoch mit Eifer und Hingabe gewidmet und die Möglichkeit, seine baldige Ablösung – wie sein Vorgänger – durch mangelnden Eifer zu erreichen, ungenutzt gelassen hatte[36].

Auch im Falle des Nötigungsstandes ist ein Verschulden jedenfalls insofern nicht ohne Bedeutung, als demjenigen, der sich «in vorwerfbarer Weise der Gefahr aussetzt, durch Drohungen für Leib oder Leben zum Verbrechen bestimmt zu werden, unter Umständen ganz andere Auswege zuzumuten sind, als wenn er unverschuldet in diese Lage geraten wäre»[37]. Die Rechtsprechung hatte in solchen Fällen den gesamten Werdegang des Täters zu berücksichtigen: den Zeitpunkt seines SS-Beitrittes[38], die in der SS-Hierarchie erlangte Position[39] und die Vorhersehbarkeit verbrecherischer Befehle[40]. Hatte ein Angehöriger der SS z.B. eine einflußreiche Stellung erlangt, so konnte er sich bei seiner Aburteilung «nicht durch den bloßen Hinweis auf eine Leibes- oder Lebensgefahr der Verantwortung entziehen», ohne sein Äußerstes getan zu haben, sich von der Mitwirkung fernzuhalten[41].

36 BGH 4 StR 359/56.

37 OGHSt 2, 228 u. 3, 229 f.; BGH 4 StR 760/52.

38 Für die Bewertung des Beitritts ist von Bedeutung, daß – nach Buchheims gutachtlicher Äußerung im Auschwitz-Prozeß – bis 1942 niemand gezwungen wurde, der SS oder einer ihrer Teilorganisationen beizutreten (a. a. O., S. 368 f.); nach anderen Darstellungen bestand völlige Freiwilligkeit der Mitgliedschaft jedenfalls bis 1940. Siehe Henkys, Die nationalsozialistischen Gewaltverbrechen, S. 36, unter Berufung auf das IMT. Mindestens bis zum Kriegsbeginn war es – nach Buchheim, a. a. O., S. 374 ff. – auch möglich, aus der SS wieder auszutreten; das Ausscheiden wurde durch den Wunsch Himmlers erleichtert, den zur Massenorganisation aufgeblähten «Orden» wieder zu verkleinern. – In der Rechtsprechung wird auf die Bedeutung des SS-Beitritts z. B. hingewiesen in: BGH 4 StR 438/58.

39 BGH 4 StR 438/58.

40 BGH 4 StR 212 u. 213/53. Die Möglichkeit, in der SS zur Ausführung von Terrorbefehlen herangezogen zu werden, war zweifellos schon früh erkennbar. Insofern konnte derjenige, der später als 1934 in die SS eintrat, wissen, was er tat: so Buchheim, a. a. O., S. 372. An Massenausrottung brauchte er zu diesem Zeitpunkt und noch sehr viel später jedoch nicht zu denken. Für die rechtliche Bewertung ist außerdem eine individualisierende, von Stellung, Persönlichkeit, Bildung und anderen Faktoren abhängige Betrachtungsweise nötig.

41 BGHSt 3, 271 ff., 1 StR 653/54, 4 StR 438/58.

d) Motiv

Zum Befehlsnotstand gehört als subjektives Element das Motiv, sich oder Angehörige durch Befolgung des Befehls aus einer drohenden Leibes- oder Lebensgefahr zu retten[42]. Deshalb genügt noch nicht die Feststellung, daß dem Täter im Falle der Nichtausführung des Befehls eine Leibes- oder Lebensgefahr gedroht hätte, wenn er die Tat nicht auch tatsächlich begangen hat, um der Gefahr zu entgehen[43]. Selbst wenn jeder Befehlsverweigerer sofort erschossen oder in ein Konzentrationslager eingeliefert worden wäre, hätte damit doch noch kein «allgemeiner Befehlsnotstand» bestanden, z.B. für alle diejenigen nicht, die aus Überzeugung oder Sadismus mitmachten. Der Befehlsnotstand setzt also eine Konflikts- und Zwangslage im individuellen Fall voraus. Nur wenn einem Täter etwas zugemutet wurde, was er an sich nicht wollte oder billigte, war nach Auffassung des Bundesgerichtshofs eine solche Konfliktslage gegeben, «ohne die eine Berufung auf Notstand grundsätzlich nicht in Betracht kommt»[44]. Die oft diskutierte Frage, ob «man» damals ohne schwere Gefährdung einem Vernichtungsbefehl entgehen konnte, wird also dem Problem nicht gerecht, weil sie zu abstrakt gestellt ist; denn das Recht interessiert nur der Täter in seiner wirklichen äußeren und inneren Situation.

Für den einzelnen Befehlsempfänger konnten nun aber ganz andere Gründe bestimmend sein als die Absicht, sich aus einer drohenden Gefahr zu retten. Aus der ziemlich umfangreichen, größtenteils unpublizierten Rechtsprechung des Bundesgerichtshofs zum Befehlsnotstand ergibt sich ein ganzer Katalog von Indizien, die für die Beurteilung der Motive von Bedeutung sind. So kann die durch Aussagen über damalige Äußerungen und Gespräche glaubhaft gemachte innere Ablehnung des Befehls zwar ein Anzeichen dafür sein, daß der Täter in einer Zwangslage gehandelt hat, braucht es aber nicht zu sein. In manchen Fällen haben Funktionäre trotz innerer Vorbehalte bereits unter dem Druck dienstlicher Unannehmlichkeiten

[42] § 54 StGB: «zur Rettung aus einer gegenwärtigen Gefahr für Leib oder Leben». Dem entspricht die Nötigung in § 52 StGB.
[43] BGH 4 StR 39/50, 1 StR 750/51 u. a.
[44] BGHSt 3, 271 ff., 275; 3 StR 333/51, 1 StR 375/56, 2 StR 71/64.

und nicht erst einer Leibes- oder Lebensgefahr den Befehl befolgt, so daß schon deshalb ein Notstand nicht vorlag[45]. Bereits bei der Untersuchung der verschiedenen Beteiligungstypen[46] wurden Fallsituationen erörtert, in denen Initiative und Aktivität durchaus mit Hemmungen und Gewissensskrupeln zusammentreffen konnten, die innere Ablehnung jedoch von anderen Antrieben, z. B. Ehrgeiz, überlagert wurde.

Bei den Indizien, die sich aus einer genauen Verhaltens- und Motivanalyse ergeben und die einen Befehlsnotstand ausschließen, sind mehrere Gruppen zu unterscheiden: Zum Teil werden bei der Untersuchung unmittelbar persönliche Handlungsantriebe erkennbar, die deutlich machen, daß der Täter nicht nur durch den Befehl motiviert wurde, etwa wenn er aus Sadismus handelte[47], sich von der Ausführung des Befehls besondere Vorteile erhoffte[48], den Wunsch hatte, nicht den Eindruck der Unfähigkeit zu erwecken[49], oder wenn die Ausführung für ihn mit einem Reiz oder einer inneren Genugtuung verbunden war[50]. Außerdem gibt es Fälle, in denen deutlich wird, daß der Täter den Befehl innerlich billigte und für richtig hielt[51] oder ihn aus falsch verstandenem Pflichtgefühl[52], blindem Gehorsam[53] oder sogar Fanatismus[54] ausführte. In anderen Fällen haben Befehlsempfänger an eine Verweigerung und ihre Folgen überhaupt nicht gedacht und handelten schon deshalb nicht unter dem Einfluß einer drohenden Gefahr[55]. Schließlich ist noch an Fälle zu denken, in denen Befehlsempfänger resignierten[56] oder dienstliche Unannehmlichkeiten befürchteten[57], sich also nicht erst einer Leibes- oder Lebensbedrohung beugten.

Als Indizien, die mehr das Verhalten selbst betreffen, betrachtet die

45 BGH 4 StR 212 u. 213/53.
46 Vgl. Kap. I.
47 BGH 1 StR 117/56.
48 BGH 1 StR 27/50.
49 BGH 4 StR 359/56.
50 BGH 1 StR 321/56.
51 BGH 5 StR 21/52, 4 StR 760/52.
52 BGH 1 StR 653/54, 2 StR 269/63.
53 BGH 1 StR 653/54, 4 StR 417/61.
54 BGH 1 StR 117/56.
55 BGH 4 StR 121/55, 1 StR 433/57.
56 BGH 4 StR 500/62.
57 BGH 4 StR 212 u. 213/53.

Judikatur vor allem: Eifer[58], Bereitwilligkeit[59], Eile der Tatausführung[60], Hingabe an die verbrecherische Aufgabe[61], Zielstrebigkeit[62], jede Form von Exzeß und Initiative, etwa wenn ein Befehlsempfänger ohne jeden Zwang wesentlich mehr tat, als von ihm erwartet wurde[63], sich durch Brutalität auszeichnete[64], Opfer mißhandelte[65], zusätzliche Exzeßtaten beging[66] oder als Vorgesetzter eigenhändig an Exekutionen mitwirkte[67].

Außerdem können einzelne Verhaltensweisen, die mit der Tatausführung nicht unmittelbar zusammenhängen, aufschlußreich sein, etwa die Tatsache, daß der Täter sich bei Exekutionen fotografieren ließ[68] oder sich nachträglich seiner Taten rühmte[69].

Bedeutung kommt auch hier biographischen Indizien zu, etwa der langjährigen freiwilligen Mitgliedschaft in der SS[70], der Karriere[71], den Beförderungen und dienstlichen Beurteilungen, z.B. der Tatsache, daß ein Befehlsempfänger als geeignet für den Dienst in einem ausgesprochenen Vernichtungslager ausgewählt wurde[72].

In der Diskussion ist nun vereinzelt auf die Vieldeutigkeit der Motive verwiesen worden. «Es ist gewiß vorstellbar», meint der Düsseldorfer Strafverteidiger Roesen, «daß es einem Täter, der sich aus Fanatismus oder Rechtsblindheit an der Tötung von Juden, Funktionären und Geisteskranken beteiligt hat, gleichgültig war, ob er sich bei einer Weigerung einer Gefahr für Leib oder Leben ausgesetzt hätte. Vorzustellen ist ebenso, daß nur die Furcht bestimmend war. Zwischen diesen rein denkbaren Extremen dürfte die Realität meist in der Mitte zu finden sein, in einem ‹Parallelogramm der Triebkräfte›. War die Leibes- und Lebensgefahr da, so müßte die Mög-

58 BGH 1 StR 27/50, 4 StR 39/50, 1 StR 791/51 = BGHSt 3, 271, 4 StR 359/56.
59 BGH 4 StR 39/50.
60 BGH 4 StR 417/61.
61 BGH 4 StR 359/56.
62 BGH 1 StR 27/50.
63 BGH 3 StR 672/51.
64 BGH 1 StR 591/51 = BGHSt 3, 271.
65 BGH 4 StR 39/50.
66 BGH 3 StR 672/51.
67 BGH 1 StR 321/56.
68 SchwG Ulm Ks 2/57.
69 SchwG Bonn 8 Ks 1/58.
70 BGHSt 3, 271 = 1 StR 791/51 u. 4 StR 359/56.
71 A. a. O. u. 1 StR 117/56.
72 BGH 3 StR 672/51.

lichkeit einer Mitmotivierung durch diese auszuschließen sein, wenn §§ 52, 54 StBG abgelehnt werden sollen. Der Grundsatz ‹in dubio pro reo› hat auch hier seinen Platz.»[73]

Es gibt sicher Fälle, auf die diese Ansicht zutrifft, wo von einer Mitmotivierung durch Furcht gesprochen werden kann und mindestens ein Putativnotstand nicht auszuschließen ist. Auch die Schwurgerichte gehen gelegentlich davon aus[74]. Daß dies aber für die meisten auf Befehl begangenen Taten gilt, die vor Gericht eine Rolle gespielt haben, findet in meinen Falluntersuchungen, in denen nur ein knappes Drittel der abgeurteilten Befehlstaten als Konfliktfälle klassifiziert wurde[75], keine Bestätigung. Auch rechtlich ist gegen Roesens «Parallelogramm der Triebkräfte» einzuwenden, daß nicht alle der erwähnten Verhaltens- und Motivlagen mit dem in den §§ 52, 54 StGB geforderten Motiv der Selbstrettung kombinierbar sind. In Fällen etwa, in denen Fanatismus, Rassenhaß, Sadismus, Brutalität gegenüber Opfern, Eifer, Initiative, Karrierestreben, Ehrgeiz oder Eigennutz zutage getreten ist, kann eine Zwangslage, wie sie vom Befehlsnotstandsrecht gemeint ist, eindeutig ausgeschlossen werden. Auch der Bundesgerichtshof hat in seiner Judikatur in Fällen, in denen andere Motive erkennbar waren, einen Notstand verneint. Allenfalls in einem relativ schmalen Grenzbereich, in dem andere Formen des äußeren Drucks eine Rolle spielten, die jedoch an sich zur Exkulpation nicht genügen – z. B. Furcht von anderen Nachteilen, Resignation, falsch verstandenes Pflichtgefühl oder blinder Gehorsam –, kann die Beweissituation dazu zwingen, zugunsten des Angeklagten von einer Motivierung durch die drohende Leibes- oder Lebensgefahr auszugehen. Eine darüber hinausreichende Bedeutung kann dem Gedanken der Mitmotivierung jedoch nicht beigemessen werden.

e) Putativnotstand

Auch bei vermeintlichen Notständen ist die Entschuldigung davon abhängig, daß der Befehlsempfänger durch die – nun allerdings

73 NJW 1964, 136.
74 Z. B. SchwG Freiburg I AK 1/63, II AK 18/63, Schw AK 3/63.
75 Siehe oben S. 77 f.

fälschlich angenommene – Gefahrenlage zur Ausführung des Befehls veranlaßt worden ist. In bezug auf Gefährdung, Ausweglosigkeit, Verschulden und Willensbeugung ist die Situation aus der Sicht des Täters also ganz die gleiche. Die Rechtsprechung hat jedoch ergänzend festgestellt, daß «ein bloßes allgemeines Sich-Einbilden, die Umstände könnten bedrohlich sein, ohne bestimmte Vorstellung, durch welche Handlungen welcher Personen unmittelbare Gefahr droht», das Merkmal der vermeintlichen Drohung nicht erfüllt[76]. Auch hier gilt also, daß nicht einfach ein «allgemeiner Putativnotstand» angenommen werden kann und nicht schon die Atmosphäre des Terrors und die Ungewißheit der offiziellen Reaktionen die Schuld des Täters ausschloß.

Die enge Begrenzung des Schuldausschlusses durch das geltende Recht hat zweifellos in manchen Fällen Härten zur Folge, etwa in Konfliktfällen, in denen der psychologische Druck erheblich war, für die Annahme eines Befehlsnotstandes jedoch nicht ausreichte, z.B. wenn ein Befehlsempfänger unter dem Druck systematischer Schikanen oder einer schweren, jedoch nicht leibes- oder lebensgefährdenden Strafandrohung handelte. Hier macht sich bemerkbar, daß das Strafrecht ursprünglich für ganz andersartige Verbrechen geschaffen worden ist. Ermittlungsbehörden und Gerichte haben versucht, mit den Problemen fertig zu werden, indem sie den Putativnotstand in solchen Fällen als unwiderlegbar ansahen oder Taten als leichtere Beihilfefälle bewerteten. Anzuerkennen ist, daß manche Täter ihre Handlungen in einer notstandsähnlichen Konfliktlage begangen haben, die eine übergesetzliche Strafmilderung, eine Gesetzeskorrektur oder eine Lösung durch die Gnadeninstanz nahelegt[77]. Doch handelt es sich hier um Grenzfälle, wie sie nur relativ selten zur Anklage gekommen sind.

76 BGH 4 StR 500/62.

77 Entsprechend die Beschlüsse einer von der Ständigen Deputation des Deutschen Juristentages im April 1966 nach Königstein/Ts. einberufenen Kommission, zu der auch der Verfasser gehörte.

2. Kasuistik

Bei der Erörterung der Gefahren, die Befehlsverweigerung und Befehlsentziehung zur Folge hatten, sind in den Prozessen und Ermittlungsverfahren der letzten Jahre immer wieder Einzelfälle zur Sprache gekommen, in denen sich Funktionäre der Beteiligung an verbrecherischen Aktionen entzogen haben[78]. Die folgende Kasuistik ist nun der Versuch, diese Fälle so vollständig wie möglich zusammenzustellen. Die Auswertung stützt sich in erster Linie auf das Material der Zentralen Stelle, außerdem auf Schwurgerichtsurteile, Vernehmungsprotokolle, zeitgeschichtliche Gutachten und Veröffentlichungen sowie auf ergänzende Mitteilungen von Staatsanwälten, Verteidigern und Historikern.

Dabei ist zunächst auf die Problematik der Beweiskraft solcher Einzelfälle hinzuweisen: Viele Fälle sind nur unzulänglich nachprüfbar. Nicht selten liegt ihnen nur eine einzelne Zeugenaussage zugrunde, oder sie basieren auf Aussagen, in denen nur Gehörtes berichtet wird. Diese Unsicherheit gilt jedoch für beide Fallgruppen – diejenigen Fälle, die für eine Gefährdung, und solche, die gegen sie sprechen – in gleicher Weise, allerdings mit dem einen nicht unwichtigen Unterschied, daß die Fälle, in denen eine Schädigung an Leib oder Leben behauptet worden ist (Fallgruppen a bis c), wegen ihrer unmittelbaren Bedeutung für die Beurteilung des Notstandsproblems durchweg gründlicher überprüft worden sind als die anderen Fälle. Außerdem liegt es in der Natur der Sache, daß ein solches Fallmaterial notwendig fragmentarisch und jederzeit ergänzungsfähig ist, so daß sich das Bild durch neue Ermittlungsergebnisse ändern könnte. Allerdings ist zu beobachten, daß in den Verfahren fast immer dieselben Fälle – wenn auch niemals das gesamte verstreute Material – erwähnt worden sind, so daß jedenfalls eine Vermutung dafür spricht, daß nach den sich über rund zwei Jahrzehnte erstreckenden Straf- und Ermittlungsverfahren mit ganz neuen Erkenntnissen kaum noch zu rechnen ist. Schließlich ist die Bedeutung von Einzelfällen auch insofern begrenzt, als sie sich nicht beliebig verallgemeinern lassen. Aus ihnen allein kann daher eine feste Basis

78 Einige Fälle sind bereits bei Schüle, Studien und Berichte, S. 65 ff., 83 ff., Langbein, Im Namen des deutschen Volkes, S. 56, Reitlinger, Endlösung, S. 216 f., und Henkys, S. 222 f. (nach Schüle) veröffentlicht worden.

für die Klärung der Notstandssituation sicher nicht gewonnen werden[79]. Dennoch bilden sie einen wichtigen Mosaikstein innerhalb des Gesamtbildes, auf den die Forschung nicht verzichten kann. Denn schließlich ist es für die Beurteilung der damaligen Verhältnisse nicht unwichtig, die Reaktion des Regimes auf konkrete Fälle von Befehlsverweigerung und Befehlsentziehung kennenzulernen. Die folgende Fallsammlung geht von den Kriterien aus, die durch das Strafrecht vorgegeben sind, d. h., sie unterscheidet zwischen Fällen, in denen eine Schädigung an Leib oder Leben – Todesurteil, Liquidierung, KZ-Einweisung, Einweisung in eine Bewährungseinheit[80] – behauptet worden ist, und solchen Fällen, in denen keine oder andersartige Konsequenzen nachweisbar sind. Bei der zweiten Fallgruppe werden auch die unterschiedlichen Formen der Befehlsumgehung berücksichtigt.

a) Todesurteile, Erschießungen

In insgesamt neun Fällen ist behauptet worden, daß Funktionäre wegen der Verweigerung eines verbrecherischen Befehls zum Tode verurteilt oder ohne Urteil erschossen worden seien. Unberücksichtigt bleiben einige den Ermittlungsbehörden ohne Angabe von Einzelheiten mitgeteilte Fälle, die völlig unkontrollierbar geblieben sind oder bei denen die Überprüfung ergeben hat, daß ein Zusammenhang mit Vernichtungsaktionen nicht bestand[81]. Soweit solche Fälle dennoch in den Prozessen eine Rolle gespielt haben, sind sie in die Fallsammlung aufgenommen worden.

In zwei Fällen waren die aufgestellten Behauptungen nachweislich falsch:
(1) So hat in mehreren Strafverfahren der letzten Jahre ein Zeuge unter Eid ausgesagt, im März 1944 die Erschießung eines SS-Ange-

79 Buchheim, An. I, S. 257.
80 Trotz der oben erwähnten Rechtsprechung des BGH zur Einweisung in Bewährungseinheiten.
81 Z. B. handelte es sich hier verschiedentlich um Erschießungen aus den letzten Kriegstagen, die mit den Ereignissen des militärischen Zusammenbruchs zusammenhingen.

hörigen selbst miterlebt zu haben, der die Mitwirkung an einer Exekution von Zivilisten verweigert habe. Der Zeuge scheint bereits in den Gerichtsverhandlungen, in denen er auftrat, einen wenig glaubwürdigen Eindruck hinterlassen zu haben[82]. Er ist später, nachdem sich herausgestellt hatte, daß seine Angaben falsch waren, wegen Meineids in vier Fällen rechtskräftig verurteilt worden[83].

(2) In einem Prozeß gegen Angehörige eines Polizeibataillons hatte ein Angeklagter behauptet, in Bialystok von dem Kompaniechef einer anderen Polizeieinheit erfahren zu haben, daß ein ihm persönlich bekannter Polizeihauptmann sich geweigert habe, eine Judenerschießung durchzuführen, und deswegen «auf kurzem Wege erledigt» worden sei[84].

Dieser Vorfall konnte überprüft werden und hat sich danach völlig anders zugetragen: Der Polizeihauptmann, Kompaniechef eines Polizeibataillons, hatte Ende 1939 oder Anfang 1940 zwei Jüdinnen in sadistischer Weise verhört und anschließend erschossen. Er kam deshalb vor das SS- und Polizeigericht und wurde zum Tode verurteilt. Er wurde jedoch zu fünfzehn Jahren Zuchthaus begnadigt und 1944 aus dem Straflager Dachau unter Aussetzung der Strafvollstreckung zur Bewährung der Einheit Dirlewanger zugewiesen und ist im August 1944 bei den Kämpfen um Warschau gefallen. In einer noch vorhandenen Gefangenen-Kartei sind als Straftatbestände «Mord, Nötigung u.a.» vermerkt. Sowohl die behauptete Befehlsverweigerung als auch die Erschießung sind damit widerlegt[85].

Drei Fälle ließen sich weder bestätigen noch eindeutig widerlegen:

(3) Ein Zeuge, der während des Krieges der SS-Panzer-Aufklärungs-Ausbildungs- und Ersatzabteilung I angehörte, hat in mehreren Prozessen berichtet, im Winter 1943/44 habe eines Tages der Kompanie-Hauptfeldwebel «einen Tagesbefehl des Bataillons verlesen, in dem zum Ausdruck gebracht wurde, daß ein Untersturmführer des Bataillons, vielleicht aber auch einer anderen Einheit, standrechtlich

82 SchwG Heilbronn III Ks 1/62 (Theimer u. a.).

83 Fallmaterial der Zentralen Stelle in Ludwigsburg, nachfolgend ZStL abgekürzt.

84 SchwG Freiburg I AK 1/63, II AK 18/63, Schw. AK 3/63 (Uhl u. a.).

85 ZStL unter Hinweis auf einen in polnischen Archiven gefundenen Bericht eines ehemaligen Generalmajors der Polizei.

erschossen worden sei, weil er sich geweigert habe, jüdische Verbrecher oder so ähnlich zu erschießen»[86]. In einer etwas anderen Version wird die Aussage in einem Schwurgerichtsurteil referiert[87]. Danach handelte es sich um die Weigerung eines Zugführers, ein Exekutionskommando für die Hinrichtung von Kriegsgefangenen und Partisanen zu stellen, die aus einem Lager ausgebrochen und dann zum Teil wieder eingefangen worden waren. Nach Meinung des Gerichts bezog sich die Aussage daher auf einen völlig anders gelagerten Fall und nicht auf eine Judenaktion. Obwohl die Ermittlungsbehörden dieser Behauptung im Verlauf systematischer Tatkomplexuntersuchungen nachgegangen sind und auch Personen vernommen haben, die derselben Einheit angehörten wie der Zeuge, hat sie sich weder in der einen noch der anderen Variante bestätigen lassen. Von der Zentralen Stelle wird der ganze Vorfall auch deshalb für unwahrscheinlich gehalten, weil für die sofortige Aburteilung durch ein Standgericht keine zwingenden militärischen Gründe bestanden und der Gerichtsherr nicht unerreichbar war, wie es § 13a der Kriegsstrafverfahrensordnung für die Einsetzung von Standgerichten voraussetzte[88].

(4) Im Verfahren gegen Sorge und Schubert vor dem Schwurgericht Bonn hat ein aus der Tschechoslowakei stammender Zeuge, der Häftling in den Konzentrationslagern Sachsenhausen und Flossenbürg war, behauptet, SS-Leute, die die Exekutionen der Häftlinge nicht mehr mitmachen konnten, seien mit Dum-Dum-Geschossen füsiliert worden[89]. Für die Richtigkeit dieser Aussage haben sich keinerlei Anhaltspunkte ergeben. Nicht ausgeschlossen ist, daß sie folgenden Hintergrund hat: Im Jahre 1944 wurden in einer Werkstatt des Konzentrationslagers Sachsenhausen Giftgeschosse gebaut, die auf Anordnung Himmlers an Menschen erprobt wurden. Soweit bekannt wurde, handelte es sich bei den Versuchspersonen jedoch um Kriminelle, die in gerichtlichen Verfahren zum Tode verurteilt worden waren[90]. Daß SS-Angehörige, zumal ohne Verurteilung, zu solchen Experimenten mißbraucht wurden, kann als ziemlich ausgeschlossen gelten.

86 ZStL (Zeugenaussage).
87 SchwG Heilbronn III Ks 1/62 (Theimer u. a).
88 ZStL. Siehe auch unten Abschn. 3.
89 KZ-Verbrechen, S. 219; Aussage im Prozeß gegen Sorge und Schubert.
90 Vgl. BGH 2 StR 640/61 u. SchwG Düsseldorf 8 Ks 1/61 (Widmann).

(5) Ungesichert sind die Beweisgrundlagen auch in einem anderen Fall, in dem bisher nur die Aussage eines aus Ostpreußen stammenden Landwirts vorliegt. Der Zeuge hat behauptet, ein später gefallener SS-Oberscharführer aus seiner Heimatgemeinde habe 1941 oder 1942 während eines Urlaubs in fieberkrankem Zustand gebeichtet, auf Befehl zwei Angehörige eines Einsatzkommandos erschossen zu haben, die außerstande waren, Frauen und Kinder zu töten. An einer Bestätigung dieser Aussage durch weitere Beweismittel fehlt es; insbesondere ist dieser oder auch nur ein ähnlicher Fall in keinem der zahlreichen Verfahren gegen Angehörige von Einsatzgruppen erwähnt worden[91].

In vier Fällen handelt es sich um andersgelagerte Sachverhalte:
(6) Zu diesen Fällen gehört vor allem eine Exekution, die am 8. März 1945 bei Woeste Hoeve in Holland, 20 bis 30 km hinter der Front, stattgefunden haben soll. Der Vorfall ist von mehreren Zeugen berichtet worden, die allerdings meistens nur von ihm gehört hatten. Einheitlich sind die Aussagen darin, daß es sich bei der verweigerten Aktion um eine Geiselexekution im Anschluß an ein Attentat auf den Höheren SS- und Polizeiführer Rauter gehandelt habe, bei der ein Oberwachtmeister vorgetreten sein und erklärt haben soll, daß er an der Erschießung nicht teilnehmen könne. Bei einer staatsanwaltschaftlichen Vernehmung hatte der Hauptzeuge dieses Vorgangs, ein ehemaliger Hauptsturmführer und Kriminalrat, u. a. ausgesagt: «Der Polizist machte, wie ich noch weiß – ich selbst war bei der Exekution zugegen –, geltend, daß er sich aus religiösen Gründen nicht in der Lage sehe, dem Befehl, an der Exekution teilzunehmen, nachzukommen. Ich selbst wurde Zeuge, wie dieser Ordnungspolizist sofort festgenommen und abgeführt wurde. Kurze Zeit daraufhin wurde bekannt, daß dieser Beamte im Schnellverfahren abgeurteilt und ‹wegen Feigheit vor dem Feinde› erschossen worden war. Ob es sich hierbei um ein ordentliches Kriegsgerichtsverfahren gehandelt hat, entzieht sich meiner Kenntnis.»[92] In einer späteren Hauptverhandlung hat der Zeuge ausgesagt: «Bei der Exekution ist dann ein Oberwachtmeister vorgetreten und hat erklärt, daß er an der Exekution nicht teilnehmen werde; das habe ich jedoch nicht wörtlich gehört, sondern nur erfahren; er wurde dann im Schnell-

91 ZStL.
92 StA München I, 22 Js 189/61.

verfahren (ich weiß aber nicht von wem) abgeurteilt und erschossen, wie ich später erfahren habe.»[93] Das Rijksinstituut voor Oorlogsdocumentatie in Amsterdam hat den Vorfall, der auch in holländischen Veröffentlichungen von Zeit zu Zeit erwähnt wird, als völlig unbestätigt bezeichnet; er sei auch von Augenzeugen der Geiselexekution nicht erwähnt worden[94]. Der tatsächliche Verlauf der Ereignisse ist also nur schwer zu rekonstruieren; wichtiger jedoch ist, daß die Weigerung, im März 1945 ziemlich unmittelbar hinter der Front an einer Geiselerschießung teilzunehmen, mit der Situation bei Einsatzkommando- und Vernichtungslageraktionen kaum verglichen werden kann[95].

(7) Auch in einem Fall, der in einer Presseveröffentlichung erwähnt und häufiger angeführt worden ist[96], handelt es sich nicht um eine Ausrottungsaktion, sondern um eine Erschießung von Partisanen durch eine Wehrmachtseinheit. Nach dem Bericht soll sich ein Soldat geweigert haben, bei dieser Exekution mitzuwirken, und deshalb zusammen mit den durch ein Standgericht zum Tode verurteilten Partisanen erschossen worden sein.

(8) In einem anderen Prozeß hat ein Zeuge den Fall eines Kriminaloberassistenten erwähnt, der 1942 oder 1943 durch das SS- und Polizeigericht Breslau zum Tode verurteilt und hingerichtet worden sei, weil er einem Juden zur Flucht ins Ausland verholfen habe[97]. Um die Verweigerung eines Vernichtungsbefehls handelt es sich hier offensichtlich nicht; dagegen ist nicht ausgeschlossen, daß für die Verurteilung auch noch andere Gesichtspunkte, z.B. Bestechung, maßgeblich waren[98].

(9) Ebenfalls nicht um eine Befehlsverweigerung handelt es sich in einem Fall, der in einer den Ermittlungsbehörden zugeleiteten anonymen Ausarbeitung erwähnt wird. Sie betrifft einen Kommandeur der Sicherheitspolizei und des SD, der angeblich in Frankreich zum Tode verurteilt worden sein soll, «weil er sich, um der Durchführung eines Tötungsbefehls zu entgehen, mit seiner Dienststelle abgesetzt

93 StA Karlsruhe VI Ks 1/60. Aufzeichnungen des Berichterstatters über die Vernehmung.
94 Wie Anm. 91, Schreiben vom 6. 12. 1963.
95 So auch die Auffassung der ZStL.
96 «Neue Illustrierte» vom 3. 12. 1961; siehe auch «Quick» Nr. 32 vom 7. 8. 1966.
97 SchwG Wuppertal 12 Ks 1/62. Mitteilungen eines Verteidigers.
98 ZStL.

hatte mit der Begründung, ‹Geheimnisträger› dürften gemäß Führererlaß nicht in einer ‹Festung› verbleiben». Nach Aschenauer handelte es sich um den Kommandeur der Sicherheitspolizei Paris, der den Befehl des RSHA, keine Häftlinge lebend in Feindeshand fallen zu lassen, umgangen haben soll, indem er «sich einige Kilometer absetzte». Das daraufhin ergangene Todesurteil des SS- und Polizeigerichts Paris sei von Himmler kassiert und in eine «Versetzung zum Verlorenen Haufen» umgewandelt worden. Der Fall kann sich, wenn die Darstellung einigermaßen verständlich sein soll, nur auf einen verhältnismäßig späten Zeitpunkt, kurz vor dem Rückzug, beziehen, jedenfalls aber auf eine Zeit, in der nach Meinung der Zentralen Stelle Judenexekutionen in Frankreich kaum noch stattgefunden haben können[99].

b) KZ-Einweisungen

Eine Einweisung in ein Konzentrationslager als Folge einer Befehlsverweigerung ist in vier Fällen behauptet worden[100]. Im ersten dieser Fälle handelte es sich, wie aufgeklärt werden konnte, um eine Falschaussage.

(10) In diesem Falle hatte ein ehemaliger Gestapo-Angehöriger in mehreren Strafverfahren unter Eid ausgesagt, daß er 1942 durch ein SS- und Polizeigericht zu einer Gefängnisstrafe verurteilt und zur Verbüßung der Strafe in ein Konzentrationslager eingeliefert worden sei, weil er einen Exekutionsbefehl nicht befolgt habe. Tatsächlich wurde er wegen Diebstahls verurteilt und deshalb in ein SS-Straflager eingewiesen. Er wurde wegen Meineids rechtskräftig verurteilt[101].

Drei Fälle betreffen anders gelagerte Sachverhalte:
(11) Von einem ehemaligen KZ-Häftling ist der Fall eines SS-Unterscharführers berichtet worden, der in das Konzentrationslager Bu-

99 ZStL. Außerdem: Aschenauer, KB S. 35 f.
100 Auch hier bleiben völlig unsubstantiierte Mitteilungen an die Ermittlungsbehörden, soweit sie mir bekanntgeworden sind, unberücksichtigt.
101 ZStL.

chenwald eingeliefert werden sollte, weil er von einem jüdischen Häftling einen Brief zur Weitergabe an Angehörige entgegengenommen habe; bereits zehn Tage später, also vor seiner Einlieferung, sei er verstorben. Um eine Exekutionsverweigerung handelt es sich hier offensichtlich nicht; außerdem sind die Einzelheiten, die für eine geplante KZ-Einweisung sprechen könnten, weitgehend ungeklärt. Auch sonst wird gegenüber Ermittlungsbehörden gelegentlich erwähnt, daß sich unter den KZ-Insassen einige SS-Angehörige befanden; doch sind die Gründe der Einweisung unklar, oder aber es handelt sich um kriminelle Delikte[102].

(12) Größere Bedeutung hat ein Fall erlangt, in dem ein Oberleutnant, der eine Polizeikompanie führte, die Erschießung von 780 russischen Kriegsgefangenen ablehnte, und zwar unter Berufung auf die Rechtswidrigkeit des Befehls. Er wies auch seine Offiziere auf den verbrecherischen Charakter der geplanten Exekutionen hin und bezeichnete sie dem für die Aktion verantwortlichen SS-Führer gegenüber als «GPU-Methoden». Er wurde in die Heimat versetzt und dort verhaftet. Der entscheidende Vorwurf, der ihm gemacht wurde, war, daß er Wehrkraftzersetzung betrieben und durch seine Rechtsbelehrung Mißstimmung in der Truppe erzeugt habe. Es kam zu zwei Gerichtsverfahren, von denen das erste mit einer Verurteilung wegen Wehrkraftzersetzung zu drei bis vier Jahren Gefängnis, das zweite (1945) mit einer Verurteilung zu sechs bis sieben Jahren Gefängnis endete. Da die Urteile nicht rechtskräftig wurden, ließ man ihn «in seiner Eigenschaft als Offizier», also unter privilegierten Bedingungen, in das Konzentrationslager Buchenwald schaffen. Sein Friedensgehalt wurde ihm weiterhin ausgezahlt[103]. Bei der Bewertung des Falles ist zu berücksichtigen, daß er insofern atypisch ist, als der Gesichtspunkt der Wehrkraftzersetzung im Vordergrund stand und die Einweisung nach Buchenwald während des noch laufenden Gerichtsverfahrens nicht als reguläre KZ-Unterbringung, sondern eher als eine Art Untersuchungshaft anzusehen ist. Angesichts der besonders demonstrativen Form der Weigerung ist auch das nicht allzu hohe Strafmaß bemerkenswert[104].

(13) Außerdem soll ein Funktionär, der die Judenvernichtung nicht

102 ZStL.
103 StA Ulm Ks 2/57 u. andere Verfahren.
104 ZStL. Außerdem: LG Darmstadt Js 4/65 (GStA).

mitmachen wollte und daher untertauchte, festgenommen worden sein. Zu der offenbar geplanten Einweisung in das Konzentrationslager Neuengamme kam es jedoch nicht, da er sich in seiner Zelle erhängte[105].

c) Bewährungseinheit

In einem Fall stand die Einweisung in eine Bewährungseinheit zur Diskussion.
(14) Dabei handelte es sich um einen ehemaligen Einsatzkommandoführer, der sich im September 1944 als Leiter der Stapoleitstelle Düsseldorf geweigert hatte, Halbjuden und deren nichtjüdische Ehegatten töten zu lassen. Es wurde ein Ermittlungsverfahren wegen militärischen Ungehorsams gegen ihn eingeleitet, das jedoch später ausgesetzt wurde. Er wurde dann als einfacher Soldat einer Waffen-SS-Einheit zugewiesen; daß es sich dabei um eine Bewährungseinheit handelte und die Einberufung Strafcharakter hatte, kann nach den Ermittlungen als widerlegt angesehen werden[106].

d) Sonstige Folgen

In sämtlichen nun folgenden Fällen ist eine Schädigung an Leib oder Leben nicht nachweisbar. Entweder sind andere oder aber überhaupt keine Nachteile zu erkennen. Abgesehen von den unterschiedlichen Konsequenzen der Befehlsumgehung ergibt sich eine Differenzierung des Fallmaterials vor allem aus der Verschiedenartigkeit der Methoden, deren sich Befehlsempfänger bedienten, um einer Beteiligung an Verbrechen zu entgehen.
Dabei sollen zunächst drei Fälle erwähnt werden, in denen es nicht um Befehlsverweigerungen, sondern um Widerstandsakte geht. Das ist zwar ein anderer Sachverhalt als derjenige, um den es sich hier

105 SchwG Wuppertal 12 Ks 1/62. Mitteilung eines Verteidigers.
106 ZStL.

sonst handelt; da er jedoch als aktive Widersetzlichkeit schwerer wiegt als die bloße Ablehnung oder Nichtausführung von Befehlen und außerdem ebenfalls Judenvernichtungsmaßnahmen betrifft, ist die offizielle Reaktion auf solche Fälle nicht völlig ohne Interesse. Außerdem sind es Vorkommnisse, die gelegentlich in den Verfahren eine Rolle gespielt haben.

(15) Dokumentarisch belegt ist ein Fall, in dem ein Oberleutnant der Wehrmacht im Juli 1942 eine «Judenaussiedlung» zu verhindern versuchte, indem er eine Brücke über den San für SS und Polizei sperren ließ, sich mit Hilfe seiner Einheit Zutritt zum Ghetto erzwang und 80 bis 100 Juden in die Ortskommandantur umquartierte. Allerdings konnte er diesen Widerstand nur einen Tag lang aufrechterhalten. Himmler ließ sich über den Vorfall berichten, teilte Bormann seine Absicht mit, den Oberleutnant nach dem Kriege verhaften zu lassen, und schlug vor, zu gegebener Zeit ein Parteiausschlußverfahren einzuleiten[107]. Die unmittelbare Konsequenz war, daß der Oberleutnant gerügt und zu einer Fronteinheit versetzt wurde[108].

(16) In einem Prozeß bekundete ein Zeuge, er habe als Gebietskommissar in Schaulen (Litauen) Ende 1941 die Liquidierung mehrerer tausend Insassen des von ihm verwalteten Ghettos vereitelt. Er drohte, er werde seine litauische Polizei auf den SD schießen lassen, falls der Versuch gemacht würde, Ghettoinsassen zu exekutieren. Die Aktion unterblieb; Nachteile ergaben sich nicht. Allerdings führte diese Widersetzlichkeit angeblich in der folgenden Zeit zu einer Überwachung durch den SD[109]. Der Vorfall wurde von einem anderen Zeugen bestätigt, jedoch insofern etwas abweichend dargestellt, als der Protest – jedenfalls offiziell – vor allem wirtschaftliche Gründe (Mangel an Arbeitskräften) gehabt haben soll[110].

(17) Ein SS-Gruppenführer tauschte in Belgien entgegen einem Befehl Himmlers 292 Häftlinge gegen ebenso viele deutsche Verwundete aus. Er wurde zum Sturmbannführer degradiert und nach Riga abgeordnet[111].

107 Vorgänge des Persönlichen Stabes des Reichsführers SS. Amerik. Dokumentenmaterial Film II Bild 935–968. ZStL.
108 Langbein, Im Namen des deutschen Volkes, S. 56.
109 SchwG Koblenz 9 Ks 1/61.
110 StA Ulm Ks 2/57.
111 StA Karlsruhe VI Ks 1/60.

In anderen Fällen kann nicht unmittelbar von einer Befehlsverweigerung gesprochen werden, sondern nur von der Ablehnung einer Aufforderung oder eines Ersuchens, da es entweder an einer strikten Anordnung fehlte oder ein dienstliches Unterordnungsverhältnis nicht bestand.

(18) So wurde z.B. ein Hauptmannschaftsführer der Gendarmerie zum SS- und Polizeiführer bestellt und gefragt, ob er bereit sei, die Liquidierung von einigen hundert Juden auszuführen. Er lehnte ab und blieb trotz aller Überredungsversuche bei seinem Entschluß[112].

(19) Ein ehemaliger Generalleutnant wurde Anfang 1942 unter Hinweis auf den Führerbefehl von einem SS-Hauptsturmführer aufgefordert, die Insassen eines Judenarbeitslagers erschießen zu lassen. Er wandte sich scharf gegen diese Zumutung, erklärte, er habe mit diesen Dingen nichts zu tun, und forderte den Hauptsturmführer auf, sich mit Rücksicht auf die bestehende Feindlage mit seinen Leuten in die Verteidigungskräfte einzugliedern. Die SS-Einheit zog daraufhin wieder ab[113].

(20) Ähnlich ist die Situation in einem Fall, in dem der Kommandeur einer Reiterabteilung vom SD aufgefordert wurde, ein Erschießungskommando zur Verfügung zu stellen. Diese Aufforderung wurde von ihm negiert und nicht weitergegeben. Er erklärte, es sei unter der Würde eines deutschen Polizeibeamten, als Henker zu wirken. Soweit bekannt, bekam er für dieses Verhalten eine förmliche Rüge[114].

Verschiedentlich gaben Zuständigkeitsregelungen oder dienstliche Vorschriften Funktionären die Möglichkeit, gegen Befehle oder Exekutionsaufforderungen förmlich zu protestieren.

(21) Der Kommandeur eines Polizeibataillons, der vom SD aufgefordert wurde, Leute für Judenerschießungen zur Verfügung zu stellen, fuhr sofort zum Befehlshaber der Ordnungspolizei nach Königsberg und erwirkte einen schriftlichen Befehl, nach dem er dem SD nur dann Leute zu stellen brauchte, wenn gleichzeitig eine Anordnung des Befehlshabers der Ordnungspolizei vorlag. Mit diesem Befehl gedeckt, lehnte er das Ansinnen des SD ab. Gleichwohl wurde gegen ihn ein Verfahren wegen «Unentschlossenheit» eingeleitet, das

112 StA Hannover 2 Js 460/60.
113 LG Essen VU 12/61.
114 ZStL 8 AR-Z 24/63 ZSt.

jedoch eingestellt wurde[115]. Dennoch erhielt er bald nach dieser Weigerung das Ritterkreuz[116].

(22) Ein Major der Schutzpolizei erhielt vom Höheren SS- und Polizeiführer den Befehl, mit seinem Bataillon Juden zu erschießen. Er bat um ein gerichtliches Urteil und lehnte dann, da ihm ein solches nicht vorgelegt wurde, die Exekution ab. Auch einen erneuten Befehl befolgte er nicht, sondern machte Meldung über sein Regiment. Er wurde nicht bestraft, sondern es erging ein Befehl, daß die Schutzpolizei nicht zu Erschießungen eingesetzt werden dürfe[117].

(23) In einem ganz entsprechenden Fall wurde von einem Oberstleutnant der Schutzpolizei ebenfalls Meldung erstattet und sein Standpunkt von seiner obersten Dienstbehörde gebilligt[118].

(24) In einem weiteren Fall dieser Art meldete sich ein Polizeioffizier telefonisch beim Stabschef des Befehlshabers der Ordnungspolizei in Krakau und erklärte: «Ich habe soeben von dem SS- und Polizeiführer Globocnik den Befehl erhalten, daß ich russische Kriegsgefangene und Juden erschießen lassen soll. Wie habe ich mich zu verhalten? Ich möchte das nicht tun.» Er erhielt die Antwort, die Ausführung dieses Befehls komme nicht in Frage, die Ordnungspolizei sei nicht zuständig; im Falle eines nochmaligen Exekutionsbefehls sei der SS- und Polizeiführer darauf hinzuweisen, daß die Ordnungspolizei nicht der Henkersknecht für SS, SD und Sicherheitspolizei sei. Der Chef der Ordnungspolizei teilte diesen Standpunkt und informierte Himmler, der sich damit einverstanden erklärte, daß die Ordnungspolizeieinheiten nicht zu Erschießungsmaßnahmen heranzuziehen seien. Eine gleichzeitige Beschwerde des SS- und Polizeiführers Globocnik scheint jedoch zu einer Ablösung und Versetzung des verantwortlichen Generals geführt zu haben[119].

Um eine förmliche Weigerung handelt es sich auch im folgenden Fall:

(25) Ein Untersturmführer des «Reichsführer-Begleitbataillons z.b.V.» weigerte sich im Anschluß an eine Erschießungsaktion, wei-

115 StA Nürnberg-Fürth 5a Js 642/58.

116 Langbein, a. a. O., S. 57.

117 LG Stuttgart, Entschädigungskammer, EGR 3960 ES/A 8144 (o) DP. Richterliche Zeugenvernehmung. Außerdem: SchwG Koblenz 9 Ks 1/61 (Remmers u. a.).

118 A. a. O.

119 StA Frankfurt 4 Js 901/62.

terhin derartige Aktionen durchzuführen: das sei seinen Männern nicht zuzumuten; es handele sich schließlich um ein ausgebildetes Kampfbataillon. Eine Meldung des Kommandeurs an das SS-Führungs-Hauptamt Berlin, in der klipp und klar die Weigerung enthalten war, das Bataillon für derartige Zwecke zur Verfügung zu stellen, hatte zur Folge, daß das Bataillon bereits nach wenigen Tagen aufgelöst wurde. Der Kommandeur wurde nachträglich zur Rede gestellt und als Sturmbannführer zu einem Kampfbataillon versetzt. Rückwirkungen auf seine weitere dienstliche Laufbahn hatte das Ereignis nicht[120].

(26) Ein Zeuge, der einer Wehrmacht-Nachrichteneinheit angehörte, hat berichtet, daß ein Trupp seiner Einheit vom SD zur «Beitreibung» von Juden herangezogen werden sollte. Eine Meldung bei der Kompanie hatte die Anordnung zur Folge, daß kein Kompanieangehöriger zu solchen Aktionen herangezogen werden dürfe[121].

Manchmal gelang es SS-Führern, sich zu einem relativ frühen Zeitpunkt der Mitwirkung an Einsatzkommandoverbrechen zu entziehen:

(27) Ein SS-Oberführer und Ministerialrat wehrte sich mit Erfolg gegen seine Abkommandierung zum Osteinsatz, nachdem er von den Aufgaben der Einsatzgruppen Kenntnis erlangt hatte[122].

(28) Ein Obersturmbannführer, der als Leiter eines Einsatzkommandos vorgesehen worden war, bat den Einsatzgruppenführer Nebe um seine Ablösung und wurde daraufhin dem Gruppenstab zugeteilt; schließlich gelang es ihm – offenbar durch persönliche Beziehungen –, auch von dort versetzt zu werden[123].

(29–31) In drei Fällen ist nachweisbar, daß Angehörige der Gestapo oder des SD bereits vor den eigentlichen Massenvernichtungen aus ihren Organisationen ausschieden oder von der Gestapo zur Schutzpolizei überwechselten[124]. Diese Fälle betreffen zwar keine Befehlsumgehung, illustrieren aber die in der zeitgeschichtlichen Forschung vertretene These, daß es bis zu einem gewissen Zeitpunkt, wenig-

120 ZStL: 2 AR-Z 87/60 ZSt.
121 StA Dortmund 45 Js 3/61.
122 StA Stuttgart 13 Js 328/60.
123 StA München I, 1a Js 1522/58.
124 StA u. SchwG Ulm Ks 2/57.

stens bis zum Kriegsbeginn, möglich war, aus der SS und ihren Gliederungen wieder auszuscheiden[125].

Vereinzelt gelang es Funktionären, durch Versetzungsgesuche aus den Vernichtungsorganisationen wieder herauszukommen, z. B. durch die Meldung zur Front.
(32) Im ersten Frankfurter Auschwitz-Prozeß trat z. B. ein Zeuge auf, der in das Vernichtungslager kommandiert worden war, dort zunächst vergeblich versuchte, versetzt zu werden, dafür vom Kommandanten Höß einen Verweis bekam, sich dann aber später zur Führerschule meldete und auf diesem Umweg an die Front versetzt wurde. Nach seiner Aussage gab es viele, die den gleichen Weg gingen[126].

Auch in anderen Fällen waren Versetzungsgesuche erfolgreich:
(33) Ein Angehöriger eines Grenzpolizeikommissariats bat, da er die Judenaktionen nicht weiter mitmachen wollte, in einem Gesuch an den Kommandeur der Sicherheitspolizei in Lemberg um seine Rückversetzung. Dem Gesuch wurde stattgegeben[127].
(34) Durch den Eichmann-Prozeß ist die Aussage des SS-Brigadeführers Professor Six bekanntgeworden, der in einer amtsgerichtlichen Vernehmung erklärte, daß er mit Erfolg – und ohne Nachteile zu erleiden – versucht habe, sich von einer Einsatzgruppe wegversetzen zu lassen[128].

In anderen Fällen haben sich SS- und Polizeiangehörige dazu bekannt, ihren Vernichtungsaufgaben nicht gewachsen zu sein; sie wurden ausgewechselt oder versetzt:
(35) Ein Kriminalobersekretär beispielsweise, der der Gestapo angehörte, weigerte sich, an Erschießungen teilzunehmen, da er sich für solche Aktionen nicht eigne. Sein Vorgesetzter machte ihm Vorhaltungen, drohte mit einer Meldung nach Berlin, schickte ihn dann aber in die Heimat zurück, da er «ja nicht einsatzfähig» sei[129].

125 Siehe oben Anm. 38.
126 Langbein, Auschwitz-Prozeß, Bd. 2, S. 829 f.
127 StA Darmstadt 2 Js 857/63.
128 AG Tettnang I ARs 180/61. Siehe auch: Kempner, SS im Kreuzverhör, S. 284 f.
129 ZStL. 6 AR-Z 283/60 ZSt.

(36) Ein Polizeireservist wurde auf seine Bitte hin abgelöst, da die Teilnahme an den Erschießungen «für ihn eine zu große seelische Belastung» bedeute und er daher an weiteren Exekutionen nicht mehr teilnehmen könne[130].

(37) Der zweite Rapportführer des Konzentrationslagers Sachsenhausen, ein Unterscharführer, wurde versetzt, weil er außerstande war, an Tötungen von Häftlingen in der Genickschußanlage mitzuwirken. Bestrafungen oder andere Nachteile sind nicht bekannt[131].

In manchen Fällen erleichterten die Stellung oder die guten Beziehungen eines SS-Führers seine Freistellung von verbrecherischen Aufgaben, so z.B. in folgenden Fällen:

(38) Ein hoher SS-Führer lehnte es ab, die Leitung der Abteilung 4B (Kirchen, Freimaurerei, Judentum) im Reichssicherheitshauptamt zu übernehmen, eine Position, durch die er Vorgesetzter Eichmanns geworden wäre. Etwa ein Jahr später wurde er nach Kiew strafversetzt, um sich dort an Erschießungen zu beteiligen und auf diese Weise (nach einem Ausspruch des Gestapochefs Müller) «die nötige Härte zu lernen». Bei Heydrich erreichte er jedoch, daß er nicht einem Erschießungskommando zugewiesen wurde, sondern einen wissenschaftlichen Sonderauftrag bekam. Dabei kamen ihm aber offenbar seine langjährigen persönlichen Beziehungen zu Himmler zugute[132].

(39) Ein Sturmbannführer, der als SD-Sachbearbeiter der Einsatzgruppe C angehörte, erreichte es auf Grund seiner guten Verbindung zu Freunden im Reichssicherheitshauptamt, in die Heimat zurückversetzt zu werden[133].

Persönlicher Kontakt zu Vorgesetzten und Kameraderie waren auch in den unteren Rängen eine Erleichterung für die Freistellung von verbrecherischen Aktionen:

(40) Langbein berichtet aus eigener Erfahrung von einem SS-Arzt in Auschwitz, der seinen Vorgesetzten bat, ihn von der dauernden Mitwirkung bei Krankenselektionen zu entbinden. Er wurde darauf

[130] StA Ulm Ks 2/57.
[131] SchwG Verden 2 Ks 3/61. Siehe außerdem: Langbein, Im Namen des deutschen Volkes, S. 56.
[132] StA Wuppertal 12 Js 220/61.
[133] StA Ulm Ks 2/57.

zumindest für einige Zeit als Truppenarzt eingeteilt, jedoch vom «Rampendienst» – d. h. von den Selektionen neu angekommener Transporte – nicht befreit[134].

(41) Ein Kriminalsekretär, der Sachbearbeiter für Partisanenbekämpfung und Sabotagefälle beim Kommandeur der Sicherheitspolizei und des SD in Kiew war, bat den Schreiber, der die Einteilungen zum Exekutionskommando unter sich hatte, ihn nicht zu Erschießungen einzuteilen, da er es nicht fertigbrächte, an Exekutionen teilzunehmen, und es auf keinen Fall tun würde. Damit hatte er zunächst Erfolg; als er zu einem späteren Einsatz doch eingeteilt wurde, gelang es ihm, sich abseits zu halten und sich auf diese Weise der Teilnahme zu entziehen[135].

Eine Methode, der Mitwirkung an Verbrechen zu entgehen, bestand darin, sachliche Einwände und Argumente vorzubringen[136]:

(42) Ein im Nürnberger Einsatzgruppenprozeß abgeurteilter Einsatzkommandoführer betrieb mit Erfolg seine Rückberufung ins Reichssicherheitshauptamt, indem er in einem Schreiben darauf hinwies, daß der Vormarsch stocke und er sich deshalb überflüssig fühle. Er benutzte in diesem Fall – nach seinen eigenen Worten – einen «besonderen Kanal» zu seinem Vorgesetzten. Während eines vorübergehenden Einsatzes in Slowenien verweigerte er außerdem die Durchführung eines ihm «unsinnig und in seiner menschlichen und politischen Konsequenz unrichtig» erscheinenden Befehls, der die «Eindeutschung» von Kindern erschossener Partisanen betraf. Er ordnete die Nichtdurchführung des Befehls an und berichtete darüber unter Darlegung der Gründe an das RSHA. Er bekam keine Antwort, hatte aber auch keine Nachteile[137].

(43) Ein anderer Einsatzkommandoführer betrieb seine Abberufung, indem er darlegte, daß «bei derartigen Maßnahmen das gesamte eingesetzte Menschenmaterial entweder seelisch zugrunde gehen müßte oder sich zu einer Brutalität entwickle, die hemmungslos mache, wodurch die Menschen für normale Verhältnisse verdorben

134 Langbein, Im Namen des deutschen Volkes, S. 59.

135 StA Karlsruhe 1 Js 2138/58. Siehe auch: Bauer, Widerstand gegen die Staatsgewalt, S. 239.

136 Siehe bereits Fall 16.

137 StA Ulm Ks 2/57.

seien». Er fand damit Gehör und wurde zu seiner alten Dienststelle nach Berlin zurückkommandiert[138].

(44) Ein Generalmajor der Polizei und SS-Brigadeführer J., der zeitweise Führer der Einsatzgruppe A war, bekam 1942 den Befehl, Juden unter 16 und über 36 Jahren «der Sonderbehandlung zuzuführen», während die übrigen Jahrgänge für den Arbeitseinsatz vorgesehen waren. Er meldete sich bei Heydrich und trug ihm vor, daß er in seinem Dienstbereich «sehr viel Sorge mit Männern hätte, die infolge ihrer Teilnahme an Exekutionen ... total zusammengebrochen seien».

Er fügte noch hinzu, daß eine Besserung so lange nicht zu erwarten sei, wie immer noch solche Befehle durchgeführt werden müßten. Er wurde von Heydrich ziemlich kurz abgefertigt, konnte ihn aber noch fragen, wie es mit seiner Abberufung stehe. Heydrich sagte ihm die Abberufung innerhalb einer Woche zu und gab ihm zu verstehen, daß er mit seiner Einberufung zur Truppe rechnen müsse. Die Abberufung unterblieb jedoch, wahrscheinlich infolge des Attentats auf Heydrich, das wenige Tage nach dieser Unterredung stattfand. J. meldete sich darauf bei Himmler, der vorübergehend die Dienstgeschäfte Heydrichs übernommen hatte, und bat ihn um seine Versetzung, da er mit seiner Aufgabe nicht einverstanden sei. Himmler machte ihm darauf zunächst in scharfer Form die Bedeutung des Befehls und die Notwendigkeit des Gehorchenlernens klar, lenkte dann aber ein und bemerkte, daß er J. für krank halte. Wenige Tage später wurde J. abberufen und dem Ostministerium zur Dienstleitung zugewiesen[139].

(45) In einem anderen Fall weigerte sich ein Oberscharführer, einem Teiltrupp des Einsatzkommandos 6 zugeteilt zu werden, indem er sachliche Gründe vorschob. Wegen dieser Weigerung wurde er zunächst festgenommen. Ein Disziplinarverfahren, das eingeleitet wurde, kam nicht zustande. Er wurde schließlich in die Heimat zurückversetzt[140].

(46–47) Mit indirekten Befehlsumgehungen haben wir es zu tun in zwei Fällen, in denen ein SD-Mann mit Erfolg Wahnsinn simu-

138 A. a. O.
139 A. a. O.
140 Siehe das Urteil des Nürnberger Einsatzgruppenprozesses: Fall IX, S. 233. Ergänzende Mitteilungen von Dr. H.-G. Seraphim (Göttingen) und Dr. A. Roesen (Düsseldorf).

lierte[141] und ein Einsatzkommando-Angehöriger abgelöst wurde, weil er nicht scharf genug gegen Juden und Kommunisten vorging[142].

Verschiedentlich war auch die kollektive Befehlsverweigerung erfolgreich, bei der sich ganze Einheiten der Beteiligung widersetzten:
(48) Ein Polizeibataillon verweigerte, trotz der Androhung drastischer Maßnahmen durch den Höheren SS- und Polizeiführer, die Befolgung eines Erschießungsbefehls und wurde innerhalb von 24 Stunden ausgetauscht und versetzt[143].
(49) Eine Polizeireiterabteilung lehnte es ab, sich bei der Räumung eines jüdischen Wohnviertels einspannen zu lassen. Es kam zu Auseinandersetzungen mit dem örtlichen SD-Führer, dessen Drohungen jedoch erfolglos blieben. Später wurden dann andere Einheiten herangezogen[144].
(50) Ein Zugführer eines Polizeibataillons bekam 1943 den Auftrag, mit seiner Einheit Erschießungen vorzunehmen. Er lehnte ab. Daraufhin wurde er aufgefordert, die Angehörigen seines Zuges für das Erschießungskommando zur Verfügung zu stellen. Er unterrichtete seine Untergebenen von dem Vorhaben und fragte sie, ob sie sich freiwillig melden würden. Alle lehnten das ab. Darauf machte er dem Bataillonskommandeur eine entsprechende Meldung. Das Bataillon mußte daraufhin die Abschirmung des Ghettos und des Erschießungsgeländes vornehmen[145].
(51) Nach einer Zeugenaussage entstand über eine Vernichtungsaktion auf der Krim, bei der die Juden vor dem Schacht eines Bergwerks aufgestellt wurden, in den sie nach der Exekution tot oder noch lebendig gestürzt wurden, große Empörung unter den SS-Angehörigen. Die meisten weigerten sich, so etwas nochmals zu tun, und wurden abgelöst[146].
(52) Gelegentlich ging individueller Widerstand in kollektiven über. Ein Verwaltungsbeamter im Südabschnitt der Ostfront sollte vom Höheren SS- und Polizeiführer Jeckeln zur Teilnahme an einer Judenexekution gezwungen werden, weigerte sich jedoch. Als Jeckeln

141 Langbein, Im Namen des deutschen Volkes, S. 57.
142 SchwG Ulm Ks 2/57.
143 StA Nürnberg-Fürth 5a Js 642/58.
144 StA Wiesbaden 8 Js 1230/60.
145 StA Berlin 3 P (K) AR 4/60.
146 ZStL.

ihn zur Rechenschaft ziehen wollte und allen Stabsangehörigen androhte, sie ebenfalls zu Exekutionen heranzuziehen, erhob sich allgemeine Entrüstung. Unter Führung eines älteren Polizeimajors stellte sich der ganze Stab gegen Jeckeln und blieb darauf von Exekutionsbefehlen verschont. Der Major wurde abgelöst[147].
(53–59) Verschiedentlich verweigerten Offiziere, ohne Nachteile zu erleiden, die Beteiligung ihrer Einheit an Massenerschießungen, wurden daraufhin versetzt, schieden aus der Polizei aus oder stellten ihre Einheit zum Fronteinsatz zur Verfügung: so der Befehlshaber der Ordnungspolizei in Königsberg[148], ein Kompanieführer der Waffen-SS[149], der Kommandeur eines Polizeibataillons in Weißruthenien[150] und der Kommandeur des in Belgrad stationierten Wachregiments[151]. Auch drei Kompanieführer einer Sicherungsdivision weigerten sich erfolgreich, mit ihren Einheiten Judenliquidierungen durchzuführen[152].

Die folgenden Fälle betreffen individuelle Befehlsverweigerungen:
(60) Der Leiter eines Grenzpolizeikommissariats, der an mehreren Judenexekutionen beteiligt war, lehnte die Mitwirkung an einer Erschießung ab, weil er erfahren hatte, daß es sich um Frauen und Kinder handelte. Der Einsatzkommandoführer, der ihm zunächst androhte, ihn in eine SS-Uniform zu stecken und ihm dann einen dienstlichen Befehl zu erteilen, lenkte schließlich ein: «Na, ich verstehe, Sie haben auch Frau und Kinder und brauchen deshalb nicht mitzumachen.»[153]
(61) Ein Wachtmeister der Schutzpolizei lehnte den Befehl, eine Frau und zwei Kinder zu erschießen, ab, da er dazu nicht in der Lage sei. Darauf wurde ein anderer Angehöriger der Einheit mit der Erschießung beauftragt[154].
(62) Ein Sanitätsdienstgrad in Auschwitz meldete sich beim Stand-

147 LG Hamburg (57) 7/60.
148 StA Ulm Ks 2/57.
149 StA München I, 1a Js 607/60. Mitteilungen von Dr. H.-G. Seraphim.
150 Mitteilungen von Dr. H.-G. Seraphim.
151 Akten des Persönlichen Stabes des Reichsführers SS. Bundesarchiv. ZStL.
152 StA Ulm Ks 2/57. Mitteilungen eines Generalstabsoffiziers an den GStA Stuttgart.
153 StA Ulm Ks 2/57.
154 StA Braunschweig 1 Js 1391/64.

ortarzt und erklärte sich außerstande, eine Gruppe polnischer Kinder durch Injektionen zu töten. Er wurde freigestellt[155].

(63) Wenig abgesichert ist ein Fall, in dem ein Polizeibeamter sich geweigert haben soll, auf Juden zu schießen, weil er bei der Exekution einen Juden traf, den er kannte und der ihm zurief, er solle gut schießen[156].

Fällc von Befehlsverweigerung wurden auch dadurch geregelt, daß man die Verweigerer als «krank» behandelte[157].

(64–65) Zwei junge SS-Männer, die sich weigerten, an Judenerschießungen teilzunehmen, wurden zur Untersuchung in eine Nervenheilanstalt eingeliefert und nach der Entlassung aus der SS ausgeschlossen[158].

(66) Ein Wachtmeister, der einem Polizeibataillon angehörte, bat seinen Kompaniechef unter vier Augen um die Freistellung von einer Aktion, weil dieser in einer Ansprache erwähnt hatte, daß er nicht den Befehl zur Teilnahme an der Erschießung geben könne. Der Wachtmeister, der sich auf die Haager Landkriegsordnung berief, über die er während seiner Ausbildung belehrt worden sei, erreichte seine Freistellung, da er «ja krank» sei[159].

(67–68) Nach der Aussage eines Gerichtsoffiziers und Untersuchungsführers beim Befehlshaber der Sicherheitspolizei Lettland verweigerten zwei Einsatzkommandoangehörige, bei denen es sich um Kriminal- und Gestapobeamte handelte, die Teilnahme an Judenerschießungen. Der Vorfall löste Ratlosigkeit aus. Die Verweigerer, die nicht formell festgenommen wurden, bekamen zunächst Stubenarrest. Obwohl es nichts weiter zu ermitteln gab, ordnete der Führer der Einsatzgruppe A, Stahlecker, an, die Ermittlungen fortzusetzen. Nach etwa vier Wochen wurden die beiden Befehlsverweigerer zu ihren Heimatdienststellen zurückgeschickt, denen mitgeteilt wurde, es laufe ein Verfahren wegen militärischen Ungehorsams. Die Ermittlungsunterlagen wurden den Kommandeuren zurückgegeben, die schließlich meldeten, die Unterlagen seien bei Partisanenkämp-

155 Langbein, Im Namen des deutschen Volkes, S. 59 f.; Auschwitz-Prozeß, Bd. 2. S. 768.
156 StA Ulm Ks 2/57.
157 Siehe bereits Fall 44.
158 SchwG Berlin (500) 3 P Ks 1/57 (11/57).
159 StA Dortmund 45 Js 48/58.

fen verlorengegangen. Die Heimatdienststellen erhielten nun die Nachricht, daß ein Verfahren nicht eröffnet werde und die Angelegenheit erledigt sei[160].

Unterschiedliche Reaktionen sind auch bei folgenden Befehlsverweigerungsfällen festzustellen:

(69) In einer Zeugenaussage erwähnt wurde der Fall eines Kriminalkommissars, der in Rostow die Teilnahme an einer Geiselerschießung ablehnte und sich später – dem Vernehmen nach – erhängte. Die näheren Umstände sind nicht bekannt; insbesondere ist unklar, worauf der Selbstmord zurückzuführen ist[161].

(70) Ein Probeassessor der Gestapo, der sich bei einem Einsatzkommando als künftiger Gestapo-Beamter und SS-Führer «bewähren» sollte, weigerte sich und wurde Heydrich vorgestellt, der seine Arrestierung anordnete. Er schrieb ein Entlassungsgesuch, in dem er sich als für den Staatsdienst, insbesondere den Dienst bei der Staatspolizei, ungeeignet bezeichnete. Nach der Entlassung hatte er zunächst große Schwierigkeiten, eine Stellung zu finden; später wurde er wissenschaftlicher Hilfsarbeiter bei einem Landwirtschaftsamt. Er galt nach diesem Vorfall als politisch unzuverlässig[162].

(71) Eine Krankenpflegerin der Anstalt Meseritz-Obrawalde, die sich an Krankentötungen beteiligen sollte, verweigerte die Mitwirkung. Sie wurde als Pflegerin abgesetzt, mußte zunächst Botendienste verrichten und wurde später bei Büroarbeiten verwandt; ihr Gehalt wurde eine Stufe herabgesetzt[163]. Dieser Fall läßt allerdings Rückschlüsse auf die Situation in SS und Polizei nicht zu und ist allenfalls für den Bereich der «Euthanasie» von Bedeutung.

(72) Ein SS-Oberscharführer – Kraftfahrer des Höheren SS- und Polizeiführers Jeckeln – wurde von diesem in Anwesenheit seiner Kameraden lächerlich gemacht, weil er sich geweigert hatte, auf Frauen und Kinder zu schießen. Er wurde später häufiger mit unangenehmen Aufgaben betraut[164].

160 StA Hamburg 141 Js 534/60 u. LG Hamburg (57) 7/60. Der Fall wird auch im Urteil SchwG Berlin (500) 3 P (K) Ks 1/62 (23/61) erwähnt.
161 SchwG Wuppertal 12 Ks 1/62. Mitteilungen von Dr. A. Roesen (Düsseldorf).
162 StA Ulm Ks 2/57.
163 StA München I 1c Js 1476/61.
164 StA Hamburg 141 Js 534/60.

Zu Abberufungen und Versetzungen führten Befehlsverweigerungen in folgenden Fällen:

(73–78) Ein Kriminaldirektor, der 1941 die Teilnahme an Judenaktionen ablehnte, wurde versetzt[165]. Ebenfalls versetzt wurde ein Lagerarzt im KZ Groß-Rosen, der Injektionstötungen ablehnte[166]. Zwei SS-Leute, die sich nach einer Erschießung weigerten, sich nochmals zu beteiligen, wurden entweder in die Heimat oder zu einer anderen Einheit versetzt[167]. Ein SS-Obersturmführer lehnte die Teilnahme an Erschießungen ab. Der Einsatzgruppenführer Dr. Thomas sprach zunächst ziemlich erregt von «diesem Feigling», sandte ihn aber dann doch ohne Maßregelung zu seiner Heimatdienststelle zurück[168]. Von demselben Einsatzgruppenführer wurde ein Sturmbannführer, der ihm seine Gewissenskonflikte vorgetragen hatte, sofort in die Heimat zurückversetzt. Einige weitere Fälle, die angeblich eine Versetzung zur Folge hatten, sind in ihrer Darstellung so vage und ungenau, daß sie unberücksichtigt bleiben müssen[169].

Keine Nachteile sind in folgenden Fällen bekannt:

(79) In einem Prozeß, der Mordtaten im Sonderlager Hinzert zum Gegenstand hatte, sagte ein Zeuge aus, er habe es abgelehnt, bei einer Exekution schwer verletzten Opfern Gnadenschüsse zu geben, und sei deswegen vom Platz gejagt worden[170].

(80) Ein Angehöriger einer Polizei-Reiterabteilung wurde von seinem Vorgesetzten aufgefordert, sich an einer Exekution zu beteiligen, weigerte sich jedoch, weil er nicht auf wehrlose Personen schießen wollte. Er wurde daraufhin von der Teilnahme verschont[171].

(81) Ein Polizei-Meister derselben Einheit verweigerte ebenfalls die Mitwirkung an Judenerschießungen, ohne daß ihm daraus Nachteile erwachsen wären[171].

In anderen Fällen hatten Befehlsverweigerungen Degradierung, Frontversetzung, Heimatversetzung oder dienstliche Unannehmlichkeiten zur Folge:

165 Mitteilung Dr. H.-G. Seraphim (Göttingen).
166 Langbein, Im Namen des deutschen Volkes, S. 57.
167 StA Ulm Ks 2/57 u. ZStL.
168 StA Wuppertal 12 Js 220/61.
169 StA Ulm Ks 2/57.
170 Langbein, Im Namen des deutschen Volkes, S. 56.
171 ZStL. 8 AR-Z 24/63. ZSt.

(82) Nach der Aussage eines Waffen-SS-Generals wurde ein SS-Gruppenführer, der sich weigerte, Juden zu erschießen, die er als Arbeitskräfte brauchte, zum Major degradiert[172].

(83–84) Ein Zeuge, der Häftlingsschreiber beim Standortarzt des KZ Mauthausen war, berichtete von zwei Lagerärzten, die sich geweigert hätten, an Injektionstötungen mitzuwirken, und daraufhin an die Front versetzt worden seien[173].

(85) Im Verfahren gegen Angehörige des Tilsiter Einsatzkommandos ist die Frontversetzung eines SS-Führers erwähnt worden, der die Mitwirkung an Judenexekutionen in Frankreich verweigert hatte[174].

(86) Ein SS-Schütze, der es in Auschwitz abgelehnt hatte, sich einem Vergasungskommando zuteilen zu lassen, wurde nach einer Aussage im Frankfurter Auschwitz-Prozeß strafweise an die Front versetzt[175].

(87) Ein Zeuge bekundete, sein Bruder habe sich wegen seiner ablehnenden Einstellung zu Exekutionen bei Himmler verantworten müssen und sei dann strafversetzt worden. Die genaueren Einzelheiten sind nicht bekannt[176].

(88) Ein SS-Mann, der zur KZ-Bewachung abkommandiert wurde und die Befolgung des Befehls verweigerte, wurde, nachdem ihm Vorwürfe wegen seines Verhaltens gemacht worden waren, in die Heimat entlassen[176].

(89) Ein Teilkommandoführer im Einsatzkommando 8 hatte nach eigenen Angaben einen Zusammenstoß mit dem Führer der Einsatzgruppe, weil er erklärte: er könne die Exekutionstätigkeit nicht weiter ausführen, er sei nach Rußland gekommen, um sein Vaterland zu verteidigen, und nicht, um dauernd Menschen zu erschießen. Er wurde angebrüllt und kurz darauf abkommandiert[177].

(90) Ein Kriminalkommissar, der dem Einsatzkommando 3 angehörte, weigerte sich, an Exekutionen weiterhin teilzunehmen, und berief sich dabei auf religiöse Gründe. Der Führer des Einsatzkommandos zeigte ein gewisses Verständnis für dieses Verhalten, meldete

172 StA Karlsruhe VI Ks 1/60.
173 LG Köln 30 UR 9/58.
174 StA Ulm Ks 2/57 u. ZStL.
175 Langbein, Auschwitz-Prozeß. Bd. 2, S. 829.
176 ZStL.
177 StA Frankfurt 4 Js 1928/60.

aber den Vorgang an den Einsatzgruppenführer, der den Verweigerer vor versammelter Mannschaft anschrie, als «Feigling» und «Drückeberger» beschimpfte, der «im heutigen Deutschland nicht mehr am Platze sei» und den er in die vorderste Linie stecken werde. Trotz dieser Drohung geschah nichts. Der Kriminalkommissar wurde zunächst bei verschiedenen Dienststellen der Kriminalpolizei beschäftigt, dann nach einigen Wochen wegen einer Erkrankung in die Heimat zurückversetzt [178].

(91) In Auschwitz wurde ein Angehöriger der Wachkompanie angebrüllt, weil er es ablehnte, sich zum Dienst im Lager versetzen zu lassen. Er mußte zusätzlichen Dienst machen und wurde bei der Urlaubseinteilung übergangen. Außerdem wurde seine Wohnung von der Gestapo durchsucht [179].

(92) Ein SD-Mann des Einsatzkommandos 8 weigerte sich, an Massenerschießungen teilzunehmen, ohne dafür bestraft zu werden [180].

In den drei folgenden Fällen scheinen Funktionäre ihre Freistellung vom Rampendienst in Birkenau durchgesetzt zu haben:

(93) Ein SS-Untersturmführer und Arzt im Hygieneinstitut der Waffen-SS in Auschwitz fuhr, als er zum Rampendienst eingeteilt wurde, zum Zentral-Hygieneinstitut der Waffen-SS nach Berlin und erwirkte ein Fernschreiben an den Lagerkommandanten, daß er nur im Hygieneinstitut zu verwenden sei.

(94) Nach der Aussage eines Häftlings erlitt ein vertretungsweise zum Rampendienst eingeteilter Unteroffizier nach seiner Rückkehr aus Birkenau einen Nervenzusammenbruch. Er soll gesagt haben: «Sie können mit mir machen, was sie wollen, sie können mich an die Front schicken, ich gehe nicht mehr auf die Rampe.» Er habe auch tatsächlich seine Freistellung erreicht.

(95 Ein polnischer Zeuge erwähnte einen Oberscharführer, der von der Rampe mit den Worten zurückgekommen sei: auch wenn er bestraft würde und an die Ostfront kommen sollte, würde er nicht wieder nach Birkenau gehen. Er sei später nicht mehr zum Rampendienst eingeteilt worden.

178 StA Kiel 2 AR 72/63.
179 Langbein, Auschwitz-Prozeß, Bd. 2, S. 827.
180 Langbein, Im Namen des deutschen Volkes, S. 57.

Unklar sind die beiden folgenden, von einem Häftling des Konzentrationslagers Mauthausen im Auschwitz-Prozeß berichteten Fälle, die allem Anschein nach eine Versetzung an die Front zur Folge hatten:

(96) Danach meldete sich ein SS-Obersturmführer, Arzt im Lager Gusen, in dem Häftlingstötungen durchgeführt wurden, beim Standortarzt und erklärte ihm, er mache diese Dinge nicht mehr mit. Er sei daraufhin, so berichtet der Zeuge, in das Hauptlager Mauthausen versetzt worden, habe sich jedoch auch dort geweigert, Häftlingen tödliche Herzinjektionen zu geben. Es sei zu einem Auftritt gekommen, und zwei Tage später sei dieser Arzt dann, nachdem er sich noch verabschiedet habe, aus Mauthausen «abgegangen». Seine nächste Adresse sei eine Feldpostnummer gewesen; er soll an der Front gefallen sein.

(97) Der zweite Fall betrifft ebenfalls einen SS-Obersturmführer, der sich bei einer Exekution weigerte, einem noch lebenden Opfer den Nachschuß zu geben. Seine Äußerung, er denke nicht daran, die Anordnung auszuführen, er sei als Arzt da und nicht zur Exekution, habe zu einem «furchtbaren Auftritt» geführt; ihm sei «mit allem möglichen» gedroht worden, auch mit dem Straflager Matzkau. Am nächsten Tag sei er an die Front verschwunden, was aus seiner Feldpostanschrift zu entnehmen gewesen sei. Nähere Einzelheiten sind nicht bekannt[181].

Außerdem sind noch folgende Fälle bekanntgeworden:

(98) Ein ehemaliger Kraftfahrer im Begleitkommando des SS-Obergruppenführers Jeckeln berichtete bei seiner kriminalpolizeilichen Vernehmung, Jeckeln habe ihn im Januar 1942 gefragt, ob er bereit sei, an einer Sonderaktion teilzunehmen. Er habe jedoch um seine Freistellung gebeten, da er die Teilnahme nicht mit seinem Gewissen vereinbaren könne. Jeckeln soll wütend geworden sein und ihn gefragt haben, ob er ein Feigling sei, Feiglinge könne er nicht gebrauchen. Als der Fahrer sich daraufhin bereit erklärte, sich zum Fronteinsatz zu melden, soll Jeckeln sinngemäß gesagt haben: «Gut, Ihren Standpunkt erkenne ich an, ich komme später wieder einmal darauf zurück.» Nachteile sind dem Fahrer nicht entstanden.

181 Zu den Fällen 93–97 vgl. Langbein, Auschwitz-Prozeß, Bd. 2, S. 892, 649, 694 u. 831, sowie Ormond, Plädoyer, S. 32.

(99) Ein Angehöriger der Schutzpolizei weigerte sich – nach seiner eigenen Darstellung –, an der standrechtlichen Erschießung von Partisanen mitzuwirken, da er keinen Menschen erschießen könne. Er sei daraufhin «zwar schief angesehen» worden, von der Exekution jedoch verschont geblieben. Nachteile sind ihm nicht entstanden[182].

(100) Ein Obergefreiter weigerte sich, wie er bei seiner Vernehmung berichtete, an der Erschießung der jüdischen Einwohner von Mogilew mitzuwirken. Er sollte vor ein Kriegsgericht gestellt werden; die Angelegenheit wurde dann aber «so geregelt». Nachteile sind ihm nicht entstanden[183].

(101) Ein ehemaliger Polizeireservist erwähnte eine Judenerschießung im Herbst 1941, bei der er zum Absperrdienst eingeteilt worden sei. Er sei, ebenso wie einige seiner Kameraden, beim Spieß vorstellig geworden und habe gebeten, ihn von der Teilnahme zu entbinden. Dieser habe zwar eine abfällige Bemerkung gemacht, ihn jedoch freigestellt. Nachteile seien ihm nicht entstanden; er habe nur zusätzlich eine Wache übernehmen müssen[184].

(102) Ein Zeuge, der als Angehöriger eines Polizeibataillons an einer vor den Toren Brest-Litowsks stattfindenden Erschießungsaktion teilnehmen sollte, sagte aus, er habe die Mitwirkung verweigert, ohne daß ihm etwas geschehen sei[185].

(103) Ein ehemaliger SS-Hauptscharführer, der einer Außenstelle des Grenzpolizeikommissariats Jaslo zugewiesen war, berichtete von Massenexekutionen, die sich so sehr häuften, daß sie «gewissermaßen zum täglichen Leben gehörten». Angehörige seiner Dienststelle hätten sich abends beim Schnaps damit gebrüstet, Erschießungen durchgeführt zu haben. Es sei in der Dienststelle auch darüber gesprochen worden, daß niemand verpflichtet sei, an einer Erschießung teilzunehmen, wenn er das nicht mit seinem Gewissen vereinbaren könne. Angeblich habe ein entsprechender Befehl Himmlers bestanden, wonach keiner zu einer Erschießung gezwungen werden solle. Er selbst habe von seinem Vorgesetzten den Befehl erhalten, Juden mit der Pistole zu erschießen; er habe sich jedoch geweigert. Sein Vorgesetzter habe ihn daraufhin als «Feigling» und «ostmärkisches Schwein» beschimpft, jedoch dann zu den Kraftfahrzeugen zurückgeschickt. Er

182 Fälle 98 und 99: StA Hamburg 141 Js 534/60.
183 StA Augsburg 7 Ks 58/64.
184 StA Dortmund 45 Js 11/64.
185 LG Lübeck VU 6/65 und StA Lübeck 2 PJs 189/64.

sei später ohne weitere Begründung an die Ostfront versetzt worden[186].

Zu erwähnen ist in diesem Zusammenhang noch, daß sich die meisten Angeklagten des Nürnberger Einsatzgruppenprozesses (1947/48) selbst darauf berufen haben, daß sie sich bei zahlreichen Gelegenheiten den von ihren Vorgesetzten ausgegebenen Befehlen widersetzt hätten, und für ihre Behauptungen Zeugenaussagen und eidesstattliche Erklärungen beibringen konnten. Diese Fälle haben auch in den Ermittlungen der letzten Jahre gegen Einsatzkommandoangehörige eine Rolle gespielt[187].

e) Zusammenfassung

Das vorgelegte Material umfaßt insgesamt 103 zumeist durch Zeugenaussagen belegte Fälle, in denen sich Funktionäre Tötungsbefehlen widersetzt oder entzogen haben. In 14 Fällen wurden Schädigungen an Leib oder Leben behauptet (Todesurteil oder Erschießung in 9 Fällen, KZ-Einweisung in 4 Fällen, Einweisung in eine Bewährungseinheit in einem Fall), in 89 weiteren Fällen andere oder keine Nachteile.

Die Schädigungsfälle (Fälle 1–14) sind im Verlauf der Ermittlungen überprüft worden. Von den behaupteten 9 Erschießungsfällen konnten 2 eindeutig widerlegt werden; 3 Fälle blieben unbestätigt und 4 Fälle betrafen anders gelagerte Sachverhalte. Von den 4 behaupteten KZ-Einweisungen war ein Fall nachweislich unrichtig; die 3 weiteren Fälle bezogen sich auf andere Sachverhalte. Der eine Fall einer Einweisung in eine Bewährungseinheit kann als widerlegt betrachtet werden. In keinem Fall also konnte eine Schädigung an Leib oder Leben wegen Verweigerung eines Vernichtungsbefehls nachgewiesen werden.

Die Fälle, in denen andere oder keine Nachteile bekanntgeworden sind (Fälle 15–103), gliedern sich in fünf Gruppen.

Gruppe 1 (Fälle 15–17) betrifft aktive Widersetzlichkeiten oder

186 StA Dortmund 45 Js 31/64.

187 Siehe z. B. Kempner, SS im Kreuzverhör, S. 83. Außerdem: StA und SchwG Ulm Ks 2/57.

Widerstandsakte. Gruppe 2 (Fälle 18–26) umfaßt Ablehnungen verbrecherischer Aufforderungen und förmliche Proteste, z. B. Meldung bei der vorgesetzten Dienstbehörde. Gruppe 3 (Fälle 27–47) bezieht sich auf unterschiedliche Methoden der Befehlsumgehung, die von vorbeugenden Versetzungsgesuchen, Ablösungsgesuchen, Frontmeldung, Eingeständnis der Unfähigkeit, an Aktionen teilzunehmen, Freistellungsgesuchen unter erleichternden äußeren Bedingungen und sachlichen Einwendungen bis zur indirekten Befehlsumgehung (Simulation, absichtlich schlechte Leistungen) reichen. Gruppe 4 (Fälle 48–59) betrifft kollektive Weigerungen ganzer Einheiten, z. T. auch Weigerungen von Vorgesetzten im Namen ihrer Einheiten. Als Gruppe 5 (Fälle 60–103) schließlich sind die individuellen Gehorsamsverweigerungen im engeren Sinne einschließlich der Freistellungsgesuche zusammengefaßt.

Die aktiven Widersetzlichkeiten der Gruppe 1 hatten zur Folge: in einem Fall keine Nachteile, in einem Fall Frontversetzung, Rüge und Androhung der Verhaftung nach Kriegsende, in einem Fall Degradierung. In der Gruppe 2 (Ablehnung verbrecherischer Aufforderungen und förmliche Proteste) sind folgende Reaktionen bekannt: Rüge in einem Fall; Ermittlungsverfahren, das jedoch eingestellt wurde, in einem Fall; Versetzung, Frontversetzung, möglicherweise auch Degradierung des Vorgesetzten sowie Auflösung des Bataillons in einem Fall; Ablösung des verantwortlichen Generals in einem Fall; in den übrigen 5 Fällen keine Nachteile. In Gruppe 3 (Befehlsumgehungen) sind in den meisten Fällen Nachteile nicht erkennbar; entweder hatte das Verhalten keine Folgen, oder es führte zu Ablösung und Versetzung. In einem Fall ist eine vorläufige Festnahme bekannt; das Verfahren wurde dann jedoch eingestellt. Die kollektiven Weigerungen (Gruppe 4) hatten keine Folgen; allenfalls führten sie zu innerdienstlichen Auseinandersetzungen. Ein Fall führte zur Ablösung eines Polizeioffiziers. Individuelle Weigerungen (Gruppe 5) führten zu dienstlichen Nachteilen (schikanöser Behandlung u. a.) in 4 Fällen, zum SS-Ausschluß in 2 Fällen, zur Ablösung oder Versetzung, auch Heimatversetzung, in 12 Fällen, zur Frontversetzung in 7 Fällen, zur Degradierung in einem Fall. In einem Fall kam es zu einem Suicid. Keine Folgen hatten 17 Fälle.

Für die Beurteilung ist von Bedeutung, daß in den Gruppen 1–4 (Widerstand, förmliche Proteste, Befehlsumgehung, kollektive Weigerung) die Offiziere in der Mehrheit (mindestens 30 von 45 Fällen), in der Gruppe 5 (individuelle Befehlsverweigerung) dagegen in der Minderheit waren (höchstens 18 von 44 Fällen). Insgesamt ist zu erkennen, daß die Befehlsentziehungen und Befehlsverweigerungen höherer Funktionäre mit Offiziersrang etwa die Hälfte aller Fälle ausmachen. Der dienstlichen Stellung kommt daher offensichtlich eine erhebliche Bedeutung zu.

Zur Bewertung des Fallmaterials ist folgendes anzumerken: Das negative Ergebnis der Untersuchung ist eindrucksvoller als das positive. Der Tatsache, daß bisher kein Fall einer Schädigung von Leib oder Leben nachgewiesen werden konnte – ein Resultat, zu dem auch Seraphim[188] auf Grund vieljähriger historischer Forschungen gelangt ist –, wird man eine erhebliche Bedeutung kaum absprechen können. Immerhin hätte die These von der Erschießung oder KZ-Einweisung im Laufe von rund zwei Jahrzehnten irgendwann einmal – mindestens in einem Fall – verifiziert werden müssen, wenn sie stimmt. Die Fälle, in denen Befehle mit Erfolg oder nur geringen Nachteilen umgangen oder verweigert wurden, sind dagegen mit größerer Vorsicht zu bewerten, einmal wegen ihrer vergleichsweise doch sehr geringen Zahl, vor allem aber, weil die situativen Faktoren, die das Verhalten des Verweigerers möglicherweise begünstigt haben, nicht ausreichend zu übersehen sind und weil schon daher verallgemeinernde Schlüsse nicht gezogen werden können. Immerhin steht fest, daß es solche Fälle gab, und es kann wenigstens aus ihnen geschlossen werden, daß ein völlig selbstverständlicher, allgemein praktizierter Strafterror gegenüber Verweigerern nicht bestanden haben kann. Gerade in den Fällen, in denen die Unsicherheit der offiziellen Reaktion erkennbar ist, wird das deutlich.

188 Z. B. Gutachten Seraphim in den Strafsachen SchwG Ulm, Ks 2/57 vom 1. 7. 1958, SchwG Tübingen Ks 2/61 vom 12. 4. 1961, SchwG Flensburg 2 Ks 1/62 vom 20. 10. 1962 u. s. Erwähnung in der Literatur bei Langbein, Im Namen des deutschen Volkes, S. 60. Bestätigende Auskünfte Dr. Seraphims 1965.

3. Der institutionelle Aspekt

Einen weiteren Ansatzpunkt für die Beurteilung der Gefahrenlage bildet die genauere Betrachtung des totalitären Herrschaftsapparates. Der Terror war ja keine ungelenkte, emotionale Gewaltanwendung, sondern Gewalt, die institutionalisiert war und eine eigene, bürokratisch organisierte und an Normen gebundene Ordnung entwickelt hatte. Es ist deshalb sinnvoll, nach der institutionellen Wahrscheinlichkeit bestimmter einzelner Terrormaßnahmen zu fragen, durch die das Regime den Befehlsverweigerer unter Druck gesetzt haben könnte.

a) Verurteilung durch SS- und Polizeigerichte

Es wird oft als selbstverständlich betrachtet, daß ein Befehlsempfänger, der die Mitwirkung an Vernichtungsaktionen verweigerte, vor ein SS- und Polizeigericht gestellt und schwer, wahrscheinlich sogar mit dem Tode, bestraft worden wäre. Dieser Annahme liegt die Vorstellung zugrunde, daß eine dem totalitären Herrschaftsapparat unmittelbar zugeordnete Sondergerichtsbarkeit notwendig besonders scharf und grausam gewesen sein müsse. Das wird auch von ehemaligen SS-Angehörigen häufiger behauptet. So meinte ein früherer Obersturmführer und Adjutant einer Einsatzgruppe bei seiner Zeugenvernehmung: «Bei der Strenge der SS- und Polizeigerichte kann wohl kein Zweifel darüber bestehen, daß Leute, die sich geweigert hätten, an Erschießungen teilzunehmen, wegen Ungehorsams zum Tode verurteilt worden wären.» [189] Die Ermittlungen der letzten Jahre zeigen jedoch, daß solche Zweifel sehr wohl begründet sind.

Bereits die rechtlichen Grundlagen, von denen die SS- und Polizeigerichtsbarkeit bei einer solchen Verurteilung hätte ausgehen müssen, machen eine extrem terroristische Spruchpraxis dieser Gerichte nicht gerade wahrscheinlich. Die durch Verordnung vom 17. Oktober 1939 (RGBl. I, S. 2107) geschaffenen SS- und Polizeigerichte urteilten und prozedierten nach den Bestimmungen des Militärstrafgesetz-

189 StA München I, 1a Js 1522/58.

buchs und der Militärstrafgerichtsordnung[190]. Nach dem Militärstrafrecht (§§ 92, 94 MStGB) aber waren Ungehorsam und Gehorsamsverweigerung Taten, für die im Regelfall geschärfter Arrest nicht unter einer Woche (bei Gehorsamsverweigerung nicht unter 14 Tagen), Gefängnis oder Festungshaft (für Ungehorsam bis zu zehn Jahren) vorgesehen waren. Die Bestrafung des Ungehorsams war außerdem davon abhängig, daß vorsätzlich oder fahrlässig ein erheblicher Nachteil, eine Gefahr für Menschenleben oder in bedeutendem Umfang für fremdes Eigentum oder eine Gefahr für die Sicherheit des Reichs oder für die Schlagfertigkeit oder Ausbildung der Truppe herbeigeführt worden war. Lediglich dann, wenn die Tat im Felde begangen worden war oder ein besonders schwerer Fall vorlag, konnte auf Todesstrafe oder auf lebenslanges oder zeitiges Zuchthaus erkannt werden.

Daraus geht hervor, daß jedenfalls nach den von der SS- und Polizeigerichtsbarkeit anzuwendenden Rechtsnormen die Verurteilung zum Tode nicht die Regel, sondern die Ausnahme bilden sollte. Es liegt allerdings nahe, zu vermuten, daß diese ja nicht für die totalitäre Terrorherrschaft geschaffenen Normen von den SS-Gerichten extrem interpretiert und daß in der Praxis regelmäßig Höchststrafen verhängt wurden. Die Ermittlungen der Zentralen Stelle über die Rechtsprechung der SS- und Polizeigerichtsbarkeit ergeben jedoch, daß von einer besonders rigorosen Strafpraxis nicht gesprochen werden kann[191].

In den vom Reichsführer SS und Chef der Deutschen Polizei, Hauptamt SS-Gericht, herausgegebenen «Mitteilungen über die SS- und Polizeigerichtsbarkeit»[192] sind Verurteilungszahlen enthalten, die die Praxis dieser Gerichte genauer beleuchten. So liegen Zahlen über die Jahre 1939 bis 1943 vor, aus denen sich ergibt, daß die Todesstrafe 1939/40 in 8 Fällen, 1941 in 30 Fällen, 1942 in 3,6% und 1943 in 2,82% der Fälle verhängt worden ist[193].

Bei den Todesurteilen handelt es sich um folgende Delikte: Fahnenflucht, Feigheit vor dem Feind, Zersetzung der Wehrkraft, schwere

190 Vgl. Buchheim, An. I, S. 181 ff.

191 Die folgende Darstellung stützt sich zu einem großen Teil auf Material, das mir die Zentrale Stelle zugänglich gemacht hat.

192 Amerikanisches Dokumentenmaterial der Zentralen Stelle (nachfolgend Am. Dok. Mat. abgekürzt) Film III Bild 1087–1264.

193 Der Anteil ist bis 1941 als Verurteilungszahl, ab 1942 als Prozentsatz vermerkt.

Plünderung, Diebstahl zum Nachteil von Untergebenen, Selbstverstümmelung, Kriegsverrat, Straftaten ausländischer Zivilpersonen, Angriffe gegen Vorgesetzte, Kriegswirtschaftsverbrechen, Wachvergehen, Rassenschande, Notzucht, Unzuchtsdelikte, Mord. Für das Jahr 1942 sind auch Fälle von Ungehorsam vermerkt. Dabei handelt es sich um insgesamt 6 Fälle, von denen 5 mit anderen Straftaten (3 mit Rassenschande und 2 mit militärischer Bestechlichkeit) kombiniert waren. In einem weiteren Fall wurde die Todesstrafe wegen schweren Ungehorsams gegen die Bestimmungen über den Gebrauch von Schußwaffen ausgesprochen, weil der Angeklagte in betrunkenem Zustand herumgeschossen, dabei einen SS-Mann tödlich getroffen hatte und seine Tat nach Auffassung des Gerichts «einem Mord gleichkam». Ein Fall von Befehlsverweigerung findet sich nicht darunter.

Zu ähnlichen Ergebnissen führt die Untersuchung, wenn man sie auf die übrigen Strafarten ausdehnt. Dabei werden 77 Ungehorsams- und Gehorsamsverweigerungsfälle zugrunde gelegt, die in den «Mitteilungen über die SS- und Polizeigerichtsbarkeit» [194], den «Informationen» des Reichssicherheitshauptamtes [195] und in dem «Sonderbefehl über Gerichtsangelegenheiten» des Höheren SS- und Polizeiführers in Laibach [196] enthalten sind. In 42 Fällen, in denen Ungehorsam oder Gehorsamsverweigerung mit anderen Delikten verbunden waren, wurde – abgesehen von den schon erwähnten 5 Todesurteilen – in 13 Fällen Zuchthaus, in 1 Fall Festungshaft, in 21 Fällen Gefängnis, in einem Fall Arrest und in einem weiteren Fall eine nicht genauer angegebene Strafe verhängt. In 35 Fällen, die ausschließlich Ungehorsam oder Gehorsamsverweigerung betreffen, sind – außer dem einen schon aufgeführten Todesurteil – nur Gefängnis- (14 Fälle), Arrest- (12 Fälle) und Geldstrafen (1 Fall) nachweisbar; eine Bestrafung ließ sich nicht klären. Bemerkenswert ist, daß die höchste Freiheitsstrafe bei einem Jahr Gefängnis liegt. Wichtiger ist aber noch, daß sich unter diesen Fällen, die in den «Mitteilungen über die SS- und Polizeigerichtsbarkeit» ausdrücklich als Warnbeispiele – somit also als eine Auswahl besonders krasser Fälle – bezeichnet werden, «kein Fall findet, dem die Nichtausführung eines verbrecherischen Befehls zugrunde gelegen hätte oder in dem der mitge-

194 Wie Anm. 192.
195 Am. Dok. Mat. ZStL. Film IV Bild 283–302.
196 Am. Dok. Mat. ZStL. Film III Bild 805–807.

teilte Sachverhalt auch nur den mindesten Hinweis darauf enthielte, daß die Nichtausführung eines verbrecherischen Befehls im Spiel gewesen sein könnte» [197].

Mit diesem Resultat stimmen die Aussagen mehrerer SS-Richter oder SD-Untersuchungsführer überein, daß sie in ihrer gesamten Praxis nicht einen solchen Fall erlebt hätten. Ein SS-Richter, der mehrere Jahre hindurch bei den SS- und Polizeigerichten in Berlin, Krakau und Salzburg tätig und ab 1943/44 für alle Delikte zuständig war, die im Distrikt Lublin von SS- und Polizeiangehörigen begangen wurden, erklärte, daß ihm «in der damaligen Zeit Befehlsverweigerungen von SS- und Polizeiangehörigen im Zusammenhang mit Judenvernichtungsmaßnahmen nicht bekanntgeworden» seien [198]. Entsprechend lauten die Aussagen eines Richters und eines Untersuchungsführers und Gerichtsoffiziers bei dem Befehlshaber der Sicherheitspolizei und des SD in Krakau [199]. Ein Zeuge, der von 1942 bis 1944 Untersuchungsführer und Gerichtsoffizier in Riga war, sagte aus, daß während seiner Tätigkeit kein Verfahren angefallen sei, durch welches jemand, der die Teilnahme an Exekutionen abgelehnt habe, gerichtlich verfolgt worden sei [200]. Ein Untersuchungsführer, durch dessen Hände ca. 5000 Verfahren gegangen sind, konnte sich nur an ein Todesurteil, das einen Fall von Wehrkraftzersetzung betraf, und einen Fall von Befehlsverweigerung erinnern, in dem es jedoch nicht zu einer Verurteilung kam [201].

Gerade von den vernommenen SS-Richtern ist verschiedentlich der Standpunkt vertreten worden, daß vor den SS- und Polizeigerichten Verfahren wegen der Verweigerung von Erschießungsbefehlen nicht nur nicht stattgefunden hätten, sondern sogar nicht einmal möglich gewesen seien. Nach Auffassung eines Untersuchungsführers hätte das Gericht gar nicht zu einer Verurteilung kommen können, weil das Militärstrafgesetzbuch die Weigerung, an einer verbrecherischen Handlung teilzunehmen, nicht unter Strafe stelle [202]. Sehr ähnlich meinte ein SS-Richter, daß «solche Fälle, die ja nach recht-

197 Auskunft der ZStL.

198 StA Flensburg 2 Ks 1/62.

199 LG Bielefeld VU 7/60 und StA Hamburg 141 Js 856/61.

200 ZStL 9 AR 1760/61 ZSt.

201 Siehe Kasuistik Fall 14. Im ersten Frankfurter Auschwitz-Prozeß verneinte ein ehemaliger Hauptamtsleiter beim SS-Gericht die Frage, ob ihm ein Verweigerungsfall bekanntgeworden sei. Siehe Langbein, Auschwitz-Prozeß, Bd. 2, S. 833.

202 Wie Anm. 200.

lichen Gesichtspunkten sehr zweifelhaft waren, überhaupt nicht dem SS- und Polizeigericht vorgelegt worden wären. Ich meine vielmehr, daß solche Fälle innerhalb der SS ohne Inanspruchnahme eines Gerichts geregelt worden wären.» Unter dieser Regelung stellte er sich vor, «daß ein solcher Mann versetzt worden wäre»[203]. Derselbe Zeuge vertrat in einem anderen Verfahren die Auffassung, daß Führer, die ihren Untergebenen möglicherweise mit einem Verfahren gedroht hätten, wissen mußten, «daß sie eine solche Anzeige nie an das SS- und Polizeigericht würden geben können»[204].

Die Auffassung, daß ein SS- und polizeigerichtliches Verfahren praktisch unmöglich war, ist auch in Gerichtsurteilen der vergangenen Jahre verschiedentlich zu finden. Nach der Überzeugung eines Berliner Schwurgerichts war es «mit Sicherheit auszuschließen, daß die Angeklagten im Falle der Befehlsverweigerung vor ein SS- und Polizeigericht gestellt worden wären ... Gerade den hohen SS-Führern war bewußt, daß ein Gericht bei der Entscheidung derartiger Fälle rechtlich in eine ausweglos schwierige Situation geraten wäre. Die Angeklagten hätten sich vor Gericht mit Sicherheit auf § 47 Abs. 1 Satz 2 MStGB berufen. Das Gericht hätte die Frage entscheiden müssen, ob der Befehl zur Erschießung der Juden nach deutschem oder nach internationalem Kriegsrecht rechtmäßig oder rechtswidrig gewesen ist. Ein Freispruch hätte die Erklärung beinhaltet, daß die betreffenden Befehlsgeber vorsätzlich Befehle zu rechtswidrigen Tötungen, also verbrecherische Befehle, gegeben hätten. Eine Verurteilung der Angeklagten zum Tode oder zu einer Freiheitsstrafe wäre andererseits eine ganz offensichtliche vorsätzliche Rechtsbeugung und damit nichts weiter als eine justizförmige vorsätzliche rechtswidrige Tötung oder Freiheitsberaubung gewesen.»[205] In ähnlichem Sinne weist auch das Schwurgericht Freiburg auf die Zwangslage hin, in die das SS- und Polizeigericht geraten wäre[206]. Das Schwurgericht Koblenz hat zusätzlich noch auf den Gesichtspunkt der Geheimhaltung hingewiesen, der einer gerichtlichen Erörterung entgegenstand[207].

203 LG Bielefeld VU 7/60.
204 StA Flensburg 2 Ks 1/62.
205 SchwG Berlin (500) 3 P Ks 1/57 (11/57) in der Sache Knop u. a.
206 SchwG Freiburg I AK 1/63, II AK 18/63, Schw. AK 3/63 in der Sache Uhl u. a.
207 SchwG Koblenz 9 Ks 1/61 in der Sache Remmers u. a. Entsprechend auch der Standpunkt des historischen Sachverständigen H.-G. Seraphim.

Mit dieser Deutung ist durchaus vereinbar, daß im mentalen Klima der SS die Berufung auf den verbrecherischen Charakter der Vernichtungsbefehle – d.h. auf § 47 MStGB – «absurd und herausfordernd« gewirkt hätte, da der Mord an den Juden als eine von Hitler befohlene, für die Zukunft des Volkes notwendige Maßnahme betrachtet und proklamiert wurde, bei der nach der noch zu erörternden Auffassung Buchheims «jede Normativität suspendiert» war [208]. Dennoch wäre den SS- und Polizeigerichten, wenn es zu einem Verfahren gegen einen Exekutionsverweigerer gekommen wäre, eine Stellungnahme zu § 47 MStGB, der auch damals galt [209], kaum erspart geblieben; sie hätten sich mit der Frage auseinandersetzen müssen, ob der Vernichtungsbefehl «eine Handlung betraf, welche ein allgemeines oder militärisches Verbrechen oder Vergehen bezweckte» [210]. Daß ein Interesse daran bestand, diese Situation zu umgehen und eine unmittelbare Konfrontation der Vernichtung mit der «Normativität» nicht heraufzubeschwören, kann daher als höchstwahrscheinlich gelten.

b) Standrechtliche Erschießungen

Bei der Beurteilung der Wahrscheinlichkeit standrechtlicher Erschießungen [211] ist die Funktion zu berücksichtigen, die die Standgerichte hatten. Nach der «Verordnung über das militärische Strafverfahren im Kriege und bei besonderem Einsatz» [212] war ein standgerichtliches Verfahren nur möglich, wenn die Aburteilung aus zwingenden militärischen Gründen keinen Aufschub duldete, ein Gerichtsherr nicht

208 Buchheim, An. I, S. 347 f. Zu Buchheims Auffassung siehe auch Kap. III.

209 Werner Maihofer, Gutachten über die Geltung des § 47 Abs. I Ziff. 2 MStGB bei rechtswidrigen Kampfhandlungen in den Jahren 1941–1945 (ZStL).

210 Vgl. § 47 Abs. 1 Ziff. 2 MStGB.

211 Siehe dazu in der Kasuistik die Fallgruppe a, die zeigt, daß standrechtliche Erschießungen – wenn auch nur vereinzelt – behauptet werden. Außerdem hat ein Zeuge in einem Berliner Prozeß, jedoch ohne nähere Angaben zu machen, behauptet, ein Obersekretär sei in Minsk wegen der Nichtausführung eines Erschießungsbefehls standrechtlich erschossen worden. Siehe: SchwG Berlin (500) 3 P Ks 1/57 (11/57) in der Sache Knop u. a.

212 RGBl. 1939 I. S. 1457, abgedr. z.B. in: H. Dombrowski, Kriegsstrafrecht, 5. Aufl., 1942.

auf der Stelle erreichbar war und die Zeugen oder andere Beweismittel sofort zur Verfügung standen [213]. Diese Voraussetzungen dürften bei der Tätigkeit der Einsatzgruppen und der stationären Dienststellen, vor allem aber bei Konzentrations- und Vernichtungslagern, die – weit hinter der Front – mit den militärischen Ereignissen keinen Zusammenhang hatten, kaum jemals bestanden haben [214].

c) *Maßnahmen der SD-Untersuchungsführer*

Eine weitere in Prozessen gelegentlich vertretene These läuft darauf hinaus, die sogenannten SD-Untersuchungsführer hätten die Möglichkeit zur außergerichtlichen Verfolgung von Befehlsverweigerungsfällen gehabt. Konkrete Fälle dieser Art sind jedoch nicht nachweisbar [215]. Die dokumentarische Untersuchung der «Vorgänge des SS-Richters beim Reichsführer SS» [216] durch die Zentrale Stelle läßt außerdem erkennen, daß den SD-Untersuchungsführern, deren Aufgabe im wesentlichen in der Wahrnehmung des «gesamten Ermittlungsverfahrens einschließlich der Anklageerhebung und Anklagevertretung in Strafsachen vor den SS- und Polizeigerichten» [217] bestand, keine außergewöhnlichen Machtbefugnisse eingeräumt waren. Von der Institution des SD-Untersuchungsführers, die der SS- und Polizeigerichtsbarkeit eingegliedert war, kann deshalb keine besondere Gefahr für den Befehlsverweigerer ausgegangen sein [218].

213 § 13a der in Anm. 212 erwähnten «Kriegsstrafverfahrensordnung», eingeführt durch VO vom 1. 11. 1939, RGBl. I. S. 2132. Siehe im übrigen Anm. 212.
214 Entsprechend der Standpunkt der ZStL.
215 In einem am 16. 1. 1962 für die StA Münster erstatteten Gutachten meint Seraphim, daß die SD-Untersuchungsführer eine Regelung vorschlagen konnten, die außerhalb des Rechtszuges lag. Maßregelungen dieser Art hätten von der Verwarnung bis zum Einsatz bei Himmelfahrtkommandos gereicht. Er fügt jedoch hinzu: «Dies muß unterstellt werden. Es ergibt sich aus der Situation, wenn auch eindeutige Beweise nicht zu erbringen sind.»
216 Bundesarchiv NS 7/G2 und G3.
217 Schreiben des Hauptamtes SS-Gericht vom 28. 5. 1940. Siehe Anm. 216.
218 So die Auffassung der ZStL. Die Dokumente, von denen mir Abschriften vorgelegen haben, bestätigen diesen Standpunkt.

d) Maßnahmen des Reichssicherheitshauptamtes

Auch das verschiedentlich erwähnte Verfahren des Reichssicherheitshauptamts, einzelne Fälle «an sich zu ziehen», war, wie sich aus den dokumentarischen Unterlagen[219] ergibt, kein Vorgang außerhalb der SS- und Polizeigerichtsbarkeit. Der Chef der Sicherheitspolizei und des SD konnte lediglich ein Verfahren dem örtlich zuständigen SS- und Polizeigericht entziehen, es in eigener Zuständigkeit vor dem SS- und Polizeigericht III in Berlin anhängig machen und auf diese Weise über Anklageerhebung oder Einstellung des Verfahrens – nicht also über die Verurteilung – entscheiden.

Das Recht des Chefs der Sicherheitspolizei und des SD, in eigener Zuständigkeit ein Verfahren durchzuführen, eröffnete ihm allerdings die Möglichkeit, das Verfahren einzustellen, es auf diese Weise der SS- und Polizeigerichtsbarkeit zu entziehen und den Täter disziplinarisch zu verfolgen, eine Prozedur, die ihm aber ohnehin immer offenstand und in der eine Tendenz zur Schlechterstellung des Betroffenen nicht erkennbar ist[220].

In einem Abtreibungsfall beispielsweise wurde dem Beschuldigten auf diesem Wege die Möglichkeit der Frontbewährung verschafft[221]. Daß dieses formelle und recht umständliche Verfahren dazu gedient hat, die Möglichkeit für Terrormaßnahmen zu schaffen, ist wenig wahrscheinlich und durch Tatsachen nicht belegt. In dem einzigen bisher bekanntgewordenen Fall, in dem das Verfahren offenbar angewandt worden ist (Kasuistik Fall 14), führte es ebenfalls nur zur Frontbewährung, und zwar nachweislich nicht in einer Bewährungseinheit.

e) Liquidierung ohne Verfahren

Eine andere Frage ist, ob SS- und Polizeiangehörige, die sich der Mitwirkung an Massenverbrechen entzogen, mit ihrer Erschießung

219 Vgl. Anm. 216.
220 ZStL.
221 Nach StA Hamburg 141 Js 22/61.

ohne vorangehendes Verfahren und Urteil rechnen mußten[222]. Das scheint auf den ersten Blick hin die Deutung zu sein, die den totalitären Verhältnissen am meisten entspricht, da die «Liquidierung» die in zahllosen Fällen praktizierte Methode war, mit der das System gegen seine politischen und «potentiellen» Gegner vorging. Sieht man den Terror als homogene Erscheinung an, die sich in den verschiedensten Bereichen des politischen Handelns gleichartig manifestierte – z.B. bei der Erzwingung von Befehlen ebenso wie bei der Verfolgung von Juden und in den eigenen Reihen auf ähnliche Weise wie gegenüber ideologischen Feinden und auszurottenden Minoritäten –, so wird man es für ziemlich selbstverständlich halten, daß sich das Regime auch bei der Durchsetzung von Befehlen solcher äußersten Mittel bediente. Es ist jedoch auffällig, daß es für diese zunächst so zwingend erscheinende Annahme so gut wie keine empirischen Beweise gibt, während Rassenterror und Völkermord allenfalls in ihrer zahlenmäßigen Dimension, nicht aber als Tatsache umstritten sind. Wenn also ein derart extremer Terror in den eigenen Reihen wirklich bestand, würde sich die historische Forschung wohl kaum auf bloße Vermutungen und Spekulationen zu stützen brauchen.

Gegen die Annahme, daß «wilde Vorgesetzte» ihre Untergebenen einfach erschießen lassen konnten, lassen sich aber auch institutionelle Argumente vorbringen. Vor allem aus den wenigen, eng umgrenzten Exekutionsermächtigungen von SS- und Polizeikommandeuren kann der Schluß gezogen werden, daß eine Befugnis zu eigenmächtigen Liquidierungen in anderen als den ausdrücklich geregelten Fällen nicht bestand, sich also SS-Führer, die ungehorsame Untergebene kurzerhand erschießen ließen, ihrerseits des Ungehorsams schuldig gemacht hätten. Eine solche Überlegung kann natürlich die Möglichkeit, daß es zu verbotenen Exekutionen trotzdem gekommen ist, nicht ausschließen, nimmt ihr jedoch – zusammen mit den negativen empirischen Befunden – einiges von ihrer Wahrscheinlichkeit.

222 Gelegentlich ist von Angeklagten unter Hinweis auf § 3 der Verordnung RGBl. 1939 Bd. I, S. 2293 von einer «Todesstrafe kraft Rechtsverordnung» gesprochen worden. Nach dieser Vorschrift hatten jedoch Todes- und Zuchthausstrafen die Ausstoßung aus der SS zur Folge (und nicht etwa umgekehrt); auch schwere Verstöße gegen Grundgesetze der NSDAP oder SS führten zur Ausstoßung. Dies hatte nach der VO jedoch mehr beamtenrechtlich anmutende Konsequenzen, z.B. Verlust der Dienstbezüge, Versorgung, Dienstbezeichnung, Wehrwürdigkeit.

Für diese Deutung gibt es nun vor allem zwei Belege, die auch in Buchheims Gutachten für den Frankfurter Auschwitz-Prozeß erwähnt werden[223].

Der erste betrifft die berüchtigte Sondereinheit Dirlewanger, der frühere, durch SS- und Polizeigerichte verurteilte SS-Leute zur Rehabilitierung durch Fronteinsatz zugewiesen wurden. Hier ist nun bemerkenswert, daß dem Kommandeur dieser als besonders rigoros gefürchteten Einheit erst im Jahre 1944 durch einen Befehl Himmlers das «Gerichtsrecht über Leben und Tod» eingeräumt worden ist und auch dies nur für den Kampfeinsatz, während die ehemaligen SS-Angehörigen im Ruhequartier und in der Feldgarnison der SS- und Polizeigerichtsbarkeit unterstanden[224]. Aus diesem Befehl leitet Buchheim her, daß hier einem Kommandeur in einem ganz bestimmten extremen Ausnahmefall das Recht über Leben und Tod eingeräumt worden sei und also «normalerweise in der SS ein Kommandeur nicht das Recht hatte, einen seiner Untergebenen einfach über den Haufen zu schießen»[225]. Ganz entsprechend ist auch von der Zentralen Stelle der Standpunkt vertreten worden, daß Kommandeure gegenüber aktiven SS- und Polizeiangehörigen nicht gut weitergehende Befugnisse gehabt haben könnten, als sie dem Kommandeur der Einheit Dirlewanger erst ab 1944 gegenüber bestraften früheren SS-Leuten unter genau umrissenen Bedingungen zugestanden wurden[226].

Der zweite Beleg ist der Führerbefehl Nr. 7 vom 24. Februar 1943, der sich gegen militärische Auflösungserscheinungen richtete und von den Offizieren der gesamten Wehrmacht verlangte, die Durchführung von Befehlen und die Aufrechterhaltung von Disziplin und Ordnung nötigenfalls mit Waffengewalt zu erzwingen und Ungehorsame auf der Stelle zu erschießen[227]. Auch hier bezieht sich die Ermächtigung nur auf eine ganz bestimmte Frontsituation, nicht aber auf die Situation in Konzentrationslagern und bei Einsatzkommandos. Der Sinn des Befehls bestand offensichtlich darin, den Vorgesetzten noch einmal die ihnen militärstrafrechtlich ohnehin

223 Buchheim, An. I, S. 363 ff. Entsprechend ZStL.

224 Befehl Himmlers vom 20. 2. 1944. Siehe hierzu: H. Auerbach, Vjh. f. Zeitgesch. 10 (1962), S. 250 ff., 259, sowie Buchheim, a. a. O., S. 364.

225 A. a. O., S. 364.

226 ZStL.

227 Buchheim, a. a. O., S. 365.

zustehenden Befugnisse einzuschärfen[228], die jedoch nicht schrankenlos, sondern von dem Zweck bestimmt waren, Befehlen «im Falle der äußersten Not und dringendsten Gefahr Gehorsam zu verschaffen»[229].

Den von Buchheim erwähnten Dokumenten könnte man als weiteren Beleg noch das «Merkblatt für die Führer der Einsatzgruppen und Einsatzkommandos der Sicherheitspolizei und des SD für den Einsatz ‹Barbarossa› (Geheime Reichssache)» hinzufügen, in dem sich eine Regelung der Dienststrafgewalt befindet. Dort heißt es unter Ziffer 7: «Die Führer der Einsatzgruppen und Einsatzkommandos sind berechtigt, die Dienststrafgewalt auszuüben. Sie können insbesondere bei schweren, das Ansehen oder die Schlagkraft der Sicherheitspolizei und des SD schädigenden Dienstverfehlungen sofortige Maßnahmen ergreifen und in diesem Rahmen Schutzhaft verhängen. Im Fall der Verhängung von Schutzhaft ist dem Reichssicherheitshauptamt unverzüglich zu berichten.»[230]

Diese Bestimmung läßt die Grenzen der Strafgewalt, die in einer berichtspflichtigen Verhängung von Schutzhaft gipfelte, deutlich erkennen, insbesondere auch die Unzulässigkeit eigenmächtiger Erschießungen.

Aus dem dokumentarischen Material ergibt sich aber auch, in welchem Ausmaß die Bestrafung von SS-Angehörigen Himmlers unmittelbarer Kontrolle unterlag. Das gilt insbesondere für die Bestätigung SS- und polizeigerichtlich verhängter Todesurteile. Zwei Fälle, die mir die Zentrale Stelle zugänglich gemacht hat, illustrieren das auf eindrucksvolle Weise.

Im ersten Fall war ein SS-Rottenführer im November 1941 wegen eines «ganz besonders schweren Falles der Zersetzung der Wehrkraft» zum Tode verurteilt worden. SS-Gruppenführer Eicke, zu jener Zeit Kommandeur der SS-Totenkopf-Division, hielt «im Interesse der Manneszucht und Disziplin sowie auch aus Abschreckungsgründen» eine sofortige Vollstreckung für notwendig, wagte jedoch die Exekution erst anzuordnen, nachdem er zuvor ein «Rechts-Notgutachten» eingeholt hatte, das sich zum Bestätigungsrecht Himmlers äußerte und für den vorliegenden Fall einen «übergesetzlichen Notstand» bejahte. Trotzdem war nachträglich ein ausführliches Schrei-

228 Siehe BGH 2 StR 622/59 u. 5 StR 49/61.
229 Vgl. § 124 Abs. 1 MStGB.
230 Sowj. Dok. Mat. Film I Bild 27 208–27 212. ZStL.

ben an Himmler nötig, in dem er gebeten wurde, die «für die Anordnung der sofortigen Vollstreckung maßgeblichen Beweggründe zu billigen und die Urteilsvollstreckung nachträglich zu genehmigen»[231].

Ähnlich ist die Situation auch in dem zweiten Fall. Angehörige der Wachmannschaften des Konzentrationslagers Dora (Mittelbau), einer Außenstelle des Lagers Buchenwald, in der Geheimwaffen hergestellt wurden, waren wegen Verrats von Fabrikationsgeheimnissen zum Tode verurteilt worden. Wiederum aus Abschreckungsgründen sollte das Urteil schnell vollstreckt werden.

Nachdem die Mitglieder des Obersten SS- und Polizeigerichts sowie auch das Hauptamt SS-Gericht sich tagelang bemüht hatten, die Bestätigung Himmlers herbeizuführen, eine schriftliche und telefonische Verbindung jedoch nicht herzustellen war, ordnete schließlich der amtierende Chef des Hauptamts SS-Gericht in Vertretung Himmlers die Vollstreckung an. In einem ausführlichen Schreiben bemühte er sich später um eine nachträgliche Billigung Himmlers; darin heißt es u. a.: «Ich habe mich nicht leicht dazu entschlossen, in das Bestätigungsrecht des Reichsführers hier vorweg einzugreifen, weil ich genau weiß, daß der Reichsführer SS das im allgemeinen nicht billigt.» In einem Antwortschreiben wurde ihm dann mitgeteilt, daß Himmler sich damit einverstanden erkläre, daß «ausnahmsweise» die Bestätigung des Urteils im Vertretungswege vorgenommen worden sei[232].

Die beiden Beispiele lassen erkennen, daß die Entscheidung über Leben und Tod von SS-Angehörigen auf eine bürokratische Weise straff zentralisiert war und daher Spontanakte von Vorgesetzten nicht gerade allzu wahrscheinlich sind.

Trotzdem läßt sich die bloße Möglichkeit von Liquidierungen durch «wilde Vorgesetzte» nicht völlig ausschließen. Anders als bei der SS- und polizeigerichtlichen Verurteilung, die nach einer sich zunehmend durchsetzenden Meinung de facto ausgeschlossen war, stößt eine institutionelle Betrachtungsweise hier notwendig auf ihre Grenzen, da es sich gerade nicht um institutionalisierte Maßnahmen, sondern ungedeckte Spontanakte gehandelt haben würde, die, falls sie wirk-

231 Schreiben des SS-Führungshauptamtes – Kommandoamt der Waffen-SS – vom 29. 1. 1942 an den Reichsführer SS. Unterlagen des Berliner Document Center für SS-Obergruppenführer Hans Jüttner.

232 Am. Dok. Mat. Film II Bild 771–777. ZStL.

lich vorgekommen sind[233], kaschiert werden mußten und schon deshalb schwer nachweisbar sind[234]. Diese Feststellung soll aber nur zeigen, daß die Beweisprobleme hier größer sind, nicht aber neuen spekulativen Vermutungen die Schleusen öffnen. Für die rechtliche Beurteilung des Notstandsproblems wären sie – wie schon an anderer Stelle betont[235] – ohnehin nicht von Interesse.

f) KZ-Einweisung

Auch die Einweisung in ein Konzentrationslager als Folge einer Befehlsverweigerung war nicht ganz so selbstverständlich, wie es zunächst den Anschein hat. Lediglich für die Vorkriegszeit ist bezeugt, daß der Inspekteur der Konzentrationslager, Eicke, Angehörige der Wachmannschaften, die mit Häftlingen sympathisierten, in Häftlingskleidung steckte und «hinter den Draht» schickte[236]. Ob es sich dabei allerdings um eine wirkliche KZ-Einweisung oder nur um einen Arrest handelte, ist nicht sicher[237]. Die eigenmächtige KZ-Einweisung scheint jedoch durch die Einführung der SS- und Polizeigerichtsbarkeit am 17. Oktober 1939 stark eingeschränkt worden zu sein. Denn in den «Mitteilungen des Reichsführers SS und Chefs der Deutschen Polizei – Hauptamt SS-Gericht» (Band II Heft 5) vom August 1943 findet sich in einem Abschnitt über «wichtige Neuerun-

233 Daß sie in der Einheit Dirlewanger vorkamen und dort sogar eine krasse Willkürjustiz an der Tagesordnung war, ergibt sich aus Auerbachs Darstellung. Vgl. Anm. 224. Die Einheit Dirlewanger war jedoch ein Sonderfall, der mit der Situation in Einsatzgruppen und Konzentrationslagern nicht vergleichbar ist.

234 Seraphim spricht in einem Gutachten vom 20. 10. 1962 in der Strafsache LG Flensburg 2 Ks 1/62 von der Möglichkeit, daß Befehlsverweigerer «Himmelfahrtkommandos» zugeteilt wurden oder «wilde Vorgesetzte» einzelne einfach verschwinden ließen, bezeichnet das aber selbst als Vermutungen. «Begreiflicherweise sind solche Fälle nicht bekanntgeworden. Die Täter, wenn sie überlebt haben, werden schweigen – ihre Opfer können nicht mehr reden. Es könnte also nur durch unbeteiligte Dritte, die zufällig Mitwisser geworden sind, etwas herausgekommen sein. Das ist aber bisher, soweit dem Gutachter bekannt ist, nicht der Fall. Es würde sich auch nur um Einzelfälle handeln, die nicht verallgemeinert werden dürfen» (a. a. O.).

235 Siehe oben Abschn. 1a.

236 Aussage eines SS-Richters. ZStL.

237 Buchheim, An. I, S. 366.

gen» innerhalb der Strafrechtspflege in SS und Polizei der Hinweis: «Auf dem Gebiet des Strafvollzugs hat der Reichsführer SS angeordnet, daß die Strafverbüßung oder Strafverwahrung auch in einem Konzentrationslager durchgeführt werden kann, selbstverständlich nur auf Anordnung des Gerichtsherrn nach ordnungsgemäßer Durchführung eines Gerichtsverfahrens.» [238]

In den Kriegsjahren hätte ein KZ-Kommandant mit der selbständigen Einweisung eines Untergebenen – nach Buchheims Meinung – selbst eine Bestrafung riskiert. Allenfalls Himmler wäre dazu in der Lage gewesen [239]. Die Bedeutung, die er der SS- und Polizeigerichtsbarkeit beigemessen hat [240], macht ein solches außergerichtliches Verfahren jedoch nicht gerade wahrscheinlich. Der einzige Fall, der bekannt und auch in der Kasuistik aufgeführt worden ist, ist wenig dazu angetan, dieses Bild zu korrigieren; denn hier handelte es sich offensichtlich nicht um eine reguläre KZ-Einlieferung, sondern um eine Art Untersuchungshaft während eines sich über längere Zeit erstreckenden Gerichtsverfahrens wegen Wehrkraftzersetzung, die mit besonderen Privilegien, insbesondere der Fortzahlung der Bezüge, verbunden war [241]. Außerdem war – wie schon erwähnt – den Führern der Einsatzgruppen und Einsatzkommandos das Recht eingeräumt, bei schweren Dienstverfehlungen «sofortige Maßnahmen» zu ergreifen und «in diesem Rahmen» Schutzhaft zu verhängen [242]. Dabei kann es sich aber nur um einstweilige Maßnahmen gehandelt haben, die nicht ohne weiteres mit der KZ-Einlieferung identifiziert werden können [243].

g) Einweisung in Bewährungseinheiten

Die oft erwähnte Einweisung in eine Bewährungseinheit – vor allem in die berüchtigte, aus verurteilten Wilddieben, KZ-Häftlingen und ehemaligen SS-Angehörigen bestehende «Brigade Dirlewanger», die

238 Am. Dok. Mat. Film III Bild 1219–1241. ZStL.
239 A. a. O., S. 366.
240 Siehe dazu unten S. 137.
241 Siehe dazu die Kasuistik Abschn. b Fall 12.
242 Siehe Anm. 230.
243 ZStL.

überall dort eingesetzt wurde, «wo die Lage einen besonders schneidigen, keine Gefahr scheuenden Draufgänger erforderte» [244] – stellte keine selbständige Maßnahme dar, sondern ist – mutatis mutandis – der heutigen bedingten Entlassung vergleichbar. Sie setzte also eine SS- und polizeigerichtliche Verurteilung voraus. Dokumentarisch ist zu belegen, daß der Zweck der Zuweisung darin gesehen wurde, bereits verurteilten SS-Leuten die Möglichkeit der Rehabilitierung durch Frontbewährung zu eröffnen [245]. Die Strafaussetzung sollte (ausnahmsweise!) gewährt werden, um dem Verurteilten dadurch die Chance zu geben, «sich durch tapferen Einsatz im Kampfe eines Gnadenerweises am Kriegsende würdig zu zeigen» [246]. Aus anderen Dokumenten wird deutlich, daß die Zuweisung erst nach teilweiser Strafverbüßung erfolgen durfte, und zwar unter der Voraussetzung, daß keine oder nur unerhebliche Vorstrafen vorhanden waren, die Führung einwandfrei gewesen war, die Tat eine einmalige Entgleisung darstellte, ehrlicher Wille zur Bewährung bestand und der Verurteilte körperlich und geistig geeignet erschien [247].

Daß diese Regelung eingehalten wurde, wird man mit ziemlicher Sicherheit vermuten dürfen. Bemerkenswert ist vor allem, daß Himmler noch 1944 einen Vorschlag Dirlewangers, SS-Angehörige bereits während der Untersuchungshaft seiner Einheit zuzuweisen, ablehnte, und zwar mit der Begründung, «daß eine derartige Maßnahme das Ende jeder Strafrechtspflege in der SS und Polizei bedeuten würde» [248]. Daraus wird man den Schluß ziehen können, daß an dem Prinzip, in die Bewährungseinheiten nur bereits Verurteilte einzuweisen, von der SS-Führung strikt festgehalten wurde, und zwar noch in einem Stadium des Krieges, in dem ein dringendes Interesse daran bestand, möglichst viele SS-Leute an die Front zu schicken. Das ist nur ein Beispiel von vielen, die zeigen, daß sich die Situation des «Terrors nach außen» nicht einfach auf den internen Bereich übertragen läßt. Während – 1944! – das Recht in einem allgemeinen Sinne längst in sich zusammengebrochen und nur in seinen

244 Dok. NO-2923. Siehe insbesondere Auerbachs Aufsatz: vgl. Anm. 224.

245 Siehe: Mitteilungen über die SS- und Polizeigerichtsbarkeit Bd. I, Heft 1 (Juli 1940). Am. Dok. Mat. Film III Bild 1092–1106.

246 A. a. O. Bd. I, Heft 4 (Juni 1941). Am. Dok. Mat. Film III Bild 1122–1136. ZStL.

247 Schreiben des Hauptamtes SS-Gericht vom 14. 6. 1941. IfZ. Arch. Fa 128.

248 Dok. NO-2061. Siehe dazu auch Buchheim, a. a. O., S. 263, und Auerbach, a. a. O.; vgl. Anm. 224.

unpolitischen Bezirken noch einigermaßen intakt war, versuchte Himmler im Bereich seines «Eliteordens» eine merkwürdig anmutende Form von «Rechtsstaatlichkeit» zu verwirklichen. Das ist eine der zahlreichen Antinomien, die für die totalitäre Herrschaftsform charakteristisch sind.

4. Der ideologische Aspekt

Das Problem des Befehlsnotstands läßt sich außerdem noch unter einem ideologischen Aspekt betrachten, auf den erstmals Seraphim in seinen zeitgeschichtlichen Prozeßgutachten hingewiesen hat[249]. Die Annahme, das Regime habe auf die Weigerung, an Vernichtungsaktionen teilzunehmen, mit schärfstem Terror reagiert, setzt nämlich stillschweigend voraus, daß ein solches Verhalten nach den damaligen Anschauungen ein schweres, ja todeswürdiges Verbrechen oder ein mit allen Mitteln zu bekämpfender politischer Widerstands- und Sabotageakt war. Die Analyse der SS-Ideologie, wie sie sich insbesondere in den Äußerungen hoher und höchster Funktionäre widerspiegelte, läßt jedoch erkennen, daß die Ablehnung von Vernichtungsbefehlen zwar als ein Versagen, nicht aber unbedingt als ein Verbrechen angesehen wurde, soweit in ihr nicht gleichzeitig eine prinzipielle politische Gegnerschaft zum Ausdruck kam oder von ihr eine destruktive Wirkung auf die Disziplin ausging.

Die «Tugendlehre des SS-Ordens»[250] machte einen deutlichen Unterschied zwischen Treue- und Gehorsamspflicht. Untreue war Verrat am nationalsozialistischen System und wurde als schwerstes Verbrechen behandelt; Verstöße gegen die Gehorsamspflicht wurden dagegen wesentlich toleranter bewertet. Außerdem wurde das rassistische Ausrottungsprogramm ohnehin als eine «besonders schwere Aufgabe» betrachtet, die nur von einer kleinen «Elite» bewältigt werden konnte. Wer sich ihr nicht gewachsen zeigte, bewies damit nur, daß er nicht hart genug war und den extremen Anforderungen, die in der SS an ihn gestellt wurden, charakterlich und nervlich nicht genügte. Das Eingeständnis, für die SS «zu weich» zu sein, war zwar gefürchtet; es war aber nicht wegen etwa damit verbundener Bestrafungen gefürchtet, sondern weil Mangel an Härte als etwas Minderwertiges galt[251].

249 Zu den Gutachten H.-G. Seraphims vgl. Anm. 188.
250 Vgl. Anm. 252.
251 Siehe etwa: Höß-Autobiographie S. 69. Vgl. auch unten S. 147 f.

a) Treue- und Gehorsamspflicht

Als Hauptbeleg für diese Deutung gilt Himmlers Rede auf der Gruppenführertagung in Posen vom 4. Oktober 1943[252].
In einem Abschnitt dieser Rede, der sich mit den «Tugenden des SS-Mannes» befaßt, heißt es:

> «Eines sei hier die Richtlinie: Sollte im Bereich Ihres Gesichtskreises jemals einer dem Führer oder dem Reich untreu sein, und sei es nur in Gedanken, so haben Sie dafür zu sorgen, daß dieser Mann aus dem Orden kommt, und wir werden dafür sorgen, daß er aus dem Leben kommt. Denn alles, das habe ich bereits einmal ausgesprochen und wiederhole es heute, alles kann verziehen werden auf dieser Welt, aber eines kann unter uns Germanen nicht verziehen werden: das ist die Untreue.»[253]

Aus dieser Stelle ist gelegentlich der Schluß gezogen worden, daß Befehlsverweigerer aus der SS ausgestoßen und «liquidiert» wurden. Diese Deutung läßt jedoch außer acht, was die SS-Ideologie unter Untreue verstand. Gerade das Beispiel, das Himmler unmittelbar anschließend brachte, die Äußerung nämlich, daß sich Fälle wie der Fall Badoglio in Italien niemals wiederholen dürften und sich in Deutschland auch nicht ereignen würden[254], zeigt völlig einwandfrei, daß es um den Fall des Verrats ging, nicht aber um die Ablehnung von Vernichtungsbefehlen[255].
Problematischer ist eine andere Stelle der Rede, die sich mit dem Gehorsam beschäftigt. Sie lautet:

> «Wenn also einer glaubt, er könne die Befolgung eines Befehls nicht verantworten, dann hat er das ehrlich zu melden: Ich kann es nicht verantworten, ich bitte, mich davon zu entbinden. Dann wird wohl in den meisten Fällen der Befehl kommen: Sie haben das doch durchzuführen. Oder man denkt: Der ist mit den Nerven fertig, der ist schwach. Dann kann man sagen: Gut, gehen Sie in Pension.»[256]

Wenn diese Passage für die Deutung des Verweigerungsproblems

[252] IMT Bd. XXIX, S. 110 ff. = Dok. PS-1919.
[253] A. a. O., S. 149.
[254] A. a. O., S. 150.
[255] In diesem Sinne auch: Buchheim, An. I, S. 349.
[256] Himmler-Rede, a. a. O., S. 150 f.

auch nicht völlig wertlos ist[257], so ist sie doch jedenfalls schillernd und mehrdeutig. Zweifellos richtete sich die Aufforderung, Bedenken gegen einen Befehl «mannhaft und wahrhaft vorzutragen», in erster Linie an die Angehörigen des Gruppenführer-Korps, vor denen Himmler sprach, wie überhaupt an die «höheren Würdenträger in Staat, Partei und Wehrmacht», während Himmler über den «kleinen Mann» sagte: «Gehorcht er nicht, so wird er eingesperrt»[258]. Immerhin läßt die Rede deutlich werden, daß die Berufung auf Gewissensgründe nicht von vornherein aussichtslos war[259]. Da es sich dabei um ein prinzipielles Werturteil handelt, wird man auch nicht ohne weiteres davon ausgehen können, daß es auf allerhöchste Führer begrenzt war. Nicht zuzustimmen ist Buchheims Auffassung darin, daß mit der zitierten Äußerung nur der militärische Einsatz gemeint gewesen sei[260]. Obwohl Himmler ganz allgemein vom Gehorsam «im soldatischen Leben» sprach, kann bei der umfassenden Bedeutung, die das Regime dem Begriff des «Soldatischen» beilegte, doch kein Zweifel daran bestehen, daß das von Himmler kurz vorher «in aller Offenheit» erwähnte «schwere Kapitel» der Judenausrottung[261] ebenfalls gemeint war, zumal es ja gerade hier um die Entbindung von Befehlen ging, die der einzelne nicht verantworten zu können glaubte. Man wird aus dieser Äußerung deshalb herleiten können, daß die Führung «loyalen» Formen des Widerspruchs nicht völlig verständnislos gegenüberstand.

Das geht auch aus Äußerungen hervor, die Heydrich kurz vor Beginn des Rußlandkrieges und der gleichzeitig beginnenden Verbrechen der Einsatzgruppen bei einer Besprechung höherer SS- und Gestapoführer machte. Heydrich erklärte, daß in der kommenden Zeit sehr harte Befehle zu erwarten seien; wer glaube, aus menschlichen oder weltanschaulichen Gründen nicht mitmachen zu können, möge das sagen und werde dann anders eingesetzt. Daraufhin hat sich – nach Zeugenaussagen – eine größere Anzahl von Angehörigen des Reichssicherheitshauptamtes zur anderweitigen Verwendung gemeldet[262].

257 Dieser Meinung ist Buchheim, da sich die zitierte Stelle nur auf SS-Führer im Generalsrang und auf den militärischen Einsatz beziehe. Vgl. a. a. O., S. 352 f.

258 A. a. O., S. 150.

259 Nach Buchheims Meinung war sogar die Berufung auf subjektiv religiöse Gründe nicht aussichtslos. Vgl. a. a. O., S. 252.

260 Vgl. Anm. 257.

261 Himmler-Rede, a. a. O., S. 145 ff.

262 SchwG Ulm Ks 2/57 und SchwG Koblenz 9 Ks 1/61.

b) Der Belastungsaspekt

Andere Äußerungen und Dokumente lassen erkennen, daß die Beteiligung an Massenvernichtungen als extreme Belastungssituation betrachtet wurde, bei der nicht ohne weiteres erwartet werden konnte, daß jeder ihr psychisch und physisch gewachsen war. Gerade aus dieser Perspektive mußte die Weigerung, an Exekutionen teilzunehmen, vor allem als psychologisches, wenn nicht sogar medizinisches Phänomen erscheinen, auf das nicht mit drastischen Strafen, sondern mit geeigneten Maßnahmen zu reagieren war. Bereits bei der Ermordung der polnischen Intelligenz bezeichnete Generalgouverneur Hans Frank die Durchführung der Exekution als eine «furchtbare Aufgabe» und forderte, auf die «physische Situation» der mit solchen Exekutionen betrauten Männer Rücksicht zu nehmen [263].

Auch spricht ein Tätigkeits- und Lagebericht der Einsatzgruppen [264] im Zusammenhang mit dem «Gesundheitszustand» der Einsatzgruppenangehörigen von den «seelischen Höchstanstrengungen», die von den Exekutionsteilnehmern bei der großen Anzahl der Liquidierungen verlangt wurden. Über den Führer der Einsatzgruppe C, Dr. Thomas, ist bekannt, daß er sich mit den psychischen Auswirkungen der Aktionen beschäftigte und die Auffassung vertrat, «daß man zu dieser äußerst heiklen und mit ungeheuren seelischen Konflikten verbundenen Aufgabe keinen Mann zwingen dürfe» [265]. Allerdings gingen die Auffassungen hierin weit auseinander.

Ein SS-Hauptsturmführer, der dem Stabe der Einsatzgruppe A angehörte, schilderte bei seiner Vernehmung durch die Staatsanwaltschaft, daß er 1941 in Berlin von dem Bestehen jenes Befehles erfahren habe, «der regelte, was zu geschehen habe, wenn Angehörige der Einsatzgruppen und der Einsatzkommandos die Befehle im Zusammenhang mit Judenexekutionen verweigerten. Danach sollte derjenige in die Heimat zurückversetzt bzw. zur Waffen-SS komman-

263 Vgl. Buchheim, a. a. O., S. 272 f.

264 Bericht vom 31. 7. 1941. Arch. d. Ausw. Amtes.

265 StA Ulm Ks 2/57. Vgl. außerdem noch die Aussage Ohlendorfs im Nürnberger Einsatzgruppenprozeß: «Ich glaube, ich habe in zweieinhalb Jahren genügend Möglichkeit gehabt, zu zeigen, wieviel Männer aus meiner Gruppe innerlich mit diesen Vorgängen nicht fertig geworden sind. Ich habe Exekutionskommandos verboten und wieder andere in die Heimat zurückgeschickt.» Siehe: Fall IX, S. 111, sowie Kempner, SS im Kreuzverhör, S. 82.

diert werden, der vortrug, daß er die Beteiligung an Judenexekutionen aus Gewissensgründen oder deswegen ablehnen müsse, weil er den seelischen Belastungen nicht gewachsen sei.» Nach Meinung dieses Zeugen war der Befehl entweder eine interne Dienstanweisung für die Einsatzgruppen- und Einsatzkommandoführer oder aber eine Anordnung, über die die Exekutionsteilnehmer zu belehren waren. Die zweite Möglichkeit hielt er allerdings – und wohl mit Recht – für zweifelhaft, denn eine Bekanntmachung wäre mit dem Risiko verbunden gewesen, daß – nach den Worten des Zeugen – «ein großer Teil der Leute ausgefallen wäre». Immerhin scheint den Teilnehmern des Lehrgangs in Pretzsch im Frühjahr 1941, der der Vorbereitung der Einsatzgruppen auf ihre späteren Aufgaben diente, gesagt worden zu sein, daß derjenige, der den seelischen Strapazen nicht glaube standhalten zu können, das später sofort melden könne[266].

Bei der Bewertung des Belastungsaspekts wird man davon ausgehen müssen, daß er zwar ein Indiz für die objektive Situation des Befehlsempfängers ist, über die subjektive Situation jedoch im allgemeinen nur wenig aussagt, da die Bedeutung, die er für die SS-Führung hatte, den meisten Einsatzgruppenangehörigen – von höheren Funktionären und «alten Kämpfern» abgesehen – kaum erkennbar gewesen sein dürfte.

266 StA Hamburg 141 Js 534/60 (Zeugenaussagen).

5. Nachträgliche Deutungen

Eine weitere Erkenntnisquelle bilden Äußerungen ehemaliger SS- und Polizeiangehöriger, vor allem ehemaliger SS-Führer, die zum Problemkreis des Befehlsnotstands vernommen worden sind oder in Nachkriegspublikationen zur Situation des Befehlsempfängers Stellung genommen haben. Bemerkenswert an ihnen ist, daß die Möglichkeit, sich verbrecherischen Befehlen zu entziehen, keineswegs einheitlich negativ beurteilt wird und die Meinungen über das Risiko einer Weigerung ganz unterschiedlich sind.

Dabei ist allerdings zu berücksichtigen, daß der Beweiswert solcher nachträglichen Deutungen nicht unproblematisch ist. Einmal sind es eben doch nur sehr wenige Funktionäre, die befragt worden sind oder deren Stellungnahmen protokolliert vorliegen. Viele dieser Aussagen sind in ausgesprochenen Defensivsituationen zustande gekommen, etwa wenn es sich um Vernehmungen von Beschuldigten handelt. Andererseits gibt es aber auch Äußerungen, in denen ein Bemühen um Objektivität spürbar ist und bei denen die Gefahr tendenziöser Zweck- und Schutzbehauptungen schon deshalb geringer ist, weil es sich um Personen handelt, die ihre Strafe bereits verbüßt haben, vorzeitig entlassen worden oder aber durch die Regelungen des Überleitungsvertrages der weiteren Strafverfolgung entzogen sind. Schließlich ist auch die Qualität der Aussagen, d.h. ihre sachliche Fundierung, unterschiedlich. So gab es Zeugen, die nur vage darüber berichten konnten, was sie zur Zeit des Nationalsozialismus über die möglichen Gefährdungen gehört oder gedacht haben [267], während anderen Beurteilungen – z.B. manchen Aussagen von früheren SS-Richtern oder SS-Führern in entscheidenden Positionen – ein reichhaltiges Erfahrungswissen und eine genaue Kenntnis der internen Verhältnisse innerhalb des totalitären Apparates zugrunde lag.

267 Z. B. die Aussagen des ehemaligen Staatssekretärs Globke. Vgl. Langbein, Im Namen des deutschen Volkes, S. 57.

a) Die Gefährlichkeitsthese

Eine erste Gruppe von Äußerungen, wie sie vor allem von Beschuldigten, aber auch von ehemaligen Funktionären, die als Zeugen auftraten, immer wieder zu hören waren, geht davon aus, daß derjenige, der sich befohlenen Aktionen zu entziehen versuchte, sein Leben riskierte, mindestens aber mit der Einweisung in ein Konzentrationslager oder einen «verlorenen Haufen» (ein Strafbataillon) rechnen mußte.

Diese Deutung bezieht sich entweder auf das nationalsozialistische System schlechthin oder aber – häufiger noch – auf die Befehlsverhältnisse in einer bestimmten Einheit, die von einem besonders «scharfen» Vorgesetzten geführt wurde. Als besonders scharf werden z.B. häufiger der Höhere SS- und Polizeiführer Jeckeln und der Führer der Einsatzgruppe A Stahlecker geschildert, obwohl gerade bei diesen beiden SS-Führern die Aussagen über ihre Persönlichkeit sehr unterschiedlich sind[268]. Zu den nur auf eine konkrete Befehlssituation bezogenen Deutungen gehört z.B. folgende Aussage, die ein ehemaliger Einsatzkommandoführer als Zeuge in einem Prozeß in Koblenz machte: «Bei der bekannten Härte Stahleckers wäre eine Befehlsverweigerung mit Sicherheit durch Anklage vor einem Kriegsgericht oder Abkommandierung zu einem ‹verlorenen Haufen› (Strafbataillon) geahndet worden.» Er fügte allerdings hinzu, ein Fall von Befehlsverweigerung sei ihm nicht bekanntgeworden[269].

Ein anderer hoher Funktionär sagte aus, Befehlsverweigerung habe damals als Selbstvernichtung gegolten; über die konkreten Folgen einer solchen Verweigerung konnte er jedoch keine Angaben ma-

268 Stahlecker wurde z. B. von Zeugen als «harter, rücksichtsloser und sehr ehrgeiziger Vorgesetzter», dann aber auch wieder als ein Mann geschildert, der die «Endlösung in seinem Innersten abgelehnt» habe. So: Feststellungen des SchwG Koblenz 9 Ks 1/61. In dem zuletzt genannten Sinne auch die Aussagen Eichmanns während seines Polizeiverhörs in Israel (nach den Protokollen). Bezüglich Jeckelns sind die Aussagen ähnlich zwiespältig. Während er von vielen als scharfer Vorgesetzter geschildert wird, der «selbstherrlich und eigenmächtig» war und sich als «kleiner Herrgott» fühlte, wird von Zeugen doch gelegentlich eingeräumt, «daß er bei einem entsprechenden Auftreten mit sich reden ließ» (Aussage StA Hamburg 141 Js 534/60) und vor einer Exekution seinen Untergebenen zu verstehen gab, daß er «es niemand von uns übel nimmt, wenn er sich nicht meldet, weil es eine sehr unangenehme Sache sei» (Aussage, a. a. O.).

269 SchwG Koblenz 9 Ks 1/61.

chen[270]. Wiederum andere Zeugen erklärten, Befehlsverweigerer hätten mit ihrer Verurteilung zum Tode durch ein SS- und Polizeigericht rechnen müssen, ohne aber einen Fall zu kennen, in dem das geschehen war[271], oder sie meinten, «Liquidierungen auf kaltem Wege» seien zwar möglich gewesen, jedoch nicht zu beweisen[272]. Diese Äußerungen sind insofern charakteristisch, als sie übereinstimmend den Glauben an eine Gefahrenlage bekunden, zu deren Glaubhaftmachung jedoch im allgemeinen nichts beitragen. Soweit Einzelfälle erwähnt wurden, handelte es sich entweder um ganz vage Behauptungen oder aber um jene Fälle, die schon in der Kasuistik aufgeführt worden sind. Im wesentlichen also haben wir es mit der Behauptung eines subjektiven Befehlsnotstands zu tun, der damit begründet wird, daß Vorgesetzte mit drastischen Maßnahmen gedroht, auf das Kriegsrecht hingewiesen oder aber die bedingungslose Befolgung von Führerbefehlen verlangt hätten. Solche Situationen haben in den Einsatzkommandoprozessen häufiger eine Rolle gespielt; sie waren vor allem dann genauer nachweisbar, wenn solche scharfen Vorgesetzten selbst auf der Anklagebank saßen. Verschiedentlich wurde allerdings auch die Tatsache, daß Vorgesetzte gefallen oder verstorben waren, dazu benutzt, sie nachträglich als besonders gefährliche Befehlshaber darzustellen. Nicht selten haben sich auch solche Befehlsempfänger auf die Bedrohlichkeit der Situation berufen, die nach dem gesamten Verhaltensbild als Initiativtäter betrachtet werden müssen, z.B. selbst besonders harte Vorgesetzte waren, und schon deshalb nicht als Konflikttäter in einer Notstandslage angesehen werden können.

b) Differenzierende Äußerungen

Andere Aussagen bemühen sich um Differenzierung. Ein bereits im Nürnberger Einsatzgruppenprozeß abgeurteilter Einsatzkommandoführer meinte beispielsweise, die Frage, ob man auch während des Krieges einem Befehl des Reichssicherheitshauptamtes Widerstand entgegensetzen konnte, indem man auf seine Unrechtmäßigkeit hin-

270 SchwG Freiburg I AK 1/62, II AK 18/63, Schw. AK 3/63.
271 SchwG Berlin vgl. Anm. 205.
272 Vgl. Anm. 270.

wies, sei nicht generell zu beantworten; die Reaktion sei von der Art des Vorgesetzten, der Dringlichkeit wie überhaupt der ganzen Situation abhängig gewesen. Er erwähnte dann einen Fall, in dem er selbst mit Erfolg die Nichtausführung eines Befehls erreicht habe[273].

Ein Obersturmführer, der als Adjutant der Einsatzgruppe D angehörte, erinnerte sich, «daß innerhalb der Einsatzgruppe D wiederholt Leute die Teilnahme an Erschießungsaktionen abgelehnt haben, weil sie dazu nicht imstande waren, oder daß Kommandoführer selbst bei der Gruppe gemeldet haben, daß einzelne Leute für die Durchführung solcher Aufgaben unbrauchbar und daher abzulösen seien». Der Einsatzgruppenführer Ohlendorf habe dafür Verständnis gehabt und für die Ablösung gesorgt, indem er das Freistellungsgesuch nicht als Befehlsverweigerung darstellte, sondern anders motivierte. Andererseits bestand für diesen Zeugen kein Zweifel daran, daß sonst ein Todesurteil gesprochen worden wäre[274].

Einem SD-Sachbearbeiter der Einsatzgruppe C gelang es durch gute Beziehungen, versetzt zu werden, da «selbstverständlich ein offenes Ablehnen der Befehle bei Gefahr für Leib und Leben nicht möglich war»[275].

Auch Eichmann konzedierte jedenfalls die Möglichkeit der Befehlsumgehung, indem er sagte: «Heimlich davonstehlen konnte sich ja der einzelne. Ich habe aber nicht zu denen gehört, die es für zulässig hielten.» Das Problem lag für ihn also – nach seiner eigenen Darstellung – nicht so sehr auf dem Gebiet des Zwangs als der Pflicht zur Befolgung von Befehlen[276].

c) Gruppenbindungen

In engem Zusammenhang mit diesem Standpunkt steht eine dritte Gruppe von Äußerungen, in denen das reine Gefahrenmoment noch mehr in den Hintergrund tritt, dafür aber die innere Bindung an das System und die sich daraus ergebenden Verpflichtungen und Vor-

273 StA Ulm Ks 2/57.
274 StA München I, 1a Js 1522/58. Siehe dazu auch die Anm. 265 erwähnte Aussage Ohlendorf.
275 StA Ulm Ks 2/57.
276 Zitiert nach Hannah Arendt, Eichmann in Jerusalem. S. 126.

teile betont werden. Das gilt z.B. für die Bemerkung von Höß, er habe nicht den Mut aufgebracht zu erklären, daß er für den Dienst in einem Konzentrationslager nicht geeignet sei; denn: «mein Eingeständnis, daß ich für den Dienst der SS zu weich wäre, hätte unweigerlich meinen Ausschluß, zumindest schlichten Abschied nach sich gezogen. Und das brachte ich nicht übers Herz.» [277] Aus anderen Aussagen geht hervor, daß die Befürchtung entscheidend war, einem SS-Mann, der Zeichen von Weichheit erkennen ließ, könnte die «Führungsqualifikation» abgesprochen werden [278], oder er könnte «in ein schlechtes Licht kommen» [279].

Ein SS-Scharführer erklärte bei seiner Vernehmung, daß er befürchtet habe, als «Schlappschwanz» angesehen zu werden, und fügte hinzu, er habe die Befehle nicht etwa deshalb ausgeführt, weil er Angst gehabt habe, sonst mit dem Tode bestraft zu werden. Wörtlich heißt es in der Aussage:

> «Ich hatte eigentlich nicht daran gedacht, daß L. (sein Vorgesetzter [280]), falls ich um Befreiung von der Teilnahme an Exekutionen bitten würde, mich deshalb dem SS- und Polizeigericht melden würde, denn eine strafbare Handlung hätte ich nicht begangen; wohl aber hätte er mich vielleicht gemeldet, damit ich von der Dienststelle wegkäme. Ich glaubte, daß ich nichts sagen dürfte, weil ich nicht in ein schlechtes Licht geraten wollte, und ging davon aus, daß ich bei ihm unten durch sei und meine Beförderung gefährdet oder überhaupt ausgeschlossen wäre. So dachte ich damals, und darum sagte ich nichts zu L.» [281]

d) Möglichkeiten der Weigerung

Die Möglichkeit, daß man sich Befehlen entziehen konnte, bildet den Tenor einer vierten Meinungsgruppe.

Der anläßlich des Eichmann-Prozesses vernommene SS-Brigadeführer Professor Six sagte aus:

277 Autobiographie, S. 69.
278 Aussage eines Einsatzgruppenangehörigen: StA Hamburg 141 Js 534/60.
279 StA Darmstadt 2 Js 857/63.
280 Zusatz des Verfassers.
281 Vgl. Anm. 279.

«Man konnte es während des Krieges zumindest versuchen, von einer Einsatzgruppe wegversetzt zu werden. Ich selbst habe es mit Erfolg versucht. Es war auch in einigen anderen Fällen möglich, die in Nürnberg erörtert wurden ... Es hat sicher Fälle gegeben, bei denen die Wegversetzung von einer Einsatzgruppe Nachteile mit sich brachte. Ich kann mich aber an einzelne Fälle jetzt nicht erinnern. Auf jeden Fall wurde niemand deshalb erschossen, soweit mir bekannt ist. Es bestand auch die Möglichkeit, sich vom Reichssicherheitshauptamt aus zur Front zu melden oder für einen anderen Bereich freigegeben zu werden ... Es sind mir Fälle bekannt, in denen SD-Führer auf eigenen Antrag vom Reichssicherheitshauptamt für andere Tätigkeiten freigegeben wurden.» [282]

Ein Obersturmbannführer sagte bereits im Nürnberger Einsatzgruppenprozeß 1947/48 aus, der Chef der Einsatzgruppe B habe erklärt, daß alle, die den Führerbefehl nicht mit ihrem Gewissen vereinbaren könnten, d.h. Leute, die zu weich seien, nach Deutschland zurückgesandt oder mit anderen Aufgaben betraut würden und daß er auch in Wirklichkeit eine Anzahl von Leuten ins Reich zurückgeschickt habe[283]. Bereits vor Beginn des Rußlandkrieges, aber nach Ankündigung der besonderen Aufgaben der Einsatzgruppen, hatten sich nach späteren Aussagen desselben Zeugen Angehörige des Reichssicherheitshauptamtes mit Erfolg zur anderweitigen Verwendung gemeldet[284]. Und vor der Kriminalpolizei erklärte er: Die Ablehnung der Erschießung sei von der Mentalität des einzelnen Einsatzgruppen-Befehlshabers abhängig gewesen. Ihm sei kein Fall bekannt, daß außer Beförderungssperre oder Strafversetzung einmal ein Kommandoführer, der um seine Ablösung gebeten habe, in ein KZ eingewiesen oder zum Tode verurteilt worden sei. Nach seiner Meinung gilt das auch für die niederen Dienstgrade, die allerdings bei dem damaligen autoritären Regime zumeist gar nicht auf den Gedanken gekommen seien, ihrem inneren Konflikt Ausdruck zu verleihen. Wörtlich: «Nach meinen Erfahrungen war in dieser Angelegenheit ein objektiver Befehlsnotstand bei den niedrigeren Dienstgraden nicht gegeben, wohl aber ein subjektiver.» [285]

282 AG Tettnang I ARs 180/61 in der Strafsache Eichmann. Siehe auch: Kempner, a. a. O., S. 284 f.
283 Vgl. Kempner, a. a. O., S. 282.
284 SchwG Koblenz 9 Ks 1/61.
285 StA Ulm Ks 2/57.

Ein Höherer SS- und Polizeiführer, Waffen-SS-General von dem Bach-Zelewski, erklärte auf die Frage nach der Möglichkeit, illegale Befehle zu beanstanden:

> «Formell bestand die Möglichkeit, daß der Höhere SS- und Polizeiführer in einem solchen Fall die Entscheidung Himmlers direkt einholen konnte. Ob er im Einzelfall davon Gebrauch machte, hing von seiner Courage ab. Dabei ging es nach meiner Meinung nicht um Tod oder Leben, sondern um die Frage der Karriere ... Die Möglichkeit, sich einem Auftrag durch ein Gesuch zu entziehen, war gegeben. Es mußte zwar im Einzelfall mit einer gewissen Maßregelung gerechnet werden. Eine Lebensgefahr war aber damit keineswegs verbunden.» [286]

In einer anderen Vernehmung erwähnt er auch die Möglichkeit der Frontversetzung und einer «gewissen Ungnade» bei den Vorgesetzten, etwa im Hinblick auf Beförderungen[287].

Diese Äußerungen sind natürlich aus der Perspektive des hohen Funktionärs gesehen; sie können daher nur zur Kennzeichnung der objektiven Gefahrenlage dienen, während sie nur wenig geeignet sind, die subjektive Situation untergeordneter Befehlsempfänger zu beleuchten.

In anderen Aussagen werden als wahrscheinliche Folgen einer Bitte um Freistellung oder Ablösung Heimat- oder Frontversetzung genannt[288]. Speziell zur Frontmeldung ist gelegentlich die Auffassung vertreten worden, daß sie jederzeit möglich, ja sogar erwünscht gewesen sei. Ein Zeuge, der zur Gestapo gehört hatte, erwähnte einen Erlaß des Reichsführers SS, in dem die leitenden Stellen um Unterstützung solcher Frontbewerbungen ersucht und ihnen geraten wurde, die Bewerber auf die SS-Divisionen hinzuweisen, bei denen sie besondere Vorteile in der Beförderung haben würden[289].

Erwähnenswert sind außerdem die Äußerungen von drei zum Befehlsnotstand vernommenen SS-Richtern. Einer von ihnen meinte: Wenn ein Befehlsempfänger

> «es geschickt verstanden hätte, darzulegen, daß er sich körperlich oder seelisch nicht in der Lage fühle, solche Erschießungen durchzuführen, so wäre ihm sicherlich nicht viel passiert. Man hätte

286 Kempner, a. a. O., S. 281.
287 StA Frankfurt/M. 4 Js. 1031/61.
288 ZStL (z. B. Aussage Schellenberg).
289 StA Ulm Ks 2/57.

ihn von einem solchen Posten abgelöst und durch andere geeignete Männer ersetzt. Nur in einem Falle wäre sicher der Mann erschossen worden, nämlich dann, wenn er etwa erklärt hätte, er könnte solche Erschießungen auf Grund seiner Sympathien für die Juden oder auf Grund seiner Gegnerschaft zur SS nicht durchführen. Mir sind derartige Fälle niemals bekanntgeworden.» [290]

Ein Untersuchungsführer und Gerichtsoffizier äußerte:

«Es läßt sich heute schwer sagen, was aus einem Mann geworden wäre, der tatsächlich sich ernstlich geweigert hätte, einem Befehl, Juden bzw. andere Zivilisten zu erschießen, nachzukommen. Es wird auf den Einzelfall ankommen, insbesondere darauf, wie die jeweiligen Vorgesetzten eingestellt waren.»

Aber auch dieser Zeuge glaubte nicht,

«daß ein Mann erschossen worden wäre, der in gehöriger Form gebeten hätte, ihn von derartigen Exekutionen zu befreien, weil er sich einfach nicht in der Lage fühle, einen derartigen Befehl auszuführen» [291].

Ein SS-Richter, der ebenfalls über das Verweigerungsrisiko befragt wurde, hielt es für ausgeschlossen, «daß ein solcher Mann kurzerhand erschossen worden wäre», sondern hielt die Versetzung für die wahrscheinlichste Folge [292].

Speziell zur Möglichkeit einer KZ-Einweisung befragt, meinte ein Sturmscharführer der Dienststelle des Kommandeurs der Sicherheitspolizei und des SD in Kiew: «Ich halte auch die Drohung mit der Einweisung ins KZ für übertrieben. Die Einweisung ins KZ hat über uns niemals geschwebt. Als Drohung wurde lediglich das SS- und Polizeigericht mit Bestrafung und Abstellung zur Frontbewährung benutzt.» [293]

Insgesamt also wird durch diese Aussagen die These vom objektiven Befehlsnotstand eher abgebaut, während sich in bezug auf die subjektiven Straferwartungen ein breiteres Meinungsspektrum ergibt.

290 LG Bielefeld VU 7/60.
291 A. a. O.
292 A. a. O.
293 StA Hamburg 141 Js 1516/62.

6. Der disziplinäre Aspekt

Gelegentlich wird noch die gerade für die Beurteilung der subjektiven Situation des Befehlsempfängers bedeutsame Frage nach den innerorganisatorischen, insbesondere disziplinären Verhältnissen in SS und Polizei diskutiert. Hier herrscht vielfach die Vorstellung, daß dem «Terror nach außen», d.h. der Verfolgung und Vernichtung politischer Gegner und rassischer Minoritäten, ein Rigorismus des Regimes in den eigenen Reihen, also ein «Terror nach innen«, entsprochen habe. Die Richtigkeit dieser Deutung, die gewissermaßen die Träger des Terrors gleichzeitig zu seinen Opfern macht, wird sowohl von der historischen Forschung wie von den Ermittlungsbehörden bezweifelt. So hält es z.B. Buchheim für «völlig unbegründet, aus der Tatsache, daß die SS gegenüber anderen mit Willkür und Härte verfuhr, den Schluß zu ziehen, daß sie in gleicher Weise sich auch gegenüber ihren eigenen Leuten verhalten habe und daß auch die SS-Angehörigen selbst in ständiger Furcht hätten leben müssen»[294].

a) Die Ungehorsamsdelinquenz in SS und Polizei

Aufschlußreich ist in diesem Zusammenhang, daß Ungehorsam in den SS- und Polizeiverbänden ein ziemlich häufiges Delikt war, das – wie schon an anderer Stelle gezeigt worden ist[295] – keineswegs mit extrem harten Strafen bekämpft wurde. So hatte sich die SS- und Polizeigerichtsbarkeit 1939/40 in reichlich 10%, 1941 in 10% und 1942 in 9% aller Fälle mit Ungehorsamsdelikten zu befassen; speziell im Bereich der Ordnungs- und Sicherheitspolizei lag der Anteil 1942 sogar bei 17,56% und 1943 bei 19,75%[296].
Bemerkenswerter ist noch, daß in einem System mit einer so ausgesprochen rassistischen Ideologie das Verbot des Geschlechtsverkehrs mit «andersrassiger Bevölkerung» offenbar allenthalben über-

294 An. I, S. 361.
295 Vgl. oben S. 123 ff.
296 Mitteilungen über die SS- und Polizeigerichtsbarkeit. Am. Dok. Mat. Film III Bild 1087 ff. ZStL. Archiv IfZ 1375/54.

treten wurde. Aus dem Protokoll einer Richtertagung vom 7. Mai 1943 geht hervor, daß gegen das Verbot «sehr häufig», nach Meinung eines Tagungsteilnehmers sogar von 50% sämtlicher SS- und Polizeiangehöriger verstoßen wurde[297]. Ebenso wirkungslos blieben auch Himmlers Versuche, Eigentumskriminalität und übermäßigen Alkoholgenuß innerhalb der SS und Polizei durch scharfe Strafandrohungen einzudämmen[298]. Bereits bei der Untersuchung der ungedeckten Terrorakte haben wir gesehen, mit welcher Selbstverständlichkeit vielfach bestehende Vorschriften – z. B. Befehle gegen eigenmächtige Judentötungen oder Anordnungen über den Vollzug von Lagerstrafen – übertreten wurden[299]. Viele Befehle blieben also weitgehend ineffektiv. Insgesamt ergibt sich bei der näheren Untersuchung der disziplinären Verhältnisse daher nicht der Eindruck, daß der generalpräventive Druck dienstlicher Befehle und die Furcht vor terroristischen Strafen ganz allgemein extrem groß gewesen sein kann.

b) Der bedingungslose Gehorsam

Obwohl in den SS- und Polizeiverbänden das Prinzip des bedingungslosen Gehorsams herrschte und dauernd proklamiert wurde, wird man die tatsächliche Befehlssituation doch nicht nur an offiziellen Idealforderungen messen dürfen, sondern auch die Relativierungen sehen müssen, denen der Grundsatz ausgesetzt war.

Dabei kommt allerdings der rechtlichen Relativierung wohl nur eine untergeordnete Bedeutung zu. Immerhin existieren dokumentarische Belege, aus denen sich ergibt, daß es auch nach den damaligen Anschauungen Beschränkungen der Gehorsamspflicht gab, die mindestens dem höheren Funktionärstum bekannt gewesen sein müssen. So ist in den «Mitteilungen über die SS- und Polizeigerichtsbarkeit», deren Verteilung bis zu den Einheitsführern (Kompanieführern) erfolgte und die auch den Zugführern und Führungsanwärtern zur Kenntnis gelangten[300], wiederholt – z. B. in einer 1941 er-

297 Vorgänge des SS-Richters beim Reichsführer SS. Bundesarchiv NS 7/G3.
298 Vgl. Anm. 296.
299 Siehe oben S. 25 f.
300 Mitteilungen über die SS- und Polizeigerichtsbarkeit, Bd. I, Heft 1. Am. Dok. Mat. Film III Bild 1092/1106. ZStL.

schienenen «Pflichtenlehre» [301] und einer 1943 veröffentlichten Unterweisung für den Dienstunterricht [302] – darauf hingewiesen worden, daß zwar auch rechtswidrige Befehle zu befolgen seien («Beschwerdemöglichkeit hinterher»), jedoch Befehle, die ein Verbrechen bezweckten, nicht ausgeführt werden dürften. Seraphim hat allerdings bezweifelt, daß diese Mitteilungen auch bei den Vernichtungseinheiten in Umlauf gesetzt worden sind, da sonst die Durchführung der erteilten Befehle in Frage gestellt worden wäre [303]. Gravierender ist wohl der Einwand, daß bei der in der SS herrschenden Mentalität der von der Führung erteilte Vernichtungsbefehl wohl kaum als einer jener vom Militärstrafrecht gemeinten Befehle betrachtet wurde, die ein Verbrechen bezweckten und daher nicht befolgt zu werden brauchten [304].

Aber auch in der Wirklichkeit des Alltags stand dem Prinzip des absoluten Gehorsams eine durch Kameraderie gemilderte Praxis gegenüber. Jedenfalls wird man nicht von der «unzutreffenden Vorstellung» ausgehen dürfen, «als habe in den SS-Kommandos, den Dienststellen der Gestapo, den Einsatzgruppen und den Konzentrationslagern zwischen den dort tätigen Männern keine andere Verbindung bestanden als ein nahezu anonymes striktes Befehls-Gehorsams-Verhältnis» [305]. Das geht nicht nur aus manchen in der Fallsammlung erwähnten Situationen hervor, sondern wird gelegentlich auch in den Erinnerungen ehemaliger SS-Angehöriger betont. Im Unterschied zu den Heeresverbänden scheinen hierarchische Rangordnungen und militärische Formen in der SS eine spürbar geringere Rolle gespielt zu haben [306], ja in manchen Bereichen – z.B. im Vernichtungslager Treblinka – zugunsten «halb ziviler» Umgangsformen nahezu völlig abgebaut worden zu sein [307].

Man wird dies zwar gewiß nicht beliebig verallgemeinern, andererseits aber auch nicht für völligen Zufall halten dürfen. Denn einmal handelte es sich nicht einfach um zwangsrekrutierte Soldaten, sondern großenteils um ideologische Anhänger; zum anderen wurde die

301 A. a. O., Bd. I, Heft 5.
302 A. a. O., Bd. II, Heft 5.
303 Gutachten wie Anm. 215.
304 Ähnlich Buchheim, An. I, S. 347 f. Siehe zu diesem Problem schon oben S. 126 ff.
305 Buchheim, a. a. O., S. 350 f.
306 Vgl. etwa F. Steiner, Die Freiwilligen – Idee und Opfergang, 1958, S. 376.
307 Eigene Notizen aus dem Düsseldorfer Treblinka-Prozeß.

SS auch nach den offiziellen Anschauungen nicht einfach als Militärformation betrachtet, sondern als ein Eliteorden, in dem ein bestimmter exklusiver Ordensgeist entwickelt wurde[308]. Schon deshalb ist es höchst unwahrscheinlich, daß die interne Disziplin mit dem Terror nach außen in Analogie zu setzen ist. Nur wenn man diese sich aus dem Freund–Feind-Dualismus ergebenden Verhaltensunterschiede verkennt, könnte man z. B. erstaunt darüber sein, in einem zeitgeschichtlichen Gutachten zu lesen, daß Himmler – die Symbolfigur des kalten Terrors – «gegenüber seinen eigenen Leuten ja kein Berserker war, sondern sich eher betulich-fürsorglich zeigte»[309] und sich «in außerordentlichem Umfang um Einzelheiten und Kleinigkeiten gerade auch von menschlichem Belang in seinem Befehlsbereich gekümmert hat»[310].

c) Indizien eines Putativnotstands

Zwei konkrete, jedenfalls dem Befehlsempfänger gefährlich erscheinende Konstellationen sind nun aber zu erkennen. Zunächst können wir als sicher betrachten, daß sich die Bedrohung vergrößerte, wenn ein Befehlsempfänger – nach einer Formulierung Buchheims – «nicht oder noch nicht richtig ‹dazu› gehörte», etwa wenn er Rekrut war, als Einzelgänger oder Schwächling galt oder aus irgendeinem Grunde «unangenehm aufgefallen» war[311]. Auch nach Seraphims Meinung richtete sich die viel genannte Härte der SS nicht so sehr gegen die SS-Angehörigen selbst als gegen Außenstehende; die Gefahr war daher für einen «alten Kämpfer» geringer als für einen Neuling[312]. Außerdem kann eine Differenzierung in bezug auf die einzelnen Organisationen vorgenommen werden. Seraphim nimmt z. B. an, daß normalerweise jener Personenkreis, der nicht aus SS, Gestapo, SD usw. stammte, sondern – wie etwa Polizeireservisten und Notdienstverpflichtete – zu den Vernichtungseinheiten kam, ohne politisch im Sinne der SS-Weltanschauung «ausgerichtet» zu sein, an die

308 Siehe die schon erwähnte Himmler-Rede (Anm. 252).
309 Buchheim, a. a. O., S. 313.
310 A. a. O., S. 352.
311 A. a. O., S. 310.
312 Briefliche Mitteilung.

rücksichtslose Durchsetzung der Befehle glaubte und sie aus Angst befolgte[313]. Auch diese Annahme ist natürlich an die Voraussetzung geknüpft, daß eine Konfliktsituation bestand und sich keine Anhaltspunkte für Exzeß, Initiative und individuelle Motive ergeben haben.

Auch aus der Stellung innerhalb der Vernichtungsapparatur sind gelegentlich Schlüsse gezogen worden, etwa wenn die Ermittlungsbehörden davon ausgingen, daß sich bei nur ausführenden Funktionären ohne eigene Befehlsgewalt, die gleichsam «in Reih und Glied» mitgewirkt haben und ohne eigenes Zutun in eine solche Situation geraten waren, regelmäßig ein Putativnotstand nicht ausschließen lasse[314]. Die sich daraus ergebende restriktive Anklagepraxis ist allerdings nicht ohne Kritik geblieben[315].

Bedeutsam für die Situation des Befehlsempfängers war aber nicht nur seine eigene innerorganisatorische Stellung, sondern – wie schon erwähnt – auch die Persönlichkeit des Vorgesetzten. Selbst wenn die tatsächlichen Befugnisse eines Kommandeurs geringer waren, als es nach außen hin erkennbar war, konnten doch «wilde» Vorgesetzte einen erheblichen psychologischen Druck ausüben und ihre Untergebenen in zum Teil ausweglose Konfliktsituationen treiben, wie wir sie bereits an anderer Stelle zu schildern versucht haben[316]. Auch bei den Ermittlungen ist daher in jedem Einzelfall geprüft worden, «in welcher Situation sich der Beschuldigte zur Tatzeit befand, wer sein Vorgesetzter war sowie ob es sich um einen fanatischen Nationalsozialisten gehandelt hat, bei dem ernsthaft zu befürchten war, daß er sich notfalls mit Gewalt durchsetzen werde»[317].

Obwohl also ein subjektiver Notstand (Putativnotstand) nicht allgemein bestand, war er doch immerhin konstellativ möglich. Wie groß der Kreis der Putativnotstandstäter war, läßt sich nicht schätzen, da Fälle dieser Art oft gar nicht erst zur Anklage gekommen sind.

Vom Putativnotstand zu unterscheiden ist der psychologische Druck, dem viele Angehörige der Vernichtungseinheiten ausgesetzt waren.

313 A. a. O.

314 ZStL.

315 Vgl. dazu etwa: Baumann, Die strafrechtliche Problematik der nationalsozialistischen Gewaltverbrechen. In: Henkys, Die nationalsozialistischen Gewaltverbrechen, S. 269.

316 Vgl. oben S. 71 ff.

317 Schüle, in: Studien und Berichte, S. 85. Vgl. Anm. 78.

Dieser Druck ist aber psychologisch schwer zu interpretieren. Die Deutungen gehen über bloße Vermutungen, die sich allerdings manchmal auf eine gründliche wissenschaftliche oder kriminalistische Beschäftigung mit den nationalsozialistischen Verbrechen stützen können, nicht hinaus[318].

Soweit von historischer Seite Deutungen existieren, sehen sie in dem psychologischen Einfluß und Druck, der von außen auf die Befehlsempfänger ausgeübt wurde, ein Phänomen außerhalb des Notstandsbereichs. Das Moment der Indoktrination tritt z.B. in Seraphims Gutachten in den Vordergrund, in denen auf den kriminologischen Gesichtspunkt hingewiesen wird, daß die Verbrechen auf den ständigen Appell an Eigenliebe und Selbstheroisierung zurückführbar seien, da den Teilnehmern ständig suggeriert worden sei, daß sie als «Auslese» und «Elite», ja als «künftige Oberschicht» handelten[319].

Etwas anders sieht Buchheim den psychologischen Hintergrund des Gehorsams, wenn er ihn als «soziales Beharrungsvermögen» beschreibt, d.h. als das in den meisten Menschen vorhandene Bedürfnis, sich in ihrer Umwelt zu bewähren und deren fundamentalen Anschauungen und Verhaltensregeln zu entsprechen. Nicht der Mut, das Leben zu riskieren, sei nötig gewesen, wohl aber der Mut, sich in seiner sozialen Umwelt «unmöglich» zu machen[320]. Man könnte also geradezu von einer pervertierten Form des «konventionellen» Verhaltens unter den besonderen Bedingungen des Terrors sprechen.

318 Die psychologische Problematik der «autoritätsgebundenen Charaktere» (Adorno) soll im Zusammenhang mit dem Befehlsnotstand nicht erörtert werden. Siehe speziell zur Autoritätsabhängigkeit bei nationalsozialistischen Gewaltverbrechern: Horst-Eberhard Richter, Mörder aus Ordnungssinn. In: «Die Zeit» Nr. 29 (1963), S. 3.

319 Diese Überlegungen bereits in Seraphims Gutachten aus dem Jahre 1958. Vgl. Anm. 186.

320 A. a. O., S. 367 f.

7. Zusammenfassung

Die kriminologische Bedeutung des Befehlsnotstands war also, wie sich aus dem untersuchten Material ergibt, wesentlich geringer, als es oft angenommen wird; das schließt nicht aus, daß Befehlsempfänger vielfach einem starken psychologischen, jedoch nicht exkulpierenden Druck ausgesetzt waren.
Sicher ist zunächst, daß kein Zwang bestand, Exzeß- oder Initiativtaten zu begehen, und daß bereitwilliger Gehorsam in seinen verschiedenen Varianten einen Befehlsnotstand ausschloß. Das ganze Notstandsproblem ist also nur für den Bereich der Konfliktkriminalität von Bedeutung, der für ein bestimmtes von mir untersuchtes Fallmaterial auf 15 bis 20% geschätzt wurde[321]; es wird außerdem dadurch eingeengt, daß in einer nicht geringen Zahl von Fällen Befehlsempfänger schuldhaft in die Zwangslage gerieten, ihr nicht mit allen Mitteln zu entgehen versuchten oder aber sich schon geringerem Druck als einer Leibes- oder Lebensbedrohung beugten. Es ist deshalb auch nicht möglich, den Befehlsnotstand als kriminologischen Zentralbegriff anzusehen, von dem aus das Gesamtphänomen der nationalsozialistischen Massenkriminalität erklärbar wäre. Generelle Zusammenhänge zwischen Befehlsnotstand und totalitärer Herrschaft – etwa im Sinne eines allgemein für Befehlsempfänger bestehenden strafrechtlichen Notstands – lassen sich nicht herstellen.
Außerdem konnte bisher kein Fall nachgewiesen werden, in dem ein Befehlsempfänger wegen der Ablehnung oder Nichtausführung eines verbrecherischen Befehls Schaden an Leib oder Leben genommen hat. Dagegen sind in den Prozessen Fälle zur Sprache gekommen, in denen Funktionäre die Teilnahme an Vernichtungsaktionen verweigert oder sich ihnen auf andere Weise entzogen haben, ohne daß schwere Schädigungen die Folge waren. Die Untersuchung der institutionellen, ideologischen und disziplinären Situation des Befehlsempfängers bei Massenvernichtungen läßt erkennen, daß dieses Resultat kein Zufall sein kann, sondern daß eine Leibes- oder Lebensbedrohung des Befehlsempfängers, der dem Regime seine Mitwirkung versagte, wenig wahrscheinlich ist. Einige immer wieder behauptete Gefahren lassen sich sogar so gut wie sicher ausschließen,

321 Vgl. oben S. 78.

so insbesondere die SS- und polizeigerichtliche Verurteilung und die von ihr abhängigen Maßnahmen. Die Aussagen ehemaliger Beteiligter aus den Reihen der SS und Polizei sind uneinheitlich; soweit eine Gefährdung behauptet wird, fehlt es zumeist an konkreten Angaben, die die Behauptung stützen könnten. Auch die Zentrale Stelle in Ludwigsburg ist bei ihren Ermittlungen zu dem Ergebnis gelangt, daß eine Schädigung an Leib oder Leben als sichere oder doch höchstwahrscheinliche Folge der Nichtausführung eines verbrecherischen Befehls mindestens generell auszuschließen ist.

Eine größere, kriminalstatistisch nur schwer abzuschätzende Bedeutung muß dagegen dem subjektiven Befehlsnotstand (Putativnotstand) eingeräumt werden. Soweit sich feststellen ließ, sind wegen eines solchen vermeintlichen Notstands viele – zumeist untergeordnete – Befehlsempfänger nicht angeklagt und vor Gericht gestellt worden, weil es sich bei ihnen mindestens nicht ausschließen ließ, daß sie an eine Gefahr für Leib oder Leben geglaubt haben. Von dieser Möglichkeit ist allerdings oft reichlich großzügig Gebrauch gemacht worden[322].

Empirisch ist die Situation hier wesentlich ungünstiger als bei der Beurteilung der objektiven Gefahr, da der ganze psychologische Sachverhalt – die Vorstellungen, Motive und Befürchtungen des einzelnen Befehlsempfängers – nur auf unvollkommene Weise rekonstruierbar ist. Aussagen lassen sich jedoch über die Umweltbedingungen machen, von denen die subjektive Situation abhängig war. Als «Denkfehler» (Buchheim) muß vor allem die Identifizierung des «Terrors nach außen» und der allgemeinen Gefahr, die die SS verbreitete, mit den innerorganisatorischen Verhältnissen, d.h. einem internen disziplinären Rigorismus, betrachtet werden[323]. Außerdem lassen sich einige situative Faktoren bestimmen, die in manchen Fällen die Lage des Befehlsempfängers beeinflußt haben, z.B. seine

322 Höchst bedenklich ist beispielsweise, wenn bei umfangreichen und komplizierten Verbrechenskomplexen bereits die Hauptverhandlung wegen unwiderlegbaren Putativnotstands abgelehnt worden ist, obwohl erst eine gründliche Beweisaufnahme über die Tat- und Befehlssituation Klarheit schaffen kann. Siehe z.B. die Beschlüsse des LG München I – IV 58/63 – und des OLG München – Ws 383/64 – im Belzec-Komplex. Bemerkenswerterweise mußten sich mehrere Angeschuldigte dieses Verfahrens kurz darauf vor dem SchwG Hagen wegen ihrer Tätigkeit im Vernichtungslager Sobibor verantworten, obwohl sich die Befehlssituation in den beiden Vernichtungslagern offenbar kaum unterschied.

323 Buchheim, a.a.O., S. 361.

Stellung innerhalb der Einheit, der er angehörte, und die Persönlichkeit seines Vorgesetzten. Für eine wirklich gründliche kriminologische und gruppensoziologische Gesamtanalyse der Befehlssituation unter der nationalsozialistischen Herrschaft reichen diese Kategorien aber natürlich nicht aus.

III. Das Unrechtsbewußtsein totalitärer Täter

In ihrem Eichmann-Buch meint Hannah Arendt, daß der totalitäre Täter «unter Bedingungen handelt, die es ihm beinahe unmöglich machen, sich seiner Untaten bewußt zu werden»[1]. Auch sonst wird die Besonderheit der totalitären Gewaltkriminalität oft in einer für Kollektivbewegungen typischen Umwertung aller Werte gesehen, die dazu führt, daß selbst ungeheuerlichste Grausamkeiten mit «gutem Gewissen» verübt werden und denen, die sie ausführen, das Gefühl für die Rechtswidrigkeit und Unmenschlichkeit ihres Handelns fehlt, ja daß die Täter ihre Untaten sogar mit dem positiven Vorzeichen der «sozialen Notwendigkeit» und «Pflichterfüllung» versehen[2].

So wird gelegentlich geradezu von einer subjektiven Unschuld der Beteiligten gesprochen[3] oder von einem pervertierten Rechtsbewußtsein, aus dem heraus die Verbrechen begangen wurden[4], oder es wird auf die zum Wesen totalitärer Herrschaft gehörige Verkehrung aller Begriffe und konsequente Verwirrung der moralischen Kategorien hingewiesen[5]. In J.C. Fests Buch «Das Gesicht des Dritten Reichs» findet sich z.B. in bezug auf Höß und den von ihm re-

1 H. Arendt, Eichmann in Jerusalem, S 326.

2 So z.B. Henkys, Die nationalsozialistischen Gewaltverbrechen, S. 25, der meint, daß sich im Deutschland der Hitler-Jahre ein «Klima» herausgebildet habe, «das denen, die sich der von der nationalsozialistischen Führung gestellten ‹Aufgabe› unterzogen, ‹minderwertige› Rassen und Völkerschaften ‹auszurotten›, nicht das Gefühl gab, sich damit asozial zu verhalten, sich außerhalb der Grundnormen der Gesellschaft zu stellen.» Vom «Verbrecher mit gutem Gewissen, mit kriminellem Über-Ich» spricht z.B. Reiwald, Die Gesellschaft und ihre Verbrecher, S. 198: unter Hitler habe sich eine Masse mit Verbrecherideal gebildet. Hannah Arendt, a. a. O., S. 327, fragt: «Wem von ihnen hätte das Gewissen geschlagen, wenn sie gewonnen hätten?» Auch in einem Brief an den Verfasser bezweifelt sie, daß in der SS die Gewissensfundamente erhalten geblieben seien. H. Mayer, Strafrechtsreform für heute und morgen, S. 13, spricht davon, daß die meisten typischen modernen Tötungsfälle als erlaubte oder gebotene Handlungen angesehen und sogar in der jüngsten Gegenwart im Auftrage des Staates mit vielfach gutem Gewissen massenhafte Tötungen vorgenommen worden seien.
Abweichend W. v. Baeyer-Katte, in «Vorurteile», S. 29 ff., die vom Fortbestand des Unrechtsbewußtseins bei verbaler Übernahme der ideologischen Vorwände des Terrors ausgeht. Auch A. Wegner vermutet in seinem Gutachten zur Strafrechtsreform über den strafrechtlichen Schutz des Völkerrechts – Mat. I, S. 357 ff., 393 – nur eine «krampfhafte Übertönung des Rechtsbewußtseins».

3 H. Arendt, Elemente, S. 256.

4 Siehe etwa Baumanns Beitrag zu dem Band von Henkys – vgl. oben Anm. 2 – S. 271.

5 J. C. Fest, Das Gesicht des Dritten Reichs, S. 373.

präsentierten Typus des totalitären Funktionärs die Bemerkung: «Außerhalb aller herkömmlichen moralischen Kategorien stehend, war jede persönliche Tatbeziehung, das Bewußtsein individueller Schuld aufgehoben und Mord nur noch ein administrativer Vorgang.»[6] Bereits der Gerichtspsychologe Gilbert hatte bei einer Unterredung in Nürnberg von Höß den Eindruck gewonnen, daß ihm die Ungeheuerlichkeit seines Verbrechens, für die er ein «etwas verspätetes Interesse» zeige, «nie zum Bewußtsein gekommen wäre, wenn ihn nicht jemand darauf aufmerksam gemacht hätte»[7]. Der amerikanische Hauptankläger in Nürnberg, Jackson, sprach in ganz ähnlichem Sinne von der Überraschung der Angeklagten, «daß da überhaupt so ein Ding wie Recht ist»[8].

Erste kriminologische Äußerungen tendieren dahin, dieses Phänomen nicht einfach als kollektiv, d.h. durch die Zeitumstände bedingt, anzusehen, sondern es mit der besonderen individuellen Persönlichkeitsstruktur bestimmter Tätertypen in Zusammenhang zu bringen[9]. Diese Annahme wird durch unsere Untersuchung insofern gestützt, als sie deutlich machen kann, daß ein Unrechtsbewußtsein jedenfalls nicht in einem epochalen Sinne gefehlt hat. Im übrigen müssen wir im Einklang mit den neueren psychologischen Erkenntnissen mit einer Tätergruppe rechnen, bei der jegliches Wertbewußtsein ausschließlich durch seine Übereinstimmung mit der äußeren Autorität bestimmt war und die daher nur zu einer Form pseudomoralischen Unterordnungsverhaltens gelangte[10]. Bisher sind diese Probleme jedoch psychologisch nicht soweit erforscht, daß schon von empirisch gesicherten Resultaten ausgegangen werden könnte. Auch wir wollen uns dieser Frage hier nicht näher zuwenden, müssen je-

6 A. a. O., S. 376.

7 Nürnberger Tagebuch, S. 253.

8 Zit. bei Buchheim, in: Studien und Berichte der Kathol. Akademie in Bayern, H. 19, S. 101.

9 So insbes. Bauer, Genocidium, HwbKrim. I, S. 268 ff., 274.

10 Vgl. etwa Richter, in: «Die Zeit» Nr. 29 (1963), S. 3. Allgemein zur Problematik vor allem: Adorno, Frenkel-Brunswik, Levinson u. Sanford, The Authoritarian Personality, New York 1950, sowie der Band «Autoritarismus und Nationalismus – ein deutsches Problem?», Politische Psychologie Bd. 2, 1963, mit Einzelbeiträgen. Neueste Versuche über Autoritätshörigkeit, die in einem psychologischen Institut in Yale/USA unternommen wurden, werden von S. Milgram, Behavioral Study of Obedience, im Journal of Abnormal and Social Psychology 67 (1963), S. 371, mitgeteilt. Hierzu auch: D. Goldschmidt, in «Universitätstage 1964», S. 71 ff., 87.

doch bei den weiteren Überlegungen die Existenz einer Täterkategorie, für die kollektive Eingliederung und Unterwerfung unter äußere Verhaltenserwartungen die «einzige Moral» [11] war, voraussetzen.

Die folgende Untersuchung dient nun dem Zweck, dieses Bild der totalitären Kriminalität von der strafrechtlich-kriminologischen Seite her etwas mehr zu differenzieren, als es im allgemeinen geschieht; d.h., einmal die speziell strafrechtliche Problematik zu erörtern, die sich bei der Beurteilung des Unrechtsbewußtseins ergibt, dann aber auch die Äußerungsformen und Symptome eines solchen Unrechtsbewußtseins zu analysieren, die bei der prozessualen Behandlung, aber auch der historischen Erforschung der Verbrechen zutage getreten sind.

Dabei gehen wir von der selbstverständlichen Voraussetzung aus, daß Bewußtseinsinhalte nur in begrenztem Umfang und mittelbar der Erkenntnis zugänglich sind. Natürlich kann niemand «mit Sicherheit wissen, was andere Leute ‹im Bewußtsein haben›» [12]; dennoch können Verhaltens-, Denk- und Reaktionsweisen auf ihre rechtspsychologische Bedeutung hin untersucht werden, auch wenn sich die Aussagen, zu denen man auf diese Weise gelangt, oft nicht exakt absichern und außerdem nicht beliebig verallgemeinern lassen.

Durchweg sind wir auf nicht leicht ausdeutbare Beweismittel angewiesen: auf Dokumente, Reden, vereinzelt auch Tagebuchaufzeichnungen und Briefe; zum Teil auch auf nachträgliche Aussagen und Selbstdarstellungen wie etwa die autobiographischen Aufzeichnungen von Höß oder die psychologisch aufschlußreichen sechsbändigen Polizeiprotokolle der Vernehmung Eichmanns in Israel. Außerdem liefern das individuelle Verhalten der Täter oder die Praktiken des totalitären Herrschaftsapparats gewisse Aufschlüsse, die verwertbar sind. Die weitere Einschränkung, die zu machen ist, besteht darin, daß mir, gemessen an den unübersehbaren dokumentarischen Hinterlassenschaften des nationalsozialistischen Systems und der Vielzahl der Prozesse und Ermittlungsverfahren, eben doch nur ein sehr begrenztes Material zur Verfügung gestanden hat. Künftige Untersuchungen auf diesem Gebiet werden das Bild daher ergänzen, vielleicht auch korrigieren. Dennoch meine ich, daß sich seine ungefähren Konturen heute schon erkennen lassen.

11 Richter, a. a. O.

12 Th. Geiger, Vorstudien zu einer Soziologie des Rechts, S. 383.

1. Die strafrechtliche Problematik

a) Grundsätze der Rechtsprechung

Die Frage, ob sich die Täter der rechtlichen Bedeutung ihrer Taten bewußt werden konnten, ist für das Strafrecht deshalb von so großem Interesse, weil nach der heute herrschenden Rechtsprechung nur derjenige Täter bestraft werden kann, der die Rechtswidrigkeit seiner Handlungsweise kannte oder doch mindestens erkennen konnte[13].

Das Problem spitzt sich noch dadurch zu, daß auf einen großen Teil der Fälle – nach den in Kapitel 1 vorgenommenen Schätzungen etwa 60 % aller abgeurteilten Taten – die zur Tatzeit geltende Vorschrift des § 47 des Militärstrafgesetzbuchs anzuwenden ist, die insofern eine Einschränkung der strafrechtlichen Verantwortlichkeit zur Folge hat, als strikt weisungsgebundene Befehlsempfänger positiv gewußt haben müssen, daß der ihnen erteilte Befehl «eine Handlung betraf, welche ein allgemeines oder militärisches Verbrechen oder Vergehen bezweckte»[14]. Diese Bestimmung galt auch für die Angehörigen der SS und der Polizeiverbände im besonderen Einsatz[15].

Ihr Sinn bestand darin, die strafrechtliche Verantwortlichkeit des Untergebenen mit Rücksicht auf die Besonderheit der militärischen Befehlsverhältnisse auf Fälle zu begrenzen, in denen der verbreche-

13 Im Sinne von BGHSt 2, 194. Vgl. jetzt auch § 17 StGB. Eine genauere Analyse der Lehre vom Verbotsirrtum und der mit ihr zusammenhängenden theoretischen Kontroversen ist hier nicht möglich; sie würde uns zu weit vom eigentlichen Gegenstand dieser Untersuchung entfernen. Insofern ist auf die strafrechtliche Literatur zu verweisen.

14 Zur Anwendbarkeit des § 47 MStGB: BGH 1 StR 558/54 u. 1 StR 55/55. Die Anwendung der Vorschrift wird in der Rechtsprechung nicht für zweifelhaft gehalten, in der strafrechtlichen Diskussion jedoch gelegentlich angegriffen. So z. B. von Aschenauer, der in einer hektographiert verbreiteten Arbeit über «Kriegsbefehle» meint, § 47 I S. 2 MStGB beziehe sich nicht auf Befehle des Staatsoberhauptes, der Reichsregierung bzw. des Oberkommandos, sondern auf eigenmächtige Befehle des Vorgesetzten. Anderer Ansicht wiederum Roesen NJW 1964, 135. Die Zweifel erscheinen mir berechtigt; die Frage soll hier jedoch nicht weiter verfolgt werden.

15 VO über die Sondergerichtsbarkeit in Strafsachen für Angehörige der SS und für die Angehörigen der Polizeiverbände im besonderen Einsatz vom 17. 10. 1939 (RGBl. I. 2107). Dazu: BGHSt 5, 239 ff., BGH 1 StR 55/55 u. 3 StR 478/55.

rische Charakter der angeordneten Handlung für ihn eindeutig war[16].

Diese Sonderregelung bezieht sich jedoch nur auf Fälle, in denen der Befehlsempfänger, ohne Raum für eigenes Ermessen zu haben, eine durch Befehl genau vorbestimmte Handlung auszuführen hatte; die Befolgung allgemeiner dienstlicher Anordnungen gehörte dazu nur, wenn es sich um zweifelsfreie Weisungen über ein klar umgrenztes Verhalten in gleichmäßig wiederkehrenden Situationen handelte[17]. Exzeß- und Initiativtäter werden daher nach den allgemeinen Grundsätzen zum Verbotsirrtum beurteilt.

Außerdem erstreckt sich die Privilegierung des Befehlsempfängers nicht auf Fälle des blinden Gehorsams, in denen ein Funktionär den verbrecherischen Charakter der ihm aufgetragenen Tat zwar erkannte, jedoch glaubte, den Befehl dennoch ausführen zu müssen, weil er auch verbrecherische staatliche Anordnungen für verbindlich hielt[18], sie aus falsch verstandener Gehorsams- und Treuepflicht[19] oder aber wegen des von ihm geleisteten Eides[20] als verpflichtend ansah[21].

Bei der Beweiswürdigung brauchen nun allerdings die Gerichte die Behauptung eines Angeklagten, er habe die Rechtswidrigkeit seiner Tat nicht erkannt, nicht einfach hinzunehmen, sondern sie können die Substantiierung dieser Behauptung verlangen.

Der Angeklagte muß also begründen, weshalb er Befehle, die von ihm die Beteiligung an Terrorakten forderten, für rechtmäßig gehalten hat[22]. So genügt es nach der Rechtsprechung des Bundesgerichtshofs nicht, wenn sich der Befehlsempfänger darauf verließ, daß der Befehl von einer höheren Stelle kam, die im nationalsozialistischen Staat die Macht hatte, Vernichtungsaktionen anzuordnen, sie durchzusetzen und jede strafgerichtliche Verfolgung zu verhindern. An die Rechtmäßigkeit konnte er erst glauben, «wenn er annahm, der Befehl widerspreche trotz seines ungeheuerlichen Inhalts nicht der *Rechts*ordnung»[23].

16 BGH 1 StR 55/55.
17 BGH 1 StR 558/54 u. 5 StR 49/61.
18 BGH 2 StR 640/61.
19 BGH 1 StR 653/54.
20 BGH 2 StR 121/64 sowie allgemein zum «blinden Gehorsam» BGHSt 2, 251 ff., 256, 257.
21 Zustimmend Roesen NJW 1964, 135.
22 Vgl. auch Baumann bei Henkys, S. 302.
23 BGH 5 StR 196/61.

Zu weitgehend ist Baumanns Standpunkt, Schuldausschluß sei schon dann anzunehmen, wenn der Täter glaubte, man dürfe Juden als Partisanenhelfer füsilieren, das RSHA sei an Gesetze nicht gebunden, oder aber, es werde «Krieg» gegen die Juden geführt und dabei seien diese Mittel erlaubt[24]. Im Partisanenfall käme es doch wohl darauf an, ob der Täter nach den gesamten Verbrechensmodalitäten nicht den gezielt rassistischen Charakter der Erschießungen durchschauen konnte, etwa wenn es sich bei den Opfern erkennbar nur um Juden – darunter auch Kinder – handelte. Die Annahme einer Freistellung des RSHA von den Gesetzen ist überdies eine formale, rechtstechnische Überlegung, die die bei § 47 MStGB geforderte laienhafte Wertung, daß die Tat «nicht in Ordnung» sei, nicht prinzipiell auszuschließen braucht. Die von den Machthabern verbreitete Parole schließlich, der «Krieg» richte sich gegen das «Judentum», berechtigte auch den, der an sie glaubte, nicht zu der Schlußfolgerung, man dürfe solche «Kriegsgefangenen» einfach umbringen; vielmehr wird man von der auch damals ziemlich gefestigten Anschauung ausgehen dürfen, daß das Töten von Kriegsgefangenen ein schweres Verbrechen darstellte.

Bei der Beurteilung des Unrechtsbewußtseins müssen die Gerichte außerdem in freier Beweiswürdigung alle Tatumstände berücksichtigen, die für die Entscheidung von Bedeutung sein können[25]. Vor allem können sie bei Offenkundigkeit des Unrechts die beweiserleichternde Schlußfolgerung ziehen, daß das, was für jedermann zweifelsfrei war, auch dem Täter bekannt gewesen sein muß[26]. So heißt es z.B. in einer Entscheidung des Bundesgerichtshofs, daß die «Gröblichkeit und Offensichtlichkeit der Verletzung» regelmäßig auch ein sicheres Anzeichen dafür sei, «ob diejenigen, die die Maßnahme anordneten, durchführten oder förderten, im Bewußtsein der Widerrechtlichkeit handelten»[27]. In einem Fall, in dem Hinrichtungen in einem Konzentrationslager ohne Verfahren und ohne Rechtfertigungsmöglichkeit für die Opfer durchgeführt wurden und der Vollzug geheim, ohne Zeugen an mehr oder weniger ahnungslosen Häftlingen mit einer jeder Menschlichkeit hohnsprechenden

24 Baumann, a. a. O.
25 BGH 1 StR 563/51, 3 StR 81/55, 3 StR 478/55.
26 Vgl. hierzu die Urteilsanmerkung von v. Weber, JZ 1951, 86.
27 BGHSt 2, 234ff., 239. Kritisch Stratenwerth, Verantwortung und Gehorsam, S. 185.

Grausamkeit zu erfolgen hatte, lag es nach Auffassung des Bundesgerichtshofs «auf der Hand», daß die Anordnung ein Verbrechen im Sinne des § 47 MStGB bezweckte[28]. In anderen Fällen begründete der Bundesgerichtshof die Offensichtlichkeit des Unrechts mit der entwürdigenden und unmenschlichen Art der Befehlsdurchführung oder der Kenntnis, daß den «umgesiedelten» Juden ihr zurückbleibendes Vermögen weggenommen wurde, ohne daß dafür ein Rechtsgrund bestand[29]. Überhaupt muß die Judikatur sich bei der Beurteilung des Unrechtsbewußtseins weitgehend auf solche äußeren Tatumstände, für die die weitere Darstellung noch zahlreiche Beispiele bringen wird, stützen.

Geht man von den praktischen Möglichkeiten des Strafprozesses aus, so wird man die relativ grobe Beweisführungsmethodik, auf die die Gerichte bei der Bewertung subtiler rechtspsychologischer Probleme angewiesen sind, nicht ernstlich kritisieren können. Psychologische Sachverhalte wie das Unrechtsbewußtsein sind für die Rechtsprechung nun einmal sehr schwer zu ermitteln; das ist nicht nur hier, sondern überhaupt in der Strafrechtspraxis so. Man sollte jedoch, gerade wenn es einem nicht nur um die prozessuale Behandlung, sondern vor allem um die kriminologische Beurteilung der totalitären Verbrechen geht, das fiktive Moment, das im Vorgang der Rechtsfindung notwendig enthalten ist, nicht aus den Augen verlieren. In die rechtliche Beurteilung fließen zwangsläufig auch Wertungen mit ein, die letztlich als Glaubenssätze betrachtet werden müssen; dazu gehört auch der Satz von der Offenkundigkeit des Unrechtsbewußtseins. Wenn in Urteilen, aber auch in rechtswissenschaftlichen Arbeiten, immer wieder die Überzeugung ausgesprochen wird, bei bestimmten extremen Verbrechen – Massentötungen, Folterungen, Anstaltsmorden u. ä. – könne ganz einfach das Bewußtsein der Rechtswidrigkeit und Verwerflichkeit nicht gefehlt haben[30], so ist diese Unterstellung, vom Standpunkt des Rechts aus gesehen, legitim; kriminologisch darf sie uns jedoch nicht daran hindern, die Stabilität und Konstanz menschlichen Wertbewußtseins unter totalitären Extrembedingungen mit größter Zurückhaltung zu beurteilen und es mindestens für möglich zu halten, daß unter bestimmten

28 BGH 1 StR 55/55.

29 BGH 3 StR 478/55.

30 Siehe etwa v. Weber, MDR 1948, 34 ff., 38, oder Kaufmann, Unrechtsbewußtsein, S. 216 u. a.

psychologischen Voraussetzungen die Kategorie des Rechts für das menschliche Bewußtsein überhaupt entfällt[31].

b) Die Frage des Bewußtseinsinhalts

Die eigentliche Schwierigkeit besteht nun aber in der inhaltlichen Bestimmung des von der Rechtsprechung geforderten Unrechtsbewußtseins. Die Frage, welches «Unrecht» gemeint ist und auf welchen Wertungsbereich das Bewußtsein bezogen werden soll, wird in der strafrechtlichen Literatur keineswegs einheitlich beantwortet, und gerade bei den Verbrechen, mit denen wir es hier zu tun haben, macht sich die Unklarheit besonders kraß bemerkbar, weil im totalitären System die sonst weitgehend vorhandene Identität von Gesetz und Recht zerstört ist[32]. Schon 1949 konstatierte Arthur Kaufmann, daß allenthalben zur Schuld irgendein Unrechtsbewußtsein verlangt werde, aber die als maßgebend bezeichneten Bewußtseinsinhalte so verschieden seien, daß alle diese Nuancen systematisch gar nicht dargestellt werden könnten[33]. Daran hat sich auch inzwischen nicht allzuviel geändert; allerdings dürfte dieser Zustand für die Aburteilung der Alltagskriminalität keine weitreichenden Folgen haben.

Für unseren speziellen Zusammenhang ist es nötig, zunächst einmal drei verschiedenartige Phänomene voneinander zu unterscheiden: die Kenntnis der rechtlichen Bedeutung einer Tat, d.h. also das Bewußtsein ihrer Rechtmäßigkeit oder Rechtswidrigkeit; die oft von irrationalen Antrieben und Bedürfnissen gesteuerte Überzeugung, daß eine Handlungsweise ideologisch und politisch richtig oder notwendig ist; schließlich die individuelle Gewissensreaktion. Im ersten Fall ist die rechtliche Normenordnung das Bezugssystem, im zweiten die ideologische Doktrin oder das politische Gruppeninteresse, im dritten das individuelle, wenn auch von Kollektiveinflüssen abhängige Gewissen. Dabei möge uns die Problematik einer solchen Einteilung im Moment nicht weiter beschäftigen; ohne die prinzipielle

[31] Vgl. Richter, a. a. O. (oben Anm. 10).

[32] Siehe hierzu etwa: Arthur Kaufmann, Gesetz und Recht, in: Festschrift für Erik Wolf, S. 357ff.

[33] Kaufmann, Unrechtsbewußtsein, S. 30.

Unterscheidung dieser drei Sachverhalte ist jedenfalls nicht auszukommen, wenn man nicht zu schwerwiegenden Fehldeutungen gelangen will.

So brauchte die fanatische Überzeugung, ja fixe Idee eines Täters, daß die Massenvernichtung – oder eine andere Terrormaßnahme – unbedingt «notwendig» sei, weder das Bewußtsein der Rechtswidrigkeit noch eine Gewissensreaktion auszuschließen. Es lassen sich z. B. Fälle nachweisen, in denen sich Täter trotz aller ideologischen Verblendung völlig darüber im klaren waren, daß ihre Handlungsweise rechtswidrig war. Die Situation ist hier mit der des Überzeugungstäters vergleichbar, der auch weiß, daß er gegen die geltende Rechtsordnung verstößt, sich jedoch durch seine eigene Wertordnung, die er an die Stelle der Wertordnung der Gemeinschaft setzt, gerechtfertigt fühlt[34]. Den Unterschied zwischen Überzeugungstätern und totalitären Tätern könnte man u. a. darin sehen, daß der totalitäre Täter sich im Grunde weniger an einer persönlichen Überzeugung als an einer massenpsychotisch-irrationalen Kollektivwertung orientierte, die von der Existenz des totalitären Herrschaftssystems und den mit ihr verbundenen kollektivpsychologischen Verhältnissen abhängig war, nicht aber – wie oft bei Überzeugungstätern – gegen eine kontrastierende herrschende Moral und Gesamtordnung behauptet werden mußte.

Ebenso konnte die Verfolgungsbesessenheit mancher Nationalsozialisten durchaus mit Gewissensreaktionen verbunden sein, ja die von einer Ideologie geforderte «Leistung» konnte gerade darin bestehen, mit diesem Normenkonflikt fertig zu werden, d. h., trotz solcher inneren «Anfechtungen» der «Idee» treu zu bleiben. In gewissem Sinne trifft das z. B., wie noch zu zeigen sein wird, auf Himmler selbst zu, der ein typisches Beispiel dafür ist, wie sehr terroristische SS-Ethik und tradierte bürgerliche Moralvorstellungen aneinander gekettet waren.

34 Vgl. BGHSt 2, 194 ff., 208; unrichtig jedoch die S. 206 ausgesprochene Annahme des BGH, daß der Überzeugungstäter nicht zum Bewußtsein der Rechtswidrigkeit seines Tuns gelangen könne. Zum Problem noch: Kaufmann, Unrechtsbewußtsein, S. 147, sowie die unterschiedlichen Äußerungen zu der Frage, ob es sich bei den nationalsozialistischen Tätern um Überzeugungstäter gehandelt habe: Radbruch, SJZ 1947, 136 unter Hinweis auf deren Nachkriegsverhalten verneinend, Lange, DRZ 1947, 200 bedingt bejahend. Die Frage ist nicht generell zu entscheiden; zweifellos gab es auch eine Gruppe von Überzeugungstätern, jedoch sind die hier erwähnten Unterschiede zu beachten (s. oben im Text).

Schließlich kann das Unrechtsbewußtsein nicht einfach mit dem Gewissen identifiziert werden. Bedenkenlos und ohne Gewissensskrupel konnten auch Täter handeln, die sich bewußt über die Normen des Rechts hinwegsetzten; andererseits können bekanntlich auch Handlungsweisen, die nicht gegen die Rechtsordnung verstoßen, Schuldgefühle auslösen. Allerdings wird man Äußerungen eines Gewissenkonflikts bei Taten, die in so eklatanter Weise gegen alle überlieferten Rechtsvorstellungen verstießen, auch als Indiz eines Unrechtsbewußtseins werten können.

c) Die formelle Bedeutungskenntnis

Mit diesen Unterscheidungen ist jedoch das Unrechtsbewußtsein nur als Rechtsbegriff definiert und gegen andere, außerrechtliche Normbereiche abgegrenzt worden; seine innerrechtliche Bedeutung liegt damit aber noch nicht fest. Eine wirkliche Definition ist allerdings schwierig, wenn nicht unmöglich; auch müßte sie davon ausgehen, daß es im Grunde ganz verschiedene Formen des Unrechtsbewußtseins geben muß, wenn der Begriff für das Recht praktikabel sein soll. Versuchen wir, diese kurz darzustellen.
Sicher ist zunächst, daß das Unrechtsbewußtsein eines Täters zu bejahen ist, wenn er das gesetzliche Verbot kennt, und zwar unabhängig davon, ob diese Kenntnis mit Gewissensregungen verbunden ist oder nicht; unabhängig aber auch davon, ob er das Verbot nach seinen persönlichen Anschauungen für richtig hält oder mißbilligt, das Gesetz respektiert oder verachtet. So gab es Täter, die genau wußten, daß die Terrorakte, an denen sie mitwirkten, gegen das Recht oder «irgendwelche formalen Vorschriften» verstießen, die jedoch glaubten, daß man sich in so «großen Zeiten» um das Recht nicht weiter zu kümmern brauche. Eine bestimmte Kategorie von Tätern, zu der namentlich Angehörige der Führungsschicht gehörten, fühlte sich durch ihre Ideologie vom Recht entbunden. Buchheim spricht in diesem Zusammenhang von der «Suspendierung des Unrechtsbewußtseins»; er meint damit, daß die Täter keineswegs alle tradierten und im normalen Leben weitergeltenden Normen verwarfen oder ihnen diese Normen unbekannt waren, sondern daß sie sich durch Wertvorstellungen, die außerhalb der Rechts- und

Moralordnung lagen, legitimiert und daher vom Recht «suspendiert» fühlten[35]. Sie betrachteten ihren «geschichtlichen Auftrag» also gewissermaßen als übergesetzlichen, ideologischen Rechtfertigungsgrund, den es in der Rechtsordnung selbst nicht gab und natürlich auch niemals geben kann[36]. Niemand kann sich einfach selbst aus allen rechtlichen Bindungen lösen. Abweichend von Buchheims Meinung glaube ich allerdings, daß mit dieser Theorie nicht die Situation der Täter im allgemeinen, sondern nur die der Führungsschicht und ihrer unmittelbaren ideologischen Gefolgschaft beschrieben ist, nicht dagegen die Situation des unteren, mehr der Befehlsmechanik und «Konvention» gehorchenden Funktionärstums.

d) Parallelwertungen

Die Kenntnis formellrechtlicher Verbote ist aber nur eine Form des Unrechtsbewußtseins. Unbestritten ist, daß sich der Begriff des Unrechtsbewußtseins, soll er seine strafrechtliche Funktion als Schulderfordernis erfüllen, nicht in einer Kenntnis gesetzlicher Normen erschöpfen kann, sondern auch unbestimmtere, gefühlshafte Wertungen – «Parallelwertungen in der Laiensphäre»[37] – einbeziehen muß. Das Recht betrachtet also nicht nur die streng juristische Qualifikation der Tat als Unrechtsbewußtsein, sondern jede der Gedankenwelt des Täters entsprechende Bewertung, die ihm sagt, «daß das, was er tut, rechtlich nicht erlaubt, sondern verboten ist»[38]. Diese Bewertung braucht nicht in der Kenntnis der Strafbarkeit oder der das Verbot aussprechenden Gesetzesvorschrift zu bestehen; andererseits soll sie sich auch nicht auf das Bewußtsein der Immoralität einer Handlung beschränken[39]. Dogmatisch sind solche Unterscheidungen

35 Buchheim, An. I, S. 333 f. Von der Suspendierung sittlicher Werte wird auch in der Theorie der Revolution gesprochen. Siehe etwa: H. Marcuse, Kultur u. Gesellschaft, 2, S. 140.

36 Hierzu Lewald NJW 1964, 1658 ff., 1660 mit zustimmender Stellungnahme zu Buchheims Standpunkt.

37 Im Sinne Mezgers; siehe Mezger-Blei, Strafrecht, Allg. Teil, 9. Aufl., S. 181, m. weit. Hinw.

38 BGHSt 2, 194 ff., 196.

39 A. a. O. Die in diesem Zusammenhang verwandten Begriffe Unsittlichkeit oder Immoralität sind jedoch mehr im Sinne einer «Sittenwidrigkeit» zu verstehen.

wohl unumgänglich; psychologisch dürften sie jedoch nur schwer zu verifizieren sein.

In der Literatur ist nun ein ganzes Spektrum von Formeln entwikkelt worden, um die Kriterien des Unrechtsbewußtseins zu präzisieren; man kann allerdings kaum sagen, daß auf diese Weise eine wirkliche Klärung erreicht worden ist. So wird etwa gesagt, ein Unrechtsbewußtsein sei vorhanden, wenn der Täter den Widerspruch seines Handelns zum Wohl der Allgemeinheit, zu den für das Zusammenleben unentbehrlichen Normen[40], zur staatlichen Ordnung[41], zur Gemeinschaftsordnung[42] oder den Verstoß gegen sozial anerkannte Lebensinteressen[43] erkannt habe. Dabei wird im allgemeinen eine rationale Erkenntnis nicht vorausgesetzt, sondern eine «Wertung» und «Gefühlseinstellung» für ausreichend gehalten[44]. Gemeint ist die «Laienvorstellung», das «Rechtsempfinden», etwas Unerlaubtes zu tun[45]. Dieses Empfinden kann sich zum Beispiel aus der Vorstellung ergeben, Rechtsgüter zu verletzen[46]. Auch die für § 47 MStGB geforderte Kenntnis des verbrecherischen Charakters eines Befehls kann nicht als juristische Qualifikation verstanden werden, sondern nur als laienhaftes Bewußtsein, daß der Befehl «nicht in Ordnung», d.h. «etwas Unrechtes» ist und aus dem Rahmen des Militärischen herausfällt[47]. Letztlich laufen diese Bestimmungen auf eine sozialethische Bedeutungskenntnis der Tat hinaus: nicht auf die Kenntnis der rechtlichen Regelung als solcher, sondern der hinter ihr stehenden sozialen Beweggründe und Wertungen, die zur Schaffung des gesetzlichen Verbots geführt haben und die dem Täter sagen, seine Tat *müsse* rechtlich verboten sein.

Dieses Wertungssystem, an das der Begriff des Unrechtsbewußtseins anknüpft, beruht in seiner Vieldeutigkeit auf der im ganzen wohl zutreffenden Annahme, daß in Normalzeiten eine gewisse Parallelität zwischen den Wertungen des Gesetzgebers und dem in der Gesamtheit verbreiteten Rechtsbewußtsein besteht und daß sich da-

40 Schönke-Schröder, Strafgesetzbuch, 12. Aufl., RN 116 zu § 59.
41 Rittler, zit. nach Schönke-Schröder, a. a. O.
42 Welzel, Das Deutsche Strafrecht, 9. Aufl., S. 155.
43 Siehe etwa Kaufmann, Unrechtsbewußtsein, S. 221.
44 Z. B. Mezger, LK 8. Aufl. 1. Bd. 1957, S. 493.
45 Hafter, zit. nach Schönke-Schröder, a. a. O., RN 117.
46 Schönke-Schröder, a. a. O., RN 118.
47 Damals bereits: Schwinge, Militärstrafgesetzbuch, 5. Aufl., 1943, S. 103. In der heutigen Rechtsprechung: BGH 4 StR 121/55.

her die offizielle Bewertung einer Tat dem Täter durch Erziehung, Umwelt, Konvention, Vernunft und seine Zugehörigkeit zu der Gruppe, in der die Normen gelten, auf irgendeine Weise, wenn auch in unterschiedlichem Rationalitätsgrad mitteilt. Der Sinn dieses Notbehelfs liegt auf der Hand: soll das Unrechtsbewußtsein Voraussetzung des Schuldvorwurfs sein, so kann damit jedenfalls keine Beurteilung im rechtstechnischen Sinne gemeint sein.

Diese Ausgangssituation ist bei den totalitären Verbrechen nun völlig anders, und manche der zitierten Definitionsversuche erweisen sich dieser besonderen Kriminalitätsform gegenüber als absolut untauglich, doppelsinnig und unangemessen. Denn das sonst einigermaßen praktikable Parallelwertungssystem wird unter totalitären Verhältnissen vielfach durch verwirrende Konträrwertungen ersetzt: Was rechtlich verboten ist, kann ideologisch erlaubt, ja geboten sein – und umgekehrt. Gesetze können Unrecht zum Gegenstand haben und zum Rechtsempfinden in schroffem Widerspruch stehen. Gewissensregungen sind kein einigermaßen sicherer Indikator mehr für das, was in der Gemeinschaft gilt. Das Gefühl, gegen die staatliche Ordnung zu verstoßen, wird in einer Diktatur, deren politisches Handeln sich weitgehend an verbrecherischen Prinzipien orientiert, seine ursprüngliche rechtspsychologische Warnfunktion einbüßen, ja im Gegenteil oft mit dem Impuls verbunden sein, für das Recht einzutreten und sich gegen das Unrecht aufzulehnen. Umweltreaktionen und Konventionen hören auf, Regulative des Rechtsbewußtseins zu sein; soweit dieses Rechtsbewußtsein intakt bleibt, existiert es nur untergründig und durch ideologische Scheinanpassungen sorgfältig getarnt weiter.

Das «Wohl der Allgemeinheit» unterliegt einer einseitigen offiziellen Interpretation: «Recht ist, was dem Volke (d.h. der totalitären Bewegung) nützt.» Hinter «gesundem Volksempfinden» verbirgt sich vielfach wahnhaftes Vorurteil. Mit der besonderen Logik, die dem totalitären Denken eigen ist, wird die Vernichtung des jüdischen «Volksschädlings» unversehens zur «sozialen Notwendigkeit». Impulse wie Rechtsgefühl und Gewissen werden gleichsam privatisiert, ja diffamiert: sie werden zur unerlaubten «Abweichung», zur «falschen Humanität», zum Zeichen «charakterlicher Schwäche» oder zum Relikt einer «überwundenen Zeit».

Das Strafrecht ist hier in der schwierigen Lage, sich zwischen verschiedenen Formen des Unrechtsbewußtseins, die nicht mehr miteinander verknüpft sind, entscheiden zu müssen. Bereits Kaufmann hat die Alternative klar gekennzeichnet: Bewußtsein der Gesetzwidrigkeit oder aber Bewußtsein des materiellen Unrechtsgehalts einer Tat[48]. Kaufmann hat sich damals eindeutig dafür entschieden, die Schuldfrage von einem Unrechtsbewußtsein im materiellen Sinne – dem Bewußtsein der Sozialschädlichkeit und Gemeinschaftswidrigkeit – abhängig zu machen und vom Bewußtsein der formellen Rechtswidrigkeit, der Gesetzwidrigkeit, zu lösen[49].

Das Problem taucht dort nicht auf, wo die Täter erkannten, daß sie politische Mordbefehle ausführten, die durch das geltende Recht nicht gedeckt waren. Daß es solche Fälle – namentlich in den Führungskreisen – gab und ihre Zahl größer anzusetzen ist, als allgemein angenommen, wird noch zu zeigen sein. Schwierig wird die Situation dort, wo Täter – wie in vielen Fällen – glaubten, durch ein Gesetz gerechtfertigt zu sein, auch wenn ein solches in Wahrheit nicht existierte. Hier muß entschieden werden, ob auch das Bewußtsein, ein Gesetz zu befolgen, das erkennbar Unrecht zum Inhalt hatte, den Schuldvorwurf ausschließen soll. Diese Frage wird man verneinen müssen. Der Täter wird sich hier allenfalls damit exkulpieren können, unter Druck – d.h. im tatsächlichen oder vermeintlichen Befehlsnotstand – gehandelt zu haben[50], nicht aber damit, das Unrecht nicht erkannt zu haben.

Einmal basiert die Berücksichtigung des Unrechtsbewußtseins erkennbar darauf, daß es für bestimmte Legalbewertungen eine Entsprechung im individuellen Rechtsempfinden gibt; diese Annahme allein berechtigt dazu, von «Parallelwertungen» zu sprechen und rechtlich an sie anzuknüpfen. Rechtstechnische Begriffe können dagegen in der Gedankenwelt der meisten Menschen eine solche Entsprechung nicht haben, abgesehen von einer mechanischen Unterordnung unter die staatliche Obrigkeit, die aber mit dem Unrechtsbewußtsein nicht gemeint sein kann. Das Recht meint zwar nicht die völlig individuelle Eigenbewertung, immer aber mehr als nur Subordination. Der einzelne orientiert sich dabei nicht nur an dem, was gilt, sondern auch an dem, was gelten kann. Anders wäre die Formel, der Täter müsse erkennen, daß er gegen die für das Zusammen-

48 Kaufmann, Unrechtsbewußtsein, insbes. S. 26.

49 A. a. O., S. 26ff., 155ff., 214ff. Siehe neuerdings auch: Schuldprinzip S. 134, Anm. 81 und ZStW 76 (1964), S. 543ff., 554.

50 Siehe hierzu aber oben Kapitel 2.

leben unentbehrlichen Normen verstößt, nicht denkbar. Der blinde Gehorsam gegenüber Gesetzen ist ihm ebensowenig gestattet wie der blinde Gehorsam gegenüber Befehlen, den nicht einmal das im nationalsozialistischen Staat geltende Militärstrafrecht zuließ[51].

e) Überpositive Rechtswertungen

Auch die Rechtsprechung des Bundesgerichtshofs hat die Beurteilung des Unrechtsbewußtseins von Kriterien abhängig gemacht, die nicht einfach von der formellen Gesetzeslage ausgehen, ohne Rücksicht darauf, welchen Inhalt das Gesetz hatte.
In einer Entscheidung bestätigt der Bundesgerichtshof z.B. die Auffassung eines Schwurgerichts, der Angeklagte habe das Bewußtsein der Rechtswidrigkeit gehabt, da er sich darüber klar gewesen sei, «daß die Vergasung zahlloser schuldloser Personen nur ihrer Abstammung wegen gegen die auch dem primitivsten Menschen bewußten Grundsätze von dem Recht jedes Mitmenschen auf sein Leben in krassester Weise verstoßen habe»[52]. Das ist ein eindeutiger Rückgriff auf übergesetzliche Rechtswertungen. Eine andere Entscheidung betont, daß «der Glaube an eine unbedingte Gehorsamspflicht gegenüber dem ‹Führer› den Angeklagten nicht von der Verpflichtung entband, sich vor seinem Gewissen Rechenschaft darüber zu geben, ob das beabsichtigte Tun mit den Geboten des rechtlichen Sollens vereinbar war»[53]. Noch deutlicher ist die Absage an ein nur formelles Verständnis des Unrechtsbewußtseins in einem Urteil, das sich mit Vorgängen bei der Deportation befaßt: «Selbst eine Freiheitsentziehung», heißt es dort, «die sich auf geschriebenes ‹Recht› stützt, kann durch eine entwürdigende und unmenschliche Art ihrer Durchführung dennoch für jedermann offensichtlich ihr wahres Wesen als staatliches Unrecht enthüllen.»[54]

[51] Daß der Grundsatz, der einzelne müsse «der Obrigkeit untertan» sein, in gewissem Umfang mit jeder staatlichen Ordnung verbunden ist, schließt nicht aus, daß dem Gesetzesgehorsam – auch unter damaligen Verhältnissen – Grenzen gesetzt waren; anderenfalls würde das Recht sich verbrecherische Wertungen zu eigen machen.
[52] BGH 3 StR 672/51.
[53] BGH 1 StR 653/54.
[54] BGH 3 StR 478/55.

Die Rechtsprechung meint also, wenn sie die Schuldfrage von einem Unrechtsbewußtsein des Täters abhängig macht, nicht die blinde Orientierung an staatlichen Anordnungen, sondern mutet dem einzelnen zu, «sich mit den Mitteln seiner Vorstellungs- und Begriffswelt und aufgrund der ihm eigenen und geläufigen Denkweise den Zweck vorzustellen, den der Befehlende mit seiner Anordnung verfolgt, und sich vor seinem Gewissen Rechenschaft darüber zu geben, ob das mit dem Befehl beabsichtigte Tun mit den Geboten des rechtlichen Sollens vereinbar oder nach der allgemeinen Rechtsüberzeugung Unrecht ist. Dazu gehört, daß der Untergebene innerlich bereit dazu ist, eine solche von den Werturteilen des Befehlenden unabhängige Befragung des eigenen Gewissens vorzunehmen. Diese innere Bereitschaft macht das Gesetz dem Untergebenen zur Pflicht. Wenn er auch die Befehle des Vorgesetzten nicht allgemein daraufhin zu untersuchen hat, ob sie auf Ausführung von etwas strafrechtlich Verbotenem gerichtet sind (Schwinge, Anm. I zu § 47 MStGB), so besteht eine solche Prüfungspflicht doch unzweifelhaft gegenüber solchen Befehlen, deren Ausführung gegen elementare Grundsätze menschlichen Zusammenlebens und gegen die allgemein anerkannten Vorstellungen von Recht und Unrecht verstoßen.» [55]
Eine weitere Präzisierung bringt eine andere Entscheidung. Es heißt dort: «Es genügt nicht, wenn sich der Angeklagte darauf verließ, daß der Befehl von einer höheren Stelle kam, die im nationalsozialistischen Staat die Macht hatte, solche Vernichtungsaktionen anzuordnen, sie durchzusetzen und jede strafgerichtliche Verfolgung zu verhindern. An die Rechtmäßigkeit glaubte der Angeklagte vielmehr erst dann, wenn er annahm, der Befehl widerspreche trotz seines ungeheuerlichen Inhalts nicht der *Rechts*ordnung.» [56]
Gerade dieser zuletzt geäußerte Rechtsgedanke scheint in die Richtung zu weisen, in der die angemessene Lösung des Problems zu finden ist. In Zeiten, in denen Recht und Gesetz soweit identisch sind, daß das Rechtsempfinden auch abweichende gesetzliche Regelungen noch als Recht akzeptieren kann, wird sich das Unrechtsbewußtsein auf das positive Recht beziehen, d.h. «Parallelwertung» zum formellen Recht sein müssen. Diese Voraussetzung kann jedoch nicht aufrechterhalten werden, wenn Recht und Gesetz in krasser Weise divergieren. Hier muß der Täter diejenige rechtliche Bedeutung sei-

55 BGH 4 StR 44/57.
56 BGH 5 StR 196/61.

ner Tat erkannt haben, die die Rechtsprechung heute dazu veranlaßt, die Tat als objektiv rechtswidrig zu qualifizieren: es muß ihm also zur Tatzeit möglich gewesen sein, eine dieser objektiven Rechtswertung entsprechende Eigenbewertung seiner Tat vorzunehmen; der Befehlsempfänger (im Sinne des § 47 MStGB) muß diese Bewertung sogar tatsächlich vorgenommen haben, wenn auch nur in gefühlsmäßiger, seinem Denken entsprechender Weise. Denn der Sinn der ganzen Irrtumsregelung besteht schließlich darin, einen Täter, der nicht wußte, was er tat, d.h. der die rechtliche Bedeutung seiner Tat nicht kannte, nicht mit einer nachträglichen Verurteilung zu überfallen. Es kann nicht Sinn dieser Regelung sein, einem Täter den Einwand zu gestatten, er habe auf höhere Anordnung gehandelt und diese als «Gesetz» betrachtet, wenn der Anordnung wegen ihrer auch ihm erkennbaren Ungeheuerlichkeit die Rechtsnatur abgesprochen werden muß. Wenn also heute in Rechtsprechung und Lehre nahezu einhellig die Auffassung vertreten wird, daß es sich bei den Vernichtungsbefehlen Hitlers um reine Mordbefehle handelte, die weder in einer auch den damaligen förmlichen Anforderungen genügenden Weise als «Gesetz» verkündet worden waren, noch jemals – auch nicht bei formaler Korrektheit – wegen ihres verbrecherischen Inhalts Recht hätten schaffen können[57], so ist jedenfalls der materielle

57 Nahezu herrschende Meinung! Siehe dazu allerdings aus neuerer Zeit kritisch Roesen, NJW 1964, 133ff. und 1111f., sowie die Gegenäußerungen von Arndt, NJW 1964, 486ff., Welzel, NJW 1964, 521ff., Baumann, NJW 1964, 1398; weitere Beiträge zu der Kontroverse: Redeker, NJW 1964, 1097ff., und Lewald, NJW 1964, 1658, der im Anschluß an das Gutachten von Buchheim im Auschwitz-Prozeß mit vollem Recht darauf hinweist, daß sich die Frage bloß mit juristischen Argumenten überhaupt nicht ergründen lasse, sondern man sich auf eine Analyse der geistigen Situation der durch den Nationalsozialismus beherrschten Zeit stützen müsse. Diese läßt allerdings die Interpretation der Vernichtungsbefehle unter Rechtsetzungsgesichtspunkten absurd erscheinen; denn sie entsprach in keiner Weise dem Selbstverständnis der Machthaber. Im einzelnen dazu die verschiedentlich erwähnten Analysen von Buchheim sowie Lewald, a.a.O. Siehe außerdem zum Charakter der «Führerbefehle» noch: Bockelmann, Einführung in das Recht, S. 117; Ilse Staff, Hitler ist kein Alibi, in: «Die Zeit» Nr. 9 (1964), S. 5, sowie in der Judikatur u.a.: OGHSt 1, 321ff., 324 (Euthanasie-Erlaß rechtswidrig), OGHSt, 2, 117ff. (ebenfalls zur sog. Euthanasie), OLG Frankfurt HESt 1, 67ff., 71 (Euthanasie-Erlaß keine gültige Rechtsnorm, schon aus formalen Gründen nicht), BGHZ 3, 94ff., 106 (Norm stand im Widerspruch zu Naturrecht, zur Gerechtigkeit, war überhaupt kein Recht), BGHSt 2, 234ff., 237, 238 (These vom Kernbereich des Rechts, siehe Anm. 58); entsprechend BGH 1 StR 55/55 u. 4 StR 359/56. Der BGH räumt allerdings in mehreren Entscheidungen

Teil dieser Rechtswertung von derart elementarer Einsichtigkeit, daß jeder Täter zu entsprechenden Schlußfolgerungen gelangen konnte. Der von der Judikatur im Anschluß an Radbruchs Lehre vom «gesetzlichen Unrecht»[58] entwickelte Rechtssatz, daß «Anordnungen, die die Gerechtigkeit nicht einmal anstreben, den Gedanken der Gleichheit bewußt verleugnen und die allen Kulturvölkern gemeinsamen Rechtsüberzeugungen, die sich auf den Wert und die Würde der menschlichen Persönlichkeit beziehen, deutlich mißachten», kein Recht schaffen können, sondern daß ihnen die Rechtsnatur fehlt[59], entspricht dem Rechtsempfinden viel unmittelbarer als jede doch nur formal zu verstehende Formel vom «Gesetzescharakter des Führerwillens», die eine eigene, resonanzhafte Wertung und inhaltliche Tatbeurteilung durch den Täter von vornherein ausschloß.

Im Dritten Reich war «Legalität» nach den Worten v. Hippels «letzten Endes einfach gleichbedeutend geworden mit dem Anspruche des Führers, daß man ihm und seinen jeweiligen Einfällen und Anordnungen in allen Stücken augenblicklich und blind vertraue und gehorche»[60]. Daß dieser Anspruch allerdings überall in einem juristischen Sinne verstanden wurde, ist außerordentlich zweifelhaft. Vielfach werden Hitlers Anordnungen eben auch als das genommen worden sein, was sie waren: als ideologische Parolen und politische Anordnungen.

ein, daß der «Führerwille» damals als Gesetz geachtet und eingeschätzt wurde: vgl. BGHSt 18, 37 = NJW 1962, 2308 sowie BGHSt 18, 367 ff. Das Problem der objektiven Rechtswidrigkeit kann, trotz der immer wieder einmal aufflackernden Diskussion, als geklärt gelten; es hier nochmals aufzugreifen, besteht kein Anlaß. Zur rechtsphilosophischen Seite siehe: Welzel, Vom irrenden Gewissen, 1949, u. a. S. 28: «Eine Norm, die die von ihr betroffenen Menschen nicht mehr als Personen anerkennt, sondern zur bloßen Sache degradiert, ist kein verpflichtendes Recht mehr.»

58 Radbruch: Gesetzliches Unrecht und übergesetzliches Recht, in: Rechtsphilosophie, S. 347 ff. Vgl. dazu Henkel, Einführung in die Rechtsphilosophie, S. 456.

59 BGHSt 2, 234 ff., 238 f., sowie die Anm. 57 erwähnten Entscheidungen.

60 v. Hippel, Die nationalsozialistische Herrschaftsordnung als Warnung und Lehre, S. 8.

f) Das «Entrechtungsbewußtsein»

Bei der Beurteilung der rechtspsychologischen Situation der Täter ist natürlich die Lage der Opfer von zentraler Bedeutung. Denn nicht nur die eigene Lage der Funktionäre, ihre Befehls-, Gehorsams- und Eidesbindung, ließ Rückschlüsse auf die rechtliche Situation zu, sondern gerade die Totalentrechtung der Opfer zeigte mit nicht mehr zu überbietender Drastik, daß die Normen, die im SS-Apparat befolgt wurden, reine Machtnormen waren, organisatorische Normen zur Steuerung des Terrors, denen der Charakter von Rechtssätzen fehlte.

Das Verfolgungsverbrechen ist auch nicht, wie andere Straftaten, Verstoß gegen eine einzelne Norm, die Teil einer umfassenden, in der Gemeinschaft gelebten und praktizierten Gesamtrechtsordnung ist, sondern Mitwirkung an einem kollektiven Frontalangriff gegen das Recht an sich, d.h. Teilnahme an der Verwirklichung eines technisch durchorganisierten Ausnahmezustandes absoluter Rechtlosigkeit für einzelne und Gruppen, die somit nicht nur in bezug auf bestimmte geschützte Rechtsgüter beeinträchtigt und geschädigt wurden, sondern denen «das Recht, Rechte zu haben»[61], überhaupt genommen wurde. Diese Situation kam auch nicht einfach über Nacht, sondern war ein progredienter, sich allmählich steigernder «Zustand der Gesetzlosigkeit in Permanenz»[62], der gewissermaßen aus einer ursprünglich dem Recht verhafteten Vergangenheit, die die meisten Täter noch gekannt, in der sie sogar ihre Wertungen «gelernt» hatten, hervorwuchs. Sämtliche Attribute dieses Zustandes, der sich als «konzentrationäre» Ausnahmewelt etablierte und auch äußerlich gegen die Gesamtheit weitgehend – und für jeden Beteiligten erkennbar – abschirmte, waren der sozial regulierenden, an allgemeine Wertungen anknüpfenden Natur des Rechts diametral entgegengesetzt.

Die Normen der Verfolger lauteten ja gerade: «Die Ungleichen oder als ungleich gebrandmarkte Menschen sollen aller ihrer Rechte bis zum Recht aufs Leben entkleidet werden ..., der Verfolgte ist von jeder Menschenwürde auszuschließen, er ist aller Mittel zu berauben, er soll unstet gemacht werden, in Furcht und Angst vogelfrei vege-

61 Hannah Arendt, Elemente, S. 48.

62 Hannah Arendt, a.a.O., S. 173. Siehe zu dieser Problematik auch Jäger, MschrKrim 45 (1962) S. 73 ff., 76.

tieren, er soll vertrieben und schließlich vernichtet werden.»[63] Die Destruktion überschritt also die Dimension der Teilverletzung des Menschen, die wir sonst meinen, wenn wir vom Verbrechen als einer Rechtsgüterverletzung sprechen; sie wurde vielmehr zum Angriff auf den Menschen selbst, aber auch auf das Recht in seiner Totalität und nicht nur in seiner einzelnen Norm[64]. Die Widerrechtlichkeit in diesem Sinne – d.h. das Bestehen eines auf Entrechtung gerichteten Zustands – war demnach nicht nur eine Sache des Bewußtseins, sondern geradezu die Intention, die hinter dem ganzen Vorgang stand. Die Verfolgungssituation selbst, deren massenwahnhafte Antriebe[65] auch für denjenigen einsichtig waren, der von ihnen nicht unmittelbar beherrscht wurde, war in ihrer psychologischen Struktur allem Recht und Rechtsbewußtsein so direkt entgegengesetzt, daß ihr rechtszerstörerischer Charakter im Grunde für jeden instinktiv erfaßbar war. Dennoch kann man nicht sagen, ja man muß bezweifeln, daß sich diese Erkenntniselemente immer zu einem Bewußtseinsinhalt verdichteten, den man als «Unrechtsbewußtsein» oder auch nur «Wertgefühl» bezeichnen könnte.

Daher stellt sich die Frage, ob nicht allein die Faktenkenntnis eines solchen Entrechtungsprozesses ausreichen müßte, um die Strafbarkeit zu begründen, ohne Rücksicht darauf, ob es für den einzelnen Täter rechtsbezogene Gedanken tatsächlich gegeben oder ob er irgendwelche Gewissensregungen produziert hat, über die wir mit ausreichender Deutlichkeit doch oft nichts aussagen können. Auch hier ist zwar eine inhaltliche Bedeutungskenntnis gemeint, die jedoch für den einzelnen so positiv getönt sein konnte, daß es mißverständlich

63 Im Sinne der Formulierung von H. G. Adler, Die Erfahrung der Ohnmacht, S. 203.

64 Zur Gesamtproblematik: v. Hippel, Die Perversion von Rechtsordnungen, hier vor allem die Ausführungen zur doppelten Rechtsordnung der deutschen Konzentrationslager auf S. 105 ff. Siehe auch: Jäger, a. a. O., S. 76 f.

65 Zum Phänomen des Massenwahns: Hermann Broch, Massenpsychologie (1959), ersch. in den Ges. Werken, sowie: A Study on Mass Hysteria, in seinen Essays, Bd. 2 (1955), ebenfalls Ges. Werke. Dazu die neuere massenpsychologische Literatur, soweit sie das spezielle Problem der Verfolgung und nationalsozialistischen Massenkriminalität aufgreift, wie das etwa in den Arbeiten von Reiwald der Fall ist. H. G. Adler bemerkt in einem Beitrag zu einer Soziologie der Verfolgung: «Der Antrieb zu jeder Verfolgung entstammt aber einem Wahn, zumindest einem verbrecherischen Willen, der es zum Irrsinn nicht weit hat.» Die einschlägigen Publikationen, z.B. zum Phänomen des Antisemitismus wie zur Psychologie des Vorurteils, sind so zahlreich, daß wir sie hier nicht aufführen können.

wäre, sie noch mit dem Begriff des Unrechtsbewußtseins zu bezeichnen.

g) Fehlendes Unrechtsbewußtsein

Die aufgeworfene Frage ist um so eher berechtigt, als es Fälle in nicht gut abschätzbarer Zahl gibt, in denen die Gerichte zwar auf Grund äußerer Indizien oder eigener nachträglicher Aussprüche der Angeklagten das Unrechtsbewußtsein bejahen, in denen es jedoch aufrichtiger, d.h. psychologisch angemessener wäre, die Frage des Unrechtsbewußtseins und damit auch die schwierige Frage der Vermeidbarkeit des Irrtums offenzulassen, ohne damit gleichzeitig die Strafbarkeit zu verneinen.

Es sind dies jene Fälle, in denen es kühn erscheint, überhaupt irgendwelche rechtsbezogenen Wertungen, gleichgültig welcher Art und von welcher Deutlichkeit, im Bewußtsein des Täters zu vermuten, weil alle Anzeichen darauf hindeuten, daß «ein Ding wie Recht» (im Sinne der anfänglich zitierten Formulierung Jacksons) zur Tatzeit für ihn nicht existierte. Es wäre ungerechtfertigt – und im Hinblick auf den Strafzweck der rechtspsychologischen Bewußtseinsbildung, den die Prozesse mit zu berücksichtigen haben, auch ganz sinnwidrig –, gerade hier die Strafbarkeit in Frage zu stellen oder sich, nur weil die Fixierung der Rechtsprechung an bestimmte Schulderfordernisse nicht zu lösen ist, in den Bereich psychologischer Spekulation zu verlieren. Im Bereich der Kollektivkriminalität sind nun einmal sonst unbekannte Divergenzen zwischen objektivem Recht und massenpsychologisch entstelltem Wertbewußtsein denkbar, die zu Lasten derer gehen müssen, die in solchen Zuständen schwerste Verbrechen verüben. Es wäre unangemessen, gerade hier die Strafbarkeit entfallen zu lassen, die man bei Tätern in Gewissenskonflikten wegen ihres intakten Unrechtsbewußtseins bejahen müßte.

Das Strafrecht zieht denn auch diese Konsequenz praktisch nicht, sondern behilft sich, soweit nicht Befehlstaten mit eingeschränkter strafrechtlicher Verantwortlichkeit in Frage stehen, mit der Konstruktion des vermeidbaren Verbotsirrtums oder betrachtet den Begriff der Rechtsblindheit als notwendige Ergänzung der allgemeinen Irrtumsregelung, eine Begrenzung, die darauf hinzielt, nur dem rechtlich eingestellten Täter den Rechtsirrtum nicht zum Vorwurf zu machen[66]. Diese Einschränkung müßte m. E. auch für die Fälle des § 47 MStGB – d. h. die Befehlstäter – gelten[67].

Handelt es sich um Täter, die sich durch dauernde verbrecherische Handlungen allmählich aus allen sittlichen und rechtlichen Wertbezügen gelöst haben, so wird die Strafbarkeit oft auf die Annahme einer «Lebensführungsschuld» gestützt, die den Schuldvorwurf auch bei solchen Taten ermöglicht, bei denen ein Unrechtsbewußtsein nicht mehr bestand[68]. Es wird hier nicht nur die Tatschuld gewertet, sondern die gesamte frühere kriminelle und antisoziale Lebensführung mitberücksichtigt[69]. Auch Schmidhäuser meint: «Eine besondere Art von Abstumpfung ergab sich auf Grund staatlicher Anordnung der Verbrechen und Herausnahme der Täter aus jeder Strafverfolgung ... Hier wird man wohl kaum davon ausgehen können, daß der jeweilige Täter sich bei jeder Tötung des Unrechts seiner Tat bewußt gewesen sei. Es ist schrecklich genug, daß man hier u. U. eine Mechanisierung des Tötens annehmen muß, die einen Wertkontakt mit dem jeweiligen Menschenleben, das vernichtet wurde, gar nicht mehr aufkommen ließ. Aber ich sehe keine Bedenken, hier eine Strafbarkeit unter dem Aspekt eines vorangehend-aktuellen Unrechtsbewußtseins zu bejahen.»[70]

Auch hier ist aber die Gefahr einer psychologischen Fiktion groß. Ist es schon schwer, die Bewußtseinslage zur Tatzeit einigermaßen deutlich zu erkennen, so ist es fast unmöglich, über vorangehende innere Entwicklungen, die gar nicht zum Gegenstand des Verfahrens und der Ermittlungen gehören, etwas nur einigermaßen Tragfähiges auszusagen. Das Schuldstrafrecht ist hier offenbar an eine seiner Gren-

66 Siehe etwa: Mezger, Rechtsirrtum und Rechtsblindheit, in: Kohlrausch-Festschrift, S. 180 ff.; entspr. auch Jescheck, Die Verantwortlichkeit der Staatsorgane nach Völkerstrafrecht, S. 253.

67 So – allerdings abweichend von der wohl überwiegenden Meinung – OLG Freiburg JZ 1951, 85. Zur Prüfungspflicht des Befehlsempfängers bei § 47 MStGB: BGH 4 StR 44/57. Der BGH macht die Bereitschaft, Befehle, deren Ausführung gegen elementare Grundsätze menschlichen Zusammenlebens verstoßen, einer Gewissensprüfung zu unterziehen, dem Untergebenen zur Pflicht. Ausführlicher oben im Text bei Anm. 55.

68 Vgl. BGHSt 2, 194 ff., 209.

69 Mezger-Blei, Strafrecht Allg. Teil, 9. Aufl., S. 293.

70 Schmidhäuser, Über Aktualität und Potentialität des Unrechtsbewußtseins, in: Festschrift für H. Mayer, S. S. 333.

zen gelangt; bei der Gefährlichkeit solcher «Menschheitsverbrechen» (H. Arendt und K. Jaspers) können wir es uns wohl kaum leisten, sie zu respektieren[71].

h) Überleitung zum empirischen Teil

Bei den nun folgenden Untersuchungen zur Symptomatik des Unrechtsbewußtseins werden wir uns sinnvollerweise an die sich aus der bisherigen Darstellung ergebende Dreiteilung halten, d.h. zunächst die Unterschiede zwischen ideologischem Normbewußtsein und Unrechtsbewußtsein, dann die Erkennbarkeit der formellen Rechtsverletzung und schließlich die mehr psychischen Reaktionsweisen behandeln. Daran wird sich noch ein Abschnitt anschließen, der bestimmte, sich auf das individuelle Gewissen und Verantwortungsbewußtsein destruktiv auswirkende kriminologische Faktoren anzudeuten versucht.

71 In diesem Sinne meint denn auch Bauer in einem mir als Manuskript zur Verfügung gestellten Vortrag aus dem Jahre 1961 («Das Problem der Schuld im Strafprozeß mit politischem Hintergrund»): die Frage nach einem Unrechtsbewußtsein im Dritten Reich sei bei den Nazis und ihren konformistischen Mitläufern sinnlos. Kritisch zur heutigen Rechtsprechung auch: Bauer, Im Namen des Volkes, in: Zwanzig Jahre danach, 1965, S. 301ff., insbes. 305; die Kritik läuft darauf hinaus, die naturrechtliche Konzeption eines «Kernbereichs des Rechts» konsequenterweise auch auf die Frage des Unrechtsbewußtseins zu übertragen, d.h. das Gewissen zu fingieren.

2. Ideologische Wertungen

Die ideologische Vorstellungswelt der Täter ist nur in engen Grenzen der Erkenntnis zugänglich. Insbesondere wissen wir nichts, oder doch so gut wie nichts, über die Wirkungen ideologischer Massensuggestion auf das individuelle Bewußtsein, und obwohl gelegentlich die Möglichkeit psychologischer Untersuchungen dieses Problems angedeutet wird[72], ist doch bisher nicht recht zu erkennen, mit welchen Methoden sie durchgeführt werden könnten.

Trotz dieser wenig günstigen Ausgangslage ist es doch sinnvoll, den ideologischen Aspekt aus der rechtspsychologischen Analyse nicht völlig herauszulassen. Denn einmal lassen sich aus den bisher vorliegenden Arbeiten über totalitäre Herrschaft, insbesondere den grundlegenden Werken von H. Arendt, H. Buchheim, J. C. Fest, C. J. Friedrich u. a., Einsichten gewinnen, die für die Deutung der Grundstruktur der totalitären Geisteshaltung und damit des Gesamtphänomens der totalitären Kriminalität von Bedeutung sind, auch wenn sie nicht ohne weiteres auf jeden konkreten Einzelfall übertragbar sind. Wir können beispielsweise nach bestimmten in der totalitären Ideologie selbst enthaltenen Denkformen fragen, die für das Problem des Unrechtsbewußtseins aufschlußreich sind. Dabei ist allerdings eine umfassende und eigenständige Analyse der geistigen Situation im totalitären Herrschaftssystem nicht beabsichtigt, weil sie notwendig den Rahmen dieser Arbeit sprengen würde.

Außerdem lassen sich gerade unter ideologischem Aspekt einigermaßen präzise Aussagen über das «offizielle Klima» im nationalsozialistischen Staat machen, d.h. über die Normvorstellungen seiner führenden Repräsentanten, deren Reden, Äußerungen und Schriften uns überliefert sind. Gerade nämlich dann, wenn man die ideologische Indoktrination, der die Täter ausgesetzt waren, als kriminologischen Faktor ernst nimmt und sie als psychologisch folgenreichen Gleichschaltungsprozeß auffaßt, der auf Anpassung des individuellen Denkens und Reagierens an die offizielle Doktrin gerichtet ist, also gerade nicht individuelle, sondern kollektivierte, uniforme Wertvorstellungen erzeugt, wird man gewisse mittelbare

72 So etwa Wegner, in: Mat. I., S. 357ff., 393 (vgl. bereits oben Anm. 2).

Schlüsse auch auf die Bewußtseinslage innerhalb des Funktionärsapparats ziehen können, auch wenn nicht jeder einzelne Funktionär in gleichem Maße an ihr partizipierte.

a) Rechtfertigungstheorien

Kennzeichnend für die totalitäre Geisteshaltung war zunächst, daß sie den Terror nicht juristisch, sondern mit Hilfe von «Theorien» zu rechtfertigen suchte, indem sie seine Notwendigkeit, nicht seine Rechtmäßigkeit suggerierte. Die Instanz, auf die sich das Regime dabei berief, war nicht die Rechtsordnung, der «kleinliche Buchstabe des Gesetzes», sondern eine «höhere» Ordnung: die Geschichte, die Natur, die Vorsehung, die kosmische Weltordnung, deren «unerbittliche» und «ewige» Gesetze der Terror vollstrecken sollte[73]. Die Rechtfertigungen, die die nationalsozialistischen Machthaber für ihre verbrecherischen Maßnahmen zu haben glaubten, waren auf einen metaphysisch-religiösen Grundton gestimmt, und es trifft daher den wahren Sachverhalt, wenn der Nationalsozialismus gelegentlich als politische Ersatzreligion oder Glaubensbewegung verstanden worden ist[74]. Auch der Völkermord ist von seinen Urhebern niemals ausdrücklich als legal im Sinne menschlicher Gesetze interpretiert worden, sondern als Maßnahme, deren «historische Notwendigkeit» sich aus der vermeintlichen Kenntnis der Naturgesetze und determinierten Geschichtsabläufe herleiten ließ. Eine Harmonisierung dieser «Maßnahme» mit der Rechtsordnung erschien entbehrlich: wer dem «Gesetz der Geschichte» gehorchte und die «ewigen Prinzipien der Natur» auf seiner Seite glaubte, brauchte dem Strafgesetzbuch von 1871 und den anderen im Staat geltenden Normen keine wesentliche Bedeutung mehr beizumessen.

73 Siehe dazu die in Anm. 75 erwähnte Literatur.

74 Z.B. Hofer, Der Nationalsozialismus, S. 15; siehe dazu aber auch Gamm, Der braune Kult, S. 24, u.a. Die pseudoreligiöse Interpretation entspricht auch dem nationalsozialistischen Selbstverständnis, was allein schon aus der Bedeutung von Begriffen wie «Glauben», «Mythus», «Orden», «Weltanschauung» usw. hervorgeht. Baldur v. Schirach: «Wir glaubten einfach»; oder auch: «Für uns Deutsche ist alles Religion»; zit. nach J. C. Fest, a. a. O., S. 300. Kogon, SS-Staat, S. 1, spricht von den «entfesselten Willenskräften, von Mythen und Interessen getrieben».

Diese Geisteshaltung, die wir hier nicht weiter zu entfalten brauchen, zumal sie in den vergangenen Jahren von der Totalitarismusforschung viel eingehender und kompetenter analysiert worden ist, als es an dieser Stelle geschehen könnte[75], ist in den Reden und Äußerungen führender Nationalsozialisten und als Grundzug der weltanschaulichen Propaganda vielfältig nachweisbar. Hitler selbst, bei dem sie am umfassendsten zutage tritt, war bereits in seinen politischen Anfängen von der Idee besessen, daß sich menschliches Denken und Handeln gewissermaßen mit den grausamen Gesetzen der Natur verbünden müsse. Zu diesen Gesetzen gehörte für ihn der «Wille der Natur zur Höherzüchtung des Lebens«, der nur durch den restlosen Sieg des «Höherwertigen» über alles «Minderwertige» zu verwirklichen war. «Der Stärkere», heißt es in «Mein Kampf», «hat zu herrschen und sich nicht mit dem Schwächeren zu verschmelzen, um so die eigene Größe zu opfern.» Dies als grausam zu empfinden, erschien ihm als Dekadenz; denn: «würde dieses Gesetz nicht herrschen, wäre ja jede vorstellbare Höherentwicklung aller organischen Lebewesen undenkbar». Deshalb wollte er die «Korrektur zugunsten des Besseren»; diese werde, meinte er, von der Natur besorgt, indem sie «den schwächeren Teil so schweren Lebensbedingungen unterwirft, daß schon durch sie die Zahl beschränkt» und eine «neue, rücksichtslose Auswahl nach Kraft und Gesundheit» getroffen werde. Der Versuch des Menschen, sich gegen diese «eiserne Logik der Natur aufzubäumen», müsse zwangsläufig zu seinem eigenen Untergang führen; deshalb müsse er sein Leben «der Erkenntnis und rücksichtslosen Anwendung eherner Naturgesetze» unterstellen. Die Erhaltung des Menschen sei an diese «Gesetze», vor allem das

75 Z.B. H. Arendt, Elemente, u.a. S. 251, 257, 258, 259, 263, 265. Außerdem: C. J. Friedrich, Totalitäre Diktatur, S. 15, u. a.; H. Buchheim, An. I., S. 257 ff., u. a. 262, 328, 332; vorher schon in: Studien und Berichte, S. 98 ff., sowie: Totalitäre Herrschaft, S. 52 ff. Arthur Miller, Die Frage ohne Antwort, in: «Die Welt» vom 21. 3. 1964, spricht davon, daß der Mensch den «Mord in der Verkleidung der sozialen Notwendigkeit» akzeptiere. Kolakowski wendet sich in seinem Buch «Der Mensch ohne Alternative», S. 90, «gegen den Versuch, die Pflicht aus der Notwendigkeit abzuleiten und die Kriterien der moralischen Beurteilung aus der vermeintlichen Kenntnis der geschichtlichen Gesetzmäßigkeit zu gewinnen»; seine Kritik richtet sich also gegen eine normative Interpretation der Geschichtsphilosophie. Psychologische Studien zur totalitären Geisteshaltung enthält das Anm. 5 erwähnte Werk von J. C. Fest. Zur historischen Bedeutung des Begriffes «historische Notwendigkeit» im revolutionären Denken siehe auch H. Arendts Werk «Über die Revolution», u. a. S. 64 ff.

«Gesetz der Notwendigkeit und des Rechtes des Sieges des Besten und Stärkeren», gebunden[76].

Nach der Erlangung der Macht betrachtete Hitler sich in geradezu messianischem Sinne als Vollstrecker dieser «Gesetze», als das «Werkzeug der Vorsehung»[77], das die «ewigen» Prinzipien der Natur verwirklichte[78]. Diese «Naturgesetze» galt es zu erforschen, «damit man sich nicht gegen sie stellt; es hieße das sonst, sich auflehnen gegen das Firmament!»[79] Zu den Gesetzlichkeiten in diesem Sinne gehörte für ihn etwa das «einfache Gebot: Vogel, friß oder stirb, setze dich durch oder werde vernichtet, erhalte dir dein Leben oder gib es für andere»![80] In einer Geheimrede, die Hitler am 30. Mai 1942 vor dem deutschen Offiziersnachwuchs hielt, philosophierte er darüber, daß der «Kampf, der uns überall umgibt .., in der Folge zu einer unentwegten und ewigen Auslese, zu der Auslese des Besseren und Härteren», führe; er erblickte darin «die Weltordnung der Kraft und Stärke», das in der Welt herrschende «Gesetz».[81]

In einer am 22. Juni 1944 – ebenfalls vor Offiziersanwärtern – gehaltenen Rede heißt es: «Die Natur lehrt uns bei jedem Blick in ihr Walten, daß ... das Prinzip der Auslese sie beherrscht, daß der Stärkere Sieger bleibt und der Schwächere unterliegt. Sie lehrt uns, daß das, was den Menschen dabei oft als Grausamkeit erscheint, weil er selbst betroffen ist oder weil er durch seine Erziehung sich von den Gesetzen der Natur abgewandt hat, im Grunde doch notwendig ist, um eine Höherentwicklung der Lebewesen herbeizuführen.» Die Natur, so heißt es weiter, «kennt vor allem nicht den Begriff der Humanität, der besagt, daß der Schwächere unter allen Umständen zu fördern und zu erhalten sei, selbst auf Kosten der Existenz des Stärkeren ... Die Natur kennt in der Schwäche keinen Milderungsgrund, ... im Gegenteil, die Schwäche ist der Grund zur Verurteilung ...» Dementsprechend sah Hitler im Krieg «das unabänderliche Gesetz des ganzen Lebens, die Voraussetzung für die natürliche Auslese des Stärkeren» und zugleich den «Vorgang der Beseitigung des Schwächeren». Dieses dem Menschen grausam erscheinende, «vom

76 Mein Kampf, Bd. 1, S. 310 ff.
77 Picker, Hitlers Tischgespräche, S. 84.
78 H. Arendt, Elemente, S. 258, 265.
79 Picker, Tischgespräche, S. 153.
80 Rede vom 24. 12. 1940 vor der Leibstandarte (n. einer Originaltonaufnahme).
81 Picker, Tischgespräche, S. 494.

Standpunkt der Natur selbstverständlich weise» Gesetz wollte er durch Krieg, Kampf und Terror verwirklichen. Er nahm also gewissermaßen den Standpunkt der Natur, nicht des Menschen ein; denn «ein Wesen auf dieser Erde wie der Mensch kann sich nicht dem Gesetz entziehen, das für alle anderen Wesen auch gültig ist»[82]. Richtig war für ihn, was den Vorgängen der Natur entsprach; diese habe alles vorgemacht, und das Richtigste sei daher, der «Natur» ihre Gesetze abzusehen[83].

Diese «Gesetzmäßigkeit» im totalitären Sinne hatte also, wie an diesen wenigen Zitatstellen bereits deutlich wird, mit Gesetz und Recht im juristischen Sinne nicht das geringste zu tun, sondern es handelte sich um eine vulgärdarwinistische, in der «Rassentheorie» kulminierende Geschichts- und Naturinterpretation, die dazu herhalten mußte, bestimmte aggressive Vorurteile und machtpolitische Tendenzen ideologisch zu überbauen, indem sie den Terror als zwangsläufige Konsequenz einer dem natürlichen Geschehen immanenten Regelhaftigkeit erscheinen ließ. Von naturrechtlichen Vorstellungen unterscheidet sich diese Anschauungsweise bereits dadurch, daß sie ausschließlich an Faktizitäten, nämlich Gewaltverhältnisse, anknüpft und daß ihr jedes Bestreben fehlt, den natürlichen Daseinskampf unter die Kontrolle rationaler und sozialer Wertregulative zu bringen[84]. Selbstverständlich ist das «Recht des Stärkeren» keine rechtliche Kategorie in einem irgendwie gearteten Sinne, sondern die euphemistische Umschreibung eines Machtzustandes oder Machtwillens. Aber auch mit «Naturgesetzen» haben die «Gesetze» des Terrors nichts zu tun. Der Unterschied zu naturwissenschaftlichen Erkenntnissen besteht vor allem darin, daß sie nicht auf methodisch exakte und wissenschaftlich voraussetzungslose Weise gefunden, sondern auf dem Wege vorurteilshaft gesteuerter und durch Interessen beeinflußter Spekulation konzipiert wurden.

Bestimmte, oft ganz dilettantisch erdachte und eklektisch zusammengelesene Behauptungen, die triebhaften Bedürfnissen entsprangen und vielfach auf dem Niveau des finstersten Aberglaubens standen, wurden zur «Weltanschauung» zusammengefügt und zur offiziellen Doktrin erhoben, um aus ihr eine politische Gewaltmoral ableiten zu können: aus den Naturgesetzen der Auslese und Ausmerze

82 Zit. nach Krausnick, An. II, S. 296 f.
83 Picker, Tischgespräche, S. 382.
84 Vgl. hierzu etwa: Henkel, Rechtsphilosophie, S. 400.

die Vernichtung der «Minderwertigen», aus dem Kampf ums Dasein die Lehre vom «Rassenkampf», aus dem «Willen der Natur zur Höherzüchtung» die Herrenrassenmoral. Das eigentlich Absurde, ja Wahnhafte dieser Theorien ist die dem Sozialdarwinismus entlehnte Vorstellung, Naturgesetze seien nicht nur dazu da, wissenschaftlich erkannt zu werden, sondern sie müßten auch befolgt und in politische Aktion umgesetzt werden: der Mensch müsse also die Natur in ihrer unmenschlichen Härte unterstützen, ihrer Unerbittlichkeit gleichsam durch Terror noch «nachhelfen»[85] und sich auf diese Weise die Gesetze des Kampfes aller gegen alle zu eigen machen. So meinte Hitler: «Der Kampf hat den Menschen groß gemacht . . . Welches Ziel der Mensch auch erreicht hat, er verdankt es seiner Schöpferkraft und seiner Brutalität.»[86]

Die Orientierung an außerrechtlichen Maßstäben, obwohl bei Hitler besonders deutlich nachweisbar, ist auch bei vielen seiner Anhänger erkennbar. Sie wollten «vor der Geschichte ihre Aufgabe erfüllen»[87], das «ewige Leben unseres Volkes erringen»[88], die «Gesetze des Lebens» befolgen, «die in Härte und Brutalität immer und immer wieder das Schwache vernichten, sobald es zur Gefahr für den Bestand der Rasse wird»[89]. Auch Himmler sprach vom «Gesetz der Auslese und Härte» und nannte «Blut, Auslese, Härte» den Grundsatz, auf den man sich besinnen müsse[90]. Das «Blut» war für ihn «eines der heiligsten Gesetze der Zukunft», die er seiner SS «einzuimpfen» versuchte[91]. Eine Auslese der Schwachen sollte auch in den eigenen Reihen betrieben werden. «Gut, knacksen sie zusammen», rühmte Himmler das «Gesetz», «wunderbar, das ist ein Selektionsprozeß der Natur! Am Schluß bleiben, wie immer im Kampf dieser Natur und in der Welt dieses Herrgotts, die übrig, die die Stärkeren sind»[92].

85 Krausnick, An. II, S. 295.
86 Nach Hofer, Der Nationalsozialismus, S. 17.
87 So etwa Heydrich, zit. nach Buchheim, in: Studien und Berichte, S. 99.
88 So Parteirichter Buch in einem Schreiben an Himmler, zit. nach Honolka, Kreuzelschreiber, S. 87.
89 Walter Groß, Leiter des Rassenpolitischen Amtes der NSDAP, in Nürnberg am 1. 9. 1933 (nach einer Originaltonaufnahme).
90 Fraenkel/Manvell, Himmler, S. 132.
91 A. a. O., S. 131.
92 Rede in Posen am 3. 8. 1944 (nach einer Originaltonaufnahme).

b) Verachtung des Rechts

Es versteht sich, daß in dieser Vorstellungswelt das Recht keinen Platz hatte. Für Hitler selbst gab es «nur ein Recht in der Welt, und dieses Recht liegt in der eigenen Stärke» [93]. Wenn er überhaupt von «Recht» sprach, so meinte er damit nicht «das sogenannte Recht, das sich Menschen setzen», sondern «das Recht, das die Natur selbst aufstellt, nämlich das Recht der Kraft und der Stärke» [94]. Da er seine Rechtsbegriffe aus «ewigen Gesetzen des Naturgeschehens» ableitete, erkannte er, wie Percy Ernst Schramm in seinen Erläuterungen zu den «Tischgesprächen» bemerkt, «das geltende Recht nur insoweit an, als es mit diesen in Einklang stand, und er fühlte sich berechtigt, es umzustürzen oder zu durchbrechen, wenn es in seinen Augen rückständig war, das heißt, diesen ‹ewigen Gesetzen› noch nicht entsprach» [95].

Für die totalitäre Herrschaft ist demnach typisch, daß ihre maßgeblichen Repräsentanten glaubten, «eine Welt herstellen zu können, die von sich aus, unabhängig vom Handeln der Menschen in ihr, gesetzmäßig ist, in Übereinstimmung mit den die Welt eigentlich durchwaltenden Gesetzen funktioniert», und es sich daher auch leisten zu können, «mit dem kleinlichen Buchstaben positiv erlassener Gesetze nach Belieben umzugehen» [96]. Hitlers Verachtung des Rechts ist auch aus seiner wenig schmeichelhaften Meinung über die Juristen abzulesen, die für ihn «von Natur defekt», «verrückt», «vollendete Trottel» und «spintisierende Erfinder sogenannter Rechtsfragen» waren, die für die Natur keine Rolle spielen. Er stellte sie den Verbrechern gleich und meinte, auch in der Internationalität gäbe es zwischen beiden keinen Unterschied. Bekanntlich wollte er «nicht eher ruhen, bis jeder Deutsche einsieht, daß es eine Schande ist, Jurist zu sein» [97]. Hans Frank sprach nach dem Zusammenbruch des Systems davon, das Entsetzliche an Hitler sei seine Verachtung für das Recht und das Richtertum gewesen [98].

Die Indifferenz gegenüber rechtlichen Wertungen, ja die feindliche

93 Rede aus dem Jahre 1928, zit. bei Hofer, S. 37.

94 Rede vom 22. 6. 1944, zit. in An. I, S. 300.

95 P. E. Schramm, in: Picker, Tischgespräche, S. 88.

96 H. Arendt, Elemente, S. 258.

97 Picker, Tischgespräche, S. 48, sowie: Schorn, Der Richter im Dritten Reich, S. 10–13.

98 Vgl. Schorn, a. a. O., S. 11.

Ablehnung des Rechts überhaupt, das nur ein Hemmnis für die politische Aktivität war, ist auch bei anderen hohen Nationalsozialisten erkennbar; gleichzeitig zeigt sich aber auch, daß ihnen die Normen der Rechtsordnung nicht unbekannt waren und daß sie sie nicht als abgeschafft oder inexistent ansahen. Auch Hitler wußte natürlich, daß es außer seinem «Recht des Stärkeren» noch eine «menschliche», von den Gerichten praktizierte Rechtsordnung gab. Bei manchen Führern äußerte sich ihr Verhältnis zum Recht in aggressiver und provozierender Weise. So erklärte Göring bereits 1933: «Meine Maßnahmen werden nicht angekränkelt sein durch irgendwelche juristischen Bedenken ... Hier habe ich keine Gerechtigkeit zu üben, hier habe ich nur zu vernichten und auszurotten, weiter nichts!» [99] In einer anderen Rede desselben Jahres heißt es: «Ich danke meinem Schöpfer, daß ich nicht weiß, was objektiv ist ... Wenn Sie sagen, da und dort sei einer abgeholt und mißhandelt worden, so kann man nur erwidern: Wo gehobelt wird, da fallen Späne ... Ruft nicht so viel nach Gerechtigkeit, es könnte sonst eine Gerechtigkeit geben, die in den Sternen steht und nicht in euren (!) Paragraphen!» [100] Die Vorstellung, bei der Erreichung der «großen Ziele» des Nationalsozialismus brauche das zumeist noch «rückständige» Recht nicht beachtet zu werden, kehrt in den Äußerungen der Machthaber immer wieder. Nach dem Reichstagsbrand beispielsweise äußerte Hitler in einer Kabinettsitzung, daß jetzt eine rücksichtslose Auseinandersetzung mit der KPD dringend geboten sei. Der psychologisch richtige Moment für diese Auseinandersetzung sei jetzt gekommen, und diese dürfe «nicht von juristischen Erwägungen abhängig gemacht werden» [101]. Auch als später die Vernichtungsaktionen in Polen einsetzten, vertrat er die Auffassung, harter Volkstumskampf dulde keine gesetzlichen Grundlagen [102]. Die nationalsozialistischen Führer glaubten, vom Recht entbunden zu sein: ihre Absichten vertrugen keine juristischen Fesseln. «Man kann bisherige Anschauungen nicht auf solche gigantischen, einmaligen Ereignisse übertragen», meinte Frank [103]. Und Goebbels schrieb am 8. Mai 1943 über die

99 Schorn, a. a. O., S. 64; sowie J. C. Fest, a. a. O., S. 110.

100 Zit. nach Fest, a. a. O., S. 110f.

101 Protokoll der Sitzung des Reichskabinetts v. Vorm. d. 28. 2. 1933, in BA: R 43 /1459, S. 756ff.

102 H. Krausnick, Hitler und die Morde in Polen, Vjh. f. Zeitgesch. 11 (1963), H. 2, S. 196ff., 202.

103 Langbein, Wir haben es getan, S. 47.

Judenvernichtung in sein Tagebuch, daß humanitäre Gegenargumente «natürlich in diesem Zusammenhang überhaupt keine Bedeutung besitzen. Dem Judentum gegenüber kann nicht von Humanität die Rede sein, das Judentum muß zu Boden geworfen werden.» Er fügte hinzu: «In diesem Zusammenhang können wir natürlich Fragen von Recht und Unrecht überhaupt nicht zur Diskussion akzeptieren.» [104] Eine Äußerung, die bestätigt, daß er die Vernichtung nicht als legale, sondern nur als ideologisch gerechtfertigte Maßnahme betrachtete.

Es ist schwer, ja fast unmöglich, entscheiden zu wollen, welche Spuren die wahnhaften Theorien der Machthaber im Bewußtsein der einzelnen Funktionäre und damit der ausführenden Täter, deren rechtliche Bewußtseinslage uns hier in erster Linie interessiert, hinterlassen haben. Kaum jemals haben ihre Anschauungen sich in Aufzeichnungen niedergeschlagen, die uns heute dokumentarisch zugänglich wären. Die wenigen Hinweise, die es auf ihre ideologische Vorstellungswelt gibt, zeigen allerdings, daß der Terror in erster Linie unter dem Aspekt seiner «Richtigkeit» und «Notwendigkeit», nicht seiner «Rechtmäßigkeit» bewertet wurde, daß das Gefühl, gerechtfertigt zu sein, also außerrechtlich motiviert war; so etwa in dem überlieferten Ausspruch eines Auschwitz-Funktionärs: «Ja, es ist grausam, die Juden auszurotten, aber man muß hart sein können, wenn man etwas Großes durchführen will. Das macht ja eben den Führer, daß er auch hart sein kann bei der Verfolgung seines Zieles, das er als richtig erkannt hat. Die Juden müssen ausgerottet werden, sie sind eine Gefahr für das deutsche Volk.» [105] Auch die Zweifel, die manche in Auschwitz an der Vernichtung beteiligten SS-Leute befielen, scheinen sich auf die Frage bezogen zu haben, ob denn dieser extreme Terror wirklich «notwendig» sei [106].

c) Gruppenwertungen

Bei der Analyse der totalitären Verhältnisse wird außerdem deutlich, daß sich innerhalb der nationalsozialistischen Bewegung und speziell

104 Langbein, a. a. O., S. 123.
105 Siehe im Sammelband «Auschwitz» S. 203.
106 Höß, S. 131 f.

im Bereich ihres terroristischen Herrschaftsapparats eine eigenständige Normenwelt entwickelte, die mit der für die Gesamtheit geltenden staatlichen Ordnung und ihren Gesetzen nicht identifiziert werden darf. Viele Anforderungen, die an die totalitäre Gefolgschaft gestellt wurden, ergaben sich nicht aus den allgemeinen Gesetzen, sondern hatten ihre Grundlage in der nationalsozialistischen «Weltanschauung», der der einzelne infolge seiner ideologischen und organisatorischen Eingliederung in die Bewegung und nicht schon infolge seiner Staatszugehörigkeit unterstellt war[107]. Wenn beispielsweise vom Parteimann verlangt wurde, er solle «in blindem Gehorsam die Befehle des Führers ausführen und seinen Willen vollstrecken, in glühendem Fanatismus für die Anschauungswelt des Nationalsozialismus eintreten und kämpfen und nichts versäumen, was der Bewegung dienen könnte»[108], so war damit eine gruppeninterne Pflichtensituation bezeichnet, die sich aus der Bindung an ein bestimmtes ideologisch-politisches Wertsystems, nicht aber aus generell bestehenden Rechtspflichten ergab.

In gesteigertem Maße noch trifft dies auf die SS zu, die sich als «Orden guten Blutes»[109] oder «nationalsozialistischen, soldatischen Orden nordisch bestimmter Männer»[110] betrachtete, der «unabänderlichen Gesetzen»[111] folgte und sich unmittelbar den «durch Adolf Hitler der Bewegung gegebenen Richtlinien» unterstellte[112]. Die Pflichten, die hier galten, die «heiligen Gesetze» der SS[113], waren nicht staatliche Pflichten und Gesetze, sondern ideologische Normbindungen, denen sich der Funktionär durch seinen Konsens unterwarf[114]. Alle Anzeichen sprechen dafür, daß auch nach dem Selbstverständnis der SS diese Pflichtensituation nicht als Ausdruck der allgemeinen Rechtsordnung, sondern als «Dienst an der Weltanschauung» innerhalb einer «verschworenen Gemeinschaft» empfunden

107 Diese Unterscheidung hat Buchheim in seinem Gutachten in der Strafsache gegen Mulka u. a. vorgenommen. Siehe: An. I, S. 257 ff.
108 Goebbels in München am 17. 4. 1944 (nach einer Originaltonaufnahme).
109 Zit. nach Hofer, a. a. O., S. 112.
110 A. a. O., S. 78.
111 A. a. O. 1935 sprach Himmler von den «Gesetzen, die wir uns selbst geben»; vgl. Schnabel, Macht ohne Moral, S. 31.
112 Zit. nach Schnabel, a. a. O., S. 24.
113 Zit. nach Buchheim, An. I, S. 296.
114 Zur Konsenstheorie: Buchheim, a. a. O., 257 ff., 261, 330 f.

wurde[115]: die Angehörigen der SS fühlten sich als Elite einer weltanschaulichen Bewegung; sie handelten nicht einfach als Staatsbürger, sondern «als Nationalsozialisten», d.h. aus einem Gruppenbewußtsein heraus, das sich an den politischen Zielen und Grundsätzen der Bewegung orientierte. Daß es sich hierbei nicht nur um ein Normbewußtsein im Sinne einer Kenntnis offizieller Richtlinien handelte, sondern um eine in der Persönlichkeit, ihren Vorurteilen und Wünschen tief verwurzelte Anschauungsweise, ist oft klar erkennbar; so z.B. bei Höß, der die Pflichterfüllung in der SS als «Selbsthingabe für die Idee» glorifizierte: für ihn – wie für andere – war im Mai 1945 «die Welt untergegangen, unsere Welt»[116].
Auch Eichmann betrachtete den Zusammenbruch nicht nur als das Ende eines politischen Systems, sondern als das Ende einer Denkweise: die «psychische Einstellung allen diesen Dingen gegenüber» sei vorher «eben eine ganz andere als heute» gewesen; vielen Dingen gegenüber, «ob das nun weltanschauliche Dinge sind» oder «letzte Dinge», habe er bis zum 8. Mai 1945 – so genau datierte er die Zäsur! – «einen ganz anderen Standpunkt vertreten» als hinterher[117].
Auch Himmler hat immer wieder den gruppenideologischen Akzent der Pflicht betont. Für ihn war die blinde Befolgung der Ausrottungsbefehle ein «Beweis der Treue zum Führer, wie ihn keine andere Gliederung geben kann und geben will»[118]. Ein aufschlußreicher Satz; denn er zeigt, daß die ideologische Linientreue, der Gehorsam gegenüber Terrorbefehlen, nicht aus der Gesamtordnung, sondern der Gruppenmoral der SS hergeleitet wurde. Auch in seiner Posener Rede kennzeichnete, ja persiflierte Himmler den Gehorsam des Funktionärs als politische Unterordnung unter parteiinterne Normen, als er erklärte: «‹Das jüdische Volk wird ausgerottet›, sagt ein jeder Parteigenosse, ‹ganz klar, steht in unserem Programm, Ausschaltung der Juden, Ausrottung, machen wir.› Und dann kommen sie alle an, die braven 80 Millionen Deutschen, und jeder hat seinen anständigen Juden.»[119] Offensichtlich war mit dieser «Pflichttreue»

115 Siehe etwa bei Schnabel, a. a. O., S. 24, 31.
116 Höß, S. 148.
117 Polizeil. Vernehmungsprotokoll IV, 1931 ff.
118 Nach Aufzeichnungen eines SS-Obersturmbannführers, die mehreren Schwurgerichten vorgelegen haben. Ihre Authentizität ist allerdings zweifelhaft (ZStL). Auszüge in einem Pressebericht über das Urteil im ersten Auschwitz-Prozeß: «Die Welt» Nr. 195 vom 24. 8. 1965.
119 IMT XXIX, 145.

des «klar, machen wir» der Gehorsam des ideologischen Anhängers, das «Parteibewußtsein», gemeint, jedenfalls nicht ein an den staatlichen Gesetzen orientiertes Rechtsbewußtsein.

Ohne die Unterscheidung zwischen ideologischer Gruppennorm und staatlicher Rechtsnorm bliebe uns auch der rechtspsychologische Sinn vieler anderer Äußerungen der damaligen Zeit verschlossen; so etwa einer Äußerung Franks im Zusammenhang mit der Vernichtung der polnischen Intelligenzschicht:

> «Wenn ich hier im Lande nicht die alte nationalsozialistische Kämpfergarde der Polizei und SS hätte, mit wem wollten wir dann diese Politik machen? Das könnte ich nicht mit der Wehrmacht tun, überhaupt mit niemandem; das sind so ernste Dinge, und wir stehen hier als Nationalsozialisten vor einer so ungeheuer schwierigen und verantwortungsvollen Arbeit, daß wir auch nur im engsten Kreise überhaupt über diese Dinge reden können.» [120]

Die Situation unter totalitärer Herrschaft kann also nicht wirklich verstanden werden, ohne daß man den Dualismus erkennt, der sie bestimmte. Zwei verschiedene Normbereiche standen sich gegenüber: Staat und Bewegung, Gesetzesordnung und politische Doktrin, Gesamtheit und Gruppe, Rechtsbefolgung und ideologische Linientreue. Was der Ideologie «notwendig» und «richtig» erschien, brauchte deshalb noch nicht rechtmäßig im Sinne der geltenden Gesetze zu sein – und umgekehrt. Obwohl beide Bereiche oft unlöslich miteinander verflochten waren, und zwar vor allem dort, wo dem Regime die Legalisierung seiner zumeist nicht ganz extremen ideologischen Absichten gelang, darf die Rechtsordnung doch nicht insgesamt als ideologisch pervertiert betrachtet und der hier gemachte Unterschied, auch wenn er auf den ersten Blick hin theoretisch erscheinen mag, gänzlich übersehen werden. Denn wie sollten wir eigentlich ohne ihn die rechtspsychologische Situation, wie sie z.B. für die Täter der Novemberpogrome des Jahres 1938 – der «Kristallnacht» – bestand, interpretieren? Daß der parteiintern gelenkte SA-Mob seine Gewaltakte für politisch richtig hielt und sich im Einklang mit dem Willen der Führung wußte, kann als sicher gelten; ebenso sicher ist aber auch, daß die geheimen Weisungen für die Pogromteilnehmer – bis hin zum primitivsten Funktionär – als rechtswidrig erkennbar waren, hatten sie doch Order, sich durch «Räuberzivil» zu tarnen,

120 Nach Buchheim, An. I, S. 329f.

die Partei nicht als Urheber in Erscheinung treten zu lassen, und sahen sie sich stellenweise sogar mit den – wenn auch eingeschüchterten – Staatsorganen wie Polizei und Feuerwehr konfrontiert[121]. Nicht überall war die Situation so eindeutig. Jedoch trat der Dualismus von Ideologie und Recht auch später immer wieder zutage. So erwähnt Buchheim das Protokoll einer Arbeitstagung der Gestapo über Maßnahmen zur Bekämpfung der Kirchen vom September 1941, in dem es u. a. heißt: «Es hat sich erwiesen, daß politische Vergehen unzweckmäßig in ordentliche Gerichtsverfahren gegeben werden. Bei der noch immer herrschenden politischen Instinktlosigkeit der Gerichtsbehörden ist durchweg mit der Einstellung der Verfahren zu rechnen. Es ist daher in Zukunft der sogenannte hetzende Pfarrer mit staatspolizeilichen Maßnahmen zu bearbeiten.»[122] Was war damit anderes gesagt, als daß wegen der – im Sinne der ideologischen Doktrin – unzulänglichen Gesetze und Justizorgane von nun an rechtswidrig, d. h. ausschließlich nach politischen Grundsätzen, verfahren werden sollte?

Auch folgendes Beispiel läßt nur eine dualistische Deutung zu. Aus einem Schreiben des Einsatzkommandos 8 an den Höheren SS- und Polizeiführer Rußland-Mitte aus dem Jahre 1941 geht hervor, daß ein Major W., in dessen Durchgangslager Juden inhaftiert waren, nicht bereit war, die Gefangenen zur «Sonderbehandlung» herauszugeben. Das Schreiben beklagt sich darüber, daß W. nicht nur die von der Regierung angestrebte «Lösung der Judenfrage» nicht unterstütze, sondern seine eigenen «völlig abwegigen Gesichtspunkte durch kleinliche Auslegung vielleicht militärischerseits bestehender Bestimmungen und Verwaltungsanordnungen zur Anwendung» bringe. Die Bekanntgabe einer solchen Einstellung könne Hemmungen auslösen, besonders dann, wenn der eine oder andere der Beteiligten «weltanschaulich nicht genügend aufgeschlossen und gefestigt» sei[123]. Ganz deutlich stehen sich auch hier wieder rechtliche Gesichtspunkte, die als nebensächlich abgetan werden, und weltanschauliche Linientreue und «Festigkeit» gegenüber.

Eine dualistische Deutung des totalitärischen Herrschaftssystems scheint zunächst verbreiteten Vorstellungen über den «totalen Staat»

121 Dazu allgemein: Graml, Der 9. November 1938.

122 Totalitäre Herrschaft, S. 117.

123 Deutsche Sicherheitspolizei – Einsatzkommando 8 – Schreiben vom 3. 11. 1941. Abschrift bei der StA Hamburg.

zu widersprechen. Bereits Hannah Arendt hat sich jedoch in den «Elementen totaler Herrschaft» gegen die These von der monolithischen Struktur totalitärer Herrschaft gewandt und auf die «eigentümliche Strukturlosigkeit» des totalitären Systems hingewiesen, die sich z. B. organisatorisch schon in der doppelten Autorität von Staat und Partei und der mit ihr verbundenen Doppelbesetzung vieler Ämter mit Staatsbeamten und Parteifunktionären ausgedrückt habe[124]. Auch andere Untersuchungen, z. B. C. J. Friedrichs Werk über die «Totalitäre Diktatur», betonen den Dualismus von Staat und Partei[125]. Buchheim geht sogar so weit – und ich möchte ihm darin prinzipiell folgen –, Staat und totalitäre Herrschaft als wesensverschieden, ja gegensätzlich zu betrachten[126]. Während der Staat seiner Natur nach Institution und Rechtsordnung sei, treibe die totalitäre Bewegung ihre Politik nicht im Rahmen der staatlichen Ordnung, sondern jenseits aller Norm, in der sie nur die Behinderung ihrer Entscheidungsfreiheit sehe; die Folge sei, daß der Staatsapparat sogar wegen seines normativen Charakters denjenigen, die vom uneingeschränkten Herrschaftsanspruch bedroht würden, einen gewissen Schutz biete. Bereits in der Vorgeschichte der Bewegung konstatiert Buchheim eine Art Staatsemanzipation der Kampfverbände – Freikorps, später SA und SS –, die nicht in die staatliche Ordnung eingegliedert waren, sondern ihr feindlich und bestenfalls partnerschaftlich gegenüberstanden[127]. Mit der «Machtergreifung» habe die totalitäre Bewegung «den Staat, der bis dahin ihr Feind gewesen war, zu ihrem Sklaven gemacht»[128], im übrigen aber die Grenzen zwischen Staat und Partei prinzipiell aufrechterhalten[129]. Die Schaffung einer «politischen» – im Unterschied zur staatlichen – Exekutive, z. B. einer zwar «Geheime Staatspolizei» genannten, in Wirklichkeit aber «entstaatlichten» Polizei[130], habe dem Ziel gedient, einen Herrschaftsbereich zu schaffen, in dem gewissermaßen «jenseits aller Normativität» und ausschließlich nach dem «Gesetz der geschichtlichen Notwendigkeit» gehandelt werden konnte, die Terrormaschine also von

124 Elemente, S. 175 ff. Entsprechend J. C. Fest, a. a. O., S. 406.
125 A. a. O., u. a. S. 135, 173.
126 Totalitäre Herrschaft, S. 109 ff.
127 An. I, S. 259 ff.
128 Totalitäre Herrschaft, S. 112.
129 Vgl. An. I., S. 266.
130 Totalitäre Herrschaft, S. 117.

der an sich gültigen Rechtsordnung suspendiert war[131]. Auch sonst wird in der zeitgeschichtlichen Literatur die Auffassung einer nicht insgesamt geänderten oder aufgehobenen Rechtsordnung, sondern eines «opportunistischen Nebeneinander von alter Rechtsstaatlichkeit und rechtlosem Polizeistaat» vertreten[132]. Diese Betrachtungsweise hat auch von juristischer Seite gelegentlich ausdrückliche Zustimmung gefunden[133].

Die dualistische Theorie läuft letztlich darauf hinaus, den totalitären Herrschaftsapparat als eine Art «Staat im Staate[134], das ganze System also als einen «Doppelstaat» (im Sinne von E. Fraenkel) anzusehen, bei dem gewissermaßen der «Prärogativ-Staat» von Parteifunktionären frei beherrscht wurde, während der «andere Staat» fortfuhr, im Rahmen der bestehenden rechtlichen Ordnung zu arbeiten[135]. Man darf diese Trennung natürlich begrifflich nicht überspitzen, sondern in ihr nur eine grundsätzliche strukturelle Unterscheidung sehen.

Gelegentlich ist der Herrschaftsapparat auch mit einer «Geheimgesellschaft» verglichen worden, die sich im vollen Licht der Öffentlichkeit etablierte[136], ihre tatsächliche verbrecherische Aktivität jedoch, wie wir noch sehen werden, in hermetisch abgeriegelten Bereichen vollführte. Auch H. G. Adler schreibt in seiner Untersuchung über Theresienstadt: «... die SS mit ihrem RSHA ist nicht eigentlich der Staat, sondern ein Geheimbund, der ihn fast unbeschränkt beherrscht und das Privilegium der Willkür genießt, die von keiner objektiven Rechtsordnung normiert oder kontrolliert ist.»[137] Auch in der strafrechtlichen Literatur ist, z. B. von v. Weber, die Partei als «ein neben dem Staat stehender autonomer Hoheitsträger» gekennzeichnet worden[138]. Man wird die Situation in kriminologischer Terminologie am besten als Machtergreifung einer politischen Subkultur beschreiben, die auch

131 Hierzu namentlich An. I, S. 262 ff.
132 Z. B. von Broszat, Der Nationalsozialismus, S. 18.
133 Siehe etwa Lewald, NJW 1964, 1658 ff., 1660, der betont, es erübrige sich, den NS-Staat zum totalen Unrechtsstaat zu deklarieren. Auch Baumann, NJW 1964, 1398 ff., bekennt sich S. 1402 zu der Auffassung, daß das damalige Normengefühl aufspaltbar und die einzelne Norm isolierter Betrachtung zugänglich sei.
134 Etwa Reitlinger, Die Endlösung, S. 5.
135 Dazu Friedrich, Totalitäre Diktatur, S. 70.
136 H. Arendt, Elemente, S. 149.
137 Theresienstadt, S. 638.
138 v. Weber, MDR 1948, 34 ff., 42.

nach Erlangung der Herrschaft im Staat – oder besser «über» den «Staat» – fortfuhr, nach ihren Gruppennormen zu handeln, ohne Rücksicht auf den «Normenkonflikt», der sich mit der Gesamtrechtsordnung ergab.

Diese Usurpation der Staatsmacht ist gelegentlich geradezu mit einer Okkupations- und Besatzungssituation verglichen worden, bei der das staatliche Territorium durch eine weltanschauliche Bewegung «erobert» wurde[139]. Interessanterweise hat Hitler selbst ähnliche Vorstellungen in bezug auf Sowjetrußland entwickelt, als er Anfang der dreißiger Jahre schrieb: «Rußland ist kein Staat, sondern eine Weltanschauung, die zur Zeit auf dieses Territorium beschränkt ist, beziehungsweise es beherrscht.»[140]

In einer gewissen Analogie dazu scheinen mir Margret Boveris Überlegungen zum Phänomen des Verrats im 20. Jahrhundert zu stehen, wenn sie den modernen Verräter gleichsam zwischen zwei «Vaterländern», Nation und ideologischer Gruppe, ansiedelt und im Verrat den «Frontenwechsel» vom einen in den anderen Bereich sieht; auch hier befindet sich der einzelne in der Situation einer «doppelten Identifikation» mit verschiedenen Normensystemen, die zu dualistischen Wertvorstellungen führt[141].

Wir brauchen hier nicht zu untersuchen, wie weit solche metaphorischen Kennzeichnungen einer staatsrechtlichen Prüfung standhalten und man sie im einzelnen auf die Goldwaage legen darf. Wichtig ist in unserem Zusammenhang nur, daß der Terrorapparat sich tatsächlich aus der Gesamtordnung herausgelöst hatte und nach Prinzipien agierte, die erkennbar mit den in der allgemeinen Staatsordnung geltenden Normen nicht identisch waren, und daß sich diese Situation vielfältig im subjektiven Bewußtsein widerspiegelte.

Das Bild verdeutlicht sich noch, wenn man hinzunimmt, daß für alle, die der Bewegung nicht ideologisch verfallen waren, aber auch für viele, die ihr im weiteren Sinne zugehörten, der rechtswidrige Charakter des Terrors von vornherein völlig eindeutig war. Die Auffassung, der Nationalsozialismus habe auch in bezug auf die extremen Verfolgungsmaßnahmen zu einer kollektiven Totalum-

139 Siehe Buchheim, Totalitäre Herrschaft, S. 116, unter Hinweis auf H. Arendt und W. Bergengruen.

140 Nach Buchheim, a. a. O., der die naheliegende Parallele zum nationalsozialistischen System zieht.

141 Verrat im XX. Jahrhundert, Bd. 1, u. a. S. 18, 31, 40.

wertung geführt, kann nach allem, was wir aus Erfahrung und wissenschaftlicher Erkenntnis über die nationalsozialistische Herrschaftsperiode wissen, nicht akzeptiert werden.

Die psychologische Kollektivierung bezog sich im wesentlichen auf akute Massensituationen wie Aufmärsche und Parteitage, denen ein Autor wie Bullock sogar noch bei der nachträglichen filmischen Reproduktion hypnotische Wirkungen zugesteht[142]. Daß jedoch die extremen Terrormaßnahmen – Massenausrottungen, Folterungen und Willkürexzesse – den damals herrschenden Wertvorstellungen entsprochen hätten, kann trotz massenhafter Mobilisierung verbrecherischer Instinkte und aller Mitverantwortung weiter Kreise durch Gleichgültigkeit, ängstlichen Egoismus, ideologische Verblendung und bewußtes Wegsehen kaum ernstlich behauptet werden; verwischten sich die Maßstäbe für den Einzeltäter, so korrelierte diese Veränderung des Rechtsbewußtseins mit der individuellen Einstellung und den konkreten Umweltbedingungen und nicht mit der «Epoche». Die kollektive Betrachtungsweise führt auch hier – wie eigentlich bei allen Problemen, die sich für die Kriminologie ergeben – zwangsläufig zu unzulässigen Verallgemeinerungen[143].

142 Bullock in seiner Hitler-Biographie, S. 379. Siehe zu diesen massenpsychologischen Wirkungen auch Mitscherlichs Schilderung in «Merkur» 109 (1957), S. 202 f., in der er beschreibt, wie ihn bei der Vorbeifahrt der höchsten Führer mitten in den konvulsivischen Erregungswellen der das Menschenspalier bildenden Massen trotz ursprünglichen inneren Widerstands selbst ein «berauschendes, großartiges Gefühl» der Depersonalisation ergriffen habe. Situationen dieser Art hat letztlich Konrad Lorenz in seinem Buch «Das sogenannte Böse» unter dem Aspekt des Aggressionstriebes betrachtet und dabei die «Heiligkeit dieses Schauers» wie auch die «Begeisterung» als psychologische Begleiterscheinungen «kampfauslösender Reizsituationen» im Sinne des Aggressionsinstinkts entlarvt. Siehe insbes. die S. 384–388.

143 Die geheimen «Meldungen aus dem Reich», die der SD als eine Art «Meinungsforschungsinstitut der Diktatur» mit Hilfe seiner Vertrauensleute zusammenstellte und der Führung zuleitete, um sie über die Stimmung innerhalb der Bevölkerung zu orientieren, lassen im Grunde recht «normale» moralische Reaktionen erkennen. So wird z. B. erwähnt, der lautstarken Empörung des Regimes auf das Katyn-Massaker werde der Einwand entgegengehalten: es bestehe kein Recht dazu, sich über die Maßnahmen der Sowjets aufzuregen, weil deutscherseits in viel größerem Umfang Polen und Juden beseitigt worden seien; auch mit Polen, Juden und Bolschewisten werde «nicht gerade wählerisch umgegangen». Auch die vorsichtige, mit vielen Vorbehalten versehene Zustimmung, die die Euthanasie-Propaganda in einem Teil der Öffentlichkeit – keineswegs aber allgemein – fand, hielt sich offenbar im Rahmen der traditionellen Erörterungen des Gnadentod-Problems und deckte keineswegs die massenweise Krankenausrottung,

Deshalb ist es nicht unbedenklich, wenn in Plädoyers von Verteidigern gelegentlich geäußert wurde, «in allen Bereichen des staatlichen Lebens sei unter dem Nationalsozialismus die ehemals vorhandene Bindung an das Normative aufgelöst und zu einer ideologischen Treue- und Gehorsamsbindung umgemünzt worden. Ein ganzes Volk sei mit Hilfe ausgeklügelter Demagogie zur Gefolgschaft geführt und mit Zwangsmitteln zum unbedingten Gehorsam angehalten worden»; die Staatsmacht habe die Gewissen verführt, und dieser Manipulation sei das Volk und mit ihm der einzelne Täter verfallen[144]. Das vereinfacht die Dinge: eine epochale Betrachtungsweise des Rechtsbewußtseins, so als hätten wir es mit einer völlig fremdartigen Geschichtsperiode zu tun, in der andere Wertmaßstäbe galten, dürfte kaum geeignet sein, uns der Deutung des Totalitarismus näherzubringen.

d) Gegenreaktionen

Auch gelegentliche Proteste und Gegenreaktionen gegenüber Terrorakten, zu denen es auch unter an sich überzeugten politischen Anhängern kommen konnte, zeigen, daß nicht einfach von einer kollektiven Beeinträchtigung des Rechtsbewußtseins gesprochen werden kann.

In einer Ansprache am 30. Mai 1940 beklagte sich Frank, es sei «furchtbar, immer wieder die Stimmen aus dem Propagandaministerium, aus dem Auswärtigen Amt, aus dem Innenministerium, ja sogar von der Wehrmacht vernehmen zu müssen, daß das ein Mordregime wäre, daß wir mit diesem Greuel aufhören müßten usw.»[145]

Berühmt geworden sind auch einige Proteste aus den Kreisen der Wehrmacht, so namentlich der Protest des Generalobersten Blaskowitz. Bereits im November 1939 äußerte er in einer Denkschrift «größte Besorgnis wegen illegaler Erschießungen» und bat, «gesetzmäßige Zustände wiederherzustellen»; der Vorstoß blieb jedoch ohne

die tatsächlich betrieben wurde. Vgl. Boberach, Meldungen aus dem Reich, S. 383, 386, 207 ff.

144 Zit. bei Naumann, Auschwitz, S. 499; die Meinung wird jedoch auch sonst oft geäußert.

145 Langbein, Wir haben es getan, S. 105.

Erfolg und wurde von Hitler als «kindlich» verworfen. In einer weiteren Beschwerde wandte sich Blaskowitz dann am 15. Februar 1940 gegen die «Abschlachtung» von «einigen 10 000 Juden und Polen». In seiner Vortragsnotiz heißt es:

> «Was die Auslandssender bisher gebracht haben, ist nur ein winziger Bruchteil von dem, was in Wirklichkeit geschehen ist. Es muß damit gerechnet werden, daß das Geschrei des Auslandes stetig zunimmt und größten politischen Schaden verursacht, zumal die Scheußlichkeiten tatsächlich geschehen sind und durch nichts widerlegt werden können. – Auf die Rolle der Wehrmacht, die gezwungen ist, diesen Verbrechen tatenlos zuzuschauen, und deren Ansehen, besonders bei der polnischen Bevölkerung, braucht nicht nochmals hingewiesen zu werden.»

Auch unter rechtlich gesinnten Parteigenossen wurde die Unruhe größer. In der Reichskanzlei gingen Eingaben und Beschwerden ein, in denen bezweifelt wurde, «daß der Führer diese Art und Weise gutheißt»[146]. Eine alte Parteigenossin wandte sich in einem Bittbrief an Göring: «Ist es, wie behauptet wird, tatsächlich der Wille unseres Führers und der Regierung, die gesamte deutschstämmige polnische Bevölkerung[147] systematisch auszurotten?» Tausende und Abertausende unschuldiger Menschen, zumeist aus intellektuellen Berufskreisen, seien erschossen worden, und nun beginne die gleiche Tragödie mit den Kleinbauern und Arbeitern[148].

Zur Beunruhigung kam es – gerade bei diesen Massenmorden der ersten Kriegszeit – auch in der Wehrmacht. Terroraktionen der «Einsatzgruppe z. b. V.» unter dem SS-Obergruppenführer v. Woyrsch riefen Proteste hervor. Ein Bericht vom 20.9.1939 erwähnt die «Unruhe, die im Armeebereich durch die zum Teil ungesetzlichen Maßnahmen» dieser Einsatzgruppe – Massenerschießungen, insbesondere von Juden – entstanden sei[149]. Das Tagebuch eines Verbindungsoffiziers aus dem Amt Ausland/Abwehr des OKW vermerkt am 23.9.1939, daß die Einsatzkommandos «verheerend» wirkten und ihre Ablösung verlangt worden sei[150]. Sie wurden daraufhin

146 Zit. nach Broszat, Nationalsozialistische Polenpolitik, S. 41 f.
147 Gemeint ist nach Broszat die alteingesessene, schon zur preußischen Zeit im Lande wohnende polnische Bevölkerung.
148 Broszat, a. a. O., S. 42.
149 Dok. PS-3047. Über aktiven Widerstand: Rothfels, S. 47.
150 Grosscurth-Tagebuch, Abschrift IfZ.

zurückgezogen, offenbar auf Grund der Beschwerden von Führern von Heereseinheiten, die die ungesetzlichen und ungerechtfertigten Maßnahmen zum Gegenstand hatten[151]. Ein Rundschreiben, das offensichtlich die bei der Truppe aufkommende Erregung dämpfen sollte, teilte den Kommandeuren die Rückberufung der Einsatzgruppe mit, nicht ohne zu erwähnen, daß die «Übergriffe» bereits Gegenstand einer Nachprüfung seien[152].

Obwohl diese «Sensibilität» der Anfangszeit im Verlauf des Krieges erheblich nachließ, scheint es doch verschiedentlich zu recht deutlichen Meinungsäußerungen über den Massenterror gekommen zu sein. Der Kommandeur der Sicherheitspolizei und des SD in Weißruthenien klagte in einem Aktenvermerk vom 20. Juli 1943 darüber, daß man seinen Männern und ihm Sadismus und Barbarei vorwerfe, während er doch lediglich seine Pflicht tue. Sogar die Tatsache, daß den Juden, die «sonderbehandelt» werden sollten, ordnungsgemäß durch Fachärzte Goldplomben entfernt worden seien, sei «zum Gegenstand von Unterhaltungen» gemacht worden. Generalkommissar Kube, dem er diese Beschwerden vortrug, habe darauf jedoch entgegnet, diese Art des Vorgehens «sei eines deutschen Menschen und eines Deutschlands Kants und Goethes» unwürdig. Der Aktenvermerk bezeichnet es als bedauerlich, «daß wir über diese üble Arbeit hinaus auch noch mit Schmutz übergossen würden»[153].

Bekannt ist auch der Bericht des Gebietskommissars von Sluzk an den ihm vorgesetzten Generalkommissar Kube über die «unbeschreibliche Brutalität» der in Sluzk vorgenommenen Judenliquidierungen, in deren Verlauf die Stadt «ein schreckenerregendes Bild» geboten habe[154]. Kube kommentierte den Vorgang als eine «bodenlose Schweinerei»[155].

Von der Führung wurde mit Gegenreaktionen in der Öffentlichkeit gegen die Judenvernichtung immerhin gerechnet. Als Himmler am 19. Juni 1943 «Vortrag beim Führer» hielt, vermerkte er hinterher

151 Ausarbeitung der ZStL über die Einsatzgruppen in Polen, die mir freundlicherweise von Herrn Oberstaatsanwalt Dr. Rückerl zur Verfügung gestellt worden ist.

152 Dok. MAR 1513, in der in Anm. 151 erwähnten Ausarbeitung zitiert.

153 Aus den Akten des Persönl. Stabes des Reichsführers SS. Am. Dok. Mat. Film I, Bild 162–163. ZStL. Zit. auch: An. I, S. 342, u. Hilberg. The Destruction of the European Jews, S. 253.

154 Dok. PS-1104.

155 Hilberg, a. a. O., S. 246.

in einer Aufzeichnung, daß nach Hitlers Willen «die Evakuierung der Juden trotz der dadurch in den nächsten 3 bis 4 Monaten noch entstehenden Unruhe radikal durchzuführen sei und durchgestanden werden müßte»[156].

Die dualistische Situation ist also an manchen Anzeichen zu erkennen. Die «weltanschauliche Bewegung» hob sich, auch nach ihrem eigenen Wertbewußtsein, aus der Gesamtheit heraus; sie wurde auch in der Öffentlichkeit als Partei und damit – wenn auch herrschendes – Subkollektiv betrachtet.

e) Das utopische Element

Typisch für die in der SS gezüchtete Mentalität und rechtspsychologisch von Bedeutung ist schließlich auch die «avantgardistische» Vorstellung, der eigenen Zeit voraus zu sein und als kleine Elite stellvertretend jene «schweren Aufgaben» übernehmen zu müssen, für die das Volk in seiner Gesamtheit noch nicht «reif» sei. Die Rechtfertigung des eigenen Handelns wurde also nicht eigentlich in einer bereits bestehenden als vielmehr einer noch zu verwirklichenden Wertordnung erblickt, die den Terror nachträglich, wenn erst einmal seine «Notwendigkeit» allgemein eingesehen worden sei, sanktionieren würde. Diese Aufgabe hatte die SS als die «utopische Vorhut des Nationalsozialismus»[157] unter Vorgriff auf «Zukunftswertungen» schon in einer Zeit zu erfüllen, in der an sich noch «überalterte» Maßstäbe galten. Das totalitäre Regime konzipierte seine Normenwelt also gewissermaßen in eine spätere Zeit hinein; das «Recht», das es zu haben glaubte, war ein revolutionäres «Recht im Werden», eine nach dem Maß der «germanischen Weltanschauung» geschaffene totalitäre Ordnung, die noch nicht Wirklichkeit war. Die Kerntruppe der Bewegung verstand sich als Wegbereiter dieser Ordnung, «als Keimzelle eines neuen in einem alten Ganzen»[158], das seine historische Existenzberechtigung verloren hatte; das heißt, sie handelte bereits «im Namen der zukünftigen Gesellschaft»[159].

156 Zit. nach Krausnick, An. II, S. 447.
157 J. C. Fest, a. a. O., S. 405.
158 Buchheim, Totalitäre Herrschaft, S. 110f.
159 A. a. O.

Diese – wie C. J. Friedrich es nennt – «futuristische Ausrichtung der totalitären Bewegung» ist ein entscheidendes Merkmal des totalitären Denkens[160]. Denn die totalitäre Ideologie ist «ihrem Wesen nach utopischer Natur»[161]; mit ihren kollektiven, sich auf Bevölkerungsbewegungen, Umsiedlungen und Kolonisierungen beziehenden Riesenprojekten wie auch ihrem Programm der Vernichtung einer ganzen Rasse war sie auf die totale Zerstörung und Zerschlagung der bisherigen Gesellschaft und damit auf die Durchbrechung aller bestehenden Ordnungen gerichtet, bei der an sich jede Form der Gewaltanwendung akzeptiert war[162]. Es läßt sich also der Satz aufstellen, daß die totalitäre Bewegung bei der Verwirklichung ihrer radikalen Ziele nicht nur von einem Bewußtsein, sondern geradezu einer «Intention der Rechtswidrigkeit» erfüllt war, soweit man den Begriff Bewußtsein auf eine Massenbewegung anwenden kann. Allerdings ist damit über den Einzelfall noch nichts Verbindliches ausgesagt.

Ziehen wir abschließend zur Verdeutlichung des hier erörterten ideologischen Aspekts noch zwei Himmler-Zitate heran – zunächst eine Äußerung aus dem Spätstadium, dann eine Rede aus den Anfangsjahren –, in denen gerade das utopische Element deutlich wird. So erklärte Himmler, einem Gedächtnisprotokoll zufolge, in einer Rede, die sich auf die Judenvernichtung bezog:

> «Wir können heute diesen Schritt selbst dem Führerkorps der SS noch nicht geschichtlich begründen. Sie würden manches nicht verstehen und die Tatsachen an sich werten. Erst weiter Abstand zu diesen Dingen, vielleicht erst nach Jahrzehnten, vielleicht erst nach einiger Zeit der schärfsten Diffamierung dieser Tat, wird den Standpunkt gewinnen, der für die Notwendigkeit dieser Aufgabe allein richtig ist.»[163]

Aufschlußreich für die Selbstverständlichkeit, mit der das Regime den Rechtsbruch akzeptierte, ist auch eine Rede, die Himmler 1936 vor der Akademie für Deutsches Recht hielt und die er dazu benutzte, die polizeilichen Terrorakte der Anfangsjahre zu rechtspolitischen

160 Friedrich, Totalitäre Diktatur, S. 123.

161 Friedrich, a. a. O., S. 27. Siehe auch H. Freyer, Theorie des gegenwärtigen Zeitalters, S. 69: «Die Gewalt, durch Utopie gerechtfertigt: das ist die Definition des Terrors.»

162 Hierzu Friedrich, a. a. O., S. 27, 256 u. a.

163 Vgl. Anm. 118.

Pioniertaten aufzuwerten, durch die «die Grundlagen zu einem neuen Recht, dem Lebensrecht des deutschen Volkes», gelegt worden seien. Wörtlich heißt es:

> «Wir Nationalsozialisten haben uns dann – es mag absonderlich klingen, wenn ich das in der Akademie für Deutsches Recht sage, aber Sie werden das verstehen – nicht ohne Recht, das wir in uns trugen, wohl aber ohne Gesetze an die Arbeit gemacht. Ich habe mich dabei von vornherein auf den Standpunkt gestellt: ob ein Paragraph unserem Handeln entgegensteht, ist mir völlig gleichgültig; ich tue zur Erfüllung meiner Aufgaben grundsätzlich das, was ich nach meinem Gewissen in meiner Arbeit für Führer und Volk verantworten kann und dem gesunden Menschenverstand entspricht. Ob die anderen Leute über die ‹Brechung der Gesetze› jammerten, war in diesen Monaten und Jahren, in denen es um Leben oder Sterben des deutschen Volkes ging, gänzlich gleichgültig.» [164]

In dieser Äußerung tritt uns das ganze Syndrom totalitärer Wertvorstellungen noch einmal in kaum mehr zu überbietender Deutlichkeit entgegen. Sämtliche Elemente, durch die es gekennzeichnet ist und die wir zu beschreiben versuchten, sind hier vereint; auch die so typischen und bei naiver Betrachtung so leicht zu übersehenden Wahrheitsverschiebungen fehlen nicht: die Umdeutung politischer Machtinteressen in eine Rettungsaktion für das deutsche Volk. Offenkundig sind hier: der Vorrang der «Notwendigkeit» gegenüber dem positiven Recht, das als «Paragraphenrecht» verächtlich beiseite geschoben wird; die Ableitung dessen, was «Recht» ist, aus der ideologischen Gruppenüberzeugung; aber auch die Zukunftsoptik, die Orientierung an einem «Recht», das es noch nicht gibt. Erkennbar ist also, daß die Überzeugung, in einem ideologisch-politischen Sinne gerechtfertigt zu sein, das Bewußtsein der formellen Rechtswidrigkeit nicht grundsätzlich ausschloß. Man kann nun zwar diese Situation nicht einfach verallgemeinern, aber doch wohl annehmen, daß es viele ähnliche Konstellationen des Rechtsbruchs gab, namentlich innerhalb der Führungsschicht, auf die unsere Deutung übertragen werden kann.

164 Vgl. An. I, S. 108 f.

3. Erkennbarkeit der Rechtslage

Eine weitere Frage ist, wieweit die Teilnehmer an nationalsozialistischen Gewaltverbrechen, namentlich Massenvernichtungen, Einblick in die zur Tatzeit bestehende Rechtslage hatten. Dabei soll unter Rechtslage die Situation verstanden werden, die unsere heutige Rechtsprechung für die damalige Zeit als gegeben annimmt: die uneingeschränkte Fortgeltung der Mord und Totschlag für rechtswidrig erklärenden und unter Strafe stellenden Bestimmungen des Strafgesetzbuchs bei gleichzeitiger machtpolitischer Unterdrückung der Strafverfolgung.

Die gestellte Frage ist weder für die beteiligten Täter noch die einzelnen Verbrechenskomplexe und die verschiedenen zeitlichen Phasen der nationalsozialistischen Herrschaft einheitlich zu beantworten. Eine Einzelfallanalyse ist allerdings wegen der individuellen Vielfalt der Verbrechenssituationen, denen sich letztlich doch nur eine begrenzte Zahl symptomatischer Tatsachen abgewinnen läßt, nicht möglich; vielmehr wollen wir diese typischen Symptome in einer gewissen Abstraktheit, wenn auch am Beispiel einzelner Fälle und Tatkonstellationen, zu verdeutlichen suchen. Dabei wird sich der – wenn auch schwer zu belegende – Eindruck ergeben, daß eine nicht allzu klein einzuschätzende Minderheit der Täter, darunter namentlich Angehörige der höheren Ränge, die formellrechtliche Situation durchschauen konnte, die Mehrheit der ausführenden Täter dagegen auf in der Situation begründete Verdachtsmomente, vor allem aber eine eigene, sich an überlieferten übergesetzlichen Maßstäben orientierende Beurteilung des Geschehens angewiesen war.

a) Ausdrückliche Gesetzwidrigkeit

Bei den Terrorakten der Anfangszeit, die vor allem der Bekämpfung politischer Gegner und der Festigung der gerade errungenen Staatsgewalt dienten, gaben die neuen Herrscher oft recht unverblümt zu erkennen, daß sie entschlossen waren, ihre Ziele ohne Rücksicht auf das geltende Recht zu verwirklichen; ja der aus der «Kampfzeit» übernommene bedenkenlose Umgang mit den Gesetzen erschien ihnen geradezu als triumphale Demonstration ihrer Machtentfaltung. Aussprüche, die das belegen, etwa Himmlers selbstverständliche Hinweise auf die «Brechung der Gesetze» oder Görings «von juristischen Bedenken nicht angekränkeltes» Machtbewußtsein, wurden bereits unter ideologischem Aspekt erwähnt.

Aber gerade auch Versuche mancher Polizeifunktionäre, die politische Praxis zu disziplinieren, lassen das damals verbreitete Bewußtsein der Rechtswidrigkeit von Terrormaßnahmen erkennen. So heißt es etwa in einer Anordnung des preußischen Gestapochefs Diels an die Ober- und Regierungspräsidenten vom 16. Januar 1934: «Konnte in der ersten Zeit der Machtübernahme darüber hinweggesehen werden, weil die Sicherung des Staates gegen Anschläge und Umtriebe seiner Feinde damals schnelle, durch formale Vorschriften nicht behinderte Maßnahmen erforderte, so müssen heute die ergangenen Bestimmungen genau beachtet werden.» [165]

Auch im Stadium der Massenvernichtung trat die Auffassung des Regimes, jenseits aller rechtlichen Bindungen zu handeln, verschiedentlich klar in Erscheinung. Als Hitler im Herbst 1939 anordnete, daß alle Vertreter der polnischen Intelligenz umzubringen seien – dies «klinge hart, aber es sei nun einmal das Lebensgesetz» [166] –, bestand für ihn wie alle, die solche Aussprüche hörten, kein Zweifel, daß er damit einen schweren Rechtsbruch befahl. Bei einer entscheidenden Besprechung über den künftigen Kurs der Polenpolitik erklärte er vielsagend: harter Volkskampf dulde keine gesetzlichen Grundlagen, ja sogar: «Die Methoden werden mit unseren (!) Prinzipien unvereinbar sein.» [167]

Im Zusammenhang mit diesen Erschießungen berief Frank eine Sitzung ein, «um die Gouverneure und die Polizeidienststellen darauf aufmerksam zu machen, daß wir über den legalen Rahmen unserer Aufgaben hinaus (!) eine große politische Verantwortung hier in diesem Raum zu tragen haben. Es kommt nicht darauf an, daß wir einen legalen vorbildlichen Musterstaat ins Leben rufen, sondern es kommt hauptsächlich darauf an, die große nationalsozialistische

165 RdErl. des Preuß. Ministerpräsidenten – Geheime Staatspolizei – vom 16. 1. 1934. Zit. nach An. II, S. 29.

166 Nach einer Aktennotiz Bormanns; IMT XXIX, 427 f., zit. bei Krausnick, Vjh. f. Zeitgesch. 11 (1963), H. 2, S. 196 ff., 202.

167 Krausnick, a. a. O.

Ostaufgabe hier in diesem Raum zu erfüllen.»[168] Entgegen allen rechtsstaatlichen Grundsätzen verkündete der Jurist Frank: «Wer bei uns verdächtig ist, der soll gleich liquidiert werden.»[169] Bei einer Regierungssitzung in Krakau am 16. Dezember 1941, bei der die Vernichtung der Juden erörtert wurde, gab Frank offen zu, daß das «eben nicht im Rahmen des Rechtsverfahrens» liege[170].

Auch Himmler fand es, als er sich in einer Rede mit der Beschaffung von Zwangsarbeitern befaßte, «selbstverständlich, daß diese harten Zugriffe ohne gesetzliche Grundlage erfolgten». Diese Zugriffe, so fügte er hinzu, seien «nach dem inneren Recht, das wir unserem Volk gegenüber hatten, und nach der inneren Verpflichtung» vollzogen worden[171]. Buchheim meint wohl mit Recht, daß dies Himmlers Standpunkt auch bei allen anderen «harten Zugriffen» gewesen sei[172].

Eindeutig sind auch manche Befehle und Richtlinien; so heißt es z.B. in den «Richtlinien für die Aussonderung von Zivilpersonen und verdächtigen Kriegsgefangenen des Ostfeldzuges in den Kriegsgefangenenlagern», die Wehrmacht müsse sich umgehend von allen denjenigen Elementen unter den Kriegsgefangenen befreien, die als bolschewistische Triebkräfte anzusehen seien. Wörtlich heißt es dann: «Die besondere Lage des Ostfeldzuges verlangt daher besondere Maßnahmen, die frei von bürokratischen und verwaltungsmäßigen Einflüssen verantwortungsfreudig durchgeführt werden müssen.»[173]

b) Offizielle Rechtspolitik

Bei manchen Verbrechen enthält auch die gesetzespolitische Situation, in der sie begangen wurden, Hinweise auf die Bewußtseinslage.

Die im Fall des Röhm-Massakers vom 30. Juni 1934 geübte Prozedur, Erschießungen nachträglich durch die Gesetzgebung sanktionieren zu lassen[174], obwohl dem Terror, der hier als «Staatsnotwehr»

168 Langbein, Wir haben es getan, S. 115.
169 A. a. O.
170 Langbein, a. a. O., S. 47.
171 Zit. nach Buchheim, An. I, S. 362.
172 A. a. O.
173 Dok. NO-3414, zit. nach An. I, S. 326.
174 Ges. v. 3. 7. 1934, RGBl. I, 529, s. dazu An. II, S. 42.

für «rechtens» erklärt wurde, nicht nur die in erster Linie gemeinten «Verschwörer», sondern einige bei dieser Gelegenheit gleich mitliquidierte politische Gegner, aber auch irrtümlich Erschossene, zum Opfer fielen, läßt nur den Schluß zu, daß den Veranstaltern dieser Gewaltaktion die Rechtswidrigkeit ihres Vorgehens bewußt war, da anderenfalls das Bedürfnis nach einer solchen Legalisierung nicht zu erklären wäre. Andererseits fällt es nicht leicht, in der ideologisch verzerrten Bewußtseinslage jener Zeit, die sogar namhafte Juristen dazu trieb, der Selbstamnestierung der Mörder[175] als einem Akt der «Rechtsschöpfung» zu applaudieren[176], noch Elemente eines «Unrechtsbewußtseins» zu entdecken, das diese Bezeichnung verdiente.

Aufschlußreich konnte aber auch sein, wenn ein Gesetz *nicht* erlassen wurde. So wurde bei der Vernichtung «lebensunwerten» Lebens – der sogenannten «Euthanasie» – ein Gesetz zwar erwogen und diskutiert, offenbar also doch von manchen für erforderlich gehalten; es kam dann aber nicht zustande. Die Tatsache, daß die Frage der Rechtmäßigkeit der Krankentötungen manche der unmittelbar Beteiligten und in die Pläne Eingeweihten in erheblichem Maße beschäftigt hat[177], macht deutlich, daß das auf den 1.9.1939 zurückdatierte Geheimschreiben Hitlers, das den Auftrag zur «Gewährung des Gnadentodes» enthielt[178], keineswegs allgemein als ausreichende Rechtsgrundlage für eine so umstürzlerisch neuartige Maßnahme betrachtet wurde. Deshalb wurde ein Gesetzentwurf mit Durchführungsverordnungen ausgearbeitet, in einem Gremium von etwa 30 Personen diskutiert, geändert und ergänzt, von Hitler jedoch schließlich unter Hinweis auf die Kriegslage und die zu befürchtende Feindpropaganda abgelehnt[179].

175 Gamm, Der braune Kult, S. 206.

176 So Carl Schmitt, der erklärte: «Der Führer schützt das Recht vor dem schlimmsten Mißbrauch, wenn er im Augenblick der Gefahr kraft seines Führertums als oberster Gerichtsherr unmittelbar Recht schafft ... In Wahrheit war die Tat des Führers echte Gerichtsbarkeit. Sie untersteht nicht der Justiz, sondern war selbst höchste Justiz. Das Richtertum des Führers entspringt derselben Rechtsquelle, der alles Recht jedes Volkes entspringt. In der höchsten Not bewährt sich das höchste Recht und erscheint der höchste Grad richterlich rächender Verwirklichung des Rechts.» Zit. bei Hofer, Der Nationalsozialismus, S. 105 f.

177 H. Ehrhardt, Euthanasie und Vernichtung «lebensunwerten» Lebens, S. 33.

178 Text bei Ehrhardt, a. a. O., S. 32 f., und Mitscherlich-Mielke, Medizin ohne Menschlichkeit, S. 184.

179 Dazu Ehrhardt, a. a. O., S. 33 f.

Daraus zog der damalige Reichsjustizminister Gürtner die einzig mögliche Konsequenz, indem er forderte, «die heimliche Tötung von Geisteskranken sofort einzustellen». In einem an den Chef der Reichskanzlei gerichteten Schreiben des Ministers heißt es: «Das heutige Verfahren ist nicht zuletzt durch die versuchte Tarnung rasch und weithin bekanntgeworden. Zu welchen Peinlichkeiten das führt, bitte ich aus den Beilagen zu entnehmen. Die Zahl solcher Anfragen wird sich mehren. Es ist ungewöhnlich mißlich, darauf amtlich einen Bescheid zu geben, denn weder die Tatsache noch der Inhalt einer Anordnung durch den Führer kann erkennbar gemacht werden. Der Standpunkt, die Reichsjustizverwaltung wisse von dem ganzen Verfahren nichts, ist den eigenen Behörden gegenüber unmöglich.» [180]
Dennoch wurden die Krankentötungen durchgeführt, bis die Massenmorde schließlich unter dem Druck wachsender Opposition abgebrochen werden mußten. Berücksichtigt man diese Vorgeschichte, so wird man kaum bezweifeln können, daß sich mindestens ein Teil der Mitwirkenden der Rechtswidrigkeit des ganzen Vorgangs bewußt war, auch wenn das Unrechtsbewußtsein oft durch die ideologische Überzeugung, daß es sich um eine «notwendige Maßnahme» handle, entwertet und paralysiert wurde.

c) *Verschleierung der Verantwortung*

In manchen Situationen wurde auch deutlich, daß die nationalsozialistische Führung nach außen hin nicht die Verantwortung für die von ihr angeordneten Mordaktionen übernehmen wollte, eine Tatsache, die in einem Teil der Fälle auch für die ausführenden Täter erkennbar war.
Dazu gehören die schon in anderem Zusammenhang erwähnten Novemberpogrome des Jahres 1938 – oft euphemistisch als «Reichskristallnacht» bezeichnet [181] –, zu denen sich die Regierung nicht öffentlich bekennen konnte, obwohl es sich um parteiintern gelenkte Gewalttaten handelte, und bei denen sie sich darauf beschränken mußte, den «spontanen Ausbruch des Volkszorns» durch grundsätz-

180 Mitscherlich-Mielke, a. a. O., S. 201.
181 Mit Recht wendet sich Adorno, «Eingriffe», S. 126 (Aufsatz: «Was bedeutet: Aufarbeitung der Vergangenheit»), gegen diese «fast gutmütige Wendung».

liche Sympathieerklärungen zu feiern. Für die Teilnehmer an den Verbrechen war die Tatsituation in vieler Beziehung aufschlußreich: verschlüsselte Weisungen mußten den unmittelbar Beteiligten erst in den Klartext eindeutiger Anordnungen übersetzt werden; weder Führung noch Partei durften als Urheber in Erscheinung treten; aber auch die Polizei war nicht überall zurückgezogen worden, auch wenn sie sich im allgemeinen zurückhielt. Die Stoßtrupps dieser unsichtbar «gelenkten Spontaneität» sahen sich also in gewissem Grade noch mit einer – wenn auch geschwächten – Rechtsordnung konfrontiert. Ein großer Teil der Anhänger, auch soweit sie nicht aktiv an den Pogromen mitwirkten, lernte bei dieser Gelegenheit, wenn nicht bereits vorher, das Phänomen der «politisch erwünschten Rechtswidrigkeit» kennen, so daß die späteren Vernichtungsbefehle für sie nicht völlig aus heiterem Himmel kamen, was für die Situation bei den großen Massenvernichtungen nicht ohne psychologische Bedeutung ist[182].

Auch bei späteren Massenexekutionen ist die Tendenz der Führung, ihre Verantwortung zu verschleiern, zum Teil deutlich zu erkennen; so bei den Vernichtungsaktionen gegen die polnische Intelligenz- und Führungsschicht im Winter und Frühjahr 1940. Im Unterschied zu den Novemberpogromen, bei denen nur die Urheberschaft des Regimes, nicht aber die verbrecherische Aktivität selbst zu vertuschen war, wirkte sich hier bereits der Krieg aus, indem er nämlich das Interesse der deutschen und der Weltöffentlichkeit von den Vorgängen ablenkte; eine Tatsache, die als besonders günstig vermerkt wurde[183].

Auch hier war zumindest einem Teil der Funktionäre bekannt, daß Hitler die Morde, obwohl er sie ausgelöst hatte, nicht offiziell dekken wollte. Über die Ausführung dieser Verbrechen, die «einigen tausend Polen des Leben kosten» sollte[184], konnte gewissermaßen nur hinter der vorgehaltenen Hand gesprochen werden. So erklärte Himmler Generälen gegenüber: «Die Person des Führers darf aber auf keinen Fall damit in Zusammenhang gebracht werden. Die volle Verantwortung übernehme ich.»[185] Dennoch verriet er in einem Vortrag, zu dem auch die Befehlshaber des Heeres eingeladen waren:

182 Vgl. zu den Vorgängen Graml – s. oben Anm. 121.
183 Siehe Krausnick, a. a. O. (vgl. oben Anm. 166), S. 203, Fußn. 34.
184 Ausspruch von Frank, zit. nach An. I, S. 271 f.
185 Siehe Krausnick, a. a. O., S. 206.

«In diesem Gremium der höchsten Offiziere des Heeres kann ich es wohl offen aussprechen: ich tue nichts, was der Führer nicht weiß.» [186] Weder die Mitteilung, daß der Führer mit den Erschießungen nicht in Verbindung gebracht werden dürfe, noch der Hinweis, daß er von ihnen wisse, dürfte in den hier angesprochenen militärischen Führungsgremien den Eindruck hervorgerufen haben, daß es sich um ein rechtmäßiges Vorgehen handele.

d) Eingriffe in die Rechtspflege

Ein wichtiger Anhaltspunkt für die Beurteilung der Rechtslage konnten auch die Unterdrückung der Strafverfolgung und der Mißbrauch der Justiz zu verbrecherischen Zwecken sein. Denn in bestimmten Situationen war deutlich erkennbar, daß die Gerichte nicht durch die geltenden Gesetze, sondern durch politischen Druck an der Bestrafung von Terrorakten gehindert wurden. Dabei wird man zwei Phasen unterscheiden müssen: einmal die Anfangszeit der nationalsozialistischen Herrschaft, in der das Regime auf Verfahren, die damals noch gelegentlich gegen Gewalttäter aus den Kreisen der SA eingeleitet wurden, Einfluß zu nehmen versuchte; zum anderen die nahezu völlige Lahmlegung der Justiz gegenüber den späteren Formen des Massenterrors und Massenmordes.
Im Falle der ungelenkten, spontanen Gewaltverbrechen, wie sie gerade in der ersten Zeit in den Gestapokellern, Prügelstätten und «wilden» Konzentrationslagern an der Tagesordnung waren, bestand die Taktik des Regimes darin, die Strafverfolgung der Täter durch krasse Eingriffe in schwebende Verfahren, politischen Druck auf Staatsanwaltschaften und Gerichte, Verfahrensniederschlagungen und Begnadigungen nach Möglichkeit zu inhibieren. Über den kriminellen Charakter der Taten bestand nicht der geringste Zweifel. So sahen sich die Täter zu diesem Zeitpunkt noch gewissen Gegenmaßnahmen von Polizei und Justiz ausgesetzt; zum Teil wurden offizielle Schritte zur Bekämpfung der in den SA-Lagern vorkommenden Mißhandlungen und Mordtaten eingeleitet, zum Teil solche Lager auch aufgelöst [187].

186 Krausnick, a. a. O., S. 205.
187 Broszat, An. II, S. 27.

Als im Herbst 1933 im Konzentrationslager Dachau drei Schutzhaftgefangene an den Folgen von Mißhandlungen starben, wurden von der Staatsanwaltschaft Ermittlungen durchgeführt. Da ihr jedoch Untersuchungen im Lager selbst verweigert wurden, befaßte sich auf Antrag des bayerischen Justizministers Frank der bayerische Ministerrat mit dem Fall und beschloß, die «Strafverfahren wegen der Vorkommnisse im Konzentrationslager Dachau mit aller Entschiedenheit weiterzuführen» und «etwaigen Verdunkelungsversuchen ... entgegenzutreten». Röhm intervenierte jedoch und erklärte, die Vorgänge seien «politischer Natur» und «für eine Behandlung durch die Justizbehörden vorerst nicht geeignet»; das Reich dürfe durch derartige Verfahren nicht geschädigt werden[188].

Hitler selbst, obwohl er nach außen hin die genaue Beachtung der Bestimmungen über die Zulässigkeit und Vollstreckung der Schutzhaft verlangte, deckte eine Reihe krasser Verstöße, indem er die Niederschlagung von Verfahren anordnete oder Täter begnadigte. So führten schwere Mißhandlungen im sächsischen Konzentrationslager Hohnstein zur Anklageerhebung gegen 23 SA-Führer und Lagerbewacher. Die Empfehlung des Gauleiters Mutschmann, auf das Ansehen der nationalsozialistischen Bewegung Rücksicht zu nehmen, fand bei Reichsjustizminister Gürtner jedoch kein Verständnis, der die Auffassung vertrat, daß es für die «an orientalischen Sadismus erinnernden Grausamkeiten» keine Entschuldigung gebe. Das Verfahren fand, trotz schärfster Kritik seitens der Partei und intensiver Einmischungen des Gauleiters in das schwebende Verfahren, statt und führte zu relativ milden Gefängnisstrafen. Die Partei rächte sich, indem sie zwei am Urteil beteiligte Schöffen aus ihren Reihen ausschloß; dem Anklagevertreter wurde der Austritt aus der SA nahegelegt. Gürtners Versuche, die ordnungsmäßige Durchführung der Strafverfolgung sicherzustellen, blieben letztlich erfolglos: Hitler begnadigte sämtliche im Hohnstein-Prozeß Verurteilten und ordnete die Niederschlagung eines weiteren Verfahrens an[189].

Zu ähnlichen Verfahren mit ganz entsprechendem Verlauf kam es, wie schon in anderem Zusammenhang gezeigt, bis in die Kriegszeit hinein[190]; allerdings wurden sie immer seltener, und das System

188 Broszat, An. II, S. 31 f.

189 A. a. O., S. 43–45; siehe hierzu – wie überhaupt zur Gesamtproblematik – Schorn, Der Richter im Dritten Reich, S. 107 f. und 641 ff.

190 Dazu oben S. 22 ff.

ihrer Unterdrückung wurde immer perfekter. Interessant an ihnen ist, daß zwischen der ständig schwächer oder höriger werdenden Justiz und der zunehmend totalitärer werdenden Bewegung noch gelegentlich offene Konfliktsituationen möglich waren, die den Unterschied von ideologischen und rechtlichen Normvorstellungen auch nach außen hin sichtbar machten.

Der Kontrast zwischen Ideologie und Gesetz war in der Phase der Massenvernichtungen weniger klar erkennbar. Insgesamt mußte der Zustand der totalen Herausnahme des Terrors aus dem Bereich der gerichtlich abgeurteilten Kriminalität eher den Eindruck erwecken, daß er durch irgendwelche Vorschriften formell gedeckt war. Dennoch wurde in manchen Situationen deutlich, daß die Untätigkeit der Justiz nicht auf neue Rechtsvorschriften, sondern einen allmählichen Anpassungs- und Entmachtungsprozeß zurückführbar war.

Die Machthaber haben aus diesem Zustand im Grunde kein allzu großes Geheimnis gemacht. So erklärte z.B. Hitler 1942 vor dem Reichstag: «Ebenso erwarte ich, daß die deutsche Justiz versteht, daß nicht die Nation ihretwegen, sondern daß sie der Nation wegen da ist, das heißt, daß nicht die Welt zugrunde gehen darf, in der auch Deutschland eingeschlossen ist, damit ein formales Recht lebt, sondern daß Deutschland leben muß, ganz gleich, wie immer auch formale Auffassungen der Justiz dem widersprechen mögen.» Obwohl es in dieser Rede um das Problem einer «unzeitgemäßen» Rechtsprechung ganz allgemein ging, gaben diese Äußerungen doch Hitlers generelle Meinung über das Verhältnis von Politik und Gesetz wieder. Das zeigt auch der folgende Satz seiner Rede: «Ich werde von jetzt ab in diesen Fällen eingreifen und Richter, die ersichtlich das Gebot der Stunde nicht erkennen, ihres Amtes entheben.» [191] Hier tritt wieder der Unterschied von ideologischem und rechtlichem Normbewußtsein klar zutage: das Gesetz war zur «formalen Auffassung der Justiz» abgewertet worden, die sich außerrechtlichen Wertungen – dem «Gebot der Stunde» – ganz natürlich unterzuordnen hatte.

Eindeutiger waren Äußerungen, die sich unmittelbar auf den Terror selbst bezogen, so etwa eine Erklärung Franks aus dem Jahre 1940, die sich auf die Massenerschießungen in Polen bezog. Frank sagte:

> «Wenn eine Justizstelle wahnsinnig genug wäre, das Vorgehen irgendeiner Polizeidienststelle im Zusammenhang mit einer gro-

191 Zit. nach I. Staff, Justiz im Dritten Reich, S. 106 f.

ßen politischen Aktion einer strafrechtlichen Untersuchung zu unterziehen und allenfalls eine Anklage gegen diese Polizeidienststelle oder eine andere Dienststelle wegen Verletzung von Dienstpflichten usw. zu erheben, so könnte man in diesem Vorgehen natürlich gerade aus dieser nicht echten Konkurrenz von Verwaltung und Polizei einen scharfen Verstoß gegen das Gemeinschaftsinteresse erblicken. Sie werden vielleicht gehört haben, daß davon berichtet wurde, es sei im Distrikt Lublin eine solche Anklage von einer Justizstelle aus im Gange. Ich bin der Sache nachgegangen und habe festgestellt, daß nichts dergleichen vorlag. Ich möchte das ausdrücklich deshalb betonen, weil sonst der Eindruck entstehen würde, als ob solche Spannungen geduldet werden.» [192]

Wer an dieser Sitzung teilnahm, konnte nur den Eindruck gewinnen, daß nicht die Rechtslage ein strafrechtliches oder disziplinarisches Verfahren ausschloß, sondern solche Verfahren um des «Gemeinschaftsinteresses», d. h. um politischer Ziele willen nicht geduldet und daher allenfalls von solchen Dienststellen eingeleitet wurden, die «wahnsinnig genug» waren, sich zu diesen Interessen in Widerspruch zu setzen.

Der vielleicht eindrucksvollste, sicher aber berühmteste Fall ist die Unterdrückung von Ermittlungs- und Strafverfahren gegen Teilnehmer an der «Aktion T 4» (der sogenannten «Euthanasie»). Auf einer Arbeitstagung der Oberlandesgerichtspräsidenten und Generalstaatsanwälte am 23. und 24. April 1941, an der auch die Präsidenten des Reichsgerichts, des Volksgerichtshofes und des Reichspatentamtes, die Oberreichsanwälte beim Reichsgericht und beim Volksgerichtshof sowie einige hohe Ministerialbeamte teilnahmen, gab der damals amtierende Reichsjustizminister Schlegelberger folgende Erklärung ab:

«Meine Herren! Dafür zu sorgen, daß alle Beamten der Reichsjustizverwaltung sich in immer steigendem Maße in diesem Sinne in den nationalsozialistischen Staat einordnen, ist meine vordringlichste Aufgabe. Ich kann diese Aufgabe nur lösen, wenn ich mich bedingungslos auf das vor mir versammelte Führerkorps der beamteten Justiz stützen kann. Durch Sie, meine Herren, hindurch, oder noch besser: aus Ihnen heraus muß die Erkenntnis der Einordnungsnotwendigkeit zielbewußt und unnachsichtlich hinaus-

192 Zit. nach Langbein, Wir haben es getan, S. 114.

gehen in alle Zweige Ihrer Gefolgschaft. Daraus erwächst für mich die Verpflichtung, Sie mit allen Entschließungen des Führers vertraut zu machen, die für Ihre Amtsführung von Bedeutung sind. Tatsachen, nicht nur Gerüchte müssen Ihnen bekanntwerden. Geschieht das nicht, so ist es unabwendbar, daß Richter und Staatsanwälte sich zum schweren Schaden der Justiz und des Staates gegen Maßnahmen wenden, die sie gutgläubig, aber irrtümlich für illegal halten, und sich schuldlos mit dem Willen des Führers in Widerspruch setzen.

In Ihren mündlichen und schriftlichen Berichten, meine Herren, kehrt fortlaufend der Zweifel wieder, welche Bewandtnis es mit der Vernichtung lebensunwerten Lebens hat. Sie berichten über unglaubliche im Volk herumschwirrende Gerüchte, und Sie beklagen, daß Sie sich außerstande sähen, aufklärend zu wirken, weil Ihnen das Wissen der Dinge fehlt. Diese Klage ist begründet. Ich habe deshalb alsbald nach der Übernahme des Ministeramtes Gelegenheit gesucht, mir selbst restlos Klarheit zu verschaffen, und ich danke auch an dieser Stelle dem Chef der Kanzlei des Führers, Reichsleiter Pg. Bouhler, für die eingehende Unterrichtung.» [193]

Anschließend berichtete der Oberamtsleiter Brack in sehr vorsichtiger Weise über den bisherigen Verlauf der Tötungen, verlas den Geheimauftrag Hitlers und kennzeichnete die laufenden Maßnahmen als «Vorermittlungen» für ein kommendes «Gesetz betr. letztärztliche Hilfe». Auch das Tarnsystem wurde bei dieser Gelegenheit erläutert. Das «Führerkorps der beamteten Justiz» nahm diese Eröffnungen kommentar- und widerspruchslos hin [194].

Dieser Vorgang ist für die rechtliche Situation bezeichnend. Erst 1941, fast eineinhalb Jahre nach Beginn der Krankenvernichtungen, wurden die Spitzen der deutschen Justiz über die Tötungen, die sie bis zu diesem Zeitpunkt «irrtümlich für illegal halten» konnten, orientiert. Auch bestand diese verspätete Aufklärung nicht einfach in einer Rechtsbelehrung, sondern in der Aufforderung, sich «in immer steigendem Maße» in den nationalsozialistischen Staat «einzuordnen». Schlegelberger verlangte nicht die Anwendung neuer Rechtsnormen, sondern die «Erkenntnis der Einordnungsnotwendigkeit». Obwohl den Tagungsteilnehmern die Tötungen als legaler Vorgang dargestellt wurden, über dessen Durchführung und recht-

193 Zit. nach Ehrhardt, Euthanasie, S. 39f.

194 A. a. O., S. 40f.

liche Bewertung in den Kreisen der Rechtsprechung bisher nur das nötige Wissen gefehlt habe, wurde andererseits von «Vorermittlungen» für ein kommendes Gesetz gesprochen. Der interimistisch amtierende Ressortminister mußte selbst zugeben, sich über die «Rechtslage» erst in der Kanzlei des Führers Auskunft geholt zu haben.

Der Zweck der Tagung war offenkundig und wird auch von Schlegelbergers rechtsgelehrter Zuhörerschaft nicht verkannt worden sein: die Anwesenden sollten über eine längst im Gange befindliche, offensichtlich durch keine Gesetze gedeckte und daher von der Justiz vielfach mit Recht für illegal gehaltene Vernichtungspraxis in Kenntnis gesetzt werden, um zu verhindern, daß Justizorgane der Ausführung des Tötungsprogramms «unnötige Schwierigkeiten» bereiten könnten, und möglichst die von Schlegelbergers Vorgänger Gürtner schon bemängelten «Peinlichkeiten»[195] in Zukunft zu vermeiden. Man würde die Situation wohl grundlegend verkennen, wollte man in der Erklärung des Ministers vor diesem in rechtlicher Beziehung schließlich nicht so leicht irrezuführenden Auditorium einfach nur eine Rechtsbelehrung und in dem Ausbleiben eines Widerspruchs ein stillschweigendes Votum der höchsten Justizvertreter für die Rechtmäßigkeit der ihnen unterbreiteten Vernichtungsvorgänge erblicken[196], ohne den versteckten, aber unmißverständlichen politischen Druck zu berücksichtigen, der hier auf die Rechtspflege ausgeübt wurde.

Eine völlig andere Form der Ausschaltung der Justiz aus dem Bereich des Massenterrors, die allerdings wohl nur für einen kleinen Personenkreis durchschaubar war, für das Regime selbst aber sehr bezeichnend ist, wurde bereits im Kapitel über den Befehlsnotstand erwähnt. Nach den dort wiedergegebenen Äußerungen von SS-Richtern und SD-Untersuchungsführern wurden Befehlsverweigerungsfälle bei Vernichtungsaktionen von der SS- und Polizeigerichtsbarkeit ferngehalten, damit nicht darüber entschieden zu werden brauchte, ob es sich bei dem «Endlösungs»-Befehl um einen «Befehl zu einem allgemeinen oder militärischen Verbrechen oder Vergehen» im Sinne des § 47 MStGB handelte[197]. Sollte diese Deutung zutreffen, wofür die Ermittlungsergebnisse sprechen, so wäre die Um-

195 Vgl. Mitscherlich-Mielke, a. a. O., S. 201.

196 So offenbar Redeker, NJW 1964, 1098. Immerhin hatte auch Schlegelbergers Vorgänger Gürtner die ganze Aktion völlig selbstverständlich als rechtswidrig betrachtet; siehe Mitscherlich-Mielke, a. a. O.

197 Siehe oben S. 126 ff.

gehung der SS- und Polizeigerichtsbarkeit ein weiteres wichtiges Indiz dafür, daß der Widerspruch der Massenvernichtungen zu den geltenden Gesetzen von maßgeblichen Funktionären der Führungsschicht klar erkannt wurde.

Erst recht dort, wo die Justiz als politisch-ideologisches Kampfinstrument betrachtet wurde, konnte ein Bewußtsein der formellen Rechtmäßigkeit von Terrormaßnahmen nicht aufkommen. Das gilt z.B. für die Vereinbarung zwischen dem Reichsjustizminister Thierack und Himmler, «nicht genügende Justizurteile» einer offensichtlich nach politischen Gesichtspunkten vorzunehmenden «Korrektur ... durch polizeiliche Sonderbehandlung» zu unterziehen[198]. Ebenfalls wurde die «Auslieferung asozialer Elemente aus dem Strafvollzug an den Reichsführer SS zur Vernichtung durch Arbeit» beschlossen; nach dieser Vereinbarung wurden «restlos ausgeliefert die Sicherungsverfahren, Juden, Zigeuner, Russen und Ukrainer, Polen über 3 Jahre Strafe, Tschechen oder Deutsche über 8 Jahre Strafe nach Entscheidung des Reichsjustizministers»[199]. Die damalige Geisteshaltung geht auch aus dem entschuldigenden Vermerk Thieracks hervor, die Justiz könne «nur in kleinem Umfang zur Ausrottung beitragen»[200]. Daß in anderen Fällen Personen, die das Regime vernichten oder «politisch unschädlich» machen wollte, der gesetzmäßigen Aburteilung durch die Justiz entzogen wurden, weil die «Instinktlosigkeit» der ordentlichen Gerichte eine «staatspolizeiliche Bearbeitung» ideologisch ratsamer erscheinen ließ, erwähnten wir schon[201].

Auf derselben Ebene scheint auch ein OKW-Erlaß vom 22. Juni 1942 zu liegen, der anordnete, daß alle auf Grund des Nacht-und-Nebel-Erlasses Festgenommenen, gegen die wegen mangelnden Tatverdachts die kriegsgerichtlichen Ermittlungen eingestellt werden mußten oder die freigesprochen wurden, der Gestapo zu überstellen seien[202]. In Fällen dieser Art war also erkennbar, daß dort, wo die Justiz die ihr von der Führung zugedachten Vernichtungsaufgaben nicht erfüllen konnte, zu außergesetzlichen Maßnahmen übergegangen wurde. Es bestätigt sich darin Kogons Bemerkung, daß für den

198 Dok. PS-654, IMT XXVI, 200ff. Bericht des Reichsjustizministers Thierack über eine Besprechung mit Himmler am 18. 9. 1942.
199 A. a. O.
200 H. Arendt, Eichmann in Jerusalem, S. 197.
201 Vgl. oben S. 198.
202 Dok. NOKW-2579. An. II, S. 114.

Terroristen das Recht entweder nur eine Fiktion oder aber bloß ein Kampfinstrument in geschichtlichen Auseinandersetzungen sei[203]. Das Regime sah in ihm außerdem noch ein formales Hemmnis seiner kriminellen politischen Aktivität, das es nach Möglichkeit auszuschalten galt.

e) Ausschaltung des Gesetzes

Aufschlußreich für die Rechtsvorstellungen der Führungsschicht – wohl weniger des unteren Funktionärstums – konnte auch die pragmatische, von wechselnden Bedürfnissen des Regimes abhängige Behandlung der Gesetze sein, insbesondere der Umgang der SS-Führung mit den Vorschriften des Strafgesetzbuchs. Die hierbei zutage tretende politische Praxis läßt erkennen, daß die Ausschaltung strafrechtlicher Bestimmungen, vor allem der Strafnormen über Mord und Totschlag, für die Machthaber niemals den Charakter einer grundsätzlichen Rechtsänderung gehabt hat. Die Strafbarkeit blieb im Prinzip erhalten; nur wurde von ihr bei den staatlich organisierten Massenvernichtungen, in der Regel aber auch bei Exzeßtaten, kein Gebrauch gemacht. Diese Situation, die bei der Beurteilung des Rechtszustandes im nationalsozialistischen Staat oft nicht genügend berücksichtigt wird, soll an einigen konkreten Sachverhalten verdeutlicht werden.
So konnte es z. B. geschehen, daß 1942 das Hauptamt SS-Gericht bei Himmler in einer gerade anhängigen Strafsache anfragen mußte, ob und welche Bestrafung bei Judenerschießungen ohne Befehl und Befugnis zu erfolgen habe. Himmler entschied:

> «1. Bei rein politischen Motiven erfolgt keine Bestrafung, es sei denn, daß die Aufrechterhaltung der Ordnung eine solche erfordert. Ist letzteres der Fall, dann kann je nach Lage des Falles gerichtliche Verurteilung aus § 92 oder 149 MStGB oder aber disziplinarische Ahndung stattfinden. 2. Bei eigensüchtigen oder sadistischen bzw. sexuellen Motiven erfolgt gerichtliche Ahndung, und zwar gegebenenfalls auch wegen Mordes bzw. Totschlages.»[204]

203 SS-Staat, S. 5.
204 Schreiben des SS-Richters beim Reichsführer SS und Chef der Deutschen Polizei, Tgb. Nr. 393/42 geh. Be/Ha.; publ. auch in An. I, S. 334.

Diese Entscheidung, die schließlich nicht von Hitler als Gesetzgeber, sondern von Himmler selbständig getroffen wurde, läßt erkennen, daß die Strafvorschriften über Mord und Totschlag bei eigenmächtigen Judenmorden nicht schlechthin unanwendbar waren, sondern disponibel blieben, d. h. durch ein «ideologisches Opportunitätsprinzip» relativiert wurden, das mit keinen völlig klaren Richtlinien verknüpft war. Bemerkenswert ist, mit welcher Selbstverständlichkeit Himmler z. B. Verbrechen aus sadistischen Motiven als Mord oder Totschlag ansah, auch wenn hier nur «gegebenenfalls» eine Bestrafung erfolgen sollte. Das Beispiel zeigt, wie undifferenziert und unrealistisch die Betrachtungsweise ist, «die» nationalsozialistischen Gewaltverbrechen seien während des «Dritten Reiches» generell als legal betrachtet worden.

Daß der Massenvernichtung keine klare «Norm» zugrunde lag, sondern Entscheidungen vielfach recht formlos und improvisatorisch getroffen wurden, zeigt auch Himmlers Beschluß, Frauen und Kinder in die Vernichtungen einzubeziehen: «Es trat an uns die Frage heran: Wie ist es mit den Frauen und Kindern? – Ich habe mich entschlossen, auch hier eine ganz klare Lösung zu finden. Ich hielt mich nämlich nicht für berechtigt, die Männer auszurotten – sprich also: umzubringen oder umbringen zu lassen – und die Rächer in Gestalt der Kinder für unsere Söhne und Enkel groß werden zu lassen. Es mußte der schwere Entschluß gefaßt werden, dieses Volk von der Erde verschwinden zu lassen.»[205] In dieser Weise wurden ständig Entscheidungen getroffen, die sich jedoch im außerrechtlichen Bereich vollzogen und an rein politisch-ideologischen Grundsätzen und Interessen orientierten.

Die prinzipielle Verfügbarkeit des Strafrechts ist besonders deutlich am Phänomen der ungedeckten Kriminalität zu erkennen[206], deren Abgrenzung von der «gedeckten» sich nicht nach gesetzlichen Merkmalen, sondern außerrechtlichen Erwägungen richtete, die überdies von rein situativen, wechselnden Faktoren bestimmt wurden. So konnte es in den Jahren 1943/44 zu jener schon in anderem Zusammenhang erwähnten Welle von Verfahren kommen, die durch kriminalistische Untersuchungen von Korruptionsfällen in Konzentrationslagern eingeleitet worden war, dann auch eigenmächtige Mordtaten erfaßte und schließlich sogar auf Verbrechen, die Teil der syste-

205 An. II, S. 446 f.

206 Siehe dazu oben S. 22 ff.

matischen Vernichtung waren, überzugreifen drohte und deshalb von Himmler abgestoppt wurde[207]. Wären nach damaligen Vorstellungen Häftlingstötungen, wie sie in weiten Bereichen des Terrorsystems ständig in riesenhaftem Umfang vorkamen, als legal betrachtet worden, so hätte es kaum in einigen Einzelfällen, in denen es opportun erschien oder persönliche Gegensätze zwischen SS-Führern ausgetragen wurden, zur Einleitung von Straf- oder Ermittlungsverfahren kommen können.

Besonders deutlich wird dies am Fall des Leiters der Politischen Abteilung in Auschwitz, Grabner, der bereits damals des Mordes in mindestens 2000 Fällen beschuldigt wurde. Ein SS-Richter kommentierte diese Ermittlungen bei seiner Vernehmung im ersten Frankfurter Auschwitzprozeß mit den Worten, die Strafverfolgung habe sich gegen «über die Generallinie hinausgehende Handlungen, z.B. eigenmächtige Tötungen» gerichtet[208]. Befragt, ob das heiße, daß die «Generallinie» da geendet habe, wo die eigenmächtigen Tötungen anfingen, meinte er: «Man kann es so ausdrücken. Die Untersuchung der allgemeinen Tötungen war nicht gestattet.»[209] Wie wenig im Grunde diese Generallinie geklärt war, geht daraus hervor, daß der Vorwurf, der gegen Grabner erhoben wurde, weder unter die oben zitierten Richtlinien Himmlers fiel noch sich wesentlich von Verbrechen unterschied, wie sie ständig in Konzentrationslagern in ähnlicher Weise verübt wurden, nämlich: eigenmächtige Erschießungen von Häftlingen aus Gründen situativer «Zweckmäßigkeit» angeordnet zu haben. Im Falle Grabner handelte es sich um die berüchtigten «Bunkerausräumungen», bei denen Insassen von Arrestzellen wegen «Überbelegung» des Bunkers erschossen wurden[210]. Wie unklar die Maßstäbe waren, die die «Generallinie» lieferte, geht auch aus der Aussage des damaligen Leiters der Untersuchungskommission hervor, die diese Ermittlungen durchführte. Als er dem Gestapochef Müller über die Verfahren berichtete, mußte er zunächst den Vorwurf einstecken, er habe kein Verständnis für staatspolizeiliche Aufgaben. Müller lenkte dann aber später ein und gab zu, eigenmächtige Tötungen seien «ein unmögliches Vorgehen»[211]. Eine solche Re-

207 Wie Anm. 206.
208 Siehe: Langbein, Auschwitz-Prozeß, Bd. 1, S. 336.
209 A. a. O.
210 A. a. O., S. 338 f.
211 A. a. O., S. 335 f.

aktion – immerhin die Reaktion eines mit juristischen Kategorien an sich nicht unvertrauten hohen Polizeifunktionärs – macht in eindrucksvoller Weise deutlich, wie unklar die Abgrenzungen zwischen einem «staatspolizeilich gerechtfertigten» und einem «unmöglichen» Vorgehen, zwischen Loyalität und Verbrechen, damals waren. Die Orientierung galt dem politischen Kurs der Führung, deren Anordnungen allerdings dem «Machtbereich der Justiz»[212] entzogen waren und offenbar als «justizfreie Hoheitsakte» gewertet wurden[213]. Der Kurs war jedoch keineswegs immer eindeutig bestimmbar. Was heute ständige Praxis war, konnte morgen falsch, ja strafbar sein. Nur eine Zuordnung von Legalität und Terror, bei der die Normen des Strafrechts nicht aufgehoben, sondern nur «eingefroren» waren, solange man sie politisch nicht nötig hatte, macht also verständlich, daß es zu solchen Straf- und Ermittlungsverfahren bis hart an die Peripherie der systematischen Vernichtung heran überhaupt kommen konnte. Nicht das Gesetz, sondern die totalitäre Praxis lähmte die Strafverfolgung. Das blieb auch manchen Funktionären nicht verborgen. So mußte sich das Gericht, das im Fall Grabner zu entscheiden hatte, erst durch den Auschwitzkommandanten Höß belehren lassen: «Ihr wißt ja nicht, was vor sich geht. In Auschwitz werden ganze Transporte liquidiert.»[214] Weder Höß, der unmittelbar miterlebte, daß ein deutsches Gericht im Begriff war, einen leitenden Funktionär seiner «Vernichtungsfabrik» abzuurteilen, noch das Gericht, das von Höß schließlich nur über die tatsächlichen Verhältnisse, nicht aber eine neue Rechtslage informiert wurde, konnten davon überzeugt sein, daß es für das Geschehen in Auschwitz eine gesetzliche Grundlage gab. Auch dürften sich diese Vorgänge wie auch die im Lager durchgeführten Ermittlungen herumgesprochen haben; die – wenn auch praktisch etwas absurde – Möglichkeit eines kriminalistischen Vorgehens gegen Lagertäter war also nicht völlig unbekannt.

212 Aussage eines SS-Richters, a. a. O., S. 338.
213 Aussage eines anderen SS-Richters, a. a. O., S. 337.
214 A. a. O., S. 339: Aussage eines SS-Richters.

f) Verbot von Exzeßtaten

Daß Exzeßtaten, insbesondere eigenmächtige Mordtaten in Konzentrationslagern, mindestens offiziell verboten waren, auch wenn sie in der Praxis weitgehend geduldet wurden und solche Verbote daher nicht allzuviel Gewicht hatten, haben ehemalige Lagerfunktionäre in den Prozessen wiederholt zugegeben. Einige schwer belastete KZ-Täter haben selbst gesagt, daß selbständig vorgenommene Tötungen und spontane Häftlingsmißhandlungen untersagt waren. Zum Teil mußte sogar ein entsprechender Revers unterschrieben werden, der die Kenntnis des Verbots bestätigte[215].

Die willkürliche Quälerei, obwohl sie von manchen Vorgesetzten gefördert wurde und in den Lagern ständig vorkam, entsprach an sich nicht dem «Programm»; sie galt, ebenso wie umgekehrt jede Regung des Mitleids, als «Schwächezeichen»[216]. Das «Ideal» war die mit einem Minimum an individueller Grausamkeit fabrikmäßig betriebene Massenausrottung[217]. Auch Himmlers schon erwähnte Richtlinien über die begrenzte Strafbarkeit von Mord und Totschlag lassen erkennen, daß sich das System eine bürgerliche Abneigung gegen sadistische, womöglich sexuell motivierte Gewaltverbrechen bewahrt hatte und diese als Mord betrachtete. Die gelegentlich bei Tätern festzustellende Tendenz, eigenmächtige Mordtaten als Selbstmord des Opfers, Bestrafung oder Erschießung auf der Flucht zu «frisieren», deutet ebenfalls auf eine Verbotskenntnis hin[218].

In verschiedenen Prozessen haben sich Angeklagte zur Situation bei solchen Individualverbrechen sehr klar geäußert. Ein Angeklagter des ersten Auschwitz-Prozesses, der individueller Mordtaten überführt werden konnte, gab zu, daß es untersagt war, Häftlinge zu mißhandeln: «Das hat der Reichsführer grundsätzlich verboten.»[219] Bei anderen Angeklagten desselben Prozesses stellte das Urteil, gerade zum Beweis des Unrechtsbewußtseins, fest, daß nach dem Ergebnis der Verhandlungen nicht nur kein Befehl vorgelegen, sondern

215 KZ-Verbrechen, S. 288.
216 Broszat im Vorwort der Höß-Autobiographie, S. 16.
217 Vgl. H. Arendt, Elemente, S. 268.
218 Siehe zum Phänomen der «Tarnung nach oben» S. 245.
219 Langbein, Auschwitz-Prozeß, Bd. 1, S. 226.

der Täter sogar gegen ausdrückliche Verbote verstoßen habe[220]. Auch in anderen Verfahren haben KZ-Täter zugegeben, daß es offiziell untersagt war, Häftlinge zu schlagen[221]. In einzelnen Fällen lagen situative Anordnungen vor, z.B. der Befehl, Häftlinge als Arbeitskräfte für die Rüstungsindustrie zu schonen[222]. Ebenso wurden oft Lagerstrafen verbotswidrig verhängt[223]. Will man also von den Normvorstellungen der Täter einen Eindruck gewinnen, so muß man auch Verbote in Betracht ziehen, die von der Terrorapparatur selbst erlassen waren und irgendwelchen innerorganisatorischen Interessen galten.

g) Geheimhaltung und Tarnung

Einen besonders wichtigen Anhaltspunkt für das in der Führungsschicht vorhandene, aber auch im Funktionärsapparat verbreitete Unrechtsbewußtsein bildete das Tarnnetz, mit dem die Massenvernichtung umgeben war. Anders als die Kriegsereignisse, die der Bevölkerung durch Heeresberichte und Sondermeldungen bekanntgemacht wurden, waren die Vernichtungsmaßnahmen Aktionen unter Ausschluß der Öffentlichkeit, die das Licht der Publizität scheuten und möglichst im verborgenen durchgeführt wurden: nur ein relativ kleiner Kreis von Eingeweihten durfte von ihnen Kenntnis haben; kein Presse- oder Wehrmachtsbericht erwähnte sie; im Unterschied zu den militärischen Siegen, die offen verkündet, gefeiert und von der Propaganda ausgewertet wurden, mußten die «Erfolge», die das Regime auf dem Gebiet des «Rassenkampfes» errang, absolut geheimgehalten werden. Gesprochen werden konnte über die Massenausrottung nur «streng vertraulich», hinter vorgehaltener Hand und mit Hilfe eines verschleiernden Fachjargons.

Geheimhaltung war oberstes Gebot; Himmler bezeichnete sie als «das Entscheidende»[224]. Der SS- und Polizeiführer Globocnik, eine der Zentralfiguren des Völkermords, nannte die Judenvernichtung

220 Eigene Aufzeichnungen aus der mündlichen Urteilsbegründung.
221 Z.B. SchwG München 1 Ks 3/59 – IV 97/59 – (Bugdalle).
222 SchwG Fulda 3 Ks 1/60 (Muzikant).
223 Siehe oben S. 25.
224 Vgl. Anm. 118.

«eine der geheimsten Sachen, die es zur Zeit überhaupt gibt, man kann sagen die geheimste» [225]. Von Eichmann ist die Äußerung überliefert, «daß die ganze Aktion ein besonderes Reichsgeheimnis und nur ganz wenigen Menschen bekannt sei» [226]. Auch in Jerusalem bestätigte er, daß im Anfang nur wenige Personen eingeweiht gewesen seien [227]. Goebbels vermerkte in seinem Tagebuch, daß im Generalgouvernement «ein ziemlich barbarisches und nicht näher zu beschreibendes Verfahren» angewandt werde, bei dem von den Juden selbst nicht mehr viel übrigbleibe; lobend fügte er hinzu, daß die Aktion «mit ziemlicher Umsicht» durchgeführt werde «und auch mit einem Verfahren, das nicht allzu auffällig wirkt» [228]. Als Heydrich in Prag bei einer Geheimkonferenz der Amtswalter der Partei einen verstohlenen Hinweis auf die geplante «Endlösung» gab, ermahnte er seine Zuhörer nachdrücklich, diese Angelegenheit für sich zu behalten [229]. Und in einem von ihm unterzeichneten Schreiben, das sich mit der Abschiebung von 6500 Juden aus den Gauen Baden und Saarpfalz befaßt, heißt es: «Der Vorgang der Aktion selbst wurde von der Bevölkerung kaum wahrgenommen.» [230] Als Höß von Himmler den Auftrag bekam, die Leitung des Vernichtungslagers Auschwitz zu übernehmen, wurde er sogar seinem unmittelbaren Dienstvorgesetzten gegenüber zu strengstem Stillschweigen verpflichtet [231].

Auch den Angehörigen der Einsatzkommandos war strikte Geheimhaltung der Exekutionen vorgeschrieben. Das Fotografieren von Erschießungen, das ziemlich häufig vorkam, war untersagt; Aufnahmen waren zu vernichten oder einzuziehen [232]. Die Konzentrations- und Vernichtungslager waren durch Sperrgürtel und Ausweiskontrollen hermetisch gegen die Außenwelt abgeschirmt [233]; nicht einmal Gestapobeamte durften, wie Kogon berichtet, ein Lager ohne Sondergenehmigung des RSHA betreten [234]. Dokumente, die sich mit der Ver-

225 Siehe dazu den Gerstein-Bericht, abgedruckt bei Poliakov-Wulf, Das Dritte Reich und die Juden, S. 59ff., 62.
226 IMT XI, 256.
227 Polizeil. Vernehmungsprotokolle I, 384.
228 Eintragung v. 27. 3. 1942, Fotokop. IfZ, F 12/8, Bl. 803/04. Siehe: An. II, S. 419.
229 Fraenkel/Manvell, Himmler, S. 123.
230 An. II, S. 357.
231 Höß, Autobiographie, S. 157.
232 Feststellungen des SchwG Ulm Ks 2/57.
233 IMT XI, 441 f. u. a.
234 SS-Staat, S. 358.

nichtung befaßten, waren als «Geheime Reichssache» gekennzeichnet. Das gilt vor allem für die Ereignismeldungen, die Berichte und Zahlenangaben über die Erschießungen durch die Einsatzkommandos enthielten und nach einem bestimmten, ursprünglich klein gehaltenen Verteilerplan an die unmittelbar interessierten Partei- und Regierungsstellen gelangten[235].

Selbst die Häftlinge waren «Geheimnisträger»: wurde einmal einer von ihnen, zumal in den ersten Jahren, aus einem Lager entlassen, so hatte er – unter Todesdrohung – völliges Stillschweigen über die dort herrschenden Zustände zu wahren[236]. Kamen Häftlinge mit Vorgängen in Berührung, die als besonders geheim betrachtet wurden, etwa wenn sie als Häftlingsschreiber in die Details der Vernichtung, z.B. die täglichen Todeszahlen, Einblick bekamen oder als Protokollanten bei «verschärften Vernehmungen» anwesend waren, so wurden sie unter Androhung schwerster Strafen, praktisch des Todes, verpflichtet, mit keinem Wort über ihre Tätigkeit zu sprechen, ja nicht einmal durch Zeichen und Mienenspiel zu verraten, was ihnen bekanntgeworden war[237].

Hier liegt nun an sich der Einwand nahe, daß es schließlich auch sonst, etwa in den Bereichen der psychologischen Kriegsführung und militärischen Planung, des Geheimdienstes und des Staatsschutzes Geheimhaltungsvorkehrungen gibt, die den Zweck haben, bestimmte staatliche Maßnahmen um ihrer politischen oder militärischen Effektivität willen vor dem Ausland zu verschleiern, ohne daß aus ihnen irgendwelche Rückschlüsse auf ein vorhandenes Unrechtsbewußtsein gezogen werden könnten[238]. Dieser Einwand läßt jedoch unberück-

235 Wie Anm. 232.

236 Vgl. etwa IMT V, 218; VI, 320; VI, 352 (Menschenexperimente).

237 Siehe dazu etwa den Sammelband «Auschwitz», S. 237.

238 Einwände dieser Art sind denn auch gelegentlich erhoben worden. So meint H. Arendt, Eichmann in Jerusalem, S. 326f.: Mit den Spurenverwischungsmaßnahmen der Nazi-Bürokratie lasse sich «nicht mehr nachweisen als ein Bewußtsein davon, daß das Gesetz des Massenmords wegen seiner Neuigkeit noch nicht von anderen Nationen anerkannt wurde»; «es bewies nicht mehr als das Eingeständnis der Niederlage». v. Hippel, Perversion von Rechtsordnungen, S. 52, spricht von der Rücksichtnahme auf die Masse in den Demokratien. Rolf Schroers meint in Nr. 196 (1964), S. 579, des «Merkur», die Geheimhaltung habe für die Täter nur in der «vermuteten Zimperlichkeit», nicht dem Gesetzesverstoß ihren Grund gehabt. Der Zusammenhang zwischen Publizität und Legalität ist aber doch wohl enger. Fraenkel, Judenfrage, in: Fischer-Lexikon «Staat und Politik», S. 148, sieht in der Geheimhaltung eine Maßnahme der psychologischen Krieg-

sichtigt, daß zwischen den konventionellen staatlichen Geheimhaltungsmethoden und dem Tarnsystem, das bei der Massenvernichtung angewandt wurde, sowohl im Hinblick auf das Motiv wie auch die Taktik der Geheimhaltung erhebliche Unterschiede bestehen. Beide, Motiv wie Taktik, sprechen dafür, daß die Geheimhaltung in erster Linie nicht außen- und kriegspolitische, sondern innenpolitische Ziele verfolgte, d.h. der Tarnung einer verbrecherischen Gruppenaktion vor der deutschen Öffentlichkeit – in zweiter Linie dann allerdings auch vor der Weltöffentlichkeit – galt.

Befassen wir uns zunächst mit den *Motiven der Geheimhaltung*, soweit sie erkennbar sind.

Bei der «Euthanasie» liegen diese Motive auf der Hand. Mit der Vernichtung «lebensunwerten» Lebens wagte sich das Regime auf ein Gebiet vor, auf dem es auch unter den sonst linientreuen Anhängern nicht ohne weiteres mit bedingungsloser Zustimmung rechnen konnte[239]. Außerdem waren die Vernichtungspläne nur durchführbar, wenn sie geheim und die Opfer und ihre Angehörigen über den wahren Sachverhalt im unklaren blieben, ja ihr Vertrauen gewonnen und mißbraucht werden konnte. Ein Euthanasiegesetz wäre der Verwirklichung der Ausmerzungsabsichten schon deshalb abträglich gewesen, weil sie auf diese Weise bekannt, damit aber auch weitgehend undurchführbar geworden wären.

Geheimhaltung war also die taktische Voraussetzung für die Verbrechensbegehung. Tatsächlich ist die Krankenausrottung ja auch nicht zu Ende geführt worden, weil das Tarnsystem noch nicht jene Perfektion erreicht hatte, wie sie später für die Judenvernichtung kennzeichnend war. Einer der Hauptgründe dafür wird gewesen sein, daß sich die Mordzentren nicht in fernen und abgelegenen Ge-

führung; aber auch hier sollte man die Alternative nicht in «moralischen Hemmungen auf seiten ihrer Initiatoren» sehen: es gibt ja auch den gewissenlosen, von Hemmungen freien, jedoch bewußten Rechtsbruch. Überhaupt bezieht sich die Kritik an der indiziellen Bedeutung der Geheimhaltung wohl vor allem auf die Frage der Gefühlshemmung des Gewissens, weniger auf die juristische Seite. Die wohl überwiegende Meinung – namentlich in der Rechtsprechung – bejaht die Bedeutung der Geheimhaltung und Tarnung für die Interpretation des Unrechtbewußtseins. In der veröffentlichten Rechtsprechung z.B.: KZ-Verbrechen, S. 71 und 339. Im Schrifttum u.a. Henkys, a.a.O., S. 65. Ebenso Bauer in seinem in Anm. 71 erwähnten Vortrag. Das Argument ist übrigens schon alt: siehe bereits Kaufmann, Unrechtsbewußtsein, S. 156.

239 Ehrhardt, a. a. O., S. 26.

bieten Osteuropas befanden, sondern im Reich selbst. Das führte dazu, daß in zunehmendem Maße Einzelheiten über die Tötungen durchsickerten, und hatte schließlich zur Folge, daß das ganze verbrecherische Unternehmen unter dem Druck wachsender Opposition abgebrochen werden mußte[240]. So schrieb denn auch Justizminister Gürtner, der sich vergeblich um die Einstellung der Tötungsaktionen bemühte, an den Chef der Reichskanzlei: «Das heutige Verfahren ist nicht zuletzt durch die versuchte Tarnung rasch und weithin bekanntgeworden.»[241]

Das Tarnsystem spielte aber auch bei den Vernichtungsaktionen gegen die polnische Intelligenz- und Führungsschicht eine Rolle. Obwohl auch hier die Absicht mitwirkte, die Erschießungen nicht in den Kegel des «Weltscheinwerferlichts»[242] geraten zu lassen, dürfte die Tendenz zur Geheimhaltung doch auch rechts- und moralpsychologische Gründe gehabt haben. Das zeigt z.B. eine Rede Himmlers vor dem Führerkorps der Leibstandarte aus dem Jahre 1940. In dieser Rede erwähnte Himmler jenen «Winter von 40° Kälte ..., wo wir die Härte haben mußten – Sie sollen das hören, aber auch gleich wieder vergessen –, Tausende von führenden Polen zu erschießen.»[243] Auch Frank, als er 1942 in Krakau vor Amtsleitern der NSDAP über die Massenvernichtungen in Polen sprach, betonte den geheimen Charakter der Aktion: «Das braucht man nicht an die große Glocke zu hängen, das geschieht stillschweigend.»[244]. Weshalb sollte ein Auditorium wie das Führerkorps der Leibstandarte die vertrauliche Mitteilung über Massenerschießungen «gleich wieder vergessen», weshalb die aus hohen Parteifunktionären bestehende Zuhörerschaft Franks die Vernichtungen in Polen «nicht an die große Glocke hängen»? Doch wohl deshalb, weil hier die Vernichtungsmaschinerie der SS Aktionen durchführte, die dem Gesamtstaat und der breiten Öffentlichkeit nicht als legale Maßnahmen präsentiert werden konnten.

Vollends deutlich wird dieser Beweggrund bei der «Endlösung der Judenfrage». Gerade hier zeigt sich, daß sich die Machthaber bei

240 Siehe dazu etwa Krausnick, An. II, S. 408.
241 Dok. NO-238, zit. bei Mitscherlich-Mielke, a. a. O., S. 201.
242 So ein Ausspruch Franks, der von Krausnick (vgl. Anm. 166), S. 203, zitiert wird.
243 IMT XXIX, 104; zit. auch von Krausnick, a. a. O., S. 205.
244 Langbein, Wir haben es getan, S. 118.

ihrem Vorgehen von der Erkenntnis leiten ließen, etwas nach allen bisherigen und auch damals in der Öffentlichkeit vorherrschenden Rechts- und Moralanschauungen Ungeheuerliches zu planen und auszulösen, das der Bevölkerung unter allen Umständen vorenthalten werden mußte. Das geht vor allem aus den Reden Himmlers hervor. In seiner Posener Rede auf der SS-Gruppenführertagung vom 4. Oktober 1943 sagte er über das «ganz schwere Kapitel» der Judenausrottung: «Unter uns soll es einmal ganz offen ausgesprochen werden, und trotzdem werden wir in der Öffentlichkeit nie darüber reden.» [245]

Als er ein halbes Jahr später – ebenfalls in Posen – vor Gauleitern und anderen hohen Parteiführern erwähnte, daß er sich auch zur Ausrottung der Frauen und Kinder habe entschließen müssen, da er sich «nicht für berechtigt» gehalten habe, die Männer auszurotten – «sprich also, umzubringen oder umbringen zu lassen» –, die Rächer aber in Gestalt der Kinder groß werden zu lassen, wies er wiederum auf den ganz geheimen Charakter dieser Maßnahmen hin. In der Rede heißt es u. a.: «Ich bitte Sie, das, was ich Ihnen in diesem Kreise sage, wirklich nur zu hören und nie darüber zu sprechen.» Er endete mit den Worten: «Damit möchte ich die Judenfrage abschließen. Sie wissen nun Bescheid, und Sie behalten es für sich. Man wird vielleicht in ganz, ganz später Zeit sich einmal überlegen können, ob man dem deutschen Volk etwas mehr darüber sagt. Ich glaube, es ist besser, wir – wir insgesamt – haben das für unser Volk getan, haben die Verantwortung auf uns genommen (die Verantwortung für eine Tat, nicht nur für eine Idee) und nehmen dann das Geheimnis mit in unser Grab.» [246]

Abgesehen davon, daß in dieser Rede das für die damaligen Verhältnisse ungewöhnlich offenherzige Wort vom «Umbringen» der Juden fällt, das in den Zuhörern eher Assoziationen zum Mord als zu rechtlich legitimen Kriegshandlungen oder Hinrichtungen hervorrufen mußte, geht aus ihr völlig eindeutig hervor, daß Himmler die Judenvernichtung nicht als legalen Vorgang betrachtete, sondern als eine «Tat», für die er, zusammen mit den anderen führenden Nationalsozialisten, die «Verantwortung» auf sich nehmen mußte. Auch seine Zuhörer können kaum diese Äußerungen anders verstanden und das «Umbringen» von Frauen und Kindern für «recht-

245 IMT XXIX, S. 110ff., 145.

246 Zit. nach Fraenkel/Manvell, a. a. O., S. 184 f.

mäßig» gehalten haben. Denn auch bei totalitären Machthabern wäre es ungewöhnlich, ja absurd, Anordnungen, die nach ihrer Vorstellung «Recht» setzen sollen, als Geheimnis «mit ins Grab» zu nehmen, statt sie zu verkünden, und sich bei einer als rechtmäßig betrachteten Aktion «vielleicht in ganz, ganz später Zeit» zu überlegen, ob man «dem deutschen Volk etwas mehr darüber sagt».

Obwohl Himmlers Anschauungen natürlich nicht beliebig auf alle Täter übertragbar sind, braucht man sie doch nicht als atypischen Einzelstandpunkt zu betrachten, der unter den Zuhörern tiefstes Befremden ausgelöst haben wird. Man wird sie vielmehr als weiteren Beweis dafür ansehen dürfen, daß zum ideologischen Pflichtbegriff auch die «Pflicht zu rechtswidrigen Handlungen» gehörte, wenn diese unter «höheren» Gesichtspunkten «notwendig» erschienen. Da das kein staatlicher Rechts-, sondern ein ideologischer «Ordens»-Standpunkt war, mußten Maßnahmen, für die es nur eine ideologische Rechtfertigung gab, nach außen abgeschirmt werden. Dies, so scheint mir, ist der Sinn der in Himmlers Reden enthaltenen Geheimhaltungsforderung.

Auch die *Tarnmethodik* scheint zu beweisen, daß es sich bei der Geheimhaltung nicht oder jedenfalls nicht primär um eine außenpolitisch oder kriegspsychologisch zu erklärende taktische Maßnahme handelte, sondern vor allem um eine Verschleierung des Verbrechens vor der deutschen Öffentlichkeit.

Analysiert man den Geheimhaltungsmechanismus genauer, so zeigt sich, daß die Tarnung unterschiedliche, sehr komplexe Funktionen und vor allem ganz verschiedene Richtungen hatte; d.h., die Frage, welcher Innenbereich gegen welchen Außenbereich abgeschirmt werden sollte, ist nicht einheitlich zu beantworten. Man könnte von Tarnmaßnahmen nach außen, nach innen, nach oben und nach unten sprechen.

Die Tarnung nach außen diente dazu, die Kenntnis von den angeordneten Verbrechen nicht in die breite Öffentlichkeit dringen zu lassen. Die Tarnung nach innen sollte das interne Wissen von den Vernichtungsvorgängen auf ein Mindestmaß beschränken und möglichst alle nicht unmittelbar beteiligten Bereiche des Staatsapparates von einer genaueren Kenntnis ausschließen. Zur internen Tarnung gehören z. B. die Maßnahmen der Sprachverschleierung. Durch die Tarnung nach oben wurden Verbrechen, die nicht durch Befehle oder Dienstvorschriften gedeckt waren, gegenüber vorgesetzten Dienststellen kaschiert. Die Tarnung nach unten schließlich verfolgte in bestimmten Einzelsituationen den Zweck, bei den unmittelbar Ausführenden durch Vorspiegelung falscher Sachverhalte oder nicht bestehender Rechtsgrundlagen den Eindruck gesetzmäßiger oder kriegsrechtlich gedeckter Aktionen zu erwecken.

Die *Außentarnung*, die zunächst am Beispiel der «Euthanasie» verdeutlicht werden soll, führte zu einer perfektionistisch aufgeblähten bürokratischen Apparatur, deren Geschäftsprinzip, wie Ehrhardt mit Recht sagt, Schwindel und Täuschung waren[247]. Scheinorganisationen mit unverfänglichen Namen wurden gegründet, so die «Reichsarbeitsgemeinschaft Heil- und Pflegeanstalten» für die Auswahl der Opfer, die «Gemeinnützige Krankentransport GmbH» für die Beförderung der Kranken in die Tötungsanstalten und der Leichen in die Krematorien sowie die «Gemeinnützige Stiftung für Anstaltspflege» für die finanzielle Durchführung des Vernichtungsprogramms[248].

Den Tötungsanstalten wurden «Sonderstandesämter» und «Trostbriefabteilungen» angegliedert, die für die Irreführung der Angehörigen zu sorgen hatten. Für jedes Opfer mußte eine «natürliche Todesursache» festgestellt und dabei streng darauf geachtet werden, daß keine voneinander abweichenden Angaben gemacht wurden, wenn an mehreren Stellen über denselben Fall berichtet werden mußte. Zur Vereinfachung des Verfahrens standen Muster von «Kurzgutachten» über den «Verlauf der letzten Tage» bei den einzelnen «Todesursachen» zur Verfügung. Zur Verschleierung der periodischen Häufung von Todesfällen wurden schließlich auch die Sterbedaten gefälscht[249]. Die «Trostbriefabteilungen» schickten den Hinterbliebenen Briefe, in denen es dem unterzeichneten, sich nicht selten eines Pseudonyms bedienenden Arzt «aufrichtig leid» tat, ihnen mitteilen zu müssen, daß der Kranke «plötzlich und unerwartet an einer Gehirnschwellung» (oder einer anderen Krankheit) verstorben sei[250].

Ähnlich verhielt es sich auch bei der sogenannten Kinderaktion. Da die «Kanzlei des Führers», die für die Durchführung vorgesehen

247 Ehrhardt, a. a. O., S. 36.
248 Hierzu: Ehrhardt, a. a. O., S. 35, Mitscherlich-Mielke, a. a. O., S. 185, sowie Honolka, Kreuzelschreiber, S. 35.
249 Ehrhardt, a. a. O., S. 36.
250 Mitscherlich-Mielke, a. a. O., S. 195.

war, nach außen hin nicht als verantwortliche Instanz in Erscheinung treten durfte, wurde eine als «Reichsausschuß zur wissenschaftlichen Erfassung von erb- und anlagebedingten schweren Leiden» getarnte Unterabteilung geschaffen, die für mißgestaltete Neugeborene eine Meldepflicht einführte. Meldebogen, die die mit ihnen verfolgte Absicht in keiner Weise erkennen ließen, mußten dem «Reichsausschuß« ausgefüllt zugeleitet werden und wurden dann drei Gutachtern zur Prüfung vorgelegt, die ohne persönliche Untersuchung des Kindes ihre Entscheidung trafen.

Die Folge war eine Mitteilung an das zuständige Gesundheitsamt, daß «nach eingehender fachärztlicher Überprüfung des Falles» die «Kinderfachabteilung» XY (später überlegte man, ob von «Heilerziehungsanstalten» gesprochen werden sollte) zur Aufnahme des Kindes bestimmt worden sei. In der Mitteilung hieß es u.a.: «Hier kann auf Grund der durch den Reichsausschuß getroffenen Einrichtungen die beste Pflege und im Rahmen des Möglichen neuzeitliche Therapie durchgeführt werden.» Die Leiter solcher «Kinderfachabteilungen» erhielten ein formelles Anschreiben, daß «der Behandlung des Kindes auf Grund der einschlägigen Runderlasse des Herren R.Min.ds.I. vom 18. 8. 1939 und 1. 7. 1940 nichts im Wege» stehe, sofern die klinische Beobachtung den geschilderten Befund bestätige. Der letzte Halbsatz wurde später fortgelassen. Beide Erlasse enthielten keine Hinweise auf die Art der Behandlung oder gar die Tötung der Kinder; die Ärzte waren jedoch mündlich zur Tötung «ermächtigt» worden, und zwar auf Grund der Gutachten von drei prominenten Wissenschaftlern; außerdem waren sie darüber orientiert, daß die Ermächtigung von einer «dem Führer sehr nahestehenden Dienststelle» gegeben wurde[251].

Während die hier geschilderten Tarnmethoden im wesentlichen der Verfälschung des wahren Sachverhaltes nach außen dienten, wurde gleichzeitig noch eine *interne* Verschleierung betrieben, deren Zweck offenbar in dem Versuch bestand, denen, die durch ihre dienstliche Funktion oder entferntere Mitwirkung oder aber infolge der Durchlässigkeit der Abschirmung Kenntnis von den Tötungen bekamen, den rassistisch-ökonomischen Charakter der Mordaktion zu verheimlichen und ihnen zu suggerieren, es handele sich um eine humanitäre, medizinisch sorgsam kontrollierte «Gnadentod-Aktion», die

[251] Hierzu Ehrhardt, a. a. O., S. 28ff.

an frühere Erörterungen des Euthanasie- und Sterbehilfeproblems unmittelbar anknüpfen konnte. Als Teil dieser Innentarnung kann man z.B. Hitlers Geheimschreiben deuten, dessen Wortlaut den Eindruck erweckte, als solle «nach menschlichem Ermessen unheilbar Kranken bei kritischster Beurteilung ihres Krankheitszustandes der Gnadentod gewährt werden»[252]. Außerdem war die propagandistische Vorarbeit, die mit Hilfe von Vorträgen und Filmen geleistet wurde, vordergründig ganz darauf gerichtet, Verständnis für die «Erlösung» unheilbar Kranker zu verbreiten, während sie in Wahrheit begriffliche Unterschiede zwischen Gnadentod und totalitärer «Rassenhygiene» verwischen sollte[253].

Auch die Tatsache, daß die leitenden Organisatoren auf der schon erwähnten entscheidenden Arbeitstagung der höchsten Juristen offenbar nur zurückhaltend über die Tötungen referierten und dabei an die viel begrenzteren Euthanasieüberlegungen von Binding und Hoche anknüpften, liegt auf der Linie einer gleichzeitig mit der äußeren Geheimhaltung betriebenen Innentarnung.

Viele der bei der Vernichtung «lebensunwerten» Lebens angewandten Tarnmethoden wurden später in das System der Judenausrottung übernommen. Sie dienten teils der Geheimhaltung vor der Öffentlichkeit, teils auch der internen Verschleierung innerhalb des Staatsapparats.

So wurden über den Tod ermordeter Häftlinge falsche Eintragungen in die Totenbücher vorgenommen; es wurde z.B. vermerkt, daß der Häftling an Kreislaufschwäche, Bronchialpneumonie, Herzschwäche usw. gestorben sei[254]. Lagerfunktionäre bestimmten nach freiem Ermessen die «Todesursache», ließen diese in die Todesurkunde eintragen und eventuell noch die passende Krankheitsgeschichte mit Fieberkurve anfertigen[255].

Zu solchen Zwecken wurden auch hier eigens «Standesämter» eingerichtet, über deren Funktion eine ehemalige Häftlingsschreiberin im Auschwitz-Prozeß aussagte: «Ich kann aus der Praxis sagen, daß nichts der Wahrheit entsprach. Als Ort wurde Kasernenstraße angegeben, das Todesdatum wurde willkürlich eingesetzt, die Todesursache falsch. Häftlinge, die als ‹auf der Flucht erschossen› gemeldet

252 Text bei Ehrhardt, a. a. O., S. 33.
253 Ehrhardt, a. a. O., S. 26.
254 Z. B. SchwG Ansbach Ks 1 ab/61 – 12/59 – in der Strafsache Chmielewski.
255 Z. B. SchwG Fulda 3 Ks 1/60 in der Strafsache Muzikant.

wurden, mußte ich umschreiben. In diesen Fällen mußte ich Herzschlag schreiben.»[256]

Ein anderer Zeuge berichtete, daß es in Auschwitz besondere Meldungen bei «Tod durch Erhängen», «Auf der Flucht erschossen» und bei «Selbstmord» gab. «Hier mußte auch eine amtsärztliche Leichenschau und ein Sektionsbericht in sechs Exemplaren geschrieben werden. Selbstverständlich fand weder die Leichenschau noch eine Sektion statt.»[257]

Die makabre Korrektheit dieser Tarnbürokratie führte dazu, daß die Arbeiten in der Schreibstube des Häftlingskrankenbaus in Auschwitz auf Tag- und Nachtschichten verteilt und an sieben Schreibmaschinen gleichzeitig Totenmeldungen geschrieben werden mußten. Dabei waren die verschiedensten Richtlinien zu beachten: Als Todesursachen durften keine Infektionskrankheiten genannt werden. Außerdem hatte die Todesursache dem Alter zu entsprechen; ein Zwanzigjähriger durfte z.B. nicht an Herzmuskelschwäche sterben. Die Sterbezeiten mußten nach Minuten so eingeteilt werden, daß es nicht so aussah, als ob viele zur gleichen Zeit gestorben wären[258]. Auch bei sogenannten verschleierten Exekutionen, die vom RSHA oder vom Befehlshaber der Sicherheitspolizei des General-Gouvernements angeordnet worden waren, jedoch aus «politischen bzw. sicherheitspolizeilichen Gründen nicht bekannt werden» durften, mußte eine im Lager übliche Todesursache angegeben werden[259].

Eine große Bedeutung kommt in diesem Zusammenhang der *Tarnsprache* zu, die allerdings nicht nur der Verschleierung nach außen diente, sondern wohl auch als bewußte psychologische Umwertungsmaßnahme – und damit als Teil der Indoktrination – verstanden werden muß, die den Funktionär an den täglichen Umgang mit dem Massenmord gewöhnen, den Vorgang allmählich selbstverständlich machen und auf diese Weise Hemmungen abbauen sollte. Jedenfalls ist nur schwer vorstellbar, wie die Vernichtungsbürokratie hätte funktionieren können, wenn sie bei ihrer «Arbeit» auf die in der zivilisierten Welt gebräuchlichen Bezeichnungen angewiesen wäre

256 Langbein, Auschwitz-Prozeß, Bd. 1, S. 323.
257 A. a. O., Bd. 2, S. 573.
258 Langbein, a. a. O., Bd. 2, S. 572, und Naumann, Auschwitz, S. 125.
259 Nach einer handschriftlichen Aufzeichnung von Höß über «die nichtärztliche Tätigkeit der SS-Ärzte(!) im KL Auschwitz» (Krakau 1947), zit. nach An. II, S. 157.

und nicht auf euphemistische Chiffren wie «Sonderbehandlung», «Endlösung», «Säuberung», «Aussiedlung», «Umsiedlung», «sicherheitspolizeiliche Aktionen», «Exekutivmaßnahmen», «natürliche Verminderung» oder «Gnadentod» hätte zurückgreifen können. Menschen wurden «entsprechend behandelt», «der Sonderbehandlung zugeführt», «bearbeitet» oder auch «verarbeitet», «erledigt» oder «unschädlich gemacht», «erfaßt», «durchgeschleust» und «abgespritzt»; sie stellten in dem riesigen Prozeß des Völkermordes das «Ladegut», die «Ladung», die «Beschickung» und die «Stückzahl» dar[260]. Diese ganze Nomenklatur der Unmenschlichkeit war Teil eines psychologischen Arrangements mit dem Massenmord, eines Lebens mit der Vernichtung; die Intention, die ihr zugrunde lag, ist ein sicheres Indiz für Unrechtsbewußtsein; die Wirkungen, die sie hatte, bestanden jedoch wohl in dessen Abbau und einer allmählichen Bewußtseinsveränderung.

Als 1943 ein statistischer Bericht über die «Endlösung» angefertigt werden sollte, ordnete Himmler an, daß an keiner Stelle von ‹Sonderbehandlung der Juden› gesprochen werden dürfe; stattdessen mußte die Vernichtung als «Transportierung von Juden aus den Ostprovinzen nach dem russischen Osten» und als «Durchschleusung» bezeichnet werden[261]. Daß hier – in einem schon relativ fortgeschrittenen Stadium des Völkermords – bereits der Begriff «Sonderbehandlung» vermieden werden mußte, läßt erkennen, daß die Tarnsprache sich abnutzte und ihren Zweck nicht mehr voll erfüllte. Viele Begriffe verloren in immer zunehmendem Maße ihre Tarnwirkung und mußten ausgewechselt werden.

Oft verfestigte sich ein Begriff, der anfänglich unklar und vieldeutig war, mit der Zeit zum Terminus technicus. Trotzdem konnte einem solchen Fachjargon, auch wenn er verstanden wurde, ein letzter Rest von Unbestimmtheit anhaften, der psychologisch eine Entlastungswirkung hatte. So erklärte eine ehemalige Kanzleiangestellte, die zu einer Gestapo-Außenstelle gehörte, bei ihrer Vernehmung: «Das

260 Eine Reihe dieser «Fachausdrücke» des Völkermordes bringt Hilberg, The Destruction of the European Jews, S. 216. Siehe zum Vokabular des Nationalsozialismus Cornelia Berning, Vom «Abstammungsnachweis» zum «Zuchtwart», erschienen 1964; allerdings fehlt hier noch weitgehend die Spezialterminologie des Vernichtungsapparats.

261 Aus den Akten des Persönlichen Stabes des Reichsführers SS; Am. Dok. Mat. Film II, Bild 417, 419, 433–449. ZStL. Entwurf eines Schreibens des Persönlichen Stabes vom 10. 4. 1943.

Wort ‹ausgesiedelt› war damals ein dehnbarer Begriff. Ich meine, daß ‹ausgesiedelt› heißen sollte: Verlegung ins Konzentrationslager, aber auch Vernichtung. Ich habe Befehle gesehen, in denen das Wort ‹ausgesiedelt› in Anführungsstriche gesetzt war ... Daß ‹ausgesiedelt› in Anführungsstriche gesetzt war, hieß: ‹Macht, was ihr wollt!› So habe ich die Befehle damals aufgefaßt. Ich meine, daß diese Auslegung für alle klar war.»[262]

Die Sprachtarnung ist an vielen Beispielen zu verdeutlichen. So enthielt etwa ein Fernschreiben des Inspekteurs der Konzentrationslager vom 20. 11. 1941 die Anordnung, daß in der Vorschlagsliste für die Verleihung von Kriegsverdienstkreuzen an SS-Angehörige, die an den Exekutionen beteiligt waren, als Vorschlagsbegründung «Durchführung von kriegswichtigen Sonderaufgaben» einzutragen sei[263]. Das ganze Vernichtungssystem war von solchen «Sprachregelungen» durchsetzt. Mit vollem Recht weist Hannah Arendt darauf hin, daß der Begriff «Sprachregelung» selbst bereits ein Euphemismus ist und im Grunde das bezeichnet, was man gewöhnlich Lüge nennt[264]. Diese Lüge nun scheint eines der deutlichsten Indizien dafür zu sein, daß sich nicht etwa ein neues, totalitär angepaßtes Rechtsbewußtsein gebildet hatte, sondern daß traditionelle Wertvorstellungen, wenn auch abgeschwächt, fortwirkten, Wertungen, die es unmöglich machten oder doch erheblich erschwerten, die Tatsachen beim wirklichen Namen zu nennen, Tötung als Tötung und Vergasung als Vergasung zu bezeichnen, ohne die Zuflucht bei einem verschleiernden, verfälschenden und gleichzeitig zur Selbstberuhigung beitragenden Tarnvokabular nehmen zu müssen.

Zur *Tarnung nach außen* gehörte auch die sogenannte «Enterdung», d. h. die Beseitigung der Massengräber und Verbrennung der Leichen durch das Sonderkommando 1005, ein Unternehmen, das als großangelegte Verdunkelungsaktion anzusehen ist. Bei diesen Exhumierungen, die anfänglich als eine Art Härteprüfung gedacht waren, die der «Charakterstärkung» der teilnehmenden Funktionäre dienen sollte, trat im Laufe der Zeit infolge des ungünstigen Kriegsverlaufs immer mehr die Spurenverwischung als dominierender Zweck in

262 LG Bochum 10 VUs 16/60.

263 Aus Akten des KL Groß Rosen. Am. Dok. Mat. Film IX, Bild 435–437. ZStL.

264 Eichmann in Jerusalem, S. 119. Überhaupt gewinnt man den Eindruck, daß das Grundprinzip des ganzen Terrorsystems die Lüge war: die Selbsttäuschung und die Täuschung anderer.

den Vordergrund. Auch für diese Aktionen bestand die höchste Geheimhaltungsstufe; die Angehörigen des Kommandos wurden schriftlich verpflichtet, über alles, was sie sahen und erlebten, strengstes Stillschweigen zu bewahren.

Die Tarnung bestand aber nicht nur darin, die Spuren früher begangener Massenmorde unkenntlich zu machen, sondern die Tarnungsaktion mußte auch ihrerseits wieder getarnt werden.

Das Schicksal der jüdischen Arbeitskommandos, die die eigentliche Arbeit auszuführen hatten, war daher von vornherein besiegelt; da sie Zeugen des ganzen Vorgangs waren und später für die Mitwirkenden gefährlich werden konnten, wurden sie am Ende der Aktionen ebenfalls «liquidiert»[265].

Auch viele Massenexekutionen in der letzten Kriegsphase, namentlich bei der Räumung und Evakuierung von Lagern und Gefängnissen, dienten – ebenso wie die Vernichtung von Aktenunterlagen – der Zeugen- und Beweismittelbeseitigung[266]. Der Zweck solcher Maßnahmen scheint den Beteiligten durchaus klar gewesen zu sein. Einer von ihnen meinte vor Gericht, der Zweck habe darin bestanden, die Spuren der Gewaltherrschaft zu verwischen und den Gegnern kein Propagandamaterial in die Hände fallen zu lassen[267]. Nach Ansicht von Höß sollte die Öffnung der Massengräber und Verbrennung der Leichen Rückschlüsse über die Zahl der Toten unmöglich machen[268]. Vordergründig war die Spurenverwischung also die Konsequenz der näherrückenden Niederlage[269]; insofern stellte sie eine taktische Maßnahme dar. Nötig wurde diese Maßnahme jedoch – und darin scheint ihre rechtspsychologische Bedeutung zu liegen –, weil die Täter wußten, nicht einfach nur wie Soldaten gehandelt zu haben und wie diese einer militärischen Niederlage entgegenzugehen, sondern sich durch extreme, kriegsrechtlich wie auch durch die allgemeinen Anschauungen nicht gedeckte Mordtaten exponiert zu haben, für die man sie zur Rechenschaft ziehen würde.

Versuchen wir, die Situation bei diesen Tarnmaßnahmen, insbesondere bei den Aktionen des Sonderkommandos 1005, durch einige Aus-

265 SchwG Heilbronn III Ks 1/62: Feststellungen in der Strafsache gegen Theimer u. a. Über das Sonderkommando 1005 siehe auch Henkys, a. a. O., S. 124.

266 Siehe z. B. IMT III, S. 631. Spurenverwischung bei Kriegsgefangenenerschießungen: IMT VII, 432.

267 SchwG Heilbronn, a. a. O.

268 Autobiographie, S. 161.

269 Insofern hat Hannah Arendt, Eichmann in Jerusalem, S. 327, sicher recht.

sagen noch etwas zu konkretisieren. Daß die Geheimhaltung nicht nur eine Routineangelegenheit war, sondern auch in der Vorstellung der Beteiligten größte Bedeutung hatte, geht eigentlich aus allen Schilderungen, die Zeugen von den damaligen Verhältnissen geben, hervor. Auch Höß berichtet von der «besonders strengen» Verpflichtung zum Stillschweigen, die jedoch oft verletzt wurde. «Auch erhebliche Strafen konnten die Schwatzhaftigkeit nicht verhindern.» [270]

Ein Zeuge berichtet: Einige Zeit vor Kriegsende seien die Angehörigen eines solchen Sonderkommandos in der Schule in K. im Schlafsaal versammelt worden. Ein höherer SS-Führer habe sie dann verpflichtet, über das, was sie in Rußland erlebt hätten, nie ein Wort zu sagen. Ein anderer Zeuge erwähnt die Androhung von Repressalien für den Fall des Bruchs dieser Verschwiegenheitspflicht. Er sei vereidigt worden und habe eine schriftliche Erklärung über die Belehrung unterschreiben müssen. Im Kameradenkreis scheint allerdings oft über die Dinge gesprochen worden zu sein; dabei haben sich manche der kleinen Funktionäre gefragt, «ob es denn keine Stelle gäbe, die diese Verbrechen, deren Spuren wir kennenlernten, anprangerten». In anderen Fällen wurden die Kommandoangehörigen in Ansprachen ihrer Vorgesetzten darauf hingewiesen, daß sie Dritten von dem, was sie sehen, erleben und selbst ausführen würden, nichts mitteilen dürften. Manchen war, wie sie heute selbst sagen, völlig klar, daß die jüdischen Arbeitskräfte des Kommandos erschossen werden würden, weil das schon «aus Geheimhaltungsgründen erforderlich» war [271].

Die bisher geschilderten Tarnmaßnahmen betrafen vorwiegend äußere Verschleierungen, die allerdings vielfach mit einer internen Verheimlichung und Verfälschung gekoppelt waren. Wir wollen jetzt noch einige typische Beispiele einer *Tarnung nach innen* darstellen.

In welchem Ausmaß versucht wurde, den Kreis der Geheimnisträger klein zu halten und die nicht unmittelbar beteiligten Bereiche des Staatsapparats über die wirklichen Vorgänge im unklaren zu lassen, hat sich vor allem im Verhältnis von SS-Führung und Wehrmacht gezeigt. So scheint z.B. die Wehrmachtsführung über den Plan einer systematischen Judenausrottung durch die Einsatzgruppen nur unzureichend informiert worden zu sein. Bei den Besprechungen, die

270 Autobiographie, S. 164.
271 StA Hamburg 141 Js 204/60.

vor Beginn des Rußlandkrieges zwischen dem Generalquartiermeister des Heeres, General Wagner, und dem Chef der Sicherheitspolizei, Heydrich, über die Tätigkeit der Einsatzgruppen im Operationsgebiet der Wehrmacht geführt wurden, ist offenbar von einer planmäßigen Ausrottung der jüdischen Bevölkerung nicht die Rede gewesen; vereinbart wurde vielmehr, daß Sicherheitspolizei und SD bestimmte Objekte (Material, Archive, Karteien) sowie besonders wichtige Einzelpersonen (führende Emigranten, Saboteure, Terroristen usw.) «sicherstellen» und im rückwärtigen Frontgebiet staats- und reichsfeindliche Bestrebungen erforschen und bekämpfen sollten. Dabei sollten die in eigener Verantwortung handelnden, dem Chef der Sicherheitspolizei und des SD unmittelbar unterstellten Sonderkommandos berechtigt sein, «im Rahmen ihres Auftrages» gegenüber der Zivilbevölkerung «Exekutivmaßnahmen» durchzuführen[272].

Teilnehmer der Besprechungen haben ausgesagt, daß die wahren Absichten und Ziele der Einsatzkommandos nicht erwähnt worden seien[273]. Daß Heydrich und Wagner im Anschluß an die offiziellen Unterredungen unter vier Augen über den Vernichtungsbefehl gesprochen haben, wird zwar vermutet[274]; auch spricht manches dafür, daß die Generalität des Heeres über die Absicht des Regimes, «ideologisch bedingte Liquidierungen», z.B. von Angehörigen der sowjetischen Intelligenz- und Führungsschicht, durchzuführen, unterrichtet war[275]. Die Aufgabe der Einsatzgruppen, sämtliche Juden einschließlich der Frauen und Kinder zu exekutieren, scheint jedoch nach allem, was wir wissen, nicht erörtert worden zu sein; auch wird sie in den schriftlich niedergelegten Abmachungen und Befehlen nicht erwähnt[276].

Die Gründe dafür kann man vermuten: Bereits bei den Massenerschießungen von Polen im Jahre 1940 bestanden zwischen SS und Heeresführung über die «grundsätzlichen Fragen der Staatsfeindbekämpfung» vielfach Meinungsverschiedenheiten, so daß schon

272 Vgl. dazu: Jacobsen, An. II, S. 170ff., 173 und die dortige Dokumentation, S. 202, sowie die Urteile: SchwG Ulm Ks 2/57 (Fischer-Schweder u. a.) und SchwG Tübingen Ks 2/62 (Wiechert u. a.).

273 IMT XLII, 252ff.

274 IMT XXXII, 471ff.

275 Jacobsen, a. a. O., S. 172ff.

276 Siehe die Dokumentation An. II, S. 202ff.

damals der Liquidierungsbefehl – einem Aktenvermerk Heydrichs zufolge – «den gesamten führenden Heeresbefehlsstellen und selbstverständlich auch ihren Stabsmitgliedern ... nicht mitgeteilt werden konnte»[277]. Nach diesen Erfahrungen dürfte auch bei der Judenvernichtung eine ähnliche Innentarnung praktiziert worden sein[278].

Auch andere staatliche Behörden wurden über die Realität getäuscht. In Auschwitz traf z.B. eines Tages ein Schreiben ein, in dem ein Standesamt aus Oldenburg anfragte: «Liegt bei den Zahlen des Standesamtes Auschwitz kein Irrtum vor? Wie kann eine so gewaltige Zahl von Toten in einer so kleinen Gemeinde wie Auschwitz geführt werden?» Diesem Schreiben folgte wenig später ein ähnlicher Brief aus Thüringen: «Offenbar hat sich der Beamte des Standesamtes Auschwitz geirrt und unrichtige Zahlen über die Todesfälle angeführt. Oder führt das Standesamt von Auschwitz die Zahl der Sterbefälle in der Gemeinde seit 1870, als die Standesämter in den deutschen Städten eingeführt wurden, mit fortlaufenden Nummern weiter?» Diese Anfragen scheinen den zuständigen Stellen erhebliche Sorgen bereitet zu haben. Jedenfalls wurde das bisherige Eintragungssystems durch eine Anordnung geändert, künftig keine fortlaufende Bezifferung der Todesfälle und Sterbeurkunden mehr vorzunehmen, sondern die Gesamtzahl durch eine Chiffrierung zu verschleiern, bei der erst nach 185 Todesfällen die Bezifferung gewechselt wurde[279].

Zur internen Tarnung wird man auch Görings berühmten Auftrag an den Chef der Sicherheitspolizei und des SD vom Juli 1941 rechnen müssen, «alle erforderlichen Vorbereitungen in organisatorischer, sachlicher und materieller Hinsicht zu treffen für eine Gesamtlösung der Judenfrage im deutschen Einflußgebiet in Europa»[280]. Die Bedeutung dieses Befehls ist auf den ersten Blick hin rätselhaft und schwer verständlich, einmal, weil er von Göring als dem Vorsitzenden des Ministerrats für die Reichsverteidigung erteilt wurde, dann

277 Siehe Krausnick, Vjh. Zeitgesch., 11, S. 207.

278 Damit soll natürlich keinesfalls die völlige Ahnungslosigkeit der Wehrmacht behauptet werden, die in mancher Beziehung tief in die Vorgänge verstrickt war; es soll nur gezeigt werden, daß die SS-Führung die Wehrmacht als einen Bereich betrachtete, dem gegenüber «Innentarnung» betrieben werden mußte.

279 Siehe Sammelband «Auschwitz», S. 186f., und Broszat, An. II, S. 152f.

280 Dok. PS-710. Siehe Buchheim, An. I, S. 327.

aber auch, weil die Vernichtungsaktionen der Einsatzgruppen zu diesem Zeitpunkt bereits in vollem Gange waren, so daß ihm eine Auslösungsfunktion nicht zukam. Die einleuchtendste Deutung dieses merkwürdigen Dokuments stammt von Buchheim, der den Zweck des Befehls in dem Versuch sieht, den Vernichtungsmaßnahmen mit Rücksicht auf die beteiligten staatlichen Dienststellen – Finanzämter, Reichsbahn usw. – einen legalen Anstrich zu geben, gleichzeitig jedoch ihren wahren Charakter zu verschleiern[281].

Ein gewisses Maß an interner Tarnung wurde anscheinend sogar auf der Wannseekonferenz betrieben, obwohl dort die Strategie für die schon durch die Einsatzgruppen eingeleiteten Ausrottungen endgültig festgelegt wurde. Auch dort wurden jedoch offenbar verharmlosende Tarnvokabeln verwandt. So sagte Eichmann bei seiner Polizeivernehmung: «Heydrich hat nicht von der Tötung gesprochen auf der sog. Wannseekonferenz, sondern hat vom Arbeitseinsatz im Osten gesprochen. So hat er das getarnt.»[282]

Es scheint auch so, als ob es sogar höchsten Staatsfunktionären geschehen konnte, daß sie auf die Anfrage hin, was unter der «Endlösung der Judenfrage» zu verstehen sei, die Antwort bekamen, der Auftrag bestände im wesentlichen darin, die Juden aus Deutschland zu evakuieren, natürlich gebe es alte und kranke Leute, die die Deportationen nicht überlebten, wie überhaupt Todes- und Unglücksfälle, auch Luftangriffe und Revolten, bei denen Häftlinge zu Tode kämen[283].

Die Innentarnung ist auch in vielen Detailsituationen erkennbar. So hatte z. B. der Revierführer des Konzentrationslagers Melk die Anweisung erhalten, dem Lagerarzt als «Außenstehenden» keinen Einblick in die internen Angelegenheiten der SS zu gewähren. Demgemäß wurden dem Lagerarzt auch die Häftlinge vorenthalten, die von SS-Angehörigen mißhandelt oder getötet worden waren[284].

281 A. a. O.

282 Vernehmungsprotokolle I, 452. Der Äußerung kommt eine gewisse Glaubwürdigkeit zu, denn das «Wannsee-Protokoll» drückt sich ähnlich verklausuliert aus, wie z. B. bei Hofer, a. a. O., S. 303 ff., nachzulesen ist. Das heißt natürlich nicht, daß die Beteiligten nicht wußten, worum es ging, sondern nur, daß sie sich die Beruhigung der Sprachverschleierung gönnten, wohl überhaupt nur in Halbwahrheiten dachten.

283 So die allerdings wohl mit Zurückhaltung zu wertende Aussage von Lammers: IMT XI, 61 f.

284 Vgl. Anm. 255.

Bemerkenswert ist, daß es auch eine *Tarnung nach oben* – also vorgesetzten Dienststellen gegenüber – gab.
Dazu gehört die stillschweigend geduldete oder gutgeheißene Übung, nichtjüdische Häftlinge, die sich im Auschwitzer Krankenbau befanden, unauffällig in die Tötungen einzubeziehen, wenn sie längere Zeit arbeitsunfähig oder aber seuchenverdächtig waren. Da diese Tötungen nicht durch Führerbefehl gedeckt waren, wurde eine bürokratische Tarnung – d.h. die Eintragung einer rasch zum Tode führenden Krankheit in den Totenschein – für nötig gehalten. In einem Aktenvermerk, der sich mit Polendeportationen nach Auschwitz befaßt, heißt es bezeichnenderweise, «daß nur arbeitsfähige Polen angeliefert werden sollen, um somit möglichst jede unnütze Belastung des Lagers sowie des Zubringerverkehrs zu vermeiden. Beschränkte, Idioten, Krüppel und kranke Menschen müssen in kürzester Zeit durch Liquidation zur Entlastung des Lagers aus demselben entfernt werden.» Der Vermerk fährt fort: «Diese Maßnahme findet aber insofern eine Erschwerung, da nach Anweisung des RSHA, entgegen der bei den Juden angewendeten Maßnahmen, Polen eines natürlichen Todes sterben müssen.» [285]
Auch eigenmächtige Tötungen der Politischen Abteilung in Auschwitz sollen mit Hilfe fingierter Krankengeschichten und Todesursachen getarnt worden sein [286]. Bei Tötungsverbrechen in Sachsenhausen wurde gelegentlich der Form halber eine Untersuchung durch die zuständigen Gerichtsoffiziere eingeleitet, der Mord dann aber meistens als «Fluchtversuch» oder «Selbstmord» kaschiert [287]. In Buchenwald wurden ungedeckte Mordtaten nachts in größter Heimlichkeit durchgeführt [288]. Auch sonst kam es vereinzelt vor, daß spontane Gewalttaten durch fingierte Gründe – z.B. als Bestrafung eines Arbeitsverweigerers – nach oben hin getarnt wurden [289].
Wichtig ist in unserem Zusammenhang schließlich die *Tarnung nach unten*, d.h. der in manchen Fällen unternommene Versuch, unmittelbar Ausführende über die tatsächliche oder rechtliche Situation zu täuschen. Bei Polizeieinheiten, die von den Einsatzkommandos hin-

285 Nach Broszat, An. II, S. 156.
286 Langbein, Auschwitz-Prozeß, Bd. 1, S. 339.
287 KZ-Verbrechen, S. 290.
288 A. a. O., S. 144.
289 SchwG Stuttgart 14 Ks 9/61 (Landau). Siehe im übrigen oben S. 226.

zugezogen wurden, konnte es vorkommen, daß bis zur Ankunft an der Vernichtungsstätte weder Ziel noch Zweck des Einsatzes bekannt war und die Angehörigen des Polizeikommandos glaubten, es handle sich um die Erschießung von Heckenschützen. Äußerungen erfahrener Polizisten, man fahre zu einer Judenerschießung, riefen ungläubiges Staunen hervor. Erst durch den Anblick der Opfer am Tatort, die wegen ihrer Kleidung und ihres Aussehens unschwer als Juden erkennbar waren und unter denen sich vielfach Frauen, Greise und Kinder befanden, wurden meistens die letzten Zweifel beseitigt[290]. Zum Teil wurde planmäßig mit Falschinformationen gearbeitet, etwa indem verbreitet wurde, es fände ein «Strafgericht» gegen Zivilisten statt, die den deutschen Truppen Widerstand geleistet hätten[291]. Bei einer Exekution gaben der Führer des Einsatzkommandos und die ihm unterstellten Führer die Erschießung als Vergeltungs- und Geiselaktion aus, obwohl sie wußten, daß es sich um Judenvernichtungen handelte[292]. In einem Fall wurde das Gerücht verbreitet, Zivilisten hätten einen Sanitätskraftwagen überfallen und würden aus diesem Grunde exekutiert[293].

Von manchen Einsatzkommandoangehörigen wissen wir, daß sie die Erklärung ihrer Führer, es handele sich um Partisanenerschießungen, keinen Augenblick lang glaubten, da mindestens an der Exekutionsstätte der rassistische Charakter der Liquidierungen deutlich wurde; allerdings wird es Fälle gegeben haben, in denen das nicht ganz eindeutig war. Bemerkenswert ist jedoch, daß überhaupt solche Täuschungsmanöver gegenüber den eigenen Untergebenen versucht wurden; sie zeigen das auch damals noch verbreitete Empfinden, daß die Tötung unschuldiger Menschen nur wegen ihrer rassischen Abstammung ein Unrecht sei.

Um rechtliche Bedenken zu beschwichtigen, wurde in den Anfangszeiten auch von der Methode «justizförmiger» Tötungen Gebrauch gemacht. In manchen Fällen kann man geradezu von «formalisiertem» Mord sprechen, da das äußere Ritual bei den Beteiligten den Eindruck «ordnungsmäßiger» Erschießungen erwecken und Assoziationen zu legalen Formen des Tötens – zu Todesstrafe, Repressalie oder kriegsrechtlicher Füsilierung – herstellen sollte.

290 SchwG Ulm Ks 2/57 (Fischer-Schweder) u. a.
291 SchwG Ulm a. a. O.
292 SchwG Berlin (500) 3 P (K) Ks 1/62 (23/61) in der Strafsache Dr. Filbert u. a.
293 SchwG Ulm a. a. O.

Bei den ersten Massenverbrechen der Einsatzkommandos im litauischen Grenzgebiet wurde z. B. vor Abgabe des Feuerbefehls folgende «Erschießungsformel» gesprochen: «Sie werden wegen Vergehen gegen die Wehrmacht auf Befehl des Führers erschossen.» Der Zweck dieser Formalisierung war eindeutig ein psychologischer: die Mordaktion sollte einen kriegsrechtlichen Anstrich bekommen und auf diese Weise den Angehörigen des Exekutionskommandos erleichtert werden[294]. Die emotionalen Hemmungen wurden jedoch allmählich geringer, so daß auf das Ritual bald verzichtet wurde. Auch in Auschwitz ist es in den Anfangszeiten zu formalisierten Tötungen gekommen, bis dann die «ganze Schauerkomödie mit Exekutionspeleton, Stahlhelmen, Degen, weißen Handschuhen des Peletonkommandanten und mit der Urteilsverkündung vor der Todeswand entfiel[295].

Ein Scheinritual waren auch Standgerichtsverfahren, in denen Häftlinge serienweise – nicht selten 100 bis 150 in eineinhalb bis zwei Stunden – ohne Verhandlung «abgeurteilt» und sofort erschossen wurden[296]. Betrachtet man die Entwicklung insgesamt, so gehört die Formalisierung als Methode der Verschleierung und des Hemmungsabbaus in die erste Phase des Massenmordes; war das Tötungstabu erst durchbrochen, begann auch die äußere Form der Exekution zu «verwahrlosen».

Wie klar mindestens den höheren Führern die psychologische Bedeutung der Formalisierung war, geht aus einer Besprechung vom 30. Mai 1940 in Krakau hervor, auf der sich Frank zu der von Hitler befohlenen Vernichtung der polnischen Intelligenz- und Führungsschicht äußerte. Frank sagte u. a.: «Wir könnten leicht Hunderte von Todesurteilen hier unterzeichnen; aber ihre Durchführung deutschen Männern, anständigen deutschen Soldaten und Kameraden zu übertragen, das bedeutet eine furchtbare Belastung.» Deshalb meinte er: «jeder Polizei- und SS-Führer, der nun die harte Pflicht hat, diese Urteile zu vollstrecken, muß auch hundertprozentig die Gewißheit haben, daß er hier in Erfüllung eines Richtspruches der deutschen Nation handelt. Daher wird auch für diese Fälle der AB-Aktion[297] das summarische Standgerichtsverfahren durchgehalten, wie ich es

294 SchwG Ulm a. a. O.
295 T. Paczula im Sammelband «Auschwitz», S. 24.
296 J. Pilecki im Sammelband «Auschwitz», S. 210. Entsprechende Aussagen spielten auch im Frankfurter Auschwitz-Prozeß gegen Mulka u. a. eine Rolle.
297 «Außerordentliche Befriedungs-Aktion».

mit dem Kameraden Streckenbach vereinbart habe, damit auf keinen Fall der Eindruck einer willkürlichen Aktion oder ein ähnlicher Eindruck entsteht.»[298] Den Teilnehmern sollte also – mit anderen Worten – eine formelle Rechtsgrundlage vorgetäuscht werden, um die mit der Massenvernichtung verbundene seelische Belastung abzuschwächen. In welchem Umfang diese Tarnung gegenüber den ausführenden Einheiten effektiv geworden ist, läßt sich kaum beurteilen; daß die an der Sitzung teilnehmenden Funktionäre die Täuschung und ihre Hintergründe durchschauten, wird man dagegen nicht ernstlich bezweifeln können.

In der Rechtsprechung ist die Tendenz zu erkennen, der Formalisierung für die Beurteilung des Unrechtsbewußtseins erhebliche Bedeutung beizumessen und in Fällen, in denen ein Täter ein sonder- oder standgerichtliches Urteil zu vollstrecken glaubte, das Bewußtsein der Rechtswidrigkeit für zweifelhaft zu halten, auch wenn die ganzen Umstände der Tat – verschärfte Vernehmungen, Serienverfahren von Minutendauer, Fehlen jeder Verteidigungsmöglichkeit usw. – die Prozedur als bloße Farce erscheinen ließen. Angesichts der scharfen Anforderungen, die gerade in den Fällen des § 47 MStGB gestellt werden, ist diese Praxis wohl im Prinzip zu billigen. Im Auschwitz-Prozeß gegen Mulka u. a. hat das Schwurgericht Frankfurt z. B. Angeklagte freigesprochen, wenn die rechtliche Bedeutung von Erschießungen oder Erhängungen – etwa bei Sonder- oder Standgerichtsurteilen – für sie nicht eindeutig erkennbar war[299]. Auch sonst wird gelegentlich zwischen eindeutigen Vernichtungsmaßnahmen und förmlichen Hinrichtungen unterschieden; bei letzteren konnte der Eindruck der Rechtmäßigkeit bestehen[300]. Für die Funktionäre selbst scheint hier ebenfalls ein Qualitätsunterschied bestanden zu haben. Ein Angeklagter im ersten Frankfurter Auschwitzprozeß erklärte beispielsweise, Massenerschießungen habe er für rechtmäßig gehalten, wenn die Urteile von einem Standgericht ausgesprochen worden seien. Selektionen an der Rampe und Vergasungen waren dagegen für ihn «zweifellos ein Verbrechen»[301].

298 Buchheim, An. I, 272 f.

299 Nach eigenen Aufzeichnungen bei der mündlichen Urteilsbegründung. Vgl. auch die schriftliche Begründung desselben Urteils: SchwG Frankfurt am Main, 4 Ks 2/63.

300 So auch Seraphim in einem 1961 erstatteten Gutachten. ZStL.

301 Langbein, Auschwitz-Prozeß, Bd. 1, S. 301.

Umgekehrt wurde aber Angeklagten der Einwand, an ein gerichtliches Urteil geglaubt zu haben, vereinzelt auch in Fällen abgenommen, in denen getarnte Tötungen gerade nicht in traditionellen Hinrichtungsformen vollzogen wurden, sondern unter höchst ungewöhnlichen Umständen, so etwa, wenn in einem Konzentrationslager russische Kommissare bei einer geschickt inszenierten Scheinuntersuchung mit zahnärztlicher Überprüfung der Mundhöhle, Gewichts- und Größenmessung und anschließender «Impfung» durch Zyankalispritzen getötet wurden[302]. Hier bestand also die Tarnung gegenüber den Ausführenden in der fälschlichen Mitteilung einer ordnungsmäßigen Verurteilung, während die äußere Scheinprozedur, die nur die Täuschung der Opfer bezweckte, den Eindruck eines rechtmäßigen Verfahrens gerade ausschloß[303].

Es ist nun nicht leicht, aus einer solchen abrißhaften Situationsanalyse Rückschlüsse auf den einzelnen und seine Bewußtseinslage zu ziehen. Der *Sinn der Darstellung* besteht vor allem darin, deutlich werden zu lassen, daß die Verbrechen vielfach unter Bedingungen begangen wurden, die durchaus geeignet waren, dem Täter die Rechtswidrigkeit seiner Handlungsweise bewußt zu machen. Ob dieses Bewußtsein im individuellen Fall tatsächlich vorhanden war oder nicht, ist eine Frage, die sich der wissenschaftlichen Erörterung entzieht und die auch für die Gerichte oft außerordentlich schwer zu entscheiden ist. Viele dieser Fälle sind jedoch durchaus «indizienhaltig». Mehrdeutig, d. h. auch als politische oder militärische Maßnahme interpretierbar, war allenfalls die Tarnung nach außen; die interne Verschleierung innerhalb des Machtapparats, die Kaschierung vor den vorgesetzten Behörden und die Täuschung von Ausführenden läßt im Grunde nur die Erklärung zu, daß diejenigen, die daran mitwirkten oder den Vorgang durchschauten, die Rechtswidrigkeit erkannten. Aber auch die Außentarnung war vielfach so geartet, daß dem einzelnen die besondere Tarnrichtung, d. h. die Verheimlichung der Tötungen vor der deutschen Öffentlichkeit, deutlich werden mußte. Gleichzeitig läßt die hier vorgenommene Differenzierung jedoch erkennen, daß die Tarnung in bezug auf das Unrechtsbewußt-

302 SchwG Trier 5 Ks 4/61 – I 129/61 – (Brendel u. a.).

303 Die Gründe des in diesem Fall erfolgten Freispruchs sind hier nicht zu erörtern; eine kritische Stellungnahme würde eine genauere Detailkenntnis des Falles voraussetzen, als ich sie habe. Immerhin wird man die Entscheidung als merkwürdig betrachten müssen.

sein durchaus ambivalent ist: den an der Täuschung Mitwirkenden standen – auch innerhalb des Ausführungsapparats – Getäuschte gegenüber. Man muß daher die ausführenden Funktionäre in manchen Fällen auch als Objekt von Tarnmaßnahmen in Betracht ziehen, ihre Sachverhaltskenntnis berücksichtigen und kann jedenfalls das bestehende Geheimhaltungssystem als Indiz für vorhandenes Unrechtsbewußtsein nicht mechanisch und abstrakt heranziehen.

In vielen Fällen können wir aus der konkreten Tatsituation aber Schlüsse herleiten. Man denke etwa an folgende schon erwähnten Situationen, die noch einmal stichworthaft zu rekapitulieren sind: die Hörer Himmlerscher Reden; Höß, der nicht einmal seinen Vorgesetzten einweihen durfte; Lagerfunktionäre, die Häftlinge unter Todesdrohungen zum Stillschweigen über verschärfte Vernehmungen oder andere Vorgänge zwangen; Funktionäre, die an der Täuschungsbürokratie sowohl bei der Krankenvernichtung als auch in den Konzentrationslagern mitwirkten oder von solchen Täuschungsmethoden wußten; Ärzte, die erkannten, daß es sich bei der «Euthanasie» nicht um eine sorgsame «Gnadentod-Aktion» im Sinne des Hitlerschen Geheimschreibens, sondern um serienweise Ausrottungsmaßnahmen handelte, die streng geheimgehalten werden mußten, bei denen auch auf Grund politischer oder rassischer «Indikation» getötet wurde und die von getarnten Organisationen und Dienststellen gelenkt und durchgeführt wurden; schließlich die Verheimlichung vor staatlichen Behörden und der Wehrmacht. Das sind jedoch nur beispielhaft angeführte Situationen.

Vereinzelt ermöglichen uns ganz konkrete Details – z. B. genauer aufklärbare Einzelvorgänge oder Aussprüche von Funktionären – gewisse Einblicke in das Denken der Täter; dabei zeigt sich nicht selten, daß der einzelne sich mit der Tarnung identifizierte, sie also auch als Verschleierung seiner eigenen Taten und damit als Schutzmaßnahme betrachtete. Ein inzwischen des Massenmordes überführter Sanitäter in Auschwitz wurde zum Beispiel – nach der Aussage eines ehemaligen Häftlings – bei einem Besuch von seiner Frau gefragt: «Ich habe gehört, daß ihr hier Frauen und Kinder vergast. Hoffentlich hast du die Finger nicht dabei?» Seine Antwort soll gewesen sein: «Ich bin Sanitätsdienstgrad, ich heile hier und töte nicht.» Nachher wurde der Häftling, der das Gespräch mit angehört hatte, ermahnt, er «möge ja nicht wagen, etwas auszuquatschen» [304].

304 Langbein, Auschwitz-Prozeß, Bd. 2, S. 759.

Aufschlußreich ist auch, wenn einem Häftling von Lagerfunktionären deutlich gemacht wurde, daß er Auschwitz nicht lebend verlassen werde, da er «zu viel wisse» [305]. Häftlinge, die besondere Funktionen ausübten, wurden darüber belehrt, daß sie mehr sehen und hören würden, als ein Häftling in Auschwitz zu sehen habe. Ihnen wurde z. B. gesagt: «Wenn Sie etwas reden über das, was Sie hier hören, gehen Sie durch den Kamin.» [306]

Auch die besondere Form der Befehlserteilung konnte einem Funktionär deutlich machen, daß er nicht nur rechtmäßige Handlungen auszuführen habe. Als Anfang 1941 Angehörige der Gestapo, des SD, der Kriminal- und der Schutzpolizei auf ihre Aufgaben in den Einsatzgruppen vorbereitet wurden, ohne daß ihnen sogleich das volle Ausmaß ihrer Vernichtungstätigkeit offenbart wurde, wurde ihnen eingehämmert, jeden Befehl zu befolgen, z.B. auch auf ein Augenzwinkern des Vorgesetzten hin während eines Gefangenentransportes einen Gefangenen «auf der Flucht» zu erschießen [307]. Ein solcher Befehl konnte dem Befehlsempfänger, aber auch den künftigen Angehörigen der Einsatzgruppen, die an diesem Lehrgang teilnahmen, kaum formell rechtmäßig erschienen sein, da es sonst einer solchen Kaschierung nicht bedurft hätte.

305 Sammelband «Auschwitz», S. 191.
306 Naumann, Auschwitz, S. 127.
307 SchwG Tübingen Ks 2/61 (Wiechert u. a.).

4. Wertungen und Reaktionen

Individuelle Reaktionen des Gewissens und Rechtsgefühls sind ihrer ganzen Natur nach sehr viel schwerer erkennbar als die zuletzt geschilderten äußeren Verhaltensweisen und Tatkonstellationen. Insbesondere wird man sich hier vor zwei inhaltlich entgegengesetzten Vorurteilen, die oft auftauchen, hüten müssen: einmal vor der Annahme, daß der «Gewissenlosigkeit» des Handelns und äußeren Verhaltensbildes ein Fehlen von Gewissensreaktionen entsprechen müsse; andererseits aber auch vor der Vorstellung, daß gerade die Ungeheuerlichkeit des Geschehens zwangsläufig solche Reaktionen hervorrufen müsse. Trotz der sich ergebenden empirischen Schwierigkeiten gibt es aber doch eine Reihe symptomatischer Tatsachen, die nicht einfach unberücksichtigt bleiben können und aus denen sich vorsichtige Schlüsse auf ein Unrechtsbewußtsein ziehen lassen.

a) Selbstdarstellungen

Zu diesen Anhaltspunkten gehören zunächst die Darstellungen, die die Tatbeteiligten heute selbst von ihrer damaligen inneren Situation geben. Gerade die Gerichte stützen oft die Feststellung des Unrechtsbewußtseins auf solche Äußerungen der Angeklagten während des Ermittlungsverfahrens oder der Hauptverhandlung, die sich auf ihre Bewertung des Geschehens zur Tatzeit beziehen. So gibt es zahlreiche Aussprüche angeklagter KZ- oder Einsatzgruppenfunktionäre, die besagen, daß ihnen die Vernichtungsmaßnahmen «schrecklich», «unmenschlich», «ungeheuerlich» oder als «krasses Unrecht» erschienen seien. Versuchen wir, diese Aussagen etwas differenzierter zu betrachten.

In einigen Fällen haben SS-Angehörige, und zwar namentlich höherrangige Funktionäre, ausdrücklich zugegeben, die Rechtswidrigkeit der Massenvernichtung erkannt zu haben. So erklärte ein früherer SS-Brigadeführer bei seiner Vernehmung anläßlich des Eichmann-Prozesses:

> «Es entsprach dem damaligen Rechtsbewußtsein, daß die Tötung von Menschen außerhalb des Kriegsrechts und ohne gerichtliches

Verfahren rechtswidrig war. Die Frage der Rechtswidrigkeit von Tötungen in Gebieten, die unter Kriegsrecht standen, ohne gerichtliches Verfahren war umstritten ... Ich habe auch während des Krieges Massenerschießungen oder Massenhinrichtungen ohne gerichtliches Verfahren nicht für rechtmäßig gehalten.» [308]

Das scheint auch die Auffassung anderer SS-Führer und SS-Leute gewesen zu sein. Einer von ihnen, Angehöriger der Politischen Abteilung in Auschwitz, erklärte vor der Kriminalpolizei, daß er «gefühlsmäßig das Erschießen als Unrecht und Verbrechen angesehen habe» [309]. Im Prozeß bestätigte er dann: «Das ist auch heute noch meine Überzeugung.» [310] Auch bei anderen Vernehmungen durch Kriminalpolizei, Staatsanwaltschaften und Gerichte haben Beschuldigte und Zeugen gelegentlich zugegeben, die Massentötungen als Mord betrachtet zu haben [311].

Nicht in allen Fällen ist der rechtliche Gehalt von Eigenbewertungen so deutlich erkennbar. Immerhin gibt es viele Angeklagte, die behaupten, die Terror- und Vernichtungsmaßnahmen als verwerflich angesehen zu haben. Solche Äußerungen lauten zum Beispiel: Die Judenerschießungen seien als «grobes» [312], ja «himmelschreiendes Unrecht» [313] betrachtet worden. «Der ganze Betrieb im KZ war eine Schweinerei.» [314] «Das Schicksal der Häftlinge hat uns leid getan; es wurde ja nicht gefragt, wie man als Mensch dazu stand; innerlich hat man diese Befehle mit innerstem Widerstreben befolgt.» [315] «Der Glaube an das Gute ist damals in mir erloschen.» [316] «Die Methoden, die gehandhabt wurden, waren verabscheuungswürdig.» [317] «Das

308 Aussage Six vor dem Amtsgericht Tettnang (I ARs 180/61) anläßlich eines Rechtshilfeersuchens in der Strafsache Eichmann. Siehe auch: Kempner, SS im Kreuzverhör, S. 284.

309 Langbein, Auschwitz-Prozeß, Bd. 1, S. 512.

310 A. a. O., S. 539.

311 Persönliche Mitteilungen. Siehe im übrigen die Kasuistik zum Befehlsnotstand, die zeigt, daß Befehle wegen ihres verbrecherischen Charakters umgangen oder verweigert wurden.

312 SchwG Heilbronn III Ks 1/62 (Theimer u. a).

313 Strafsache gegen Mulka u. a. (erster Auschwitz-Prozeß) vor dem SchwG Frankfurt/M. Eigene Notizen anläßlich der mündlichen Urteilsbegründung (Äußerung des Angeklagten Mulka).

314 Langbein, Auschwitz-Prozeß, Bd. 2, S. 703 (Dr. Schatz).

315 SchwG Verden 2 Ks 3/61 (Wessel).

316 SchwG Freiburg I AK 1/63, II AK 18/63, Schw. AK 3/63 (Riebel).

317 Langbein, Auschwitz-Prozeß, Bd. 1, S. 544 (Schlage).

Schuldgefühl ist nie von mir gewichen, weil wir auf Menschen schießen mußten.»[318] Die Erschießungen hätten ein «dummes»[319] oder «ungutes Gefühl» hinterlassen[320]. Ein an Selektionen beteiligter Lagerarzt bezeichnete seinen Aufenthalt in Auschwitz als einen Abschnitt seines Lebens, über den er «niemals hinwegkommen werde». Das «Furchtbarste» sei gewesen, zum Rampendienst befohlen zu werden: «Es war mir immer eine starke seelische Belastung, was aus den Menschen geworden ist, die ich nicht zur Arbeit ausgesucht habe.»[321] Ein Angeklagter bezeichnete es als «schrecklich, was Menschen von Menschen verlangen können»[322]. Ein Lageradjutant aus Auschwitz erklärte vor Gericht, er sei an der Frage, ob die Anordnungen Hitlers um des Mordes willen oder zur Erreichung von Kriegszielen erteilt worden seien, «beinahe zugrunde gegangen»[323]. Ein Angehöriger der Politischen Abteilung will die Erschießungen an der «Schwarzen Wand» in Auschwitz «insgeheim als grausam» betrachtet[324], ein Lagerapotheker die Selektionen an der Rampe «für gesetzliches Recht, aber für fürchterlich» gehalten haben[325]. Viele ehemalige Teilnehmer an den Vernichtungen – darunter auch Eichmann[326] und Höß[327] – bezeichneten die Massentötungen als «etwas Ungeheuerliches».

In anderen Äußerungen tritt eine Verunsicherung der Wertvorstellungen zutage. So wird beispielsweise gesagt: «Damals haben wir uns Gedanken gemacht, aber im Kriege müssen eben andere Maßstäbe gelten.»[328] Oder: «Im Kriege gelten andere Gesetze.»[329] Ein Angehöriger der Politischen Abteilung in Auschwitz, befragt, ob er bei den Erschießungen an der «Schwarzen Wand» nicht an das fünfte Gebot gedacht habe, antwortete, er habe die Erschießungen für

318 Pressebericht über die Strafsache gegen Schmidt-Hammer in der «Welt» vom 28. 9. 1960.

319 Pressebericht über die Strafsache gegen Sakuth (zu demselben Anklagekomplex wie Anm. 318 gehörig) in der «Welt» vom 7. 10. 1960.

320 StA Hamburg 141 Js 192/60.

321 Langbein, Auschwitz-Prozeß, Bd. 2, S. 642 (Dr. Lucas).

322 Wie Anm. 313 (Äußerung des Angeklagten Hofmann).

323 Langbein, Auschwitz-Prozeß, Bd. 1, S. 210 (Mulka).

324 A. a. O., Bd. 1, S. 489 (Dylewski).

325 A. a. O., Bd. 2, S. 675 (Dr. Capesius).

326 Vernehmungsprotokolle I, 159.

327 Autobiographie, S. 124.

328 Wie Anm. 315.

329 Wie Anm. 316.

Kriegsrecht gehalten, jedenfalls aber keine Vorstellungen davon gehabt, wie weit das Kriegsrecht ging[330]. Andere Teilnehmer an Massenexekutionen beruhigten sich damit, daß es sich um «Vergeltungsaktionen»[331] oder «Sicherungsmaßnahmen» handele, auch wenn diese ihnen «rein menschlich gesehen zuwider, ja ekelhaft» waren[332].

Von diesen als konflikthaft geschilderten Situationen heben sich diejenigen Fälle ab, in denen der Befehl von dem Befehlsempfänger offenbar als unproblematisch und völlig ausreichende Rechtfertigung empfunden wurde. Die autoritätsgebundene Haltung des automatischen Gehorsams, die das Recht nur unter rein formalen Gesichtspunkten sieht, tritt hier deutlich zutage. Typisch ist etwa folgender Ausspruch: «Es gab für das Lager in der Frage der Rechtmäßigkeit dieser Befehle keine Zweifel. Was vom Reichssicherheitshauptamt kam, war ein rechtmäßiger Befehl.» Einwand des Vorsitzenden: «War Ihnen nicht bekannt, daß unrechtmäßige Befehle nicht ausgeführt zu werden brauchten?» Angeklagter: «Dazu war ich nicht juristisch gebildet genug.»[333] Im Nürnberger Prozeß gegen die Hauptkriegsverbrecher beantwortete ein als Zeuge auftretender ehemaliger Einsatzgruppenführer die Frage, ob seinen Leuten die Rechtmäßigkeit der Befehle vorgetäuscht wurde, so: «Ich verstehe Ihre Frage nicht, denn der Befehl war von dem Vorgesetzten gegeben, so daß für die einzelnen Personen die Frage der Rechtmäßigkeit gar nicht kommen konnte; denn sie hatten ja denjenigen, die diesen Befehl gaben, den Eid des Gehorsams geleistet.»[334]

In manchen Aussagen tritt deutlich hervor, daß die Befehlsmechanik das Bewußtsein der Rechtswidrigkeit nicht völlig verdrängte. Ein Angeklagter sagte beispielsweise: «Ich habe nur Befehle ausgeführt; die Befehle waren heilig. Wenn ein Vorgesetzter gesagt hat: ‹Das ist schwarz›!, dann war das schwarz, auch wenn es weiß war.»[335] Diese Äußerung bezieht sich ganz eindeutig auf das, was die Rechtsprechung als blinden Gehorsam bezeichnet, der in Wahrheit jedoch ein «sehender» Gehorsam ist; denn es wurde in diesen Fällen auch derjenige Befehl für verbindlich gehalten, dessen

330 Langbein, Auschwitz-Prozeß, Bd. 1, S. 489 (Dylewski).
331 4 AR-Z 82/61 ZStL.
332 StA Hamburg 141 Js 354/60.
333 Langbein, Auschwitz-Prozeß, Bd. 1, S. 214 (Höcker).
334 IMT IV, 392 (Aussage Ohlendorf).
335 Langbein, Auschwitz-Prozeß, Bd. 1, S. 317 (Baretzki).

rechtswidriger Charakter durchschaut, d. h. bei dem das befohlene «schwarz» durchaus als «weiß» erkannt wurde. Ausgeblendet ist der Rechtsaspekt aus der Äußerung: «Ich habe nur als Soldat meine Befehle prompt ausgeführt. Ich habe nicht nach Recht und Unrecht gefragt.» Dabei stammt dieser Ausspruch von einem KZ-Funktionär, der schwerster Willkürtaten überführt werden konnte und selbst zugegeben hatte, daß eigenmächtige Gewalttaten verboten waren[336]. Andere Funktionäre drücken die Situation so aus: «Das war Befehl. Befehle wurden ausgeführt, ohne zu fragen.»[337]

Der autoritäre Aspekt wird auch in der Aussage eines SS-Führers deutlich, der die Massenerschießungen zwar schon damals als «unverständlich, ja als hellen Wahnsinn» betrachtet haben will, jedoch sagt: «Ich habe an irgend etwas Verbrecherisches gar nicht gedacht, weil die gesamten Judenangelegenheiten ja von oben befohlen und gedeckt wurden. Im übrigen habe ich aber auch nicht geglaubt, daß eines Tages einmal andere Machthaber andere Maßstäbe anlegen könnten ... Bei Berücksichtigung der damaligen Situation kann ich nichts anderes sagen, als daß wir damals die Hände an die Hosennaht legten, ‹jawohl› sagten und im übrigen keinerlei Überlegungen anstellten, ob der Befehl auszuführen oder zu verweigern sei.»[338]

Das Grundmotiv, sich «keine Gedanken» gemacht und «keinerlei Überlegungen» angestellt zu haben, durchzieht einen großen Teil der Aussagen und ist sogar noch aus der heutigen Argumentation und Bewertung des Geschehens herauszuhören. Man wird nach meinem Eindruck die «Gedankenlosigkeit» als zentrales psychologisches Element der totalitären Kriminalität überhaupt kaum überschätzen können und ihr, jedenfalls auf die Gesamtheit der Fälle bezogen, eine weit größere Bedeutung beimessen müssen als ausdrücklich ideologischen Motivationen. In das Gedanken- und Gefühlsvakuum drangen dann allerdings gelegentlich gewisse ideologisch gefärbte Rechtfertigungselemente ein, die jedoch mehr konventionellen Charakter hatten, d. h. zur mechanischen Übernahme bestimmter Floskeln und Denkmodelle der Umwelt führten.

In manchen Fällen ist bei den Äußerungen, die im Verlauf von Vernehmungen gemacht werden, deutlich zu spüren, wie stark das Denken des Vernommenen durch die damalige Vorstellungswelt ge-

336 Langbein, a. a. O., Bd. 1, S. 278 (Kaduk).
337 StA Hamburg 141 Js 204/60.
338 StA Hamburg 141 Js 354/60.

prägt worden ist; so etwa, wenn ein Zeuge, während einer staatsanwaltschaftlichen Vernehmung befragt, was er von der Erschießung jüdischer Kinder im Warschauer Ghetto halte, nichts anderes zu antworten weiß als: «Diese Kinder wurden auf Grund der damaligen Doktrin (!) ausschließlich auf bindenden Befehl erschossen, soviel mir bekannt ist.» Auch hier kommt die autoritäre Mechanik wieder deutlich zum Vorschein; so vor allem, wenn der Zeuge, nach seiner Gewissensreaktion gefragt, antwortet: «Ich halte die Erschießung eines jeden Menschen für unrecht, also auch eines Kindes. Ich bin aber der Meinung, daß der Befehl, ein Kind zu erschießen, ausgeführt werden mußte. Die Verantwortung trug dann der Vorgesetzte.» Und in merkwürdiger Verknüpfung mit religiösen Motiven fügt er hinzu: «Der Soldat hat im letzten Krieg seine inneren Hemmungen ignorieren müssen. Die Entscheidung der Frage nach Recht oder Unrecht mußte er einem göttlichen Richter anheimstellen, und er mußte der göttlichen Gnade vertrauen.» Dennoch gehört auch dieser Zeuge zu den letztlich «gedankenlosen» Fällen mit leicht ideologischem Einschlag. Das zeigt seine überaus bezeichnende Antwort auf die Frage, ob er einen Unterschied zwischen der Tötung bewaffneter Gegner und wehrloser Menschen, insbesondere Kinder, mache: «Mir ist bekannt, daß in diesem Kriege nur (!) jüdische Kinder erschossen wurden.» Eine andere Frage lautete: «Haben Sie damals nicht sehr schnell begreifen können, daß diese Juden zur Vernichtung gingen?» Antwort: «Ich habe mir darüber eigentlich keine Gedanken gemacht, was mit den Juden werden würde, die wir aus den Verstecken holten.» [339]

Auch ein Lagerkommandant erklärte über die Vergasung von Häftlingen: «Ich habe bei der Ausführung dieser Dinge kein Gefühl gehabt, weil ich den Befehl erhalten hatte, diese 80 Insassen auf diese Weise zu töten.» [340] Ein Angeklagter, befragt, was er sich bei der Erschießung von Kommissaren gedacht habe, sagte: «Sie wurden uns als Kommissare dargestellt, es war Vergeltung. Damals hatten wir solche Gefühle nicht.» Staatsanwalt: «Sie haben nichts dabei empfunden?» Angeklagter: «Nein.» [341] Ein SS-Mann, der in Auschwitz mit der Beurkundung von «Sterbefällen» zu tun hatte, antwortete

339 StA Hamburg 141 Js 192/60.
340 Mitscherlich-Mielke, a. a. O., S. 177 (Dok. NO-807).
341 KZ-Verbrechen, S. 226.

auf die Frage, ob ihm die vielen Toten nicht aufgefallen seien: «Darüber haben wir uns keine Gedanken gemacht.»[342]

Manche Täter bestreiten ausdrücklich, ein Unrechtsbewußtsein gehabt zu haben. Besonders problematisch erscheint mir der Fall eines zur Tatzeit noch minderjährigen SS-Mannes, über den das Schwurgericht Frankfurt im ersten Auschwitzprozeß zu befinden hatte. In der Hauptverhandlung entspann sich zwischen dem Gerichtsvorsitzenden und dem Angeklagten folgender Dialog, der sich auf die Vergasung von 150 bis 200 Juden und Polen bezog und nach dem Protokoll von Langbein folgendermaßen verlief:

«Vorsitzender: Wer hat den Raum geöffnet?
Angeklagter: Der Sanitäter.
Vorsitzender: Was haben Sie dann gesehen?
Angeklagter (nach einer Pause): Es war ein furchtbarer Anblick.
Vorsitzender: Die Leute lagen übereinander, kreuz und quer wie nach einem sehr schweren Todeskampf?
Angeklagter: Ich habe nicht genau hingesehen, ein Blick hat mir genügt.
Vorsitzender: Was für Gefühle hatten Sie?
Angeklagter: Nie wieder.
Vorsitzender: Warum? Hielten Sie es für Unrecht?
Angeklagter: Nein, durchaus nicht.
Vorsitzender: Wie dann ‹nie wieder›, wenn es doch Recht und unumgänglich war?
Angeklagter: Wenn jemand erschossen wurde, war das ganz etwas anderes. Aber die Anwendung von Gas war eben unmännlich und feige. Ich habe mich gegen die Ausführung solcher Befehle nicht gesträubt. Es kam mir gar nicht in den Sinn. Über Rechtmäßigkeit und Unrechtmäßigkeit habe ich mir gar keine Gedanken gemacht. Auf Grund meiner in der SS erhaltenen weltanschaulichen Schulung kam mir gar nichts anderes in den Sinn. Uns wurde das Denken abgenommen, das taten ja andere für uns. Jedes dritte Wort war doch: Die Juden sind an allem schuld, die Juden sind unser Unglück; das wurde uns eingehämmert. Ich schäme mich heute dafür, daß ich diese und andere Befehle damals für notwendig und unausweichlich angesehen habe.
Einwurf des Staatsanwalts: Kann man – überspitzt ausgedrückt –

342 Langbein, Auschwitz-Prozeß, Bd. 1, S. 562 (Schobert).

sagen, daß damals das Parteiprogramm für Sie an die Stelle der Zehn Gebote getreten ist?

Angeklagter: In dieser Zeit ja.» [343]

Das Gericht bejahte in seinem Urteil unter Hinweis auf die Tatmodalitäten, z. B. die besondere Verschwiegenheitspflicht, das Unrechtsbewußtsein [344]. In seinem Plädoyer hatte der Verteidiger dieses Angeklagten die Frage aufgeworfen, ob ein Mensch hundertfachen Mord oder Totschlag begehen oder mitbegehen könne, ohne eine solche Handlungsweise als Unrecht zu empfinden. Das Gericht konnte diese allgemein gestellte Frage natürlich nicht beantworten, ebenso wie wir sie hier nicht beantworten können; die Antwort hängt wohl, von allen grundsätzlichen anthropologischen Zweifeln an der Beständigkeit des Rechtsbewußtseins einmal abgesehen, nicht zuletzt von den begrifflichen Voraussetzungen ab, von denen man ausgeht und die wir im juristischen Teil dieses Kapitels darzustellen versuchten. Schließlich gibt es die Gruppe der Täter, die sich ausdrücklich auf die Rechtmäßigkeit der Terrormaßnahmen, d. h. die in der nationalsozialistischen Zeit vertretene offizielle Version, berufen, nach der der «Führerwille» Gesetzeskraft hatte [345]. Manche von ihnen haben darauf hingewiesen, sie hätten seit ihrem Studium den «Führerbefehl» als verbindliche Rechtsquelle angesehen [346]. «Führerworte», so erklärte auch Eichmann in Jerusalem, hätten nach damaliger Auffassung Gesetzeskraft gehabt [347]. Dieses Dogma war auch Bestandteil der ideologischen Schulung, von der Höß in seiner Autobiographie sagt, sie sei «nicht einfach spurlos wie Hochschulvorlesungen an den SS-Führern vorbeigeglitten» [348]. Ein Auschwitz-Funktionär berichtet beispielsweise: «Man hat uns gesagt, das ist Gesetz, das muß so gemacht werden.» [349]

Die Untersuchung solcher Einzeläußerungen läßt also ein verhältnismäßig breites Aussagespektrum zutage treten, das von dem Bekenntnis, die Rechtswidrigkeit klar erkannt zu haben, bis hin zum geleugneten Unrechtsbewußtsein oder sogar zur Annahme der Recht-

343 A. a. O., Bd. 1, S. 439 f.

344 Eigene Aufzeichnungen bei der mündlichen Urteilsbegründung.

345 Vgl. hierzu Anm. 57.

346 Z. B. SchwG Berlin (500) 3 P (K) Ks 1/62 (23/61). Äußerung des Angeklagten Schneider.

347 Vernehmungsprotokolle II, 716.

348 Autobiographie, S. 125.

349 Langbein, Auschwitz-Prozeß, Bd. 1, S. 316 (Baretzki).

mäßigkeit reicht. Die Gerichte können auf dieses Beweismaterial nicht verzichten, und es ist legitim, wenn sie auf solche Selbstdarstellungen zurückgreifen. Bei allen psychologisch gründlicheren Versuchen, die Bewußtseinslage der Täter zu rekonstruieren, wird man der nachträglichen Darstellung jedoch mit Zurückhaltung und Vorsicht begegnen müssen, und zwar nicht nur deshalb, weil die Angeklagten zu einer solchen psychologischen Rückschau nur in den seltensten Fällen wirklich in der Lage sind.

Einmal hat man sich nämlich die Situation zu vergegenwärtigen, in der solche Äußerungen zustande kommen, insbesondere auch die sachliche Kollision, die bei der Selbstverteidigung zwischen Unrechtsbewußtsein und Befehlsnotstand besteht. Denn wer sich als Angeklagter auf einen Befehlsnotstand beruft, muß zwangsläufig behaupten, die befohlenen Taten damals als schweres Unrecht betrachtet zu haben, dem er sich, jedoch ohne Erfolg, zu entziehen versuchte. Darauf hat schon das Nürnberger Einsatzgruppenurteil aus dem Jahre 1948 hingewiesen, wenn es ausführt: «Es ist jedoch augenscheinlich, daß das Beharren der Angeklagten auf der Behauptung, die Tötungen seien gerechtfertigt gewesen, weil die Juden eine direkte Gefahr für Deutschland darstellten, unvermeidlich die Behauptung, sie hätten nur unter dem auf sie persönlich ausgeübten Druck gehandelt, abschwächt; und umgekehrt schwächt das Argument des ‹persönlichen Drucks› das Argument von der ‹Gefahr für Deutschland›.» [350] Ähnlich stellte auch ein deutsches Schwurgericht in seinem Urteil fest: «Wer von der Rechtmäßigkeit einer befohlenen Handlung überzeugt ist, wird auch dann, wenn er aus persönlichen Gründen eine Abneigung gegen die Ausführung des Befehls hat, ihn aber dann doch ausführt, in der Regel nicht aus einer Konfliktsituation heraus, die den Notstand begründet, handeln.» [351] Entsprechend ist auch der Bundesgerichtshof von einer Antinomie zwischen blindem Gehorsam und Konfliktlage ausgegangen [352].

Außerdem ist bei der Bewertung der Aussagen zu berücksichtigen, daß sich auch bei den ehemaligen Funktionären eine gewisse Anpassung an die heutige Beurteilung der Ereignisse vollzogen hat, die zu einer inneren Distanzierung – mindestens eines Teils der Täter – von

350 Nach Kempner, SS im Kreuzverhör, S. 69; siehe auch S. 80.

351 SchwG Ansbach Ks 1/62 (6) in der Strafsache Patina.

352 BGH 1 StR 653/54. Siehe dazu auch die rechtlichen Ausführungen im Kapitel über den Befehlsnotstand.

ihren damaligen Untaten führt oder, falls sie innerlich an den alten Anschauungen festhalten, eine distanzierende Stellungnahme vor Gericht doch prozeßtaktisch ratsam erscheinen läßt.

Schließlich ist auch noch keineswegs ausgemacht, was Angeklagte eigentlich ausdrücken wollen, wenn sie mit Begriffen wie «Recht», «Rechtmäßigkeit», «Illegalität», «Gesetz» und «Verbrechen» operieren. Diese Begriffe sind ja sogar für den Juristen oft nicht unproblematisch; um wieviel problematischer ist ihr Sinn, wenn sie von juristischen Laien verwandt werden, und zwar gerade in einem Bereich, wo sie – wie z. B. «Gesetz» und «Recht» – gegensätzliche Bedeutungen bekommen konnten. Aus bloßen Wortformeln lassen sich daher Schlüsse auf das Rechtsbewußtsein im Grunde nicht ziehen. Allerdings haben die Gerichte von der Möglichkeit, tiefer in die rechtliche Vorstellungswelt des einzelnen Angeklagten einzudringen, in sehr unterschiedlichem Maße Gebrauch gemacht. Im allgemeinen blieb es dabei, daß dem Gericht das rechtstechnische Vokabular des Angeklagten – «das war doch Gesetz», «ich habe das ganze für rechtmäßig gehalten» – präsentiert wurde, ohne daß darüber hinaus sein wirklicher Bedeutungsinhalt geprüft worden wäre. Schließlich wurde auch damals das individuelle Denken nicht nur von «Führerworten» geformt, sondern es war komplexer; nicht zuletzt, weil es auch von anderen Faktoren – Umwelteinflüssen, traditionellen Vorstellungen, gelernten Verhaltensmustern, Gesprächen, Beobachtungen, Reaktionen anderer Menschen – beeinflußt wurde und jedenfalls nicht von allen außerideologischen Erkenntnisquellen völlig abgeschnitten war.

Daß selbst primitivere Funktionäre in ihren Wertungen nicht nur an Worte fixiert waren, zeigt folgendes Beispiel. Ein im ersten Auschwitz-Prozeß verurteilter Angeklagter versah seine Äußerung, er sei damals darüber belehrt worden, daß die ganze Vernichtung «Gesetz» sei, mit dem Zusatz:

> «Man hat ja gefragt: Was haben denn die Leute gemacht? Man hat uns gesagt, sie haben Brunnen vergiftet, und sie haben Sabotage geübt; und wenn wir gefragt haben: Auch die Frauen und Kinder? – hat man uns zur Antwort gegeben: Wenn ihr im ersten Schuljahr seid, dann benutzt ihr das Schulbuch für die erste Klasse und nicht für die fünfte.»
>
> Einwurf des Vorsitzenden: «Auf deutsch: das versteht ihr noch nicht.»

Angeklagter: «Jawohl. Man hat uns gesagt: Das werdet ihr später erfahren. Man hat uns auch gesagt, was Hitler gemacht hat, ist alles Gesetz.»

Nicht ohne eine gewisse Berechtigung empörte sich dieser Angeklagte gegen die Aussagen eines ehemaligen SS-Richters und hielt ihm vor: «Sie waren doch in Auschwitz. Sie sind doch ein Jurist. Warum haben Sie uns damals nicht gesagt, was da geschehen ist? Da sind doch Tausende von Menschen umgebracht worden. Warum haben Sie denn nicht gesagt, daß das Unrecht ist? Sie waren doch Richter!»

Dazu der Vorsitzende: «Angeklagter B., Sie mußten doch wissen, daß man Menschen nicht umbringen darf.»

Zwischen diesem Einwand und dem Aufbegehren des Angeklagten liegen jedoch Welten[353].

Etwas ausführlicher soll die Möglichkeit, nicht nur verbal, sondern substantiell in das individuelle Rechtsbewußtsein einzudringen, noch am Fall Eichmann erläutert werden. Die nähere Beschäftigung mit dem Prozeßmaterial und vor allem den sechsbändigen Vernehmungsprotokollen der israelischen Polizei zeigt, daß Eichmanns rechtliche Vorstellungen schwerer zu erkennen sind, als es nach manchen seiner Einzeläußerungen, wenn man sie isoliert betrachtet, den Anschein hat. Erst die genauere Analyse seiner gesamten Selbstverteidigung vermittelt einen ungefähren Eindruck von der Bewußtseinslage, aus der heraus er gehandelt hat. Von der einzelnen Formulierung her gesehen, bleibt vieles widerspruchsvoll[354].

Einerseits will er die Massenvernichtung, wie er bei der Polizeivernehmung erklärte, nicht als illegal betrachtet haben, da die Regierung, die die Befehle erteilte, schließlich von der Mehrheit des deutschen Volkes gewählt worden sei und sämtliche Kulturnationen diplomatische Beziehungen zu ihr unterhielten; «was soll ich als kleiner Mann mir Gedanken darüber machen, – ich bekomme den Befehl von meinem Vorgesetzten und schau nicht rechts und nicht

353 Langbein, Auschwitz-Prozeß, Bd. 1, S. 315 f.

354 Leider fehlt es in allen anderen Fällen an einem ebenso detaillierten und psychologisch aufschlußreichen Vernehmungsprotokoll. Die deutschen Polizeiprotokolle sind ja, im Vergleich dazu, schon stark «kriminalistisch stilisiert», d. h. sie stellen eine knappe, in der Regel von dem vernehmenden Beamten selbst formulierte, auf den zu beweisenden Tatbestand hin geraffte Zusammenfassung der Aussage dar.

links, denn es ist nicht meine Aufgabe, und habe zu gehorchen und zu parieren. So war meine Einstellung bis 45.»[355] Andererseits mußte er aber im Prozeß doch einräumen, die gewaltsame Lösung der Judenfrage «schon damals als nicht zu Recht bestehend betrachtet» zu haben[356] und jetzt sogar als «eines der kapitalsten Verbrechen innerhalb der Menschheitsgeschichte» anzusehen[357]. Die Schwierigkeit liegt also nicht allein darin, ob Eichmann die Vernichtungsmaßnahmen für «rechtmäßig», «legal» oder aber für «Verbrechen» hielt, sondern auch darin, was er sich überhaupt unter «Recht» vorstellte. Offenbar ging es ihm vor allem darum, durch höhere Anordnung gedeckt zu sein und nichts zu tun, was nicht irgendwie schwarz auf weiß belegbar war[358], eine «Genauigkeit», zu der er «von Hause aus» seine Mitarbeiter erzog, für die er bekannt war und die dazu führte, daß er «nur in ganz seltenen Fällen Scherereien gehabt» hat[359].

Auch Wisliceny, einer seiner Mitarbeiter, schilderte ihn als «ausgesprochenen Bürokraten», der sich über jede Unterredung sofort eine Aktennotiz anfertigte und seine Untergebenen immer wieder darauf hinwies, «daß dies das Wichtigste wäre, damit er jederzeit von oben gedeckt wäre. Er selbst scheute jede eigene Verantwortung und war sehr bemüht, für alle Maßnahmen, die er traf, eine Deckung seiner Verantwortlichkeit seinen Vorgesetzten gegenüber ... zu erreichen.»[360] Mit diesem «Vorschriftsbewußtsein» war jedoch, legt man Eichmanns eigene Darstellung zugrunde, ein Bewußtsein, an «bedenklichen» Vorgängen beteiligt zu sein, durchaus vereinbar. Einem seiner Untergebenen, der mit der Bestellung von Blausäure beauftragt worden war, will er z. B. gesagt haben: «Ja, wie kannst du das machen? Was mischst du dich in solche Sachen?»[361] Auch räumte er ein, «daß man selbstverständlich gegen jegliche Vernichtung von Zivilisten gewesen» sei[362].

Interessant sind in diesem Zusammenhang auch Vernehmungssituationen, in denen er auf konkrete Probleme, etwa die Rechtmäßigkeit

355 Vernehmungsprotokolle IV, 1938 f.
356 95. Sitzg., S. 35–36; vgl. Berufungsurteil I, 35.
357 Nellessen, Der Prozeß von Jerusalem, S. 153.
358 Vernehmungsprotokolle III, 1259.
359 A. a. O.
360 IMT IV, 400.
361 Vernehmungsprotokolle IV, 2259 ff.
362 A. a. O., IV, 1944.

von Exzessen, angesprochen wurde. So wurde ihm die Frage nach der Rechtmäßigkeit situativer Einzelerschießungen im Verlaufe der Deportation vorgelegt: beispielsweise der Erschießung eines hungernden Häftlings, der ein Stück Brot findet und daraufhin an Ort und Stelle exekutiert wird. Eichmann bezweifelte zunächst, «daß das einer getan hätte», modifizierte dann den Sachverhalt in mehrfacher Beziehung, wich in den Fall des Fluchtversuchs aus – des «wirklichen Fluchtversuchs» – und unterstellte, daß Richtlinien bestanden, bei Fluchtversuchen von der Waffe Gebrauch zu machen: hier, so meinte er, «mußte der Kommandoführer selbstverständlich den Befehl geben, das ist ganz klar». Zum Fall des Häftlings, der ein Stück Brot an sich nimmt, zurückkehrend, meinte er dann nochmals, er glaube nicht, «daß das einer getan hat, und hätte er es getan, dann bei aller Herzlosigkeit, aber es gibt ja schließlich und endlich irgendwie immer noch ein Fleckchen, wo jemand – sagen wir mal – auch sein Herz mitsprechen läßt, nicht wahr.» [363]

Komplizierter noch wurden die Probleme für ihn, als er daraufhin gefragt wurde, ob die Erschießung deportierter Häftlinge, die schlapp machten oder zusammenbrachen, nach seiner Meinung legal war.

> «Wenn eine Kolonne im Marsch ist und es bleiben Leute zurück, dann muß, um der Ordnung, der Disziplin, der Betreffende unter Umständen einen solchen Befehl geben, jawohl.»
> Zwischenfrage: «Auch wenn der Mann nicht mehr weiter kann, er physisch vollkommen zusammengebrochen ist?»
> Eichmann: «Na ja, das wohl, das wohl kaum, das wohl kaum, denn physisch – ja, es kommt, es kommt sicherlich auch hier auf den, auf die, – sagen wir – auf die Situation drauf an, – wenn das ... eine echte Sache ist, so wird man das nicht machen, – und ist es eine ... Kampfmaßnahme, die natürlich jeden, jeder hat das Recht, zu Kampfmaßnahmen zu greifen, – dann wird man von einem solchen Befehl Gebrauch machen.» [364]

Zum Gesamtbild von Eichmanns Selbstverteidigung gehört auch, daß sie sich nicht eigentlich auf das Argument, die Vernichtung für rechtmäßig gehalten zu haben, gründete, sondern vor allem auf den Einwand, mit den Vernichtungsmaßnahmen nicht unmittelbar «befaßt» gewesen zu sein. Um belastende Punkte, die er mit instinktiver Sicherheit erfaßte, steuerte er bei seiner Vernehmung nicht ohne

363 A. a. O., IV, 2070 f.
364 A. a. O., IV, 2072.

Geschick herum, indem er die Verantwortung nach oben oder unten abschob. Er hatte also durchaus ein Gefühl dafür, worauf es ankam; auch stellte er sich nicht als völlig unschuldig dar, wie es bei rechtmäßigen Taten nur natürlich gewesen wäre, sondern legte mit gewissen Einschränkungen und Vorbehalten eine Art Schuldbekenntnis ab: «Ich habe Schuld, viel Schuld, Herr Hauptmann, aber ich habe mit der Tötung der Juden nichts zu tun.» (Er meinte damit die unmittelbare Tötung im Unterschied zur Deportation).[365] In bezug auf die Deportierung bezeichnete er sich als «verantwortlich» und «bereit, die Strafe dafür entgegenzunehmen»[366]. Nach juristischer Auffassung, meinte Eichmann, sei er «selbstverständlich der Beihilfe schuldig – das sehe ich selbst ein»[367]. Auch wollte er sich «nicht aus der Affäre ziehen, das kann ich ja gar nicht, es lohnt sich ja auch gar nicht, es sind viel zu viele Beweise vorhanden, nicht wahr, ich will auch gar nicht»[368].

Sein Schuldbekenntnis machte er außerdem von der internationalen Gleichbehandlung abhängig: «ohne Verzug» würde er sich für «mitschuldig am Mord» erklären, wenn diejenigen, die an der «Evakuierung und Vertreibung von Millionen deutscher Männer, Frauen und Kinder» auf Befehl mitgewirkt hätten, sich ebenfalls für mitschuldig am Mord bekennen und bestraft werden würden[369]. Auch sein Schlußwort im Prozeß stützte sich nicht auf die «Legalität» der Vernichtung; er bezeichnete sie jedoch als «die Schuld der politischen Führer»; die «Führerschicht», zu der er nicht gehört habe, habe «mit Recht Strafe verdient für die Greuel, die auf ihren Befehl hin an den Opfern begangen wurden». Aber auch Höß und Frank hatten nach seiner Meinung «alle Veranlassung zu einem solchen Schuldbekenntnis». Trotz seiner früheren Erklärung, der Beihilfe schuldig zu sein, sprach er nun in diesem Zusammenhang von der von ihm «in juristischem Sinne empfundenen Schuldlosigkeit», gleichzeitig jedoch von der Scham, die ihn «beim Bedenken des Unrechts, welches den Juden geschah», befalle[370].

Alle diese Äußerungen lassen die Erklärung, er habe die Vernich-

365 A. a. O., I, 196.
366 A. a. O., I, 490.
367 A. a. O., II, 783 sowie V, 2676.
368 A. a. O., II, 678.
369 A. a. O., V, 2680 f.
370 Nellessen, Der Prozeß in Jerusalem, S. 304 ff.

tung nicht für «illegal» gehalten, in einem etwas anderen Licht erscheinen und stellen sie in einen Gesamtzusammenhang, der letztlich doch ein Bewußtsein des Unrechts, an dem er mitwirkte, erkennen läßt.

b) Retrospektive Wertungen

Obwohl die nachträgliche Tatbewertung durch die Täter bei der Rekonstruktion der damaligen Bewußtseinslage ein, wie wir sahen, wenig zuverlässiges Beweismittel ist, mit dem vorsichtig und kritisch umgegangen werden muß, könnte man sich doch fragen, ob nicht auch aus einer solchen rückblickenden Beurteilung, soweit sie nicht nur prozeßtaktischer Natur ist und dem Zweck der Selbstverteidigung dient, psychologische Schlüsse zu ziehen sind. Immerhin ist es doch wohl möglich, jedenfalls von einer gewissen Kontinuität der Wertvorstellungen des einzelnen Täters und seiner Persönlichkeitsstruktur auszugehen und daraus im einen oder anderen Fall vorsichtige Folgerungen herzuleiten.

So wird man z. B. aus Äußerungen, die das Vernichtungsgeschehen mehr als eine politisch-taktische Fehlleistung zu deuten versuchen und sich nur mühsam dazu durchringen, ihm auch eine rechtlich-moralische Seite abzugewinnen, schließen können, daß der betreffende Funktionär die Massentötung auch zur Tatzeit nicht eigentlich als Gewissensbelastung, als verwerflichen und verbrecherischen Vorgang, betrachtet hat; so etwa, wenn Höß die Ausrottung der Juden als «falsch, grundfalsch» [371] oder «falsch, ja verbrecherisch» [372] bezeichnet, Formulierungen, denen die Anstrengung, die für ihn mit der moralischen Qualifizierung der Vernichtungsmaßnahmen verbunden war, anzumerken ist. Oft werden bei der Beurteilung auch Kategorien verwandt, die außerrechtlichen und außermoralischen Wertbereichen angehören, namentlich wenn die Vernichtung der Juden als «schwerer Fehler» [373] oder «zu weitgehende Maßnahme» [374]

371 Autobiographie, S. 153.
372 A. a. O., S. 152.
373 Vgl. etwa die bei Gilbert, Nürnberger Tagebuch, S. 14 und 205 erwähnten Äußerungen.
374 SchwG Koblenz 9 Ks 1/61 (4/60 Schw) in der Strafsache gegen Remmers u. a.

bezeichnet wird. Man braucht solche Wertungen nur einmal in Gedanken auf individuelle Verbrechen wie Raub- oder Lustmorde zu übertragen, um zu sehen, wie völlig inadäquat sie dem Geschehen sind, wie weit entfernt von einer wirklichen Einsicht in das begangene Unrecht.

Andererseits können Äußerungen, die nachträgliches Unrechtsbewußtsein erkennen lassen, nicht immer nur als Anpassung an die veränderte Situation gedeutet werden. Es fällt z. B. auf, daß manche der Angeklagten des Nürnberger Hauptkriegsverbrecherprozesses die ihnen zur Last gelegten Menschlichkeitsverbrechen – anders als andere Beschuldigungen – durchaus als schwere, ihre Ehre tangierende Belastung empfunden, sie als «Massenmord», «unglaublich furchtbare Verbrechen» oder «größten und satanischsten Massenmord der Weltgeschichte» gekennzeichnet und sich gerade in dieser Hinsicht von ihrer Verantwortung reinzuwaschen versucht haben[375]. So hatte etwa Göring, der viele Anklagepunkte mit Gelassenheit hinnahm, ja sich mancher seiner Handlungen, die im Prozeß eine Rolle spielten, ausgesprochen brüstete, doch das Bedürfnis, sich «in einem Punkt . . ., in dem meine Ehre getroffen ist», zu verteidigen; «niemals», so erklärte er dem Gerichtspsychologen Gilbert, «gab ich irgendwelche Kommandos für die Ausführung jener Schandtaten»[376]. Solche Äußerungen, für die es auch in den späteren Verfahren manche Entsprechungen gibt, sind im Grunde nicht zu erklären, wenn man nicht annehmen will, daß sie an eigene, auch früher vorhandene Wertvorstellungen irgendwie anknüpfen, über die sich der einzelne jedoch infolge stärker wirkender Motive und Antriebe rigoros hinwegsetzte. Auch in anderer Beziehung wurden die Angeklagten ja schwer belastet; es ist daher kaum anzunehmen, daß die besondere Reaktion auf die Anklage, an den Massenvernichtungen mitgewirkt zu haben, nur in der Prozeßsituation ihren Grund hatte[377].

Auch gelegentliche glaubwürdige Reuereaktionen gehören hierher. Obwohl wir im allgemeinen Anlaß haben, Reueerklärungen – ebenso

375 Vgl. hierzu die von Gilbert geschilderten Gespräche, etwa die S. 20, 27, 33, 46, 47, 54, 72, 76, 131, 338 f. seines Nürnberger Tagebuches. Diesen Äußerungen kommt um so größere Bedeutung zu, als sie, anders als offizielle Erklärungen während des Prozesses, mehr privaten Charakter hatten.

376 Gilbert, a. a. O., S. 72.

377 Siehe dazu auch die von Gilbert, a. a. O., S. 51 f., geschilderten, psychologisch interessanten Reaktionen der Angeklagten auf den im Gerichtssaal vorgeführten Dokumentarfilm über die Konzentrationslager.

wie umgekehrt ihr Fehlen – nicht überzubewerten, gibt es doch Fälle, in denen ehemalige SS-Angehörige ihren früheren Taten ratlos und tief bedrückt gegenüberstehen. In einem Berliner Prozeß sagte ein früherer SS-Sturmbannführer, der an Einsatzgruppenverbrechen beteiligt war, in seinem Schlußwort: «Ich drücke mich nicht vor der Verantwortung. Keine Strafe kann die seelische Qual und die Last der Verantwortung von mir nehmen.» In einigen anderen Fällen haben SS-Angehörige sich selbst gestellt oder aber in Verfahren um eine rückhaltlose Aufklärung der Verbrechen, zu denen auch ihre eigenen gehörten, bemüht[378]. In manchen Fällen wissen wir vom Selbstmord der Beschuldigten[379], vereinzelt auch, sogar bei schwerbelasteten Exzeßtätern, von offenbar tiefgreifenden Wandlungen[380]. Diese Vorgänge entziehen sich jedoch weitgehend der Beschreibung und Erforschung.

Bemerkenswert ist auch, daß gelegentlich gerade in den Vorermittlungen die bis in die Gegenwart fortwirkende psychische Belastung durch die früheren Verbrechen zutage tritt. Es gibt ehemalige Funktionäre, die bei der Vernehmung durch Staatsanwaltschaft und Kriminalpolizei bekennen, seit dem Kriege niemals, auch mit den engsten Verwandten nicht, über ihre Vergangenheit gesprochen zu haben. Vereinzelt haben sich solche Beschuldigten bei ihrer Vernehmung geradezu mit einer gewissen Erleichterung ausgesprochen. Nach meinem Eindruck, der sich im wesentlichen auf Gespräche mit vernehmenden Staatsanwälten stützt, handelt es sich dabei vorwiegend um Täter von untergeordneter Bedeutung, z. B. ehemalige Polizeiangehörige, die zu einer Einsatzgruppe abkommandiert waren. In anderen Fällen, vor allem bei höherrangigen Funktionären und überzeugten Nationalsozialisten, sind aber auch völlig gegenteilige Reaktionen festzustellen: ein Beharren in alten Denkformen, Kameraderie unter den Beteiligten, Zynismus, uneinsichtige Selbstverteidigungen.

378 Langbein, Im Namen des deutschen Volkes, S. 123.

379 A. a. O., S. 124 f. Solche Fälle sind auch in den Presseberichten der letzten Jahre erwähnt worden.

380 Einen Hinweis enthält z. B. KZ-Verbrechen, S. 237, in bezug auf den Fall Sorge.

c) Belastungssymptome

Wesentlich beweiskräftiger, wenn auch schwerer zu verifizieren, sind Verhaltensweisen und Reaktionen zur Tatzeit. Eine Reihe solcher Reaktionen haben wir bereits in anderem Zusammenhang bei der Schilderung der Konfliktsituationen erwähnt. Die dort aufgeführten psychologischen Belastungen – Nervenzusammenbrüche, Alkoholismus, Selbstmorde, seelische Erkrankungen, Erregung bei Exekutionen, Versuche, der Ausführung von Erschießungsbefehlen zu entgehen – sind auch hier von symptomatischer Bedeutung[381]. Außerdem haben wir bei der Behandlung des Befehlsnotstandes gesehen, daß Exekutionsanordnungen in einzelnen Fällen wegen ihres ungesetzlichen, verbrecherischen Charakters abgelehnt worden sind. Bei all diesen Belastungssymptomen ist jedoch, soll kein verzerrtes Bild entstehen, zu berücksichtigen, daß sie nicht generell, sondern nur bei einem relativ kleinen Teil der Täter einigermaßen sicher feststellbar sind.

Von Einsatzkommando-Verbrechen ist bekannt, daß sich in einzelnen Einheiten Empörung gegen die Erschießungen ausbreitete oder daß Bedenken gegen die Rechtmäßigkeit geäußert wurden. Über einen Tatkomplex, der im Ulmer Einsatzkommando-Prozeß eine Rolle spielte, heißt es im Urteil:

> «An der Erschießungsstätte hatten verschiedene Angehörige des Schupo-Kommandos sofort erhebliche Bedenken gegen die Rechtmäßigkeit der Erschießung. Da sie sahen, daß es sich bei den Gefangenen fast nur um Juden handelte, daß diese zum Teil schon sehr alt, zum Teil aber auch noch sehr jung waren, konnten sie nicht glauben, daß alle diese Gefangenen der deutschen Truppe Widerstand geleistet bzw. als Heckenschützen sich betätigt hatten, wie ihnen gegenüber behauptet worden war. Diese Auffassung drückten sie auch bei der gegenseitigen Unterhaltung aus. Einige von ihnen gaben ihrer Entrüstung Ausdruck, daß sie zu dieser Erschießung herangezogen wurden. Nach ihrer Rückkunft nach Memel wollten sie dann von dem Angeklagten Schm.-H., der immer sehr kameradschaftlich zu ihnen war, darüber Aufschluß haben, warum fast nur Juden, und dabei Leute bis zu 70 Jahren und so viele Jugendliche, erschossen worden seien. Der Ange-

381 Vgl. oben S. 72.

klagte Schm.-H. gab ihnen aber nur zur Antwort: ‹Ich weiß das auch nicht, ich bin ja auch nur ein kleiner Befehlsempfänger.› Als am anderen Morgen Kommissar K. mit seinen Kameraden von der Stapo Tilsit, vor allem mit leitenden Beamten, über die am vorausgegangenen Tag durchgeführte Erschießung sprach, machten sie einen etwas bedrückten Eindruck, kritisierten auch teilweise die Aktion. Keiner von ihnen wollte aber als feig gelten. Sie sprachen sich gegenseitig Mut zu, wobei Worte fielen wie: eine Generation müsse dies durchstehen, damit es die Kinder einmal besser hätten.»[382]

In dieser Situation wird wieder der Vorrang der «historischen Notwendigkeit» vor den durchaus noch erlebten Rechts- und Moralvorstellungen deutlich. Die Ideologie hat hier jedoch mehr die Bedeutung eines nachträglichen Beruhigungsmittels.

Auch Höß erwähnt in seinen allerdings oft zu einer makabren Sentimentalität neigenden Aufzeichnungen Symptome einer wohl auch rechtlich-moralisch zu deutenden seelischen Belastung. Er schreibt:

«Diese Massenvernichtung mit allen Begleiterscheinungen ging nun nicht einfach so – zur Kenntnis genommen – über die dabei Beteiligten hinweg. Wohl allen, bis auf wenige Ausnahmen, der zu dieser ungeheuerlichen ‹Arbeit›, zu diesem ‹Dienst› Kommandierten und wie auch mir selbst haben diese Vorgänge genug zu denken gegeben, haben tiefe Eindrücke hinterlassen. Die meisten der Beteiligten traten oft bei meinen Kontrollgängen durch die Vernichtungsstellen an mich heran, um ihre Bedrückung, ihre Eindrücke an mich loszuwerden, um durch mich beruhigt zu werden. Aus ihren vertraulichen Gesprächen hörte ich immer und immer wieder die Frage heraus: Ist das notwendig, was wir da machen müssen? Ist das notwendig, daß Hunderttausende Frauen und Kinder vernichtet werden müssen? Und ich, der ich mir unzählige Male im tiefsten Innern selbst diese Frage gestellt, mußte sie mit dem Führer-Befehl abspeisen, damit vertrösten. Mußte ihnen sagen, daß diese Vernichtung des Judentums notwendig sei, um Deutschland, um unsere Nachkommen für alle Zeit von den zähesten Widersachern zu befreien. Wohl stand für uns alle der Führerbefehl unverrückbar fest, auch, daß die SS ihn durchführen mußte. Doch in allen nagten geheime Zweifel. Und ich selbst durfte auf keinen Fall meine gleichen Zweifel bekennen. Ich mußte

382 SchwG Ulm Ks 2/57 (leicht gekürzt).

mich, um die Beteiligten zum psychischen Durchhalten zu zwingen, felsenfest von der Notwendigkeit der Durchführung dieses grausam-harten Befehls überzeugt zeigen. Alle sahen auf mich. Welchen Eindruck machten solche Szenen, wie oben geschildert, auf mich, wie reagierte ich darauf. Daraufhin wurde ich genau beobachtet, jede Äußerung meinerseits durchgesprochen. Ich mußte mich sehr zusammenreißen, um nicht einmal in der Erregung über eben Erlebtes meine inneren Zweifel und Bedrückungen erkennen zu lassen.»[383]

Diese Darstellung zeigt deutlicher noch als viele andere Schilderungen, in welcher Weise ideologisches, von wahnhaften Vorurteilen bestimmtes «Pflichtbewußtsein» mit immer wieder andrängenden Gegenwertungen in Konflikt geriet, die doch wohl als rechtlich-moralische Hemmungen zu qualifizieren sind, auch wenn sie damals mehr als «Schwächesymptome» betrachtet wurden. Auch Eichmann hat Höß als einen Mann geschildert, der «unter seiner Arbeit, zu der teilweise auch die physische Vernichtungsarbeit von Gegnern (sic!) gehörte, litt» und der der «inneren Beruhigung» durch ideologische Parolen bedurfte, die in ihm das Gefühl für die «Notwendigkeit» seiner Handlungsweise stärkten[384].

Selbst für Himmler, den Prototyp des totalitären Massenmörders, scheint es solche Belastungen gegeben zu haben. Jedenfalls erwähnt die Biographie von Fraenkel und Manvell Berichte seines Adjutanten, SS-General Wolff, nach denen er über den Vernichtungsbefehl «tief bedrückt» gewesen sei, da letzten Endes er für diese Verbrechen verantwortlich war. Von Felix Kersten, Himmlers Masseur, wird das bestätigt. So scheint Himmler das Bedürfnis gehabt zu haben, mit Kersten, zu dem er ein engeres Vertrauensverhältnis hatte, über die Probleme zu diskutieren und ihm gegenüber sein Verhalten zu erklären. Dabei gab er zu, daß die Ausrottung von Menschen «ungermanisch» sei; ein aus seinem Munde vernichtendes Verdikt[385].

Sogar bei Heydrich, den Hitler in seiner Gedenkrede den «Mann mit dem eisernen Herzen» nannte und der in geradezu idealtypischer Weise die Verkörperung des totalitären Machtpragmatikers zu sein scheint[386], müssen wir Gewissensskrupel vermuten. So ist über

383 Autobiographie, S. 131 f.
384 Sassenprotokolle, auszugsweise im Sammelband »Auschwitz«, S. 253.
385 Fraenkel/Manvell, Himmler, S. 115, 117.
386 Siehe dazu J. C. Fest, a. a. O., S. 139.

ihn berichtet worden, daß er sich bemühte, seine verbrecherische Aktivität zu verheimlichen, und daß die Nomenklatur, mit der das Geschäft des Massenmordes getarnt wurde, weitgehend von ihm stammte. Interessant ist in diesem Zusammenhang auch eine Äußerung aus Himmlers Gedenkrede: «Aus unzähligen Gesprächen mit Heydrich aber weiß ich, was dieser nach außen so hart sein müssende und strenge Mann in seinem Herzen oft gelitten und gerungen hat, und was es ihn manchmal kostete, dennoch immer wieder nach dem Gesetz der SS, das uns verpflichtet, weder eigenes noch fremdes Blut zu schonen, wenn es das Leben der Nation verlangt, zu entscheiden und zu handeln.» [387] Diese Bemerkung ist nach Meinung J. C. Fests um so glaubwürdiger, als solche Skrupel den Härtegrundsätzen der SS strikt widersprachen [388]. Auch Carl J. Burckhardt gegenüber hatte Heydrich einige Jahre vor dem Krieg erklärt: «Es ist fast zu hart für den einzelnen, aber hart wie Granit müssen wir sein, sonst geht das Werk unseres Führers zugrunde, viel später wird man uns danken für das, was wir auf uns genommen haben.» [389]

Wir müssen uns also wohl von der Vorstellung lösen, der skrupellos handelnde Völkermörder müsse unbedingt – und insbesondere auch permanent – frei von psychischen Reaktionen gewesen sein, und ihn wohl mehr in einer innerlich gespaltenen Situation sehen, bei der wahnhafte, «überwertige» Ideen und aggressive Antriebe jedenfalls zeitweise mit Hemmungen und Unsicherheiten konfrontiert waren, die in seinem Verhaftetsein in traditionellen, ja oft sogar ausgesprochen kleinbürgerlichen Wertvorstellungen ihre Ursache hatten. Dieser allerdings ganz auf den inneren Schauplatz verbannte «Normenkonflikt» scheint auch die einzige Erklärung dafür zu sein, daß die Verbrechen in jener geradezu masochistisch anmutenden Atmosphäre verübt wurden, die den Rechtsbruch zur «lastenden Pflicht» werden ließ [390].

387 Fest, a. a. O., S. 446.
388 A. a. O., S. 150.
389 Carl J. Burckhardt, Meine Danziger Mission 1937–1939, S. 57. Solche Äußerungen lassen natürlich weniger einen Schluß auf die Gefühls- als auf die Bewußtseinslage zu.
390 Siehe dazu unten S. 278 ff. über Sprachsymptomatik; außerdem Buchheim, Anm. I, S. 328.

d) Rationalisierungen

Auch der Versuch, der Judenvernichtung scheinrationale Gründe zu unterschieben, um sie mit den traditionellen Wertvorstellungen und der Vernunft in Einklang zu bringen, deutet darauf hin, daß die Tötung unschuldiger Menschen nur ihrer Rasse wegen untergründig doch als verwerflich betrachtet wurde.

Deshalb wurden die Opfer oft zu «Schuldigen» und «Feinden» gestempelt, um ihre Vernichtung als Straf- oder Kriegsaktion erscheinen zu lassen und auf diese Weise traditionelle Werturteile, die sich über das Töten im Kriege und die Todesstrafe herausgebildet hatten, assoziativ auf den Genocid zu übertragen. Man sprach von der «jüdischen Gefahr», vom «Kampf gegen das Weltjudentum», erklärte die Juden schlechthin zu «Geheimsaboteuren, Agitatoren und Hetzern» [391] oder identifizierte sie mit dem «Bolschewismus», dem ideologischen und militärischen Kriegsgegner. Die auszumerzenden Gruppen und Minderheiten, namentlich die Juden, wurden zu «objektiven» oder «potentiellen» Gegnern erklärt und dementsprechend «bekämpft» [392].

Andererseits wurden verschiedentlich geringfügigste Verstöße zu Verbrechen deklariert, um auf diese Weise Anlässe zu «Hinrichtungen» zu provozieren. In den Berichten der Einsatzkommandos über Judenerschießungen wurden vielfach fadenscheinige Begründungen für Exekutionen aufgeführt, z. B. Nichttragen des vorgeschriebenen Kennzeichens, Verbreitung deutschfeindlicher Gerüchte, renitentes Verhalten, Aufenthalt außerhalb des Ghettos usw. [393] Auf diesem Wege wurden die Opfer selbst zu «Urhebern» ihres Schicksals gemacht. In ähnlicher Weise wurde versucht, den russischen politischen Kommissaren eine persönliche Schuld anzulasten [394]. Dadurch wurden die Unterschiede zwischen Verbrechen und Strafe planmäßig verwischt.

Den ganzen Vorgang wird man ähnlich interpretieren müssen, wie wir es in bezug auf die «Tarnung nach unten» getan haben: Einer-

391 Himmler in seiner schon mehrfach erwähnten Posener Rede; Dok. PS-1919.

392 Hierzu Hilberg, The Destruction of the European Jews, S. 216, wie auch H. Arendt, Elemente, S. 211 f., 231, 242 u. a.

393 SchwG München I, 22 Ks 1/61 (Bradfisch).

394 SchwG Trier 5 Ks 4/61 unter Berufung auf den Gutachter Seraphim.

seits lassen solche Rechtfertigungsversuche ein Unrechtsbewußtsein derer, die sie für nötig hielten oder durchschauten, erkennen; andererseits ist wohl nicht zu bezweifeln, daß sie bei manchen Beteiligten zur Selbstberuhigung und zum Teil wohl auch zur Mißdeutung des wahren Sachverhalts beitrugen.

e) Verdrängungen

Die innere Anpassung an das Verbrechen scheint sich bei manchen Funktionären in einer Weise vollzogen zu haben, die man als «Abschiebung» des Unrechtsbewußtseins bezeichnen könnte. Etwas zugespitzt, aber doch wohl den Sachverhalt treffend, könnte man sagen: sie ordneten sich dem Regime nicht nur darin unter, daß sie seine Befehle befolgten, sondern sogar noch darin, daß sie sich über ihre Taten kein Werturteil mehr gestatteten. Bezeichnenderweise heißt es denn auch in manchen Äußerungen nicht: «ich hatte keine Bedenken», sondern: «ich hatte keine Bedenken zu haben»[395]. «Ob diese Massenvernichtung der Juden notwendig war oder nicht, darüber konnte ich mir kein Urteil erlauben, soweit konnte ich nicht sehen», heißt es bei Höß[396]. Auch für Einsatzgruppenführer Ohlendorf ist der Vernichtungsbefehl, obwohl er ihn für «falsch» gehalten haben will, «keine Frage des Moralischen oder Unmoralischen gewesen, weil ein Führer, der vor solch ernsten Fragen steht, aus seiner Verantwortung entscheidet, und diese seine Verantwortung kann ich nicht untersuchen und nicht beurteilen. Das steht mir nicht zu.»[397] Er hatte dabei aber nicht einfach ein gutes Gewissen, sondern «unterwarf» sein Gewissen «der Tatsache, daß ich ein Soldat und damit ein Rad an relativ niedriger Stelle in einer großen Maschinerie war»[398]. Immerhin befehligte Ohlendorf eine der vier großen Einsatzgruppen in Rußland.

Die psychologische Folge dieser moralischen Enthaltsamkeit, die sich «kein Urteil gestattete», war in manchen Fällen eine Verdrängung

395 Hierzu auch Eichmanns entsprechende Formulierung: Vernehmungsprotokolle IV, 2333 f.

396 Autobiographie, S. 124.

397 Deutsche Protokolle des Nürnberger Einsatzgruppen-Prozesses S. 753.

398 A. a. O., S. 756.

aufkommender Gegenwertungen: Bedenken wurden, wie es in den hierfür typischen Äußerungen heißt, «zurückgestellt» [399] und Gedanken «beiseite getan» [400], weil man, pointiert ausgedrückt, glaubte, sich nur mit schlechtem Gewissen ein schlechtes Gewissen leisten zu können [401]. Hier wird in besonders eindrucksvoller Weise deutlich, daß dem äußeren Dualismus innerhalb der totalitären Herrschaft, von dem bereits die Rede war, eine gespaltene, doppelbödige Situation im Inneren mancher Täter entsprach. So mußte Höß in bezug auf die Hemmungen, die er verspürte, «offen gestehen, diese menschlichen Regungen kamen mir ... beinahe wie Verrat am Führer vor» [402]. Oft bestand die Verdrängung auch darin, die Tatsachen selbst aus dem Bewußtsein zu verbannen, also von ihnen, wie es ein höherer Funktionär ausdrückte, «möglichst keine Kenntnis zu nehmen, um nicht das eigene Gewissen unnötig zu belasten» [403].

f) Umwertungen

Deutlich zu erkennen ist in manchen Fällen auch die für totalitäre Verhältnisse typische Umwertung und Uminterpretation des Unrechtsbewußtseins. Reaktionen, in denen man, auch der Täter selbst, normalerweise psychologische Symptome eines vorhandenen Unrechtsbewußtseins erblicken würde, wurden gewissermaßen mit einem neuen Wertetikett versehen: sie wurden als falsche Humanität, Restbestände bürgerlicher Moral, Schwächezeichen oder ästhetischer Ekel vor den blutigen Begleiterscheinungen der Vernichtung betrachtet, als Hemmungen also, die zwar verständlich waren und dem einzelnen nachgesehen werden konnten, die er jedoch in sich zu überwinden hatte. Dies zu erreichen, war die Aufgabe der in der SS betriebenen Härteerziehung.

Auffallend ist beispielsweise, in welchem Maße es gelang, das gelegentlich zum Vorschein kommende Mitleid mit den Opfern in

399 An. II, S. 174: Von der Generalität forderte Hitler «das Opfer, ihre Bedenken zu überwinden». Dazu Jacobsen, a. a. O., bezüglich des Kommissarbefehls.
400 Eigene Prozeßnotizen.
401 Hier stehen sich gleichsam ideologisches und moralisches Gewissen gegenüber.
402 Autobiographie, S. 133.
403 StA Hamburg 141 Js 192/60.

Selbstmitleid umzukehren und zu einem Problem der internen Fürsorgepflicht umzuinterpretieren, es also auf keinen Fall die Gefühlskluft, die zwischen dem «Herren-» und «Untermenschentum» geschaffen worden war, überbrücken zu lassen.

Das Mitleid mußte unter allen Umständen eine Angelegenheit der Binnenmoral bleiben, es durfte die Bereitschaft der Beteiligten, ihren Vernichtungsaufgaben nachzukommen, möglichst wenig beeinträchtigen. So heißt es etwa in einer Rede Himmlers: «Ich kann Ihnen sagen, es ist scheußlich und furchtbar für einen deutschen Menschen, wenn er das ansehen muß. Das ist es, und wenn es nicht scheußlich und furchtbar für uns (!) wäre, dann wären wir ja keine deutschen Menschen mehr und wären wir ja keine Germanen.» [404] Das Bewußtsein für die Belastung der Ausführenden blieb also wach; die Leiden der Opfer wurden jedoch möglichst ausgeblendet.

Das ethische Problem, das sich für die SS aus dieser Situation ergab, bestand darin, die eigenen Leute bei der Ausführung des «schrecklichen und furchtbaren» Befehls möglichst wenig Schaden an ihrer Seele nehmen und sie insbesondere nicht zu «Sadisten» werden zu lassen. Dieser Aspekt kommt immer wieder zum Vorschein. Noch bei seiner Jerusalemer Vernehmung sah Eichmann vor allem diese Seite des Problems. So schilderte er, wie er im Anschluß an eine Erschießungsaktion, die er persönlich miterlebt hatte, in Lemberg den Leiter der Staatspolizeileitstelle aufsuchte: «Ja, sag ich ihm, das ist ja entsetzlich, was da gemacht wird, sag ich, da werden ja die jungen Leute zu Sadisten erzogen.» Oder: «Wie kann man denn? Einfach dahier hineinknallen – auf eine Frau und Kinder? Wie ist denn das möglich? sage ich. Es kann doch nicht. Die Leute müssen entweder wahnsinnig werden, oder sie werden Sadisten. Unsere eigenen Leute!» [405]

Diese Abschirmung gegen die Leiden der Opfer, verbunden mit um so größerer moralischer Sorge wegen der psychologischen Auswirkungen auf die Untergebenen, ist bei manchen höheren SS-Führern deutlich festzustellen: hierin bestand offenbar auch Himmlers Gewissenskonflikt. In der Biographie von Fraenkel und Manvell heißt es dazu: «Es wäre völlig falsch, anzunehmen, daß Himmler kein Gewissen besaß und kein Mitleid kannte. Sein Mitleid beschränkte sich jedoch auf die Männer und Frauen in den Totenkopfverbänden,

404 PS-1918, zit. An. I, S. 300 f.
405 Vernehmungsprotokolle I, 214 f.

die die furchtbare Last ihrer Untaten auf sich nehmen mußten. Das wurde zu einer ständigen Sorge für Himmler, die an ihm zehrte und schließlich seine Gesundheit untergrub.»[406] Daß es sich hier um die Rationalisierung und Manipulation tieferreichender Gewissensskrupel handelt, wird man bei einem Mann, der immerhin zu den größten Massenmördern der Menschheitsgeschichte gehört, wohl vermuten dürfen[407].

Obwohl solche moralischen «Personalprobleme» sicher nur einen Teil der höchsten SS-Führer beschäftigt haben, wird man ihre Bedeutung doch auch nicht unterschätzen dürfen. Die Gefahr, die Ausführenden könnten zu Sadisten werden – eine merkwürdig spießbürgerliche Zwangsvorstellung angesichts der Ungeheuerlichkeit des verbrecherischen Gesamtunternehmens! –, konnte, wie wir bei der Behandlung des Befehlsnotstands und speziell der Methoden der Befehlsumgehung sahen, zu einem wichtigen Argument werden, wenn ein SS-Führer sich Vernichtungsaufgaben entziehen wollte[408]. Außerdem wissen wir von einzelnen Fällen, z. B. dem des Führers der Einsatzgruppe C, Dr. Thomas, daß medizinisch interessierte Vorgesetzte die psychologischen Auswirkungen der Vernichtungseinsätze auf ihre Untergebenen genau studierten[409].

Die Umwertung auftretender Gewissensreaktionen bestand also darin, Mitleid und ähnliche Regungen «im Entstehen umzukehren, und statt auf andere auf sich selbst zu richten». Die Täter, die es schließlich als durchweg normale Menschen mit einem «normalen Gewissen» zu tun hatten, wurden, wie Hannah Arendt es ausdrückt, dadurch von ihrem gleichsam animalischen Mitleid befreit, so daß sie sich nicht mehr zu sagen brauchten: «Was tue ich bloß!», sondern: «Wie muß ich nur leiden bei der Erfüllung meiner schrecklichen Pflichten, wie schwer lastet diese Aufgabe auf meinen Schultern!»[410]

Zum Teil sind auch Umwertungen festzustellen, die als «ästhetische»

406 Fraenkel/Manvell, a. a. O., S. 56 f.

407 Auch der wahnhafte, zu sektiererischen Absonderlichkeiten und verblasenen Mythologien neigende Charakter der Himmlerschen Gedankenwelt schließt das nicht aus. Im Vergleich zu Himmler war etwa Heydrich sicher «kälter», dafür aber auch unabhängiger von irrationalen «Ideen».

408 Siehe dazu das Befehlsnotstandskapitel; dort auch bereits der Hinweis auf Himmlers «Fürsorglichkeit».

409 SchwG Ulm Ks 2/57.

410 Eichmann in Jerusalem, S. 140.

Abwehraffekte, als «Abschirmung gegen mitleiderregende Reizsituationen» (im Sinne von Konrad Lorenz[411]) anzusehen sind, ohne daß man von einer rechts- oder moralbezogenen Wertung im eigentlichen Sinne sprechen könnte. So schrieb der Auschwitzarzt Professor Kremer nach einer «Sonderaktion» angewidert in sein Tagebuch: «Gräßliche Scenen bei drei Frauen, die ums nackte Leben flehten.»[412] Soll man darin noch das Zeichen eines vorhandenen Unrechtsbewußtseins sehen, oder ist es mehr ein Vorwurf gegenüber den Opfern, daß sie ihren Henkern das Leben so schwer machten? Auch ein anderer Tagebuchschreiber, der SS-Hauptscharführer Landau, beschrieb ein Judengemetzel, bei dem die Opfer furchtbar zugerichtet, jedoch vielfach nicht gleich getötet wurden, mehr unter ästhetischen Gesichtspunkten: «Nichts dagegen, nur sollten sie die Juden in diesem Zustand nicht herumlaufen lassen.»[413] Nachträgliche Äußerungen bedienen sich oft eines ähnlichen Vokabulars, indem sie die damaligen Eindrücke als «widerlich» und die eigene Tätigkeit als «ekelhaft» bezeichnen[414]. Die Umorientierung des moralischen Empfindens von einer öffentlichen, rechtlich verstandenen Bewertung des Geschehens in eine gleichsam «privat» gemeinte Moral lernten wir schon in der Äußerung jenes SS-Mannes kennen, der die Massenvergasungen zwar nicht als «Unrecht», wohl aber als «feige» und «unmännlich» ansah[415].

g) Sprachsymptomatik

Verräterisch ist in unserem Zusammenhang auch die Sprache der Selbstüberwindung, in der oft über die «schwere Aufgabe» der Massenvernichtung geredet wurde. «Es hat jeden geschaudert», erinnerte sich Himmler in seiner Posener Rede an die Terrorakte der Anfangszeit, «und doch war sich jeder klar darüber, daß er es das nächste Mal wieder tun würde, wenn es befohlen wird und wenn es nötig ist.» Ähnlich, so meinte Himmler, sei es auch bei der «Judeneva-

411 Konrad Lorenz, Das sogenannte Böse, S. 361 ff.
412 Langbein, Wir haben es getan, S. 88 (Auszüge aus dem Kremer-Tagebuch).
413 Langbein, a. a. O., S. 58.
414 Etwa StA Hamburg 141 Js 204/60. Äußerungen aus Vernehmungsprotokollen.
415 Siehe oben S. 258.

kuierung», der «Ausrottung des jüdischen Volkes», die zu den Dingen gehöre, «die man leicht ausspricht»: «Von allen, die so reden, hat keiner zugesehen, keiner hat es durchgestanden. Von euch werden die meisten wissen, was es heißt, wenn 100 Leichen beisammen liegen, wenn 500 daliegen oder wenn 1000 daliegen. Dies durchgehalten zu haben und dabei – abgesehen von Ausnahmen menschlicher Schwächen[416] – anständig geblieben zu sein, das hat uns hart gemacht. Dies ist ein niemals geschriebenes und niemals zu schreibendes Ruhmesblatt unserer Geschichte.»[417]

Die Vernichtung war also etwas, das «durchgehalten» und «durchgestanden» werden mußte, ein heimliches «Ruhmesblatt», das niemals geschriebene, überlieferte Geschichte werden konnte, eine Tat, die immer wieder den persönlichen Entschluß erforderte, «es» das nächste Mal «wieder zu tun». Auch hier wird die in der SS gezüchtete Form von «Anstand» deutlich, die vom einzelnen eine völlig unpersönliche, von Privatimpulsen gereinigte Befehlsbefolgung verlangte, jedoch alle von der bürgerlichen Moral mißbilligten individuellen Regungen – Sadismus, persönliche Bereicherung – möglichst aus dem Vorgang zu eliminieren suchte.

Auch in anderen Äußerungen – zumal Himmlers – ist davon die Rede, daß es sich um eine «scheußliche und furchtbare» Aufgabe handele, deren Durchführung jedoch «notwendig» sei[418]. Die Vernichtung war nach der offiziellen Version «für unsere Männer das Schwerste» und nur «mit zusammengebissenen Lippen» ausführbar[419]; sie stellte eine «sehr harte Maßnahme»[420] dar, die «an sich dem Wesen des germanischen Menschen zuwider» war und «Überwindung» von ihm forderte[421]. Seinem Masseur Felix Kersten gegenüber bezeichnete Himmler die Judenvernichtung als ein «Opfer», das man nicht «unter kleinen ichbezogenen Gesichtspunkten» betrachten dürfe: «Einer muß sich opfern, auch wenn es manchmal sehr schwer ist, und darf nicht an sich denken.» Für ihn waren die Vernichtungsmaßnahmen die «Schmutzarbeit», die aus Gründen der

416 So das Zitat in der Literatur. In der mir bekannten Tonaufnahme der Rede heißt es: «menschliche Ausnahmeschwächen». Der Sinn ist derselbe.

417 PS-1919, IMT XXIX, 145.

418 PS-1918. Zit. nach An. I, S. 301.

419 A. a. O.

420 A. a. O., S. 337.

421 A. a. O., S. 333.

«Staatsräson» getan werden mußte: «Es ist natürlich angenehmer, sich mit den Blumenbeeten statt mit den Kehrichthaufen und der Müllabfuhr eines Staates zu befassen.» Und er fügte hinzu: «Glauben Sie, ich bin mit dem Herzen bei all diesen Dingen, die einfach aus der Staatsräson getan werden müssen? Was gäbe ich darum, Kultusminister wie Rust zu sein und mich nur positiven Aufgaben widmen zu können!» [422]

Das Bewußtsein, an einer «negativen Aufgabe» mitzuwirken, ist – jedenfalls bei der Oberschicht – vielfach nachzuweisen. Immer wieder kehren in Reden und Äußerungen die gleichen Formulierungen wieder: die Einsicht, daß es sich um «sehr ernste Dinge» und eine «ungeheuer schwierige und verantwortungsvolle Arbeit» handele, um eine Last, die «für unser Volk getragen» werden müsse und für die sie, die nationalsozialistischen Führer, die Verantwortung auf sich nehmen müßten [423]. Himmler soll bei einer Besprechung im Frühjahr 1943 erklärt haben: «Ich war zutiefst erschüttert von diesem Befehl, denn er belastet uns als die Treuesten des Führers mit einer geschichtlichen Hypothek von ungeheurem Ausmaß ... Ich habe unter diesem Befehl sehr gelitten und weiß, ganz gleich, wie es kommt, was er für die SS bedeutet.» [424]

Selbst wenn man einmal Himmlers Äußerung, er habe unter dem Befehl gelitten, nicht wörtlich nehmen, sondern sie als «gefärbt» betrachten will, ist doch bemerkenswert an ihr, daß er es offenbar notwendig fand, auf eine in der SS verbreitete Stimmungslage Rücksicht zu nehmen. Auch hier zeigt sich, daß es zur damaligen offiziellen Geisteshaltung offenbar nicht gehörte, die Verbrechen als völlig selbstverständlich zu empfinden. Der «Norm», d. h. dem offiziellen Klima, entsprach es vielmehr, die Befehle nicht einfach als alltägliche Anordnungen aufzufassen, sondern als Belastungsprobe, die darin bestand, die immer wieder aufkommenden Bedenken nicht überhand nehmen zu lassen, sondern mit Skrupeln – als Zeichen der Schwäche und eines Behaftetseins mit «alten Anschauungen» – fertig zu werden. Himmler und seine SS-Führer wußten durchaus, daß sie «Übermenschlich-Unmenschliches» anordneten [425] und ihre Untergebenen

422 F. Kersten, Totenkopf und Treue, S. 188 ff., zit. bei Buchheim, An. I, S. 335.
423 An. I, S. 329.
424 Vgl. Anm. 118.
425 An. II, S. 410.

eine «widerliche Pflicht» erfüllten[426]. Auch bei Höß und Eichmann ist das zu erkennen. Obwohl Höß die Vernichtungen «richtig» erschienen, sah er in ihnen doch «etwas Ungewöhnliches, etwas Ungeheuerliches»[427], das «ein Unbehagen» und «ein Erschauern» hervorrief[428]. Ähnlich bezeichnete Eichmann die «Endlösung», im Vergleich mit den vorher betriebenen antijüdischen Maßnahmen, als «eine ganz andere Sache», als eine «Ungeheuerlichkeit»[429].
Selbst Heydrich nannte die Massenerschießungen der polnischen Führungsschicht «charakterlich sehr schwere und innerlich belastende Maßnahmen»[430]. Was sollte das heißen? Offenbar doch, daß der Befehlsempfänger den «Versuchungen» durch die traditionellen, auch in ihm noch wirksamen moralischen Bewertungen und Reaktionen ausgesetzt war und seine Belastbarkeit im Sinne der «neuen», ideologisch bestimmten SS-Moral auf eine harte Probe gestellt wurde.
Zum Teil finden wir in den Äußerungen höherer Führer ausgesprochene Defensivhaltungen, so etwa, wenn Heydrich bereits 1935 die SS gegen den Vorwurf «sicherlich wohlmeinender Menschen», sie bestehe aus «unbeherrschten Rohlingen», verteidigen zu müssen glaubte[431]. Auf die zu erwartenden inneren Bedenken seiner Zuhörer zugeschnitten ist auch die Bemerkung, die Frank bei einer Besprechung über die Ermordung der polnischen Intelligenz machte: «Meine Herren, wir sind keine Mörder!» – ein Dementi, das sich erübrigt hätte, wenn nicht das Gefühl für den Mordcharakter der Aktion «in der Luft gelegen» hätte[432]. Dementierende Äußerungen können gerade auch durch ihre Forschheit ein Unrechtsbewußtsein verraten, etwa der Satz im Brief eines an Erschießungen beteiligten Gendarmeriemeisters: «Wir machen Bahn ohne Gewissensbisse.»[433] Der Satz kann eigentlich nur den Sinn haben: wir setzen uns über alle Bedenken hinweg. Bei Handlungen, die als völlig einwandfrei empfunden wurden, wäre er unverständlich.

426 Hilberg, a. a. O., S. 218.
427 Autobiographie, S. 124.
428 A. a. O., S. 126.
429 Vernehmungsprotokolle I, 159.
430 Zit. nach Krausnick, a. a. O. (vgl. oben Anm. 166), S. 209.
431 An. I, S. 333.
432 An. I, S. 272.
433 Brief des Gendarmeriemeisters Fritz Jacob, zit. bei: Poliakov-Wulf, Das Dritte Reich und seine Diener, S. 383.

h) *Indirekte Wertungen*

Interessant können im Einzelfall auch Situationen sein, die erkennen lassen, daß Täter die Doppelzüngigkeit ihrer Führer durchschauten, damit aber gleichzeitig auch begriffen, daß sie nicht einer in der Gesamtheit gültigen Normenordnung gehorchten. Als Beispiel sei eine Äußerung aus dem Bericht eines Angeklagten des ersten Auschwitz-Prozesses – dem sogenannten Broad-Bericht – angeführt. Der Bericht, der kurz nach dem Krieg verfaßt wurde und eine eindrucksvolle Schilderung der Verhältnisse in Auschwitz enthält, vermerkt an einer Stelle, daß im Lager viele SS-Leute «die Empörung der deutschen Presse über Katyn und die Gegenüberstellungen mit der eigenen Ethik, Moral und sittlich hochstehenden Art der Kriegführung als eine ausgesprochene Belustigung (empfanden), über die man ehrlich amüsiert lachte»[434]. In gewisser Analogie dazu ist ein bei Poliakov-Wulf abgedrucktes Schreiben des Reichskommissars für das Ostland «an den Herrn Reichsminister für die besetzten Ostgebiete» zu sehen, in dem es in bezug auf die «kaum glaubhaften Dinge», die bei der «Sonderbehandlung» der Juden geschähen, heißt: «Was ist dagegen Katyn?»[435] Hier wird deutlich, daß die Parallele sehr wohl gesehen und die offizielle Bewertung des Massakers von Katyn durchaus auf das eigene Handeln übertragen wurde.

i) *Bewußtsein der Strafwürdigkeit*

In manchen Situationen wird auch das in der SS verbreitete Gefühl für die Strafwürdigkeit des eigenen Tuns – in einem rechtlichen oder auch mehr metaphysischen Sinne – deutlich, das Bewußtsein, so sehr in ein Netz von Untaten verstrickt zu sein, daß kein Rückweg in die Normalität mehr offen stand; diese Ausweglosigkeit aus der Verflechtung mit den eigenen Verbrechen, die, je mehr der Krieg seinem Ende entgegenging, Angst erzeugte, dürfte einer der Gründe dafür gewesen sein, daß sich manche Täter in zunehmendem Maße blind-

434 Veröffentlicht bei Naumann, Auschwitz, S. 200ff., 219.
435 Dok. R-135. Poliakov-Wulf, Das Dritte Reich und die Juden, S. 105.

lings mit dem System identifizierten[436]. Aber auch dort, wo Funktionäre nur in einzelne verbrecherische Aktionen einbezogen waren, konnten Reaktionen dieser Art auftreten.

Angehörige eines Schutzpolizeikommandos etwa, die nach einer Massenexekution in einen Luftangriff gerieten, sahen darin die Strafe, die ihren Greueltaten «auf dem Fuße» folgte[437]. Auch Eichmanns Gedanken kreisten, als er 1943 bei Luftangriffen auf Berlin zerrissene und verbrannte Männer, Frauen und Kinder sah, um «Gottesurteil, Gottesgericht und diese Begriffe»[438]. Als das Ende des Krieges und damit der Zusammenbruch des Systems näherrückten, breitete sich unter den Funktionären der Konzentrationslager und Einsatzkommandos die Besorgnis aus, später für die begangenen Taten zur Rechenschaft gezogen zu werden. Manche von ihnen versuchten, sich durch menschliches Verhalten in letzter Minute noch ein Alibi zu verschaffen. Sie begannen, korrekt und anständig mit den Häftlingen umzugehen, verfluchten die Tätowierung, die sie unter dem Arm trugen und die sie zeichnete, und empfanden, wie es einer von ihnen später ausdrückte, «ein leises Unbehagen bei der Mahlzeit von Restbeständen griechischer Feigen oder ungarischer Würste», die die Ermordeten bei ihrer Einlieferung nach Auschwitz mitgebracht hatten[439]. In persönlichen Unterhaltungen wurde die Frage gestellt: Was wird, wenn es schiefgeht[440]? Besorgte Bemerkungen wurden laut: «Wir werden zahlen dafür, daß wir bei diesen Schweinereien mitgemacht haben.»[441] Oder: «Wehe uns, wenn wir den Krieg verlieren.»[442] Ein Rapportführer aus Auschwitz erinnerte sich vor Gericht: «Ich habe manchmal auch mit meinen Kameraden darüber gesprochen, daß der ganze Betrieb eine Schande ist. Wir waren der

436 Das war auch den höchsten Führern bewußt, ja sie benutzten die Verstrickung ihrer Untergebenen geradezu, um die ideologischen Bindungen zu festigen. So schrieb Goebbels am 2. März 1943 in sein Tagebuch: «Vor allem in der Judenfrage sind wir ja so festgelegt, daß es für uns kein Entrinnen mehr gibt. Und das ist auch gut so. Eine Bewegung und ein Volk, die die Brücken hinter sich abgebrochen haben, kämpfen erfahrungsgemäß viel vorbehaltloser als die, die noch eine Rückzugsmöglichkeit besitzen.» Zit. nach Langbein, Wir haben es getan, S. 120.

437 SchwG Ulm Ks 2/57.

438 Vernehmungsprotokolle I, 265 f.

439 Broad-Bericht: vgl. oben Anm. 434, hier zitiert nach: Ormond, Plädoyer im Auschwitz-Prozeß, S. 42.

440 KZ-Verbrechen, S. 227.

441 Dazu Ormond in Frkf. Hefte 20 (1965), S. 831.

442 Vgl. Ormond, Plädoyer, S. 42.

Auffassung, daß sich das alles rächen werde; das ist ja nun auch geschehen.»[443]

Von einem Einsatzkommandoführer ist der Ausspruch überliefert, er habe selbst zu Hause eine Frau mit vier Kindern; wenn der Krieg verloren werde, dann werde man ihn und sie alle wegen dieser Vorgänge zu Recht am nächsten Laternenpfahl aufhängen[444]. Auch über den letzten Auschwitzkommandanten Baer ist berichtet worden, er habe die Massenvernichtung der ungarischen Juden im Sommer 1944 «nicht als rechtmäßig» betrachtet und angesichts der näherrückenden Front befürchtet, daß er später «mit die Folgen tragen müsse», «wenn es einmal schiefgeht»[445]. In ganz ähnlichem Sinne erwähnte ein SS-Richter, daß er, als er sich zu Ermittlungen in Auschwitz aufgehalten habe, von einem SS-Unterscharführer angesprochen worden sei: «Was wird mit uns geschehen, wenn der Krieg zu Ende ist?»[446]

An solchen Äußerungen wird der innere Zusammenhang deutlich, der zwischen Erfolg und Gewissenlosigkeit einerseits, äußerer Gefährdung und Gewissensreaktion andererseits bestand, damit aber auch, daß die Bewußtseinssituation nicht konstant, sondern unter dem Einfluß wechselnder äußerer und innerer Bedingungen verschieden war. Das Bewußtsein der Straflosigkeit, in dem die Verbrechen vielfach begangen wurden, war relativ: es hing von der Stabilität des Systems ab, das die Straflosigkeit garantierte. Eine durch den «Endsieg» dauerhaft gefestigte Macht des Regimes hätte möglicherweise das Unrechtsbewußtsein endgültig «abgeschafft», und Hannah Arendt wird vermutlich recht haben, wenn sie fragt: «Wem von ihnen hätte das Gewissen geschlagen, wenn sie gewonnen hätten?»[447] Gerade daran aber wird deutlich, wie sehr die Situation der Täter sich vom problemlos guten Gewissen unterscheidet; ihre «Gewissenlosigkeit» wurde allein getragen von der Zustimmung und dem Schutz des Kollektivs; mit dem Auseinanderbrechen des Kollektivs traten die Untaten wieder voll ins Bewußtsein zurück.

Sehr gut ist dieser Sachverhalt in Alexander Kluges «Lebensläufen» ausgedrückt: «Umgeben von siegenden deutschen Truppen, Stäben,

443 Langbein, Auschwitz-Prozeß, Bd. 1, S. 282 (Aussage Kaduk).
444 SchwG Karlsruhe IV Ks 1/60 (Ehrlinger).
445 Naumann, Auschwitz, S. 48 (Aussage Höcker).
446 Langbein, Auschwitz-Prozeß, Bd. 1, S. 337.
447 Eichmann in Jerusalem, S. 327. Ähnlich auch in einem Brief an den Verfasser.

die nichts einzuwenden hatten, und im Dienst der Forschung entwickeln sich keine Schuldgefühle; plötzlich verändert sich die Situation. Wie auftretende Zugluft ist das Schuldgefühl da.» [448]

Man wird diese Reaktion nicht einfach als nackte Verfolgungsangst werten dürfen, auch wenn diese den vitalen Motor des Unrechtsbewußtseins bildete, wie dies wohl bei individuellen Verbrechen die Regel sein dürfte. Jedenfalls aber war die Furcht vor Strafe von der Erkenntnis mit bestimmt, sich durch Taten in extremer Weise exponiert zu haben, mit denen sich die Gesamtheit nicht solidarisch erklären würde und von denen der einzelne wußte, daß er sie, vom Kollektiv isoliert und in die Individualität zurückgestoßen, nicht würde vertreten und rechtfertigen können. Die Krise des Zusammenbruchs und der militärischen Niederlage durchlebten ja auch andere; z. B. die Soldaten, die zurückkehrten oder in Kriegsgefangenschaft gerieten; dennoch war ihre Reaktion eine andere, nämlich eine Partizipation an kollektivem Schicksal, während die totalitären Mordfunktionäre, von denen manche untertauchten, sich mit falschen Pässen und Namen tarnten oder ins Ausland entflohen, wußten, daß mit dem System auch ihre moralische Rechtfertigung in sich zusammengebrochen war.

k) Erstreaktionen

Der zuletzt geschilderte Aspekt zeigt bereits, daß das Unrechtsbewußtsein bei vielen dieser ja nicht nur punktuell begangenen, sondern zur Dauerfunktion gewordenen Verbrechen nicht allein auf den Augenblick einer bestimmten Tat bezogen werden kann; denn in der Reaktionsweise der Täter gab es Entwicklungen, die nur verstanden werden können, wenn man sie in der Dimension der Zeit betrachtet. Insofern mag der Begriff der «Lebensführungsschuld», will man die totalitäre Kriminalität unter Schuldgesichtspunkten werten, der Besonderheit dieser Verbrechen durchaus angemessen zu sein [449]. Die Reaktion bei Kriegsende, die wir eben darstellten, bezeichnete das Ende einer solchen inneren Entwicklung; man kann aber natürlich auch nach ihrem Anfangsstadium fragen.

448 Lebensläufe, S. 15.

449 Siehe oben Abschn. 1 g bei den Anmerkungen 68 und 69.

Die Untersuchung solcher Erstreaktionen wird jedoch in kaum zu überschätzender Weise dadurch erschwert, daß wir über die Initialerlebnisse, d. h. die Reaktion der Täter auf erstmals erlebte Terror- und Vernichtungsakte, kaum etwas wissen. Dabei ist für unsere Frage gerade jenes Entwicklungsstadium von Interesse, in dem sich noch keine – wie ein Angeklagter es ausdrückte – «Hornhaut über den Gefühlen» bilden konnte[450]. Zweifellos spielt in zahlreichen Fällen der Vorgang der Gewöhnung eine Rolle. Vielen Taten, die Gegenstand von Prozessen waren, gingen Terrorerfahrungen und andere Gewaltverbrechen der Täter voraus; manche von ihnen – wie etwa Höß – waren schon Jahre hindurch im Konzentrationslagerdienst tätig gewesen. Andere waren «alte Kämpfer», für die Gewaltanwendung nichts Neues darstellte; wiederum andere waren hintereinander in mehreren Konzentrationslagern gewesen. Funktionäre, die in den großen polnischen Vernichtungslagern – Belzec, Sobibor, Treblinka – ihr Mordhandwerk ausführten, waren schon an der «Euthanasie» beteiligt gewesen[451].

Viele Täter befanden sich also – im Unterschied zu den meisten Individualmördern – jenseits jener psychischen Schranke, die Menschen zu überwinden haben, bevor sie Menschen töten. Außerdem lebten sie in einer Umwelt, in der das Töten zur Selbstverständlichkeit geworden war. Deshalb werden wir davon ausgehen müssen, daß der Abbau individueller rechtlicher Vorstellungen und Reaktionen ein Prozeß war, den man im Grunde als ganzen überblicken muß, um über das Unrechtsbewußtsein etwas auszusagen, von dem man aber meistens und bestenfalls nur jene Teilphase zu sehen bekommt, in der eine bestimmte Tat, die Gegenstand der Anklage ist, begangen wurde. Auch sind wir hier im allgemeinen wieder auf Selbstdarstellungen – mit allen ihren schon geschilderten Mängeln – angewiesen.

Immerhin soll versucht werden, einige solcher, von Angeklagten selbst dargestellten Erstreaktionen zu skizzieren. So schilderte ein Funktionär, wie er in die Tätigkeit eines «Sanitätsdienstgrades» im Krankenbau des Stammlagers Auschwitz eingeführt wurde. Dabei wurde er gleich zu einer «Aussonderung» mitgenommen, die der zuständige Arzt vornahm; anschließend wurden die ausgesuchten Häft-

450 Langbein, Auschwitz-Prozeß, Bd. 1, S. 489.

451 Aufzeichnungen aus der mündlichen Urteilsbegründung des Strafverfahrens gegen Franz u. a. (Treblinka-Prozeß) vor dem SchwG Düsseldorf, II 93/63 S.

linge in seiner Gegenwart durch Phenolinjektionen getötet. Dazu der Angeklagte vor Gericht: «Ich war entsetzt. Ich finde keine Worte. Ich habe gleich zu K. gesagt, daß ich diesen Dienst nicht übernehmen kann. K. hat geantwortet: ‹Das ist deine Sache. Ich übergebe den Dienst, du kannst sehen, wie du damit fertig wirst.›» Er behauptete dann, er «habe es nie gelernt und habe es auch nie getan»[452]. Er wurde als Gehilfe verurteilt, weil unter seiner Aufsicht 200 Häftlinge, darunter mindestens 20 Kinder, ermordet wurden; er brachte jedoch schließlich den Mut auf, die Beteiligung an weiteren Morden zu verweigern[453].

Sein Vorgänger, wegen mindestens 475 Morden verurteilt, die er zum Teil auch aus eigener Initiative beging, hat ebenfalls die erste «Abspritzung» erwähnt, die er bei einem Rundgang zufällig miterlebte. «Ich konnte zunächst gar nichts sagen vor Erregung.» Befragt, was er angesichts solcher Untaten empfunden habe, meinte er: «Ja, erst habe ich das als ungeheuerlich verurteilt, daß Häftlinge (!) ihre Mithäftlinge abspritzen mußten. Ich habe mich sogar bei dem anderen SDG (Sanitätsdienstgrad) erkundigt. Da hat er gesagt, ich soll mich nicht darum kümmern.»[454]

Die Aussage eines anderen SS-Funktionärs, der erstmals an einer Vergasung teilnahm, wurde bereits an anderer Stelle erwähnt: er schilderte das Öffnen der Gaskammer als «furchtbaren Anblick»; er habe nicht genau hinzusehen gewagt und gedacht: Nie wieder[455].

Das psychologisch umfassendste Material liegt wiederum im Fall Eichmann vor. Hier kann man zwei Situationen unterscheiden: die Erteilung des Befehls und die unmittelbaren Eindrücke an den Vernichtungsstätten. Als Heydrich ihm den Befehl Hitlers übermittelte, will er im ersten Augenblick die Tragweite nicht ermessen haben; «dann aber wußte ich Bescheid und habe nichts darauf gesagt, weil ich nichts mehr sagen konnte»[456].

In unmittelbare Berührung mit Massentötungen kam er zuerst in einem der polnischen Vernichtungslager, wahrscheinlich in Treblinka. Als ihm der Vergasungsvorgang erläutert wurde, will er die-

452 Langbein, Auschwitz-Prozeß, Bd. 2, S. 764.
453 A. a. O., Bd. 2, S. 896 f.
454 A. a. O., Bd. 2, S. 710 f.
455 A. a. O., Bd. 1, S. 439 f. Siehe oben S. 258.
456 Vernehmungsprotokolle I, 169.

sen als «ungeheuerlich» empfunden haben, vor allem aber wohl, weil er «keine so robuste Natur» war, um «etwas in dieser Art» über sich ergehen zu lassen[457]. «Ich weiß es auch jetzt noch, wie ich mir sofort die Sache bildlich darstellte (sic!), und daß ich irgendwie auch unsicher in meinem Gehabe wurde. Als ob ich irgendeine aufregende ... Sache hinter mir hätte, wie das eben schon mal so vorkommt, daß man nachher wie ein leises inneres Zittern, oder so ähnlich möchte ich es ausdrücken, hat.»[458]

Über die Ermordung von Juden in Gaswagen, die er einige Zeit später mit ansah, sagte er: «Ich habe nicht einmal genau hinsehen können, ich habe nicht hingeschaut die ganze Zeit. Ich konnte es nicht, mir hat es genügt. Das Schreien, und ... und ... ich war hier viel zu erregt gewesen und so weiter.» Unmittelbar anschließend sah er, wie die Leichen in eine Grube geworfen wurden; er bezeichnete den ganzen Vorgang bei seiner Vernehmung als «das Entsetzlichste, was ich in meinem Leben bis dahin gesehen hatte». Er erinnerte sich dabei auch an einige Details: «Die Türen wurden aufgemacht, und heraus wurden Leichen geworfen, als ob sie noch lebten, so geschmeidig waren die Glieder. Wurden reingeworfen, ich sehe da noch, wie ein Zivilist Zähne rauszieht, und dann bin ich abgehauen. Bin in den Wagen und bin weg und habe nichts mehr gesprochen ... Da war ich bedient. Da war ich fertig. Ich weiß nur noch, daß ein Arzt dort in einem weißen Kittel mir sagte, ich soll durch ein Guckloch schauen, wie sie im Wagen drin waren. Das habe ich abgelehnt. Ich konnte nicht, ich konnte nichts mehr sagen, ich mußte weg. Ich bin nach Berlin gekommen, habe dem Gruppenführer Müller berichtet. Sagte ihm genau dasselbe wie auch jetzt, mehr konnte ich ihm nicht sagen ... Fürchterlich, sag ich, das Inferno, kann nicht, es ist, ich kann das nicht, habe ich ihm gesagt.»[459] Trotzdem wurde er später wieder auf Inspektionsfahrten geschickt. Auch darüber liegen seine Schilderungen vor: «Ich habe nur gesehen, weiter nichts. Schossen hinein und ich sehe noch eine Frau, Arme nach rückwärts, und dann sind auch mir die Knie abgewankt und ich bin weg.»[460] Im Zusammenhang damit sprach Eichmann auch

457 A. a. O., I, 173.
458 A. a. O.
459 A. a. O., I, 177. Siehe auch: H. Arendt, Eichmann, S. 120ff.
460 A. a. O., I, 212.

von «diesen fürchterlichen Gedanken», die ihn nicht losgelassen hätten[461].

Bei einem Besuch in Lemberg bekam er dann «eine andere furchtbare Sache» zu sehen: «Da war eine Grube gewesen, die war aber schon zu. Da quoll, wie ein Geiser, ein Blut-, wie soll ich sagen, ein Blutstrahl heraus ... Mir reichte der Auftrag, ich bin nach Berlin gefahren und habe dem Gruppenführer Müller das berichtet.»[462] Bei einem solchen Anlaß will er zu Müller gesagt haben: «Bitte schicken Sie mich doch nicht hin. Schicken Sie doch jemand anderen hin. Jemand robusteren. Sehen Sie, man hat mich doch nie an die Front gelassen. Ich war nie Soldat. Es gibt doch genügend andere, die können das sehen. Die kippen nicht aus den Latschen. Ich kann's nicht sehen, in der Nacht kann ich nicht schlafen. Ich träume – ich kann's nicht, Gruppenführer.»[463]

Dies war seine Aussage vor der israelischen Polizei. Natürlich wissen wir in Wirklichkeit nicht, was Eichmann sagte, dachte und träumte; die Tatsache, daß «Schreibtischtäter» gegenüber unmittelbaren Vernichtungseindrücken eine «Empfindlichkeit» entwickeln konnten, die mit ihrer sonstigen Aktivität scheinbar nur schwer in Einklang zu bringen ist, ist jedoch auch aus manchen anderen Fällen bekannt. Auf der anderen Seite kennen wir jene Täter, die Vernichtungsvorgänge mit distanzierter Teilnahmslosigkeit erlebt zu haben scheinen, ihr Leben unmittelbar an der «Front des Todes» völlig alltäglich weiterlebten, sich für Speisezettel, Besorgungen und private Details interessierten, ihre Eindrücke – z. B. in Tagebüchern – so schilderten, als handele es sich um eine Reise durch ein fremdes Land, auch wenn sie über dieses «Land» in einer literarisch anmutenden Attitüde meinten, daß im Vergleich dazu «das Danteshe Inferno fast wie eine Komödie» erscheine[464]. Das Problem des Unrechtsbewußtseins in der Ausnahmewelt der Konzentrationslager läuft daher gleichsam auf die etwas irreal anmutende Frage hinaus, ob man ein Inferno, von dem ja auch Eichmann spricht, überhaupt unter «rechtlichen» Aspekten erleben kann.

461 A. a. O., I, 213.
462 A. a. O., I, 214.
463 A. a. O., I, 218.
464 So im Kremer-Tagebuch, zit. nach Schoenberner, Wir haben es gesehen, S. 260.

5. Aspekte des Hemmungsabbaus

Eine Darstellung der Symptomatik des Unrechtsbewußtseins ist zwangsläufig der Gefahr ausgesetzt, ein zu einseitiges Bild der Verhältnisse zu entwerfen, da sie sich auf Fälle konzentriert, in denen bestimmte rechtsbezogene Erkenntnisse und Reaktionen des Täters zutage treten. Für das Fehlen des Unrechtsbewußtseins gibt es dagegen keine empirischen Anhaltspunkte. Dennoch ist die destruktive Wirkung totalitärer Herrschaft auf das individuelle Wertbewußtsein nicht völlig der Erkenntnis entzogen, denn es lassen sich immerhin einige Faktoren bestimmen, die zu einer Abschwächung oder sogar Auslöschung des Unrechtsbewußtseins geführt haben. Allerdings befindet man sich bei der Analyse solcher Entlastungsfaktoren noch auf ungesichertem Boden, was aber nicht dazu führen darf, sie völlig außer acht zu lassen und nicht jedenfalls die Ansätze sichtbar zu machen, an die eine weitere Diskussion anknüpfen könnte.

a) Distanz

Ein Entlastungsfaktor, der vor allem bei den Distanz- oder (wie sie heute meistens genannt werden) Schreibtischtätern Bedeutung erlangt hat, ist die Entfernung vom Tatort. Zu den Besonderheiten apparaturhaft durchgeführter Kollektivverbrechen gehört oft gerade, daß Beteiligte, und zwar speziell die Initiatoren und Organisatoren, nur mittelbar etwas mit dem Massenmord zu tun haben und auf diese Weise bestimmte Hemmungen instinktiver Art, die auf eine begrenztere Reichweite und sinnenhafte Naheindrücke hin angelegt sind, nicht wirksam werden. Dadurch entsteht die wohl gefährlichste Tatkonstellation, die kriminologisch überhaupt denkbar ist: die Situation nämlich, daß bei steigendem Einfluß auf das Tatgeschehen die Hemmungen abnehmen und mit einem Minimum an «krimineller Energie» – dem oft zitierten Federstrich oder Knopfdruck – ein Maximum an verbrecherischen Wirkungen entfaltet wird. Je größer die Verantwortung, d. h. die Entscheidungsmacht, desto geringer die unmittelbare seelische Belastung[465].

465 Das Bezirksgericht Jerusalem sagt in seinem Eichmann-Urteil (Ziff. 197):

Hier zeigt sich nun sehr deutlich, daß der Begriff des Tötungsverbrechens, insbesondere des Mordes, wie er sich aus dem Strafrecht ergibt, umfassender und abstrakter ist, als es der menschlichen Instinktausstattung und den von ihr beeinflußten rechtlich-moralischen Wertungen, die weitgehend auf die direkte Gewalttat zugeschnitten sind, offenbar entspricht. Daraus ergibt sich ein abstrakter Typ des Mordes, der nicht nur vom Täter selbst anders erlebt wird als die gewissermaßen Auge in Auge mit dem Opfer begangene Mordtat, sondern der auch der nachträglichen Beurteilung moralpsychologische Schwierigkeiten bereitet. Die Entfernung vom Ausführungsort ermöglicht es dem Distanztäter, sich auch innerlich von seiner Verantwortung zu distanzieren, d. h. sich entlastet und vom «gemeinen Verbrecher», der instinktive Schranken brutal durchbricht, unterschieden zu fühlen; ein Phänomen, das in den Prozessen häufig zutage getreten ist und das mir nicht ausschließlich mit der Verteidigungssituation der Angeklagten, sondern auch damit zusammenzuhängen scheint, daß in der gefühlsmäßigen Reaktion Unterschiede zwischen Direkt- und Distanztat gemacht werden, die das Recht nicht kennt.

Das klassische Beispiel eines solchen Distanztäters ist Eichmann. Auch seine Verteidigung baute sich im wesentlichen darauf auf, daß er mit der physischen Vernichtung «direkt» nichts zu tun gehabt habe. «Blutschuld», so erklärte er, liege nicht auf ihm und «Tötungen wie Höß» habe er nicht vorgenommen[466]. Bei seiner Polizeivernehmung konnte er – vom Begriff der direkten Gewalttat aus gesehen, sicher mit Recht – erklären: «Ich habe nie einen Juden getötet, aber ich habe auch keinen Nichtjuden getötet – ich habe überhaupt keinen Menschen getötet.»[467] In den Sassen-Protokollen – einem Interview, das er 1955 dem holländischen Journalisten und ehemaligen SS-Angehörigen Sassen gegeben hatte – betonte er, daß die physische Vernichtung nicht seine Aufgabe gewesen sei: «Meine Aufgabe hat mich ja nicht belastet; man muß hier sehr scharf unterscheiden zwischen der physischen Vernichtung und der Erfassung in den einzel-

«Das Verantwortlichkeitsausmaß wächst, je mehr man sich von demjenigen entfernt, der die Mordwaffe mit seinen Händen in Betrieb setzt, und zu den höheren Befehlsstufen gelangt.»

466 Nach Nellessen, Der Prozeß von Jerusalem, S. 305 f.

467 Vernehmungsprotokolle I, 196; siehe auch H. Arendt, Eichmann in Jerusalem, S. 259.

nen Ländern.»[468] Auch im polizeilichen Vernehmungsprotokoll heißt es: «Es ist natürlich klar, daß das alles nur mit den Transporten zu tun hatte, nicht mit der Tötung. Evakuierung und Transport, das dreht sich ja alles hier, Herr Hauptmann, um den Transport ... Aber mit der Tötung hat's nicht zu tun, Herr Hauptmann. Das ist der große Unterschied, den wir gemacht haben und den ich auch heute machen muß.»[469]

Immer wieder berief er sich darauf, nicht unmittelbar an den Tötungen beteiligt gewesen zu sein: «Mit der Tötung habe ich nichts zu tun gehabt.»[470]. Oder: «Ich habe sie ja nicht umgebracht, nicht wahr, nicht getötet, auch nicht aufgehängt und nicht erschossen.»[471] Obwohl er zugab, daß er seine Hände «nicht in Unschuld waschen» könne, betonte er doch, daß an ihnen «kein Blut klebt»[472]. Über die Tätigkeit des von ihm geleiteten Judenreferats meinte er: «Wir hatten mit keinerlei Greuel etwas zu tun, sondern haben unsere Arbeit auf anständige Art und Weise bearbeitet»[473]. Hierzu vermerkt das Urteil: «Falls er persönlich die Opfer hätte vergasen müssen, dann wäre sein Gewissen erwacht. Da jedoch sein Auftrag darin bestand, die Opfer in den Ländern Europas zusammenzutreiben, um sie in die Gaskammern zu deportieren, war sein Gewissen ruhig, und er befolgte die Befehle ohne Hemmungen.»[474] Eichmann selbst hat den psychologischen Unterschied zwischen Direkt- und Distanztat durchaus zutreffend so beschrieben: «Ich wäre schon früher in Konflikte gekommen, wenn ich ... hinter dem Stacheldraht gewesen wäre und in dem Konzentrationslager Verwendung gefunden hätte, denn da wäre ich ins Geschehen hineingestellt worden.»[475] Dabei war ihm selbstverständlich seine kausale Verknüpfung mit den Vernichtungsvorgängen nicht unklar: «Ich habe sie ja transportiert, und hätte ich das nicht getan, dann wären sie ja nicht zum Schlächter gekommen.»[476]

Die jeweilige Stellung des Täters zur Verbrechensausführung, d. h.

468 Nach Fotokopien.
469 Vernehmungsprotokolle II, 673.
470 A. a. O., I, 491.
471 A. a. O., IV, 2106.
472 A. a. O., I, 361.
473 Urteil Ziff. 225.
474 Urteil a. a. O.; siehe auch Nellessen, a. a. O., S. 277.
475 Vernehmungsprotokolle I, 337.
476 Sassen-Protokolle (Fotokopie).

Tatortnähe oder -entfernung, konnte zu wahren Selbstentlastungszirkeln führen, die zwar zu einem Teil als Verteidigungshaltungen zu deuten sind, jedoch meistens auch einen psychologischen Wahrheitskern enthalten. Der letzte Leiter des RSHA, Kaltenbrunner, etwa rechnete in Nürnberg Eichmann zu den «Leuten, die es machten»; er selbst schwebte gewissermaßen, nach seiner eigenen Version, als Behördenchef über allem, ohne eigentlich für die konkreten Details zuständig zu sein[477]. Eichmann wiederum hatte, wie wir sahen, keine «Tötungen wie Höß» begangen[478]. Höß seinerseits distanzierte sich in seiner Autobiographie auf das schärfste von den «böswilligen, bösartigen, grundschlechten, rohen, niederträchtigen, gemeinen Naturen» unter seinen Bewachungsmannschaften[479] und betonte: «Ich selbst habe nie einen Häftling mißhandelt oder gar getötet. Ich habe auch nie Mißhandlungen von seiten meiner Untergebenen geduldet. Wenn ich jetzt im Laufe der Untersuchung hören muß, welch ungeheuerliche Quälereien in Auschwitz und auch in anderen Lagern vorgekommen sind, so überläuft es mich kalt.»[480] Eine Äußerung, an der nicht so sehr interessant ist, daß sie Verantwortung abzuschieben versucht, sondern vor allem, wie stark sie vom Bild der direkten Gewalttat geprägt ist: verglichen mit der Entschiedenheit, mit der er sich gegen die Beschuldigung, für die individuellen Mordtaten seiner Untergebenen verantwortlich zu sein, zur Wehr setzt, bleibt seine Verteidigung gegen die Anklage des systematischen Massenmords auffällig schwach und emotionslos. Auf der Stufe der unmittelbar Ausführenden schließlich ist oft die Tendenz zu erkennen, auf die «Großen» hinzuweisen, die letztlich für alles verantwortlich seien, die Befehle erteilt hätten und die «Kleinen» nun «in der Patsche» ließen[481]. Ein schwer belasteter Exzeßtäter erklärte geradezu: «Die Schreibtischmörder und Lieferanten sind heute auf freiem Fuß. Ich bin erbittert, ich verweigere die Aussage.»[482]

Diese Entlastungsmechanismen haben, wie man vermuten darf, nicht

477 Gilbert, Nürnberger Tagebuch, S. 173.
478 Wie Anm. 466.
479 Autobiographie, S. 60.
480 A. a. O., S. 153.
481 Vgl. etwa bei Gilbert, a. a. O., S. 102; ähnliche Äußerungen in vielen Prozessen.
482 Langbein, Auschwitz-Prozeß, Bd. 1, S. 278 (Kaduk).

erst in der Prozeß-, sondern bereits in der Tatsituation Bedeutung erlangt. Der unmittelbar Ausführende konnte sich damit beruhigen, auf Befehl oder doch im Einklang mit den Tendenzen der Staatsführung zu handeln; die Befehlsgeber und Distanztäter dagegen fühlten sich dadurch entlastet, daß an ihren Händen «kein Blut klebte» und sie keine Gefühlsschranken brutal zu durchbrechen brauchten[483].

Die kriminologische Bedeutung der Distanz ist in manchen Fällen klar zu erkennen. Distanztäter, die die Realität der Verbrechensausführung nicht unmittelbar miterlebten, stellten sich, nach der treffenden Formulierung Hannah Arendts, niemals vor, was sie eigentlich anstellten[484]. Der Schutzwall gegen die Wirklichkeit, der sie umgab, war ihr «absoluter Mangel an Vorstellungskraft»[485], jedenfalls einer Vorstellungskraft von derart bildhafter Unmittelbarkeit, daß sie Hemmungen hätte mobilisieren können. So kam es, daß Täter, die von den bürokratischen Zentralen aus die Vernichtungsmaßnahmen anordneten und lenkten, ihren Vollzug oft aus Empfindsamkeit nicht mit ansehen konnten[486]. Himmler verlor, als er in Minsk an einer Massenerschießung teilnahm, die Nerven und bekam einen Schreikrampf[487]. Eichmann schilderte, daß er «angeschlagen» war, als er «die ersten Sachen» zu Gesicht bekam, und daß ihm «die Knie weich» wurden[488]. In seinen Aufzeichnungen erwähnt Höß die Besuche höherer Partei- und SS-Führer in Auschwitz, die sich die Vernichtung ansahen: «Alle waren davon tief beeindruckt. Einige, die vorher sehr eifrig über die Notwendigkeit dieser Vernichtung dozierten, wurden beim Anblick der ‹Endlösung der Judenfrage› doch ganz still.»[489]

Das Problem der Distanz ist kriminologisch noch kaum untersucht worden. In die Diskussion gekommen ist es in den vergangenen Jahren lediglich auf den Gebieten der politischen Ethik und der Verhaltensforschung, und zwar zum Teil bereits im Hinblick auf die

483 Vgl. auch Langbein, Im Namen des deutschen Volkes, S. 95.
484 Eichmann in Jerusalem, S. 16.
485 A. a. O., S. 78.
486 Vgl. Fest, a. a. O., S. 383.
487 So Reitlinger, Endlösung, S. 234 f., unter Bezugnahme auf einen Bericht Bach-Zelewskis.
488 Vernehmungsprotokolle V, 2527; siehe im übrigen die Erörterung über die Erstreaktionen im vorigen Abschnitt, S. 285 ff.
489 Autobiographie, S. 132.

nationalsozialistischen Massenverbrechen, vor allem aber in bezug auf die nukleare Rüstung und moderne Kriegstechnik. In mehreren Veröffentlichungen hat z. B. Günther Anders dargelegt, daß die menschlichen Hemmungsmechanismen durch die Vermitteltheit von Handlungen, d. h. das Auseinanderfallen von Tat- und Leidensort (Anders spricht von «Schizotopie»), beeinträchtigt, ja ausgeschaltet werden[490]. Diese These findet in der Verhaltensforschung ihre Stütze. So hat Konrad Lorenz auf das bei Mensch und Tier zu beobachtende Phänomen der Abschirmung gegen aggressionshemmende Reizsituationen hingewiesen, durch die das Gleichgewicht zwischen Tötungsfähigkeit und instinktmäßiger Tötungshemmung gestört wird. Fehlt es an hemmungsauslösenden, mitleiderregenden Reizsituationen – wie z. B. Schmerzensschreien oder «Demutsgebärden» –, so wird der Tötungsvorgang von den tieferen, gefühlsmäßigen Schichten nicht zur Kenntnis genommen: «Mit Zunahme der Entfernung, auf die unsere Waffen wirken, wächst leider auch die Abschirmung unserer Gefühle gegen alle sinnfälligen Folgen unseres Tuns. So kann ein Mensch, der es kaum fertigbrächte, einem unartigen Kind eine verdiente Ohrfeige zu geben, es sehr wohl über sich bringen, den Auslöseknopf einer Raketenwaffe oder einer Bombenabwurf-Vorrichtung zu betätigen und damit Hunderte von liebenswerten Kindern einem gräßlichen Flammentod zu überantworten. Gute, brave, anständige Familienväter haben Bombenteppiche gelegt.»[491] Und in einer anderen Arbeit sagt Lorenz über das Töten von Tieren: «Alle unsere Tötungshemmungen sprechen um so stärker an, je enger der Kontakt mit dem sterbenden Tier und je sinnfälliger der Zusammenhang zwischen unserem Tun und seinen Leiden ist. Es ist viel leichter, ein Kaninchen in eine Chloroformkiste zu stecken, als es mit den Händen zu erwürgen. Schmerzensschreie wirken äußerst stark hemmungsauslösend, und wahrscheinlich ist ein gut Teil pseudorationaler Lügenmoral dabei, wenn wir uns einreden, daß ein schnelles, schmerzloses Töten von Tieren erlaubt sei, in Wirklichkeit entziehen wir uns dadurch nur den hemmungsauslösenden Reizen, die von dem zu tötenden Organismus ausgehen.»[492]

490 G. Anders, Thesen zum Atomzeitalter (nach einem mir vom Verfasser zugesandten Sonderdruck); siehe auch: Die Antiquiertheit des Menschen, u. a. S. 245; Wir Eichmann-Söhne, S. 23, 29, 46.

491 Das sogenannte Böse, S. 361.

492 Über das Töten von Artgenossen, Jb. d. Max-Planck-Ges. 1955, S. 132.

Diese These könnte eine Erklärung für die zunächst absurd anmutenden Versuche der SS-Führung sein, die Judenvernichtung zu «humanisieren» und auf «anständige» Weise durchzuführen[493]. Was sie unter «Humanisierung» verstand, war offenbar nichts anderes als die auf die Dauer als nötig erkannte «Abschirmung gegen mitleiderregende Reizsituationen». So dürften die hemmenden Wirkungen, die mit den Massenerschießungen verbunden waren und sogar bei Himmler als Schwächeanfall in Erscheinung traten, der Grund für die späteren Gaswagenmorde und die Tötung in Gaskammern gewesen sein[494]. Auch Höß mußte in seinen Aufzeichnungen über die von ihm aufmerksam beobachteten ersten Gaskammertötungen in Auschwitz «offen sagen, auf mich wirkte diese Vergasung beruhigend, da ja in absehbarer Zeit mit der Massenvernichtung begonnen werden mußte, und noch war weder Eichmann noch mir die Art der Tötung dieser zu erwartenden Massen klar ... Mir graute immer vor den Erschießungen, wenn ich an die Massen, an die Frauen und Kinder dachte ... Nun war ich doch beruhigt, daß uns (!) allen diese Blutbäder erspart bleiben sollten.»[495] Sorgen hatten ihm vor allem die «grauenhaften Szenen» gemacht, die sich bei Massenerschießungen abspielten: «das Weglaufen von Angeschossenen, das Töten der Verwundeten, vor allem der Frauen und Kinder»[496].

Der Unterschied von Distanz- und Direkttat wirkt sich auch deutlich auf die nachträgliche Beurteilung aus. Viele Äußerungen über die nationalsozialistischen Verbrechen lassen erkennen, daß das moralische Empfinden offenbar Schwierigkeiten hat, den «Schreibtischtäter», soweit er nach den Maßstäben des Strafrechts wirklich Täter und nicht nur Gehilfe ist, dem brutal sich über alle Hemmungen hinwegsetzenden direkten Gewalttäter gleichzusetzen. Oft ist zu beobachten, daß Menschen, denen die Bestrafung von KZ-Schindern spontan einleuchtet, zögern, wenn es um die Beurteilung tatortferner Organisatoren oder Befehlsgeber geht. Instinktiv wird offenbar erkannt, daß das Tabu, das durch den Mord verletzt wird, «enger» ist als der Mordtatbestand des Strafgesetzbuchs, so daß sich

493 Deutsche Protokolle des Nürnberger Einsatzgruppen-Prozesses (Aussagen Ohlendorf).

494 Vgl. etwa Reitlinger, a. a. O., S. 235.

495 Autobiographie, S. 126 f.

496 A. a. O., S. 127.

eine Zone der affektiven Unsicherheit ergibt, die dem Täter zugute gehalten wird.

Die Möglichkeit, eigene Distanztaten bei sich selbst auszuschließen, fällt schwerer, als die Voraussage, zu brutalen Direkttaten außerstande zu sein. Sehr eindrucksvoll hat dies Max Frisch in einer Tagebucheintragung bekannt. Während eines Fluges, bei dem er unter sich ein Städtchen sah, das wie ein architektonisches Modell wirkte, entdeckte er unwillkürlich, daß er «durchaus imstande wäre, Bomben abzuwerfen»; es offenbarte sich ihm der «Unterschied, der darin besteht, ob ich Bomben streue auf ein solches Modell, das da unter den jagenden Wolken liegt, halb rührend, halb langweilig und kleinlich, oder ob ich ebenfalls dort unten stehe, mein Sackmesser öffne und auf einen Menschen zugehe, einen einzigen, dessen Gesicht ich sehen werde ... Das letztere kann ich mir nicht zutrauen. Beim ersteren, das ist der Unterschied, bin ich durchaus nicht sicher.» [497]

In der strafrechtlichen Erörterung ist das Problem bis heute so gut wie ungeklärt. In den Prozessen hat die Unsicherheit gegenüber dem Distanztäterproblem oft zu auffällig milden Urteilen gegenüber leitenden Funktionären geführt, die in der Vernichtungsmaschinerie eine wichtige Rolle spielten, an deren Händen jedoch «kein Blut klebte». Die hinter unseren Wertungen stehende Emotion macht deutlich einen – im Grunde atavistischen – Unterschied zwischen dem Täter, der z. B. Häftlinge eigenhändig erwürgt[498], und dem «Euthanasiearzt», der seine Opfer am Schreibtisch «verkartet», auch wenn er die Bedeutung dieser Tätigkeit genau kennt[499]. Selbst das Bemühen der israelischen Anklagebehörde, Eichmann eine einzige Direkttat, die Ermordung eines jüdischen Jungen in Ungarn, nachzuweisen, was ihr jedoch mißlang, muß im Grunde von dieser «archetypischen» Vorstellung der direkten Gewalttat her erklärt werden. Deshalb ist das Motiv, aus dem heraus der Staatsanwaltschaft so viel daran lag, diesen Mord zu beweisen, wohl klarer, als Hannah Arendt meint[500]. Es bestand offenbar darin, den Fall Eichmann als Tabuverletzung, als Durchbrechung gefühlsmäßiger Schranken und damit als «Mord im eigentlichen Sinne» deutlich werden zu lassen; ein Hinweis darauf, daß die Anklagevertretung die Rolle des

497 Tagebuch 1946–1949 (Taschenbuchausgabe), S. 42.
498 Z.B. SchwG Fulda 3 Ks 1/60 (Fall Muzikant).
499 Siehe etwa den Fall Dr. Mennecke; bei Langbein, Wir haben es getan, S. 21.
500 Eichmann in Jerusalem, S. 50.

«Schreibtischtäters» doch offenbar nicht als vollgültiges Äquivalent des Mordes ansah, sondern an das urtümliche Bild der direkten Mordtat fixiert blieb.

In der dogmatischen Diskussion, soweit sie sich dem Problem bisher überhaupt zugewandt hat, ist eine, wenn auch nur andeutungsweise zutage tretende Tendenz zu erkennen, den psychologischen Unterschied von Direkt- und Distanztat bei der Beurteilung des Schuldmaßes zu berücksichtigen. So überlegt z. B. Baumann, wenn auch in ganz anderen Zusammenhängen, ob nicht der Erkenntnis, «daß dem Menschen nur die direkte Gewalttat zuwider ist, daß er nicht leicht einen anderen etwa mit einem Messer umbringen kann, daß aber mit zunehmender Einschaltung technischer Vorgänge die Hemmungen nachlassen», bei der Frage der Verantwortlichkeit Rechnung zu tragen sei, «etwa derart, daß vom individuellen Maß der Verantwortlichkeit entsprechende Abstriche zu machen wären» [501]. Auch bei der Auseinandersetzung mit dem Fall Eichmann meint er: «Die Weite des Weges zwischen menschlicher Handlung und verbrecherischem Erfolg schwächt die Schuld. Sie schwächt auch das Verantwortungsgefühl.» [502] Aus anderen dogmatischen Äußerungen muß man ebenfalls die Auffassung herauslesen, daß aus dem mit der Tatortferne zusammenhängenden Hemmungsabbau strafrechtliche Folgen zu ziehen seien [503].

Solche Konsequenzen sind, jedenfalls in dieser Allgemeinheit, bedenklich, ja gefährlich, da sie den in der Situation begründeten Abbau instinktiver Hemmungen durch seine ausdrückliche strafrechtliche Sanktionierung noch fördern, statt ihn durch erhöhte ethische Anforderungen auszugleichen. Es ist auch nicht einzusehen, weshalb ein Täter, vorausgesetzt, daß am Vorsatz kein Zweifel besteht und er die Folgen seiner Handlungsweise intellektuell übersieht, ja ausdrücklich will, nur deshalb, weil sich bestimmte Hemmungsmechanismen nicht einschalten, anders beurteilt werden soll als der unmittelbare Gewaltverbrecher. Es sind hier ja keine die Zurechnungsfähigkeit beeinträchtigenden «Enthemmungen» – etwa im Sinne von Rauschzuständen, hochgradigen Affekten oder anderen pathologischen Veränderungen – gemeint, sondern die mit der Kon-

501 Baumann, Probleme der Fahrlässigkeit bei Straßenverkehrsunfällen, Kriminalbiol. Gegenwartsfr. 4 (1960), S. 100 ff., 107.

502 Schuld und Verantwortung, in: Freiburger Rundbr. 53/56 (1962), S. 29 ff., 31.

503 In diesem Sinne offenbar: Chr. Schroeder, Der Täter hinter dem Täter, S. 167.

struktion des menschlichen Instinktsystems offenbar generell verknüpfte Beeinträchtigung von Gefühlsregulativen, mit der eine Störung der Fähigkeit zur Selbststeuerung jedoch keineswegs einhergeht. Außerdem werden wir gerade bei den unmittelbar mordenden KZ-Tätern andere Faktoren des Hemmungsabbaus, wie z. B. Gewöhnung und Abstumpfung, vermuten müssen, die bisher noch keiner zu berücksichtigen vorgeschlagen hat. In letzter Konsequenz würde die Berücksichtigung der Distanz im Sinne einer Verantwortlichkeitsminderung eine der kollektiven Struktur des Genocidverbrechens ganz unangemessene Verlagerung der strafrechtlichen Verantwortung auf die Ausführungstäter zur Folge haben und zu einer ungerechtfertigten Privilegierung der «Schreibtischtäter» führen, die heute aus mancherlei Gründen faktisch schon besteht [504]. Auch rechtspolitisch und generalpräventiv sollte das Strafrecht eher der durch die technische Entwicklung geförderten Distanztäterschaft entgegenzuwirken und damit zur Fortbildung eines noch an altertümliche Grundmuster fixierten Rechtsempfindens beizutragen versuchen, dem die rechtsethische Bedeutung abstrakterer Formen des Mordes erst bewußt gemacht und eingeprägt werden muß.

b) Vorstellungsmängel

Nicht nur von der Distanz, auch von der Größenordnung der begangenen Verbrechen gehen neutralisierende Wirkungen auf das moralische Reaktionsvermögen aus, und zwar mit der paradoxen Folge, daß gerade große Verbrechen oft mit nur geringen Hemmungen verbunden sind. Die Verbrechen werden «überschwellig», wie man im Anschluß an Günther Anders sagen kann [505], sie entziehen sich der Vorstellbarkeit, damit aber auch der emotionalen Reaktion, die nur im Hinblick auf Vorstellbares möglich ist. Allerdings ist dies wohl auch das Merkmal vieler individueller Verbrechen; das meint auch Reiwald, wenn er, einen Satz von Wassermann zitierend, sagt: «Die Ursache fast jedes Verbrechens liegt darin, daß der, der es begeht, es sich nicht einbilden kann.» [506]

504 So z. B. wegen des Überleitungsvertrages i. d. F. v. 30. 3. 1955 (BGBl. II, 405), aber auch aus Beweisgründen.

505 Vgl. Anm. 490. So sagt Anders, Wir Eichmann-Söhne, S. 26: «Das ‹zu Große›

Bei Massenverbrechen tritt jedoch zu den sonst schon wirksamen Vorstellungsmängeln noch als völlig neues und unvergleichliches Moment die Unvorstellbarkeit der Vernichtungsdimension hinzu. Günther Anders spricht hier von dem «Gefälle» zwischen Vorstellbarkeit und Herstellbarkeit, das dazu führt, «daß mit steigender Effektgröße unser Vorstellungs- und Verantwortungsvermögen abnimmt», ja nach Übersteigen einer Maximalgröße völlig versagt[507]. Je größer dieses Gefälle, d.h. je unvorstellbarer das Herstellbare, desto schwächer die Hemmung[508]. In ganz ähnlichem Sinne heißt es auch bei Rolf Hochhuth in einer Bemerkung zum «Stellvertreter»: «Den folgenreichsten Ereignissen und Entdeckungen unserer Zeit ist gemeinsam, daß sie die menschliche Vorstellungskraft überfordern ... Der Mensch kann nicht mehr erfassen, was er fertigbringt.»[509]

Das Versagen des Reaktionsvermögens ist auch bei der Beurteilung der nationalsozialistischen Verbrechen vielfältig deutlich geworden. Die Bewertung des nicht mehr Vorstellbaren, «Überschwelligen», löst Widerstände aus; sie fordert dem Menschen offenbar zu viel ab. Deshalb ist gelegentlich, z.B. in bezug auf das Jerusalemer Verfahren gegen Eichmann, gesagt worden, es wäre besser gewesen, nicht die «Endlösung» als Ganzes zum Gegenstand der Verhandlungen zu machen, sondern die Untersuchung und Aburteilung auf Einzelfälle zu beschränken. So überzeugend das psychologisch sein mag, so gut ist es, daß man diesem Vorschlag nicht gefolgt ist. Es scheint mir die Bedeutung, aber auch das Fatale der Popularität Anne Franks wie auch der Bekanntheit einiger KZ-Täter und bestimmter konkret-anschaulicher Einzelverbrechen zu sein, daß zwar auf diese Weise die Wirklichkeit der Verfolgungssituation vielen Menschen nähergebracht, andererseits aber auch fühlbar geworden ist, daß die Vorstellungskraft nur Verkleinerungen ins Private – und damit aber die Verfälschung – verträgt. Eine solche Übertragung in die Bildhaftigkeit des Einzelschicksals und des Episodischen läßt zu leicht das ver-

läßt uns kalt, nein (denn auch Kälte wäre ja noch eine Art von Gefühl) noch nicht einmal kalt, sondern völlig unangerührt: wir werden zu ‹emotionalen Analphabeten›, die, konfrontiert mit den ‹zu großen Texten›, einfach nicht mehr erkennen, daß sie Texte vor sich haben.» Von «Überschwelligkeit» spricht Anders z.B. in den Thesen zum Atomzeitalter.

506 Eroberung des Friedens, S. 88.

507 Wir Eichmann-Söhne, S. 32.

508 Anders, Thesen zum Atomzeitalter, s. oben Anm. 490.

509 Hochhuth, Der Stellvertreter, S. 178.

brecherische System als Ganzes in Vergessenheit geraten; sie führt unsere Vorstellungen zum archaischen Modell des individuellen Gewalttäters zurück[510].

Man wird davon ausgehen dürfen, daß das, was für die nachträgliche Beurteilung gilt, bereits in der Tatsituation für die Täter selbst Bedeutung hatte, mindestens für solche Täter, die es mit der anonymen Vernichtungsapparatur als solcher zu tun hatten. Es sind hier ähnliche psychologische Wirkungen anzunehmen, wie wir sie der Distanz zugeschrieben haben. So ist z. B. ziemlich sicher, daß der Funktionär, der mit dem Mechanismus der Massenvernichtung – ihren technischen oder statistischen Details – «befaßt» war, sich das von ihm Hergestellte oder Mitverursachte nicht wirklich vorstellte.

Das dürfte etwa für den Verfasser des folgenden, sich auf «technische Abänderung an den im Betrieb eingesetzten und an den sich in Herstellung befindlichen Spezialwagen» beziehenden Dokuments gelten, dessen Sinn auch die Phantasie des Lesers nicht sogleich erreicht. Dort heißt es u. a.:

> «Seit Dezember 1941 wurden beispielsweise mit 3 eingesetzten Wagen 97 000 verarbeitet, ohne daß Mängel an den Fahrzeugen auftraten ... Die Beschickung der Wagen beträgt normalerweise 9–10 pro m^2 ... Bei einer Verminderung der Stückzahl wird nämlich eine längere Betriebsdauer notwendig, weil die freien Räume mit CO gefüllt werden müssen ... Tatsächlich findet aber ungewollt ein Ausgleich in der Gewichtsverteilung dadurch statt, daß das Ladegut beim Betrieb in dem Streben nach der hinteren Tür immer vorwiegend dort liegt ... Es wurde aber in Erfahrung gebracht, daß beim Schließen der hinteren Tür und somit bei eintretender Dunkelheit immer starkes Drängen der Ladung nach der Tür erfolgte. Dieses ist darauf zurückzuführen, daß die Ladung bei eintretender Dunkelheit sich nach dem Licht drängt.»[511]

Dieser Text, der auch die weitgehende Technisierung der Verbrechen deutlich macht, ist für den Uneingeweihten zunächst kaum zu dechiffrieren; nicht jedem jedenfalls wird sofort deutlich, daß es sich bei den «Spezialwagen» um Gaswagen, der «Stückzahl», «Beschickung», «Ladung» und dem «Ladegut» um die Opfer und bei der «Verarbeitung» um deren Ermordung handelt. Es ist kaum anzunehmen, daß

510 Vgl. dazu bereits Jäger, a. a. O., S. 75.

511 Am. Dok. Mat. Film I Bild 9–13, ZStL. Außerdem Fotokopie.

Funktionäre, die an dem Vorgang in dieser technifizierten Weise mitwirkten, sich in vollem Umfang der Realität dieser Verbrechen «bewußt» wurden, obwohl sie natürlich «wußten», worum es ging; das Geschehen blieb für sie jedoch abstrakt; es wurde in seiner vollen Dimension nicht erfaßt.

Ähnliches wird man von folgendem Schreiben sagen müssen, das der Sachbearbeiter des Reichsministers für die besetzten Ostgebiete an den Reichskommissar für das Ostland richtete. In bürokratisch völlig «korrekter» Weise wird dem Empfänger «unter Bezugnahme» auf ein früheres Schreiben mitgeteilt, «daß sich Oberdienstleiter Brack von der Kanzlei des Führers bereit erklärt» habe, bei der «Herstellung der erforderlichen Unterkünfte sowie der Vergasungsapparate mitzuwirken». «Zur Zeit», heißt es, «sind die in Betracht kommenden Apparate in genügender Anzahl nicht vorhanden, sie müssen erst hergestellt werden.» Nach der Erörterung organisatorischer Einzelheiten fährt der Brief fort: «Nach Sachlage bestehen keine Bedenken, wenn diejenigen Juden, die nicht arbeitsfähig sind, mit den Brackschen Hilfsmitteln beseitigt werden.»[512]

Strafrechtlich ist hierzu anzumerken: Ein das Unrecht voll, d.h. in seiner Dimension, aber auch Leidenswirkung erfassendes Bewußtsein wird man kaum annehmen, ja sicher ausschließen können. Dennoch können sich daraus irgendwelche Konsequenzen für die strafrechtliche Verantwortlichkeit nicht ergeben. So meint auch Baumann in der einzigen Äußerung, die zu dem Problemkreis bisher vorliegt: «Wer trotz ‹fehlgeschlagenen Vorstellungsversuchs› handelt, anstatt seine Tätigkeit aufzugeben (und darin liegt die notwendige Ergänzung der ‹Gefälle-Theorie›), ist durch das ‹Gefälle› nicht entschuldigt.»[513]

c) *Anonymität*

Die geschilderten Vorstellungsmängel korrelierten weitgehend mit der Anonymität, d.h. dem Beziehungsverlust zwischen Täter und Opfer. Interessant ist, daß diese psychische Schranke in einzelnen

512 An. II, S. 411 f.
513 Frkf. Hefte 21 (1966), H. 3, S. 199 ff., 205.

Fällen aufgehoben war, und zwar mit der von dem sonstigen Gesamtverhalten des Täters völlig abweichenden Folge, daß sich engere menschliche Beziehungen zu Häftlingen anbahnten. Das Verhalten selbst der brutalsten Täter konnte daher in solchen abgespaltenen Teilbereichen plötzlich menschlichere Züge annehmen. Auch Himmler spielte auf dieses Phänomen an, als er in seiner Posener Rede von den «braven 80 Millionen Deutschen» sprach, von denen jeder seinen «anständigen Juden» habe: «Es ist klar, die anderen sind Schweine, aber dieser eine ist ein prima Jude.» [514]

Aber auch bei der Vernichtung selbst sind gelegentlich Situationen festzustellen, in denen das Verfolgungsopfer plötzlich in seiner Individualität gesehen wurde. So berichtete Ormond in seinem Plädoyer als Nebenkläger im Auschwitz-Prozess: «Der gleiche SS-Mann, der der namenlosen Masse der Opfer gleichgültig, gefühllos oder von Instinkten des Rassenhasses getrieben gegenüberstand, konnte in der Begegnung von Mensch zu Mensch, insbesondere zum Häftlingsmitarbeiter, durchaus aufgeschlossen und gelegentlich hilfsbereit sein.» [515]

Auch bei Eichmann scheinen sich etwas engere Beziehungen zu einigen jüdischen Funktionären, mit denen er zu verhandeln und umzugehen hatte, entwickelt zu haben. Allerdings sind wir hier auf seine eigenen Angaben angewiesen. So schilderte er beispielsweise bei seinem Polizeiverhör, daß ihm eines Tages die Einlieferung eines ihm bekannten jüdischen Kommerzialrats Storfer aus Wien in das Lager Auschwitz telegrafisch mitgeteilt worden sei. Storfer, der Vertreter der jüdischen Gemeinde gewesen war, hatte dringend verlangt, ihn zu sehen. Da «der Mann immer ordentlich gewesen» war, «lohnte» sich für ihn eine Fahrt nach Auschwitz, und es kam dort, wie er es ausdrückte, zu einem «normalen menschlichen Treffen», bei dem ihm Storfer «sein Leid geklagt» habe. Eichmann scheint Storfer dann auch tatsächlich gewisse Erleichterungen verschafft zu haben, ohne jedoch zu verhindern, daß er einige Wochen später dennnoch erschossen wurde. [516]

514 IMT XXIX, 145.
515 Plädoyer, S. 42.
516 Vernehmungsprotokolle I, 222. Ausführliche Wiedergabe dieser Vernehmungsstelle bei Hannah Arendt, Eichmann in Jerusalem, S. 79 f., die mit vollem Recht sagt, diese Episode übertreffe alles, was dem Surrealismus zu diesen Dingen je hätte einfallen können.

Das Regime hat die hemmenden Wirkungen persönlicher Beziehungen und Kontakte offenbar klar erkannt. Das geht etwa aus Anordnungen hervor, die eine Verwendung von SS-Einheiten in ihren Heimatgebieten wie überhaupt eine lokale Verwurzelung verhindern und für größtmögliche Mobilität sorgen sollten. Für die Totenkopfverbände galt beispielsweise die Regelung: «Erstens kommt kein Verband in seine Heimat, es wird also niemals ein Pommerscher Sturm in Pommern Dienst machen. Zweitens: Jeder Verband wechselt nach drei Monaten über.» [517]

Zu Gewissens- und Hemmungsreaktionen führte offenbar auch eine situationsbedingte Identifizierung mit den Opfern. So konnte es geschehen, daß die Beziehungsstörung zwischen Tätern und Opfern durch momentane Assoziationen aufgehoben oder vermindert wurde. Ein Einsatzkommando-Angehöriger berichtete, ihm seien Exekutionen «an die Nieren gegangen», weil ein kleines Kind – wie sein eigenes – unter den Opfern war [518]. Ein Exekutionsteilnehmer schrieb im Anschluß an Erschießungen in sein Tagebuch: «Kein Mitleid, nichts. Es ist eben so, und damit ist für mich alles erledigt. Nur ganz leise klopft mein Herz, wenn ungerufen die Gefühle und Gedanken erwachen, als ich mich in einer ähnlichen Situation befand. Am 25. Juli 1934 im Bundeskanzleramt vor den Maschinengewehrläufen der Heimwehr. Da hat es auch Augenblicke gegeben, da wollte ich weich werden, nicht äußerlich, nein, das würde bei meinen Eigenschaften nie in Frage kommen, aber innerlich. So jung, und nun ist alles vorbei. Dies waren die Gedanken, dann drängte ich dieses Gefühl zurück, und an dieser Stelle kam ein Trotz und die Erkenntnis, daß mein Tod nicht umsonst gewesen sein wird. Nun stehe ich heute als Überlebender vor anderen, um sie zu erschießen.» [519] Auch bei Höß heißt es: «Wenn man die Frauen mit den Kindern in die Gaskammern gehen sah, so dachte man unwillkürlich an die eigene Familie.» [520]

Die hier skizzierten Phänomene scheinen einige Erkenntnisse, von denen die Verhaltensforschung heute ausgeht, zu stützen und zu bestätigen: Aggressivität ist ein Verhalten, das durch Anonymität ge-

517 Hannah Arendt, Elemente, S. 144 f. mit Fußnote 59.

518 SchwG Ulm Ks 2/57.

519 Schoenberner, Wir haben es gesehen, S. 128 f.; Langbein, Wir haben es getan, S. 63.

520 Autobiographie, S. 133 f.

fördert, durch persönliche, individuelle Kontakte und durch Ähnlichkeit dagegen gehemmt wird[521]. In einem Aufsatz von Lorenz heißt es: «Eine der wichtigsten Bedingungen für das volle Ansprechen unserer Tötungshemmungen ist persönliche, individuelle Bekanntschaft mit dem potentiellen Opfer.»[522] Die relative Häufigkeit von Tötungsverbrechen an Angehörigen und Liebespartnern im Bereich der individuellen Gewaltkriminalität zeigt allerdings, daß Aggression auch aus persönlicher Nähe erwachsen kann. In diesen Situationen wird die Tötungshemmung durch Affekte, die in der konflikthaften Beziehung des Täters zu seinem Opfer ihre Ursache haben, ausgeschaltet. Die Erkenntnis, daß persönlicher Kontakt die Begehung von Gewaltverbrechen erschwert, ist also nicht beliebig verallgemeinerungsfähig; für die staatlich organisierten Tötungen, bei denen es an persönlichen Spannungen zwischen Täter und Opfer fehlt, scheint sie dagegen weitgehend gültig zu sein.

d) Freund–Feind-Haltung

Man wird die Wirkungen solcher Bewußtseinsabschirmungen jedoch nicht nur in einem mehr räumlichen, auf Abstraktion und Distanz bezogenen Sinne verstehen dürfen, sondern auch noch unter einem spezifisch moralpsychologischen Aspekt sehen müssen, der in der durch Indoktrination geförderten, jedoch wohl durch die menschliche Natur selbst begünstigten Beschränkung des moralischen Reagierens auf Gruppenangehörige besteht. Soziologie und Sozialpsychologie haben diesen Sachverhalt durch Begriffe wie «Freund–Feind-Haltung», «in-group-» und «out-group-Moral», «Binnen- und Außenethik» oder «ethnozentrische» Moral gekennzeichnet[523]. Auf

521 Konrad Lorenz, Das sogenannte Böse, S. 400, sowie: Über das Töten von Artgenossen (vgl. oben Anm. 492), S. 130ff. Interessanterweise finden sich Überlegungen über die Beziehung zwischen Mitleid und Anwesenheit bereits in der «Allgemeinen Soziologie» von Pareto. Zur Illustration erwähnt Pareto S. 104 eine altchinesische Geschichte: «Ein König sieht einen Opferstier vorübertreiben. Er fühlt Mitleid mit ihm und befiehlt, an seiner Stelle einen Hammel zu opfern. Er bekennt, daß er das nur getan habe, weil er den Stier gesehen, den Hammel aber nicht gesehen habe.»

522 Über das Töten von Artgenossen (vgl. oben Anm. 492), S. 131.

523 Siehe z. B.: Bauer, HwbKrim., Bd. 1, S. 271; P. Heintz, Soziale Vorurteile,

die allgemeine wissenschaftliche Erörterung dieser Begriffe wollen wir uns hier allerdings nicht weiter einlassen.

Sehr deutlich ist nun bei der in der SS propagierten Gruppenethik die Tendenz zu erkennen, alle Anders- und Fremdrassigen aus dem Bezugskreis der moralischen Solidarität auszuscheiden und ihnen gegenüber normales Reagieren nach Möglichkeit zu unterbinden. Daß dies nur unvollkommen gelang, geht aus den bisherigen Darstellungen hervor. Immerhin bildete die Verengung des moralischen Reaktionsvermögens den Gegenstand einer planmäßigen ideologischen Indoktrination. Besonders deutlich wird dies in einer Äußerung Himmlers: «Ein Grundsatz muß für den SS-Mann absolut gelten: ehrlich, anständig, treu und kameradschaftlich haben wir zu Angehörigen unseres eigenen Blutes zu sein und zu sonst niemandem. Wie es den Russen geht, wie es den Tschechen geht, ist mir total gleichgültig ... Ob die anderen Völker im Wohlstand leben oder ob sie verrecken vor Hunger, das interessiert mich nur soweit, als wir sie als Sklaven für unsere Kultur brauchen, anders interessiert mich das nicht.»[524] Auch Frank erklärte: «Mitleid wollen wir grundsätzlich nur mit dem deutschen Volk haben, sonst mit niemandem auf der Welt.»[525]

Die Begrenzung der Reichweite menschlicher Solidarität spiegelt sich in manchen Verhaltensweisen wider. Eichmann machte z. B. einen Unterschied zwischen Ostjuden und den Juden aus dem Reich; bei letzteren schien er immerhin gewisse Bedenken zu haben. Ein «alter Kämpfer» wie Generalkommissar Kube, dessen kritische Haltung gegenüber der «Endlösung» wir schon an anderer Stelle kennenlernten, empörte sich, als deutsche Juden mit dem Eisernen Kreuz zur «Sonderbehandlung» in Minsk ankamen: «Ich bin gewiß hart und bereit die Judenfrage lösen zu helfen, aber Menschen, die aus unserem Kulturkreis kommen, sind doch etwas anderes als die bodenständigen vertierten Horden.»[526] Man wird diese Denkweise nicht unbedingt als typisch nationalsozialistisch bezeichnen können; denn einmal hatte sie bereits eine Tradition, zum anderen ist sie in der menschlichen Geschichte eigentlich ständig festzustellen. Erinnert

S. 14 f. u. a.; Behrendt, Der Mensch im Licht der Soziologie, S. 101; Mühlmann Krieg und Frieden, Wb. d. Soziol., S. 270.

524 PS-1919; hier zit. nach An. I, S. 296.

525 Langbein, Wir haben es getan, S. 47.

526 H. Arendt, Eichmann in Jerusalem, S. 131 f.

sei hier z. B. an eine Bemerkung aus Hoches Schrift «Das Rechtsgefühl in Justiz und Politik» aus dem Jahre 1932, in der der Verfasser meint, daß gegenüber einem Australneger Rechtsgefühl «nicht in Frage» komme[527]. Die Rassenprobleme der Gegenwart sind ein weiteres drastisches Beispiel dafür, wie gruppenbezogen das Reaktionsvermögen auch heute noch vielfach sein kann.

e) Verfremdung der Opfer

Den Extremfall des Beziehungsverlusts stellt das Verhältnis des Nationalsozialismus zu den Juden dar, denen gegenüber nicht nur ethnozentrische und gruppenmäßige Schranken errichtet wurden, sondern denen man das Menschsein überhaupt absprach. Das System bediente sich dabei des Mittels der «Verfremdung des Gegners», wie man im Anschluß an Mitscherlich sagen kann, das heißt, das «Objekt» der Aggression wurde fremd im abstoßenden Sinne gemacht, in seinem Wert erniedrigt, so daß selbst Tötung oft keinen Gewissenskonflikt mehr hervorrief[528]. Daß dies nur tendenziell gilt, nicht aber als kollektive Beurteilung der Gewissenslage und des Unrechtsbewußtseins verstanden werden kann, haben die vorangehenden Untersuchungen deutlich gemacht. Im wesentlichen bestand die angewandte Methode darin, gleichzeitig zwei eng miteinander verknüpfte psychologische Wirkungen auszulösen: einmal die Opfer als nichtmenschliche Wesen erscheinen zu lassen, indem man sie z. B. mit «Ungeziefer» verglich; dann aber auch instinktive Abwehrmechanismen gegen sie zu mobilisieren, indem der Öffentlichkeit eine Bedrohung des deutschen Volkes durch das «Untermenschentum» suggeriert wurde, die Gegenmaßnahmen notwendig mache. Beide Mechanismen sind im Gesamtvorgang des Völkermords vielfältig nachweisbar.

Die Vorstellung einer «rassischen Säuberung» des deutschen Volkes gehörte zum Grundbestand der nationalsozialistischen Weltanschauung[529], ja bildete ihren Kern. Die fixe Idee war: «Der Raum muß

527 Hoche, a. a. O., S. 25.

528 Mitscherlich, Zur Psychologie des Vorurteils, in: «Vorurteile», S. 47.

529 Den Ausdruck «Weltanschauung» wendet man in diesem Zusammenhang nur mit Bedenken an; immerhin nennt aber Sartre sogar den Antisemitismus «gleich-

keimfrei sein, sonst kann er nicht gedeihen.»[530] Der Ermordung der Opfer ging ihre systematische Diskriminierung und Deklassierung zu «lebensunwertem Leben» und zur «minderwertigen Rasse» voran. Die Juden wurden mit ekelerregendem Ungeziefer verglichen, das es auszurotten galt. Bereits der Begriff «Ausrottung» gehört ja dem Bereich der Ungeziefervertilgung an. In Reden und Äußerungen wurden sie als «Bazillen»[531], «Wanzen»[532], «Läuse»[533], «Krankheitserreger», «Schädlinge», «Pestbazillen»[534] und «Parasiten»[535] bezeichnet. In einem Ärzteblatt aus dem Jahre 1935 heißt es: «Nahe liegt der Vergleich der Juden mit Tuberkelbazillen.»[536] Bei einer Weihnachtsfeier des Jahres 1940 witzelte Frank: «Nun, es ist nicht mehr so schlimm mit den Läusen und den Juden, es ist hier im Generalgouvernement schon etwas anders und besser geworden. Freilich, in einem Jahre konnte ich weder sämtliche Läuse noch sämtliche Juden beseitigen.» Das Frank-Tagebuch, in dem die Ansprache aufgezeichnet ist, vermerkt an dieser Stelle: «Heiterkeit»[537]. Auch andere Tiervergleiche wurden gezogen. In einem Brief eines Exekutionsteilnehmers findet sich beispielsweise die Äußerung, die Juden seien «keine Menschen, sondern Affenmenschen»[538].

Der Nationalsozialismus hatte dieses Vokabular übrigens nicht erfunden: bereits früherer Antisemitismus hatte die Juden als «wucherndes Ungeziefer» bezeichnet, das man «zertreten», als «Trichinen und Bazillen», die man rasch und gründlich «vernichten»[539], als «Krankheitsstoff», den man «ausscheiden» müsse[540].

Adorno sagt in seinen Minima Moralia: «Vielleicht ist der gesellschaftliche Schematismus der Wahrnehmung bei den Antisemiten so geartet, daß sie die Juden überhaupt nicht als Menschen sehen. Die

zeitig eine Leidenschaft und eine Weltanschauung». Siehe: Betrachtungen zur Judenfrage, in: Drei Essays, S. 113.

530 Fraenkel/Manvell, Himmler, S. 174.

531 Z. B. Himmler, IMT XXIX, 145 f.

532 Vgl. etwa Hilberg, a. a. O., S. 219, 250.

533 Vgl. Langbein, Wir haben es getan, S. 49.

534 An. I, S. 337; vgl. auch: Hitler, Mein Kampf, Bd. 1, S. 62.

535 Hitler, Mein Kampf, Bd. 1, S. 334.

536 Zit. nach Bauer, Vortrag (vgl. oben Anm. 71).

537 Zit. nach Langbein, a. a. O., S. 49.

538 Zit. nach Langbein, a. a. O., S. 53.

539 Lagarde, zit. nach An. II, S. 291.

540 H. St. Chamberlain, zit. nach An. II, S. 292.

stets wieder begegnende Aussage, Wilde, Schwarze, Japaner glichen Tieren, etwa Affen, enthält bereits den Schlüssel zum Pogrom.»[541]

Die nationalsozialistischen Massenmorde sind also auch insofern als «Verbrechen gegen die Menschlichkeit» – oder gegen «die Menschheit» (im Sinne von Hannah Arendt und Karl Jaspers) – zutreffend gekennzeichnet, als mit ihnen, wie mit keinem Verbrechen sonst, die ausdrückliche Leugnung der Menschqualität der Opfer verbunden war. Die zerstörte Humanbeziehung, auf der letztlich jede ethische (auch rechtsethische) Bindung beruht, ist hier geradezu die kriminologische Vorbedingung der Verbrechensbegehung. In der totalitären Vorstellungswelt war Vernichtung von Juden – nach einer Formulierung Himmlers – «genau das gleiche wie Entlausen»: «Sich von Läusen befreien ist keine Frage der Ideologie, es ist eine Sache der Sauberkeit.»[542]

In anderen Äußerungen kehrt Himmlers Vorstellung wieder, die «Lösung der Judenfrage» sei so etwas wie die «Müllabfuhr des Staates» und die Beschäftigung mit «Kehrichthaufen»[543]. So wurden z. B. ankommende jüdische Häftlinge in Auschwitz mit der Erklärung «begrüßt»: «Für uns seid ihr alle keine Menschen, sondern nur ein Misthaufen. Mit wirklichem Behagen jagen wir euch alle durch die Roste der Krematoriumsöfen hindurch. Vergeßt eure Frauen, Kinder und Familien. Hier werdet ihr wie Hunde verrecken.»[544] Entsprechende Anschauungen wurden den SS-Leuten offenbar immer wieder über den «Abschaum der Menschheit» eingehämmert. Sie wurden, wie einer von ihnen berichtet hat, bereits 1935 auf die Worte Görings hingewiesen: «Die Insassen der Konzentrationslager sind nur der Inhalt eines Müllkastens der Nation, die nichts weiter verdient haben, als verbrannt zu werden!»[545]

Zur antisemitischen Indoktrination gehörte also, wenn auch mit unterschiedlichster «Metaphorik», die Vorstellung, die der Oberste Parteirichter der NSDAP 1938 so formulierte: «Der Nationalsozialismus hat erkannt: Der Jude ist kein Mensch. Er ist eine Fäulniserscheinung.»[546] Diese Vorstellung wirkte bis in das ausführende

541 Adorno, Minima Moralia, S. 133.
542 Fraenkel/Manvell, a. a. O., S. 132.
543 A. a. O., S. 172.
544 Sammelband «Auschwitz», S. 22; vgl. auch Henkys, a. a. O., S. 47.
545 KZ-Verbrechen, S. 285.
546 Deutsche Justiz 100 (1938) 1660; zit. nach An. II, S. 309.

Funktionärstum hinein, auch wenn sich ihre Breitenwirkung nicht abschätzen läßt. Es gibt jedoch Aussagen von Polizeiangehörigen, ihr Vorgesetzter habe im Zusammenhang mit Vernichtungsvorgängen gesagt: «Juden sind doch keine Menschen.» Ein Vorgesetzter beispielsweise, der «Enterdungsarbeiten» des Sonderkommandos 1005 zu leiten hatte, erklärte seinen Untergebenen: «Was Sie hier in der Grube sehen, sind keine Menschen, sondern Figuren. Diese Figuren sind Gegenstand unserer Aufgabe.»[547] Gerade in dieser letzten Äußerung wird die «Verfremdung» besonders deutlich.

Die damit eng zusammenhängende andere Methode der Machthaber, die psychologischen Voraussetzungen für den Völkermord zu schaffen, bestand in der Freisetzung von Abwehraffekten. In seiner Posener Rede sprach Himmler von dem «Volk, das uns umbringen wollte»[548]. «Der» Jude wurde zur «großen Gefahr der Menschheit»[549] und das «Judentum» zum «objektiven» oder «potentiellen» Gegner erklärt, der «bekämpft» werden müsse. Bereits «Mein Kampf» enthielt den Satz, man hätte zu Beginn des Ersten Weltkrieges oder während des Krieges «einmal zwölf- oder fünfzehntausend dieser hebräischen Volksverderber ... unter Giftgas» halten sollen[550]. Auch später war immer wieder vom «organisierten Untermenschentum» die Rede, gegen das sich die Massen erheben müßten.

In einer 1935 vom Reichsführer SS, SS-Hauptamt, herausgegebenen Schrift heißt es u. a.:

> «So wie die Nacht aufsteht gegen den Tag, wie sich Licht und Schatten ewig feind sind – so ist der größte Feind des erdebeherrschenden Menschen der Mensch selbst. Der Untermensch – jene biologisch scheinbar völlig gleichgeartete Naturschöpfung mit Händen, Füßen und einer Art von Gehirn, mit Augen und Mund, ist doch eine ganz andere, eine furchtbare Kreatur, ist nur ein Wurf zum Menschen hin, mit menschenähnlichen Gesichtszügen – geistig, seelisch jedoch tiefer stehend als jedes Tier. Im Inneren dieses Menschen ein grausames Chaos wilder, hemmungsloser Leidenschaften: namenloser Zerstörungswille, primitivste Begierde, unverhüllteste Gemeinheit. Untermensch – sonst nichts! Denn es

547 StA Hamburg 141 Js 204/60.
548 PS-1919, IMT XXIX, 146.
549 Z. B. Rede Robert Leys vom 10. Mai 1942 (nach einer Originaltonaufnahme).
550 Mein Kampf, Bd. 2, S. 772.

ist nicht alles gleich, was Menschenantlitz trägt. – Wehe dem, der das vergißt!»

Der «Untermensch» wurde in den schwärzesten Farben geschildert:

«Er haßte das Werk des anderen. Er wütete dagegen, heimlich als Dieb, öffentlich als Lästerer – als Mörder. Er gesellte sich zu seinesgleichen. Die Bestie rief die Bestie. Nie wahrte der Untermensch Frieden, nie gab er Ruhe. Denn er brauchte das Halbdunkel, das Chaos. Er scheute das Licht des kulturellen Fortschritts. Er brauchte zur Selbsterhaltung den Sumpf, die Hölle, nicht aber die Sonne. – Und diese Unterwelt der Untermenschen fand ihren Führer: – den ewigen Juden!«[551]

Die rassistische Indoktrination unterschied also zwischen dem «schaffenden» und dem «parasitären» Prinzip.

Auch in einem nach Kriegsende verfaßten Bericht des Eichmann-Mitarbeiters Wisliceny ist von der «mystisch-religiösen Vorstellung» die Rede, «daß die Welt von guten und bösen Kräften gelenkt würde. Das böse Prinzip stellten nach dieser Ansicht die Juden dar, deren Hilfsorganisationen die Kirche (Jesuitenorden), Freimaurerei und Bolschewismus waren.» Der «Welt des Bösen» stellten die Rassenmystiker nach Wislicenys Worten «die Welt des Guten, des Lichts» entgegen, eine Vorstellungswelt, von der er selbst einräumte, daß ihr «mit logischen oder Vernunftgründen absolut nicht beizukommen» sei, ja daß sie «eine Art Religiosität, die zur Sektenbildung drängt», darstelle[552].

Folgt man den neueren Erkenntnissen der Verhaltensforschung, etwa Konrad Lorenz, so wird man annehmen müssen, daß die künstliche Erzeugung von Verteidigungsreflexen zu einem Hemmungsabbau auch bei der Massenvernichtung geführt und daß mindestens von einem Teil der Täter die wahnhafte Vorstellung einer kollektiven «Notwehr» übernommen wurde. Lorenz sagt: Zu der «Reiz-Situation», die «Begeisterung» (d. h. Aggression) «optimal auslöst und die von Demagogen zielbewußt hergestellt wird», gehöre die Bedrohung von Werten; dabei könne der Feind oder die Feindattrappe «fast beliebig gewählt» werden und, ähnlich wie die bedrohten Werte, konkret oder abstrakt sein (z. B. «die» Juden). In solchen Situationen verlieren «die instinktiven Hemmungen, Artgenossen zu schädigen

551 Siehe z. B. bei Hofer, Der Nationalsozialismus, S. 280 f.
552 Poliakov-Wulf, Das Dritte Reich und die Juden, S. 51.

und zu töten, ... leider viel von ihrer Macht». Vernunftmäßige Erwägungen «werden dadurch zum Schweigen gebracht, daß eine merkwürdige Umwertung aller Werte sie nicht nur haltlos, sondern geradezu niedrig und entehrend erscheinen läßt.» [553]
Man wird diesen Aspekt in die Überlegungen zum Unrechtsbewußtsein einbeziehen müssen, jedoch nicht ohne zu bedenken, daß er wohl zunächst mehr auf die hochaffektive Massensituation bezogen ist, die im Bereich des bürokratisch betriebenen «Verwaltungsmassenmordes» kaum zu finden ist. So nützlich also die Theorie ist, um Einzelbeobachtungen in einen größeren wissenschaftlichen Zusammenhang zu stellen, so wenig entbindet sie uns davon, immer wieder zu den im speziellen Bereich der totalitären Kriminalität erkennbaren Phänomenen zurückzukehren.

f) Permanenz der Verfolgung

Außerdem müssen wir erkennen, daß der Totalitarismus seine Opfer nicht nur zu Untermenschen erklärte, sondern sie in gewissem Sinne tatsächlich dazu machte, indem er sie vielfach ihrer menschlichen Attribute systematisch beraubte. Im Augenblick der «Tat», die ja nur Endstufe eines permanenten Verfolgungs- und allmählichen Vernichtungsvorgangs war, war das Opfer oft nur noch ein Schatten seiner selbst. Der «physischen Ermordung» ging die «Ermordung der moralischen Person» – jedenfalls oft – schon voraus; das Opfer war also durch eine sich steigernde Entrechtung und Entwürdigung zu einem «Sterbenden» gemacht, bevor die Tat an ihm verübt wurde [554]. Hermann Broch sagt dazu in der dieser Wirklichkeit allein angemessenen Drastik: «Der Mensch wird seines letzten Ich-Bewußtseins entkleidet; statt seines Namens erhält er eine Nummer und soll sich auch nur mehr als Nummer fühlen. Er ist zur Leiche geworden, bevor er noch gestorben ist.» Er besitze, sagt Broch, «keine Welt mehr», sei «untertierisch geworden, kaum mehr vegetativ, eine Sach-Leiche, Kehricht, der noch stöhnt» [555]. Leben war, nach einer aus dem

553 Das sogenannte Böse, S. 384–385.
554 Siehe dazu H. Arendt, Elemente, S. 117, 244 u. a.
555 Essays II, S. 231.

Konzentrationslager stammenden Definition, ein «Noch-nicht-ermordet-worden-Sein»[556].

Zum Sinnbild dieser Existenz sind die «Muselmänner» geworden, wie sie im Lagerjargon genannt wurden: die abgezehrten, in Decken gehüllten, physisch und psychisch völlig gebrochenen Gestalten, die «nur mehr den Trieb hatten, etwas zu essen zu bekommen, auch wenn es aus dem Kübel kam»[557]. Man wird wohl nicht zu bezweifeln brauchen, daß diese Situation sich psychologisch auch auf die Täter ausgewirkt hat, d. h. daß sie eine weitere Hemmungsschranke niederriß. So erklärte denn auch ein «Sanitätsdienstgrad» aus Auschwitz: «Das waren ja schon keine Lebenden mehr, das waren ja schon Halbtote.»[558] Auch bei Höß heißt es: «Es waren keine Menschen mehr. Sie waren Tiere geworden, nur noch auf Nahrungssuche aus.»[559]

g) Kollektive Kausalität

In engem Zusammenhang damit steht ein Bewußtsein der Kollektivkausalität, von dem offenbar ebenfalls Entlastungswirkungen ausgingen: das Gefühl, nicht individuell für die Verbrechen ursächlich zu sein, nichts selbst auszulösen, aber auch nichts verhindern zu können, sondern funktionell auswechselbar zu sein. Mit dem Hinweis auf diese Situation haben sich viele der an den Verbrechen Beteiligten zu verteidigen gesucht; wir brauchen aber wohl nicht zu bezweifeln, daß ihr tatsächlich eine nicht unerhebliche kriminologische Bedeutung zukam, indem sie das Bewußtsein des einzelnen, für seine Taten individuell verantwortlich zu sein, schwächte oder sogar zerstörte.

Selbst höchste Führer des Systems sind in diese Argumentation ausgewichen, obwohl sie gerade bei ihnen die allergeringste sachliche Berechtigung hatte. So sagte z. B. Göring in Nürnberg in einem Gespräch mit dem Gerichtspsychologen Gilbert: «Nehmen wir an, ich

556 Anders, Antiquiertheit des Menschen, S. 257.
557 Siehe dazu: Langbein, Auschwitz-Prozeß, Bd. 1, S. 92, Bd. 2, S. 1001; Henkys, a. a. O., S. 72.
558 Langbein, Auschwitz-Prozeß, Bd. 2, S. 711.
559 Autobiographie, S. 107.

wäre zurückgetreten – etwas, was natürlich mit der Offiziersehre und Vaterlandsliebe völlig unvereinbar ist. Aber nehmen wir an, ich hätte es getan. Glauben Sie, das hätte etwas geändert?» [560]

Dieses Denkschema, auf den Gesamtverlauf der Ereignisse keinen Einfluß gehabt zu haben, kehrt in vielen Äußerungen wieder [561]. Bei Eichmann bildete es eines der Grundmotive seiner Verteidigung. Bei seiner Polizeivernehmung kam er immer wieder darauf zurück: «Es ist tief betrüblich, daß natürlich überhaupt solche Dinge unter Menschen geschehen, aber ich habe sie nicht erfunden, ich habe sie auch nicht befohlen, und ich konnte sie auch nicht abstellen.» [562] Bereits damals will er jüdischen Verhandlungspartnern, z. B. Dr. Kastner, gesagt haben, daß er die Vernichtungsmaschinerie «weder in Gang gesetzt habe noch abstellen könne. In Gang gesetzt hat sie auch nicht der Chef der Sicherheitspolizei und des SD, auch der kann sie nicht abstellen. Die hat in Gang gesetzt der Reichsführer SS und Chef der deutschen Polizei . . .» [563] Und an anderer Stelle in ganz ähnlichem Sinne: «Ich habe die Vernichtung nicht befohlen, ich habe den Krieg nicht befohlen, ich konnte es auch nicht abstellen – ich habe meinen Befehlen gehorcht.» [564] Auch sein Verteidiger Servatius sah den Unterschied zwischen Individual- und Kollektivkriminalität darin, daß bei der Einzeltat der Täter zurücktreten und die Fortsetzung des Verbrechens verhindern könne, während gegenüber dem Befehl des «übermächtigen Kollektivs» das Opfer sinnlos werde [565].

So richtig an sich Eichmanns Bemerkung über dic «nicht abstellbare» Vernichtungsmaschinerie ist, so sehr ist in ihr doch ausgespart, daß der einzelne dem totalitären System seinen individuellen Anteil versagen konnte. Der totalitäre Herrschaftsapparat hat zwar Machtmittel zu Gebote, auf seine Untergebenen Druck auszuüben; er zwingt sie jedoch nicht, Karriere zu machen und Machtpositionen einzunehmen. Außerdem ist der Begriff des «sinnlosen Opfers» bei leitenden Funkionären, die – wie es in einem Beförderungsvorschlag für Eichmann aus dem Jahre 1941 heißt – «mit vorzüglicher Initia-

560 Gilbert, a. a. O., S. 170.

561 Siehe dazu Mitscherlich-Mielke, a. a. O., S. 98, mit der dort aufgeführten Aussage.

562 Vernehmungsprotokolle V, 2682.

563 A. a. O., VI, 3304 f.

564 A. a. O., IV, 2230.

565 Servatius, Plädoyer, S. 78.

tive und der erforderlichen Härte» ihrer Aufgabe nachkamen, ohnehin fehl am Platz. Der unselige Mechanismus bestand gerade darin, daß viele Funktionäre, die die Maschinerie nicht «abstellen» konnten, sie mit um so größerer Energie in Betrieb hielten[566].
Strafrechtlich kommt im übrigen diesem Einwand keine Bedeutung zu: «Wer ein Delikt begeht, ist nicht deshalb seiner Verantwortung ledig oder auch nur Gehilfe, weil sonst ein anderer die Tat begangen hätte.»[567] Auch hier fallen strafrechtliche Beurteilung und kriminologische Analyse jedoch auseinander: kriminologisch wird man diesem Entlastungsfaktor erhebliche Bedeutung zusprechen müssen.

h) Institutionalisierung

Das Bewußtsein, als Teil eines Kollektivs zu handeln, hatte auch noch andere Wirkungen. Eine von ihnen könnte man die Institutionalisierung des Terrors nennen. Der Terror entwickelte eigene Ordnungen, auch wenn diese nur im Bereich der totalitären Apparatur galten. Selbst die Folter kann, wie Sarte in seinem Vorwort zu Henri Allegs Algerien-Schrift «La question» (1958) bemerkt, zur «halbverkappten Institution» werden[568]. Es kann daher offenbar auch in solcher Extremsituation das Gefühl einer gewissen «Normalität» der Vorgänge entstehen, selbst wenn dies der nachträglichen Betrachtung kaum vorstellbar erscheint.
Gestützt wird dieser Zustand noch dadurch, daß die Übergänge zwischen rechtmäßigem und verbrecherischem Verhalten fließend sein konnten und die Grenzen oft fast unmerklich überschritten wurden. Die Terrorapparatur wuchs ja aus einem System sozial akzeptierter Funktionen gleichsam hervor, stellte das verbrecherische Gegenbild einer Sozialordnung dar, mit vielen ihrer Attribute ausgestattet, war also nicht das schlechthin Andere und Abweichende, wie viele individuelle Delikte, z. B. Raub, Einbruch, Notzucht usw., sondern die pervertierte Entsprechung eines «normalen» bürokratischen Apparats. Das ist sogar an den einzelnen Tätergruppen zu erkennen, deren soziale Grundmuster oft noch deutlich in Erscheinung treten: der

566 Hierzu schon Jäger, MschrKrim. 45 (1962), S. 78 f.
567 Roxin, Täterschaft und Tatherrschaft, S. 246, sowie GA 1963, S. 193 ff., 202.
568 Bei Alleg, a. a. O., S. 11.

«Forscher», der verbrecherische Menschenexperimente vornimmt, der «Polizist», der «Volksschädlinge» verfolgt, der «Soldat», der «objektive Gegner» bekämpft, der «Gefängnisaufseher», der KZ-Häftlinge bewacht, der «Kasernenhofschinder», der die seiner Macht ausgelieferten Lagerinsassen schikaniert, der «Bürokrat», der die Vernichtung «verwaltet», der «Jurist», der sich zu Terrorzwecken mißbrauchen läßt, der «Arzt», dessen «Diagnose» die Selektion für die Gaskammer bewirkt oder der Kranke durch Injektionen tötet, statt sie zu heilen. Es wirft wohl keinen Schatten auf diese Sozialfunktionen, wenn man sich ihre Entsprechungen im Bereich des Terrors, damit aber auch gewisse in ihnen selbst begründete Gefährdungsmomente, ins Bewußtsein ruft.

Die Ordnung der Lager und Vernichtungsreservate – das hat sie mit dem Recht zweifellos gemein – bewirkt aber auch eine Regulation des individuellen Verhaltens: sie setzt Maßstäbe, schreibt vor und verbietet, bestimmt über Richtig und Falsch und schafft Normen, an denen sich der einzelne orientiert. Günther Anders sagt dazu in vergleichbaren Zusammenhängen, «daß, wenn eine Organisation funktioniert, die Idee der Moralität einer Handlung automatisch durch die der Glätte der Funktion ersetzt wird. Ist die Organisation eines Unternehmens ‹in Ordnung› und sauber im Gang, dann scheint auch dessen Leitung selbst in Ordnung und sauber.» [569]

In welchem Maße diese «Ordnung» das Bewußtsein mancher Funktionäre geprägt hat, ist ihnen sogar heute noch als Angeklagten anzumerken. Noch zwanzig oder mehr Jahre «danach» tritt immer wieder die «Glätte der Funktion» in Erscheinung, so als handele es sich um völlig vertraute, auch heute noch zu ihrem Alltag gehörige Vorgänge. Das zeigt sich etwa dann, wenn es gilt, den Gerichten bestimmte technische Einzelheiten der Lagerapparatur zu verdeutlichen, aber auch dann, wenn solche Details von Zeugen nicht korrekt genug geschildert werden. Hier tritt in manchen Fällen, nicht selten gerade bei relativ simplen Tätern, eine Art von Expertentum zutage, das auf «Ungenauigkeiten» und organisatorische «Unkorrektheiten» so empfindlich reagiert, als sei die Funktion noch bis vor kurzem ausgeübt worden.

Ein Angeklagter des ersten Frankfurter Auschwitz-Prozesses sagte beispielsweise folgendes aus:

569 Antiquiertheit des Menschen, S. 269.

«Die Sache mit den Muselmännern aus den Außenlagern – ich will das einmal erklären: Es gibt da nur eine Verlegung und eine Überstellung. Gewöhnlich kommen die Kranken am Samstag mittag. Immer kommen sie zum Abschnitt BIId; die aus den Außenlagern zurückkommen, sind sowieso krank. Montag werden sie dann dem Arzt vorgestellt. Die Häftlinge, die überstellt werden, die kommen gar nicht erst ins Lager. Da darf ich ja gar nicht erst das Tor aufmachen als Blockführer. Überstellt, das heißt doch in die Gaskammer. Es ist ja ein Unterschied zwischen Verlegung und Überstellung.»

Vorsitzender: «Mußten sich die Kranken auskleiden? Und wo mußten sie sich auskleiden?»

Angeklagter: «Ja, sie haben sich ausgekleidet, aber doch nicht im Lager. Wenn man die ins Lager hineinläßt, dann ist es ja schon passiert. Sie müssen sich das vorstellen, da kommt am Samstag ein Auto oder zwei Autos, da steht ein Mann am Tor, ein anderer Blockführer ist in der Blockführerstube, und der Posten hält einen Schein in der Hand. Das Auto hält direkt vor dem Tor, der Chauffeur sagt: ‹Da ist eine Verlegung›, ich sperr' das Tor auf, das Auto fährt hinein, und da sind nun auf dem Auto zweierlei Sorten von Menschen. Der Fahrer wartet gar nicht, der kippt einfach, und da liegen die zweierlei Menschen durcheinander. Wie soll man sie da ordnen? Wie soll man da alle Nummern herausfinden? So was kommt auch vor. Der Alte frißt mich ja auf, wenn ich überstellte Leute ins Lager aufschreibe ... In den Block kommen die sowieso nicht hinein. Hier kommen sie auch nur nachts hinein, bei Tag stehen sie wieder draußen. Erst am Montagmittag kriegen sie das erste Essen, denn sie werden erst Montag früh zur Verpflegung gemeldet. Die Leute, die überstellt sind, die bekommen auch kein Essen, denn sie leben ja praktisch nicht mehr.» [570]

Diese Aussage verdeutlicht gleichzeitig drei Faktoren in eindrucksvoller Weise: die Mentalität eines bestimmten Tätertyps, nämlich des subalternen Lagerfunktionärs; die Effektivität der bürokratischen Ordnung, die in der Ausnahmewelt der Lager galt; schließlich aber auch deren heutige Präsenz, die dazu führt, daß formale, organisatorische Abläufe – im Unterschied zu vielen anderen Details – für manche der Angeklagten noch mühelos reproduzierbar sind.

570 Langbein, Auschwitz-Prozeß, Bd. 1, S. 297 f.

Die nachhaltige Wirksamkeit eingeschliffener Verhaltensmuster ist auch in folgender Aussage deutlich erkennbar:

«Im Oktober 1941 wurden im HKB (Häftlingskrankenbau) bereits ständig Aussonderungen vorgenommen, und zwar von den Ärzten. Die Arztvorsteller – also die Häftlinge, die sich krank gemeldet hatten – mußten sich in der Ambulanz im Block 28 einfinden. Sie wurden dort von einem Häftlingsarzt untersucht und karteimäßig erfaßt. Dann wurden sie in den Nebenraum abgeschoben, bis der SS-Arzt kam. Dr. Entreß hat sich die Kartei und die Häftlinge angeschaut und bildete drei Gruppen: krank, schonungskrank und Aussonderung.»

Vorsitzender: «Was heißt Aussonderung?»

Angeklagter: «Ja, wenn der SS-Arzt jemanden ausgesondert hatte, dann gab er dessen Karteikarte nicht mehr an den Häftlingsarzt zurück, sondern an den Häftlingsschreiber. Das bedeutete, daß der Häftling zur Injektion ausgesucht war.»

Vorsitzender: «Erklären Sie mir das.»

Angeklagter: «Zur Abspritzung.»

Vorsitzender: «Tötung, wollen wir mal sagen, nicht wahr?» [571]

Derselbe Angeklagte machte im Laufe der Verhandlungen einem Zeugen folgenden Vorhalt:

«Herr Zeuge, warum sind Sie eigentlich damals wieder in den Krankenbau zurückgekommen?»

Zeuge: «Ich glaube, daß mir Kameraden geholfen haben.»

Angeklagter: «Ich habe nie erlebt, daß Häftlinge wieder ins Stammlager zurückgekommen sind. Das gab es doch nicht.»

Vorsitzender: «Aber Angeklagter K., der Mann war ja eigentlich schon tot, er war ja totgeschrieben.»

Angeklagter: «Jeder Tote wurde abgeschrieben, die Zahl mußte abends beim Appell doch stimmen, das gibt es gar nicht. Jede Überstellung bedeutete doch, daß diese Menschen liquidiert wurden.» [572]

Auch hier wird deutlich, daß die Lagersituation ein ausgeprägtes «Ordnungsbewußtsein» erzeugte, das noch bis heute nachwirkt.

Der Vorgang der Vernichtung bekam also, zumindest bei gelenkten Kollektivverbrechen, eine gewisse Automatik und Eigengesetzlich-

571 A. a. O., Bd. 2, S. 709 f.
572 A. a. O., Bd. 2, S. 733.

keit, wie sie auch im Bereich der Einsatzgruppenverbrechen, denen ihrer ganzen Natur nach an sich ein «institutioneller» Charakter fehlte, gelegentlich festzustellen sind. So berichtete ein Kriminaloberkommissar als Zeuge über die Tätigkeit des «Enterdungs»-Sonderkommandos 1005:

> «Die Erschießungen vollzogen sich ohne großen organisatorischen Aufwand. Die Arbeitskräfte wurden erst erschossen, wenn die von dem Erschießungskommando mitgebrachten Menschen erschossen waren. Die Arbeitskräfte mußten diese Opfer zunächst auch noch auf den Scheiterhaufen legen, dann wurden sie in unmittelbarer Nähe des Scheiterhaufens von dem Erschießungskommando erschossen. Meine Leute hatten bis zum Schluß praktisch nur damit zu tun, daß die Leichen jeweils auf den Scheiterhaufen gelegt wurden und das entsprechende Brennmaterial hinzugefügt wurde. Dieser ganze Vorgang vollzog sich sozusagen automatisch. Ich brauchte überhaupt nicht einzugreifen. Bestimmend waren allein die Notwendigkeiten, die sich aus der Aufgabe des Erschießungskommandos ergaben.» [573]

Zu bemerken ist, daß diese Schilderungen unverkennbar auch Elemente der Selbstverteidigung enthält; dennoch sind solche Handlungsmechanismen typisch und durch viele Aussagen belegt.

Man wird nicht ausschließen können, daß diese eigene Normenwelt des Terrors bei manchen Tätern Reaktionen im Sinne eines Unrechtsbewußtseins eliminiert, ja daß sie zur Bildung konträrer Wertungen geführt hat. Bauer meint geradezu, daß bei bestimmten Täterkategorien (etwa den «Gläubigen», aber auch den «Formalisten», die sich «Pflichten» blind unterordneten) sogar die «Unterlassung von Völkermord» Gewissensbisse hervorrufen konnte [574]. Das ist jedoch schwer zu verifizieren, wenn auch nicht ganz unwahrscheinlich. Im Dokumentarmaterial gibt es jedenfalls merkwürdig anmutende Belege für Umwertungen, die jedoch in psychologischer Hinsicht nur mit Vorsicht zu beurteilen sind, weil es sich dabei auch um Anpassungen an den offiziellen Kurs und Sprachgebrauch handeln kann. Das gilt etwa für eine «Ereignismeldung» aus dem Jahre 1941, die sich auf die Tätigkeit des Einsatzkommandos 6 bezieht: «Bis zum Berichtstage sind durch das Einsatzkommando 6 weitere 1000 Juden

573 StA Hamburg 141 Js 204/60.
574 Bauer, HwbKrim., Bd. 1, S. 274.

erschossen worden, wobei sich nicht vermeiden ließ (!), aus Gründen des erheblichen Facharbeitermangels jüdische Handwerker, die zur Vornahme dringender Instandsetzungsarbeiten usw. gebraucht werden, vorerst noch am Leben zu lassen.» [575]

Bei der Bewertung solcher Bewußtseinsveränderungen ist sicher die konkrete Umweltsituation des Täters in Betracht zu ziehen. Punktuelle Taten, aber auch relativ kurzfristige «Einsätze» in Erschießungseinheiten wird man unter anderen Aspekten sehen müssen als die langjährige Tätigkeit in Konzentrations- und Vernichtungslagern. Die Herausnahme des Täters aus normalen Sozialbezügen und seine Verpflanzung in eine kriminelle Umwelt kann nicht ohne Folgen auf seine Bewußtseinssituation gewesen sein. Viele Einzelheiten, auch Häftlingsschilderungen, sprechen dafür, daß eine grundlegende Veränderung der Wertvorstellungen stattfinden konnte. So kam es zu den in anderem Zusammenhang schon geschilderten willkürlichen, ja «beiläufigen» Mordtaten, wie sie zum Teil auch von Häftlingen, namentlich Kapos, begangen wurden. Ein ehemaliger Häftling schreibt darüber: «Es war nicht selten, daß der eine den anderen einfach erschlug. Das Erschlagen eines Häftlings ist kein Delikt. Es wird einfach registriert, daß Nummer soundsoviel gestorben ist.» [576] Auch andere Verhaltensweisen, etwa das häufige Fotografieren von Exekutionsszenen, sind im Grunde wohl nur zu erklären, wenn man von einer solchen Veränderung der Wertvorstellungen, die zu einer «Normalisierung» des Geschehens führte, ausgeht. Die Einschränkung, die wir bei solchen Aussagen immer zu machen haben, ist, daß solche Prozesse nicht völlig von der Individualität zu lösen sind; kollektive Urteile über die individuelle Bewußtseinslage sind trotz der Einheitlichkeit der Umweltbedingungen nicht möglich.

Den Gesichtspunkt der sozialen Isolation findet man gelegentlich auch in Urteilen und Gutachten. Ein medizinisches Gutachten, das im Verfahren gegen einen KZ-Täter erstattet wurde, erwähnt die «Lageratmosphäre mit ihrer Isoliertheit und Eigengesetzlichkeit» [577]. Auch Buchheim bezeichnete es in seinem Gutachten für den Auschwitz-Prozeß als förderndes Moment, daß die Mörder aus ihrer nor-

575 Ereignismeldung UdSSR Nr. 135 v. 19. 11. 1941; siehe dazu: Hilberg, a. a. O., S. 226.

576 Sammelband «Auschwitz», S. 248.

577 SchwG München I, 1 Ks 3/59 (IV 97/59) in der Strafsache Bugdalle.

malen sozialen Umwelt herausgenommen waren und sich in einem sozialen Ausnahmezustand befanden. Der Akzent ist hier allerdings etwas anders gesetzt: Da die Mordaktionen unter strengster Geheimhaltung und außerhalb jeder sozialen Kontrolle stattfanden, sei die Versuchung, meint Buchheim, nicht gering gewesen, sie «vor dem Gewissen als nicht geschehen zu betrachten. Wer würde denn später zu Hause danach fragen, was man in einem Wald bei Minsk oder hinterm Stacheldraht von Auschwitz einem unbekannten Juden angetan hat!» [578] Diese Annahme der Täter dürfte, bedenkt man oft anzutreffende Reaktionen innerhalb der Öffentlichkeit auf die Prozesse, nicht einmal so ganz unberechtigt gewesen sein.

i) Kollektivmoral

Ein letzter Aspekt läßt sich hier nur andeuten. Er betrifft die Unsicherheit des moralischen Reagierens auf kollektive, überpersönliche Ereignisse und seine Begrenzung auf den Privatbereich[579]. Man könnte, mit Richard F. Behrendt, vom «atavistischen Steckenbleiben . . . in zu kleinen Beziehungskreisen» sprechen[580]. Behrendt erläutert dieses Phänomen an heutigen Alltagsvorgängen, indem er z. B. darauf hinweist, «daß gelegentlich die Einwohnerschaft einer ganzen Stadt den Mörder einiger Kinder sucht, daß aber ganze Völker gegenüber dem Mord an Millionen Schuld- und Hilfloser gleichgültig bleiben» [581]. Während bei Behrendt die Enge der Beziehungskreise – m. E. mit Recht – kritisch gesehen wird, spricht zum Beispiel Gehlen von der moralischen Überforderung des einzelnen Menschen, dessen «moralisches Organ» für «Ereignisse von Weltdimension» überhaupt nicht «zuständig» sei: der «Kompetenzumfang» dieses Organs sei enger und wenigstens primär «auf Naheliegendes eingestellt»; jedenfalls befinde sich die «Ferneethik» erst im Stadium der Versuche und Irrtümer[582].

578 An. I, S. 337.
579 Henkys, a. a. O., S. 29, weist mit Recht auf die traditionell vorhandene Kluft zwischen privater Moral, persönlicher Anständigkeit und ahumaner Betrachtung der überprivaten Dinge hin.
580 Behrendt, Der Mensch im Licht der Soziologie, S. 153.
581 A. a. O.
582 Anthropologische Forschung, S. 137.

Nun handelt es sich bei vielen Situationen, die uns im Zusammenhang mit der totalitären Kriminalität begegnen, ganz sicher um «Naheliegendes»; dennoch scheint hier die Reichweite des rechtlichen und moralischen Empfindens, die schon in anderer Beziehung erörtert wurde, insofern eine Rolle zu spielen, als die Spaltung in öffentliche und private Moral bei den Verbrechen manchmal deutlich in Erscheinung tritt. Bereits die Himmlersche Forderung, bei der Vernichtung «anständig» zu bleiben[583], deutet auf diese Spaltung hin. Gelegentlich wurde aber auch in konkreten Tatsituationen den Angehörigen einer Erschießungseinheit gesagt, sie sollten sich nicht bereichern und «menschlich anständig» bleiben[584].

Man braucht wohl keine Zweifel zu haben, daß die verschiedene Wirksamkeit dieser beiden Beziehungskreise im menschlichen Bewußtsein – des «öffentlichen» und des «privaten» Bereichs – bei vielen Beteiligten an der Massenvernichtung eine Bedeutung gehabt hat. Allerdings ist das im einzelnen nur schwer beweisbar. In den wenigen Fällen, in denen uns Tagebuchaufzeichnungen bekanntgeworden sind, tritt die «Spaltung» jedoch klar zutage: Vernichtungsvorgänge werden affektlos aus der Beobachterperspektive geschildert, während unvergleichlich viel belanglosere Ereignisse aus der Privatsphäre Erregung auslösen. Das Tagebuch des Auschwitzarztes Kremer, das schon an anderer Stelle erwähnt wurde, verzeichnet die unmittelbar miterlebten Massentötungen mit innerem Abstand, läßt jedoch bei Vorgängen, die in irgendeiner Weise den persönlichen Bereich berühren – z. B. Universitätsintrigen, aber auch die Beschädigung oder Zerstörung von Kunstwerken durch den Luftkrieg –, starke Emotionen erkennbar werden[585].

Die Zurückhaltung in der Bewertung der Vernichtungsvorgänge wurde noch dadurch gefördert, daß es sich um Anordnungen der Staatsführung handelte. In dieser Situation hört das Gewissen eines Teiles der Menschen offenbar zu «schlagen» auf; dies um so eher, wenn die Staatsführung in einem mystisch verehrten «Führer» bestand. Gerade von dem Prestige der Initiatoren, ihrer offiziellen Stellung, ja internationalen Anerkennung gingen anscheinend starke Entlastungswirkungen aus, namentlich für jene, die zum «autoritätsgebundenen Tätertyp» gehörten. So meinte Eichmann: «Es ist

583 PS-1919, IMT XXIX, 145.
584 SchwG Bonn 8 Ks 2/62 (Döring).
585 Auszüge z. B. bei Langbein, Wir haben es getan, S. 75 ff.

eine Regierung, die von der Mehrheit des deutschen Volkes gewählt wurde, sämtliche Kulturländer der Welt hatten ihre diplomatischen Missionen akkreditiert erhalten usw. – was soll ich als kleiner Mann mir Gedanken darüber machen? Ich bekomme den Befehl von meinem Vorgesetzten und schau nicht rechts und nicht links, denn das ist nicht meine Aufgabe.» [586] Oder, deutlicher noch: «Die Verantwortung aber, das Gewissen, muß die Staatsspitze haben.» [587] Der Prestigeaspekt tritt besonders klar in seinen Äußerungen zur Wannsee-Konferenz zutage: «Hier auf der Wannsee-Konferenz sprachen nun die Prominenten des damaligen Reiches, es befahlen die Päpste.» Die psychologische Entlastungswirkung war: «In diesem Augenblick hatte ich eine Art Pilatusscher Zufriedenheit in mir verspürt, denn ich fühlte mich bar jeder Schuld.» [588] Hannah Arendt kommentiert das nicht ohne Ironie: «Wer war er, um sich ein Urteil anzumaßen? Von solcher ‹Arroganz› war er ganz frei ... Nun, er war nicht der erste und auch nicht der letzte, der aus Bescheidenheit zu Fall kam.» [589]

Die Tatsache, daß die Initiatoren Täter mit erheblichem Sozialprestige waren, ja die Oberschicht des damaligen Staates bildeten, rechtfertigt es, ihre Verbrechen mit bestimmten schweren Wirtschaftsverbrechen von der Art der «Weiße-Kragen-Kriminalität» (white collar crimes) in einen gewissen kriminologischen Zusammenhang zu bringen, wie z. B. Peters es tut [590]. Gerade in bezug auf die gesellschaftliche Stellung der Täter sind die Parallelen unverkennbar, und man wird manche «Schwierigkeiten», die sich – hier wie dort – bei der strafrechtlichen Beurteilung von «Schreibtischtätern» ergeben, aus dieser Besonderheit herleiten müssen, die den Täter noch nachträglich in eine begünstigte Position bringt, da er seine Verbrechen nicht in einer gefühlsmäßig «tabuierten» Tatsituation beging. Auch bei der Begehung der Verbrechen selbst dürfte der gesellschaftliche Schauplatz nur allzu oft zum Alibi geworden sein. Gleichsam entschuldigend sagte Göring in Nürnberg zu dem Gerichtspsychologen Gilbert: «Wir waren nicht eine Bande Verbrecher, die sich in schwar-

586 Vernehmungsprotokolle IV, 1939.
587 Urteil Ziff. 225, bei Nellessen, a. a. O., S. 277.
588 A. a. O., Ziff. 225, bei Nellessen, S. 276.
589 Hannah Arendt, Eichmann in Jerusalem, S. 150.
590 Peters, Gedanken eines Juristen zum Eichmann-Prozeß. Eckart-Jahrbuch, S. 234.

zer Nacht in den Wäldern traf, um Massenmorde auszuhecken, wie Typen in einem Zehn-Pfennig-Roman.»[591] Dies war in der Tat nicht die Umgebung der damaligen Mordkomplotte. Die Wannsee-Konferenz etwa, auf der die Durchführung des Vernichtungsprogramms beraten wurde, schildert Eichmann als gesellschaftliches Ereignis, das in der freundlich-höflichen Atmosphäre eines Zusammentreffens hoher Staatsfunktionäre stattfand.[592]

Die kollektivpsychologische Veränderbarkeit von Wertvorstellungen, ja ihre völlige Umkehrung, zeigt sich vor allem in gesellschaftlichen Ausnahmezuständen wie Krieg und Revolution. Die Bedeutung des Krieges für Massenverfolgung und Völkermord ist jedoch allein unter dem Aspekt des subjektiven Rechtsbewußtseins nicht zu diskutieren, sondern nur zu klären, wenn man bestimmte objektive Probleme und Vorfragen in die Untersuchung mit einbezieht. Deshalb sollen die Zusammenhänge und Unterschiede zwischen Krieg und Genocid an dieser Stelle nicht näher erörtert werden, sondern einer selbständigen Darstellung vorbehalten bleiben.[593]

6. Schlußthesen

Eine kurze Zusammenfassung von Ergebnissen kann nicht im Sinne einer Darstellung sein, die sich gerade um eine Differenzierung des Bildes bemüht und die Beurteilung des Unrechtsbewußtseins, das wir hier auch unter mehr kriminologischen Aspekten untersucht haben, von formelhaften Vereinfachungen wegzuführen versucht. Dennoch sollen an dieser Stelle einige allgemeine Einsichten noch einmal in thesenhafter Form hervorgehoben werden:

1. Eine kollektive Beurteilung des Unrechtsbewußtseins totalitärer Täter – etwa in dem Sinne, daß wir heute als Verbrechen verurteilten, was damals als Unrecht nicht erkannt worden oder nicht erkennbar gewesen sei – ist nicht möglich. Aus vielen Einzelheiten ist zu entnehmen, daß es ein Unrechtsbewußtsein in seinen verschiedenen inhaltlichen Varianten auch im Bereich der totalitären Kriminalität gegeben hat. Allerdings liegt eine gewisse Komplizierung darin, daß

591 Gilbert, Nürnberger Tagebuch, S. 109.
592 Jäger, a. a. O., S. 81.
593 Siehe unten S. 327 ff.

sich in manchen Fällen nicht wirklich sagen läßt, wie der Täter sein Unrechtsbewußtsein selbst bewertete, d. h., ob die bewußte Normverletzung mehr als nur ein Verstoß gegen «Formalitäten» und das «schlechte Gewissen» etwas anderes als ein «Tabu-Rudiment»[594], ein privates «Schwächesymptom», für ihn war[595].

2. Daraus wird man schließen können, daß das Fehlen des Unrechtsbewußtseins in manchen, vielleicht sogar vielen Fällen keine epochalen, sondern individuelle Ursachen gehabt hat. Insbesondere ist die Frage des Unrechtsbewußtseins nicht einfach von der Persönlichkeitsstruktur des Täters loszulösen. Auch insofern gelangen wir also, wie schon in den bisherigen Kapiteln, zu einer gewissen Individualisierung des Problems.

3. Mit ziemlicher Eindeutigkeit ist zu erkennen, daß die Verbrechensinitiatoren selbst – d. h. die zur Spitzengruppe des Regimes gehörigen Haupttäter – den Vernichtungsbefehlen keine irgendwie rechtlich geartete, legalisierende Bedeutung beigemessen haben, sondern sich über den rechtswidrigen Charakter der von ihnen angeordneten Massenmorde völlig im klaren waren, auch wenn sie sie ideologisch für gerechtfertigt hielten. Das ist für die Beurteilung der objektiven Rechtslage insofern nicht unwichtig, als es zeigt, daß jede nur juristisch argumentierende Erörterung über die «Rechtsnatur» der Führerbefehle zu Erwägungen und Ergebnissen führt, die der geistig-politischen Situation, in der die Verbrechen begangen wurden, in keiner Weise entsprechen[596]. Es wäre jedenfalls absurd, den Vernichtungsbefehlen in der nachträglichen Diskussion eine legislatorische Intention zu unterstellen, die den Machthabern selbst, wie die historisch-politische Analyse deutlich zeigt, völlig fernlag.

594 Vgl. G. Anders, Wir Eichmann-Söhne, S. 37.
595 Im Sinne der Überlegungen von Buchheim, An. I, S. 333.
596 So auch Lewald, NJW 1964, 1658ff., 1660.

IV. Krieg und Genocid

Die Frage nach den Zusammenhängen zwischen Völkermord und Kriegsgeschehen hat in den Prozessen der vergangenen Jahre immer wieder eine Rolle gespielt; aber auch die öffentliche Beurteilung der nationalsozialistischen Verbrechen ist durch die Tatsache, daß sie größtenteils im Krieg begangen wurden, nicht unwesentlich beeinflußt worden. Das wird z. B. daran deutlich, daß der Begriff «Kriegsverbrechen» als Bezeichnung für die Einsatzgruppen- und Vernichtungslagermorde, ja im Grunde für die gesamten nationalsozialistischen Gewaltverbrechen, den Sprachgebrauch bis heute nahezu unangefochten beherrscht. Die psychologische Folge ist, daß die verbreitete Tendenz, Kriegsverbrechen nicht als Kriminalität im eigentlichen Sinne ernst zu nehmen, sondern sie als mehr oder weniger entschuldbares Ausnahmeverhalten zu betrachten, vielfach auch auf diese Taten ausgedehnt wird[1].

Aber auch die Nürnberger Tribunale wandten den Begriff des Kriegsverbrechens oft allzu unbedenklich an, ohne auf die kriminologische Besonderheit des Völkermordes – oder «Menschheitsverbrechens»[2] – in genügender Weise Rücksicht zu nehmen[3]. In späteren deutschen Gerichtsentscheidungen findet man dann allerdings gelegentlich Hinweise auf die prinzipielle Verschiedenheit von Kriegsverbrechen und Genocid, so etwa in einer sich auf Judendeportationen beziehenden Entscheidung des Bundesgerichtshofs, in der die Auffassung, es handele sich um einen «Kriegsverbrecherprozeß», ausdrücklich zurückgewiesen wird[4].

Gerade diese kriminologischen Verschiedenheiten sind es nun aber, denen sich inzwischen das Interesse in steigendem Maße zugewandt hat. So hat z. B. Karl Jaspers mehrfach auf den radikalen Unter-

[1] Zur öffentlichen Meinung: Henkys, Die nationalsozialistischen Gewaltverbrechen, S. 202 u. 216, sowie Langbein, Im Namen des deutschen Volkes, S. 22.

[2] Der Begriff ist in letzter Zeit vor allem von Karl Jaspers und Hannah Arendt verwandt worden. Siehe hierzu Anm. 5. u. 6.

[3] Zum Begriff des Kriegsverbrechens in der Nürnberger Judikatur siehe z. B. Jescheck, Die Verantwortlichkeit der Staatsorgane nach Völkerstrafrecht, S. 354 ff. Über den Begriff «Kriegsverbrechen» außerdem die völkerrechtliche Literatur: etwa Berber, Kriegsrecht, S. 240, Menzel, Völkerrecht, S. 295 ff. u. a.

[4] BGH 3 StR 701/53. In dieser Entscheidung hatte sich der BGH mit dem Argument der Verteidigung auseinanderzusetzen, einer Verurteilung des Angeklagten stehe der Rechtsgedanke der «tabula rasa» entgegen, wie er nach allen Kriegen Anerkennung gefunden habe. Die Judenverschleppungen, sagt der BGH dazu, hätten «jedoch mit dem Kriegsgeschehen als solchem nicht im Zusammenhang gestanden».

schied beider Verbrechensformen aufmerksam gemacht und das «völlig andere Prinzip» des Völkermordes betont[5]. In ganz ähnlichem Sinne hat auch Hannah Arendt auf eine Klärung der Besonderheiten des «Verbrechens an der Menschheit» gedrängt und vor seiner Gleichstellung mit Kriegsverbrechen gewarnt[6]. Dabei geht es allerdings nicht um die rechtsdogmatische Abgrenzung von Straftatbeständen, die ohnehin seit der Verlagerung der Strafverfolgung auf die deutschen Gerichte und der Ausschaltung des IMT-Statuts und des Kontrollratsgesetzes Nr. 10 mit ihrer Unterscheidung von Kriegs- und Humanitätsverbrechen ohne praktische Bedeutung wäre, sondern um das grundsätzliche kriminologische Verständnis dieser Verbrechen. Deshalb erscheint es gerechtfertigt, völkerstrafrechtliche Fragen, wie sie sich zur Zeit der Nürnberger Prozesse stellten[7], in dieser Untersuchung zu vernachlässigen und die Aufmerksamkeit ganz der kriminologischen Seite des Problems zuzuwenden.
Im einzelnen werden folgende drei Fragenkreise behandelt: Zunächst wird untersucht, ob es Anhaltspunkte dafür gibt, bei bestimmten Verbrechenskomplexen die Massenerschießung von Juden anders als rassistisch, also nicht als Teil eines planmäßigen Völkermordes, zu interpretieren, sondern einen Zusammenhang mit militärischen Interessen anzunehmen. Dann sollen einige generelle kriminologische Kriterien herausgearbeitet werden, die geeignet sind, den Unterschied zwischen Genocid und Kriegsverbrechen zu verdeutlichen. Schließlich wird nach den Einflüssen gefragt, die der Krieg auf die Massenvernichtung gehabt hat; dabei handelt es sich allerdings um ein empirisch besonders schwer faßbares Problem, bei dem wir über Einzelfeststellungen und Hypothesen kaum hinausgelangen können.

5 Interviews im «Monat» 152 (1961), S. 15 ff., und im «Spiegel» Nr. 11 (1965), S. 57
6 Eichmann in Jerusalem, S. 301 ff.
7 Zur völkerstrafrechtlichen Problematik liegen ohnehin umfangreiche Untersuchungen vor, u. a. die Anm. 3 erwähnte Arbeit von Jescheck.

1. Militärische Deutungen

Im Hinblick auf Teilbereiche des Völkermordes, vor allem die Massenerschießungen in der Sowjetunion, ist gelegentlich behauptet worden, es habe sich nicht um rassistisch-ideologische Morde, sondern um kriegsbedingte, mit dem Partisanenkampf zusammenhängende Maßnahmen gehandelt. Insbesondere Aschenauer hat davor gewarnt, «die seit Frühjahr 1941 getroffenen Maßnahmen der Staatsführung des ‹Dritten Reiches› ausschließlich unter dem rassistischen Gesichtspunkt der sogenannten Endlösung der Judenfrage zu sehen»[8]. Auch in Plädoyers von Verteidigern ist wiederholt von einer solchen Verflechtung des Terrors mit dem im Osten geführten «totalen Krieg» die Rede gewesen. Das Argument kann nicht einfach beiseite geschoben werden; man muß jedoch versuchen, es auf seine tatsächliche Bedeutung zurückzuführen. Zu diesem Zweck ist es nötig, zwischen der Durchführung des rassistischen Vernichtungsprogramms durch die eigens dafür zur Verfügung stehenden Einsatzgruppen und der allgemeinen Ideologisierung und Barbarisierung[9] des Krieges im Osten zu unterscheiden.

a) Massenvernichtung und Partisanenkampf

Im Bereich der Einsatzgruppen der Sicherheitspolizei und des SD kann der gezielt rassistische Charakter der Massenerschießungen nicht ernstlich bezweifelt werden, auch wenn zum Teil andere Personengruppen, z.B. kommunistische Funktionäre, Zigeuner, Geisteskranke, aber auch «Bandenangehörige» und «Bandenverdächtige», in die Exekutionen einbezogen wurden. Die Judenvernichtung hatte jedoch erkennbar den Vorrang. Außerdem geht aus den Tätigkeitsberichten dieser Einheiten ebenso wie aus den ihnen erteilten Befehlen eindeutig hervor, daß die Exekutionen nicht von situationsbedingten militärischen Erfordernissen abhängig waren, sondern daß

8 Aschenauer in seiner Ausarbeitung «Kriegsbefehle» (zit. KB).

9 Von einer Barbarisierung des Krieges geht auch Aschenauer, KB., aus; nur läßt er die hier vorgenommene Unterscheidung nicht gelten.

ein genereller Auftrag zur Ausrottung der jüdischen Bevölkerung bestand.
Der Bericht des Führers der Einsatzgruppe A vom Oktober 1941 spricht von den «grundsätzlichen Befehlen einer möglichst umfassenden Beseitigung der Juden». Die Sicherheitspolizei war daher «befehlsgemäß» entschlossen, «die Judenfrage mit allen Mitteln und aller Entschiedenheit zu lösen» [10]. In diesem generellen Sinne wurde der Befehl auch an die einzelnen Einsatzkommandos weitergeleitet [11]. Ein Bericht des Einsatzkommandos 3 vom 1. 12. 1941 vermerkt: «Ich kann heute feststellen, daß das Ziel, das Judenproblem für Litauen zu lösen, vom EK 3 erreicht worden ist. In Litauen gibt es keine Juden mehr, außer den Arbeitsjuden incl. ihrer Familien». Der Bericht fügt hinzu: «Diese Arbeitsjuden incl. ihrer Familien wollte ich ebenfalls umlegen, was mir jedoch scharfe Kampfansagen der Zivilverwaltung (dem [sic!] Reichskommissar) und der Wehrmacht eintrug und das Verbot auslöste: Diese Juden und ihre Familien dürfen nicht erschossen werden.» Wären diese Juden wirklich eine Gefahr für die Wehrmacht gewesen, so wären solche Interventionen unverständlich. Der Bericht spricht im übrigen ganz eindeutig von den «Judenaktionen», die das Ziel hatten, «Litauen judenfrei zu machen»; dazu war der «Entschluß» nötig, «jeden Kreis systematisch judenfrei zu machen» [12]. Von situationsbedingten Sicherungsmaßnahmen kann also nicht die Rede sein.
Auch andere Berichte gehen davon aus, daß es der Auftrag der Einsatzgruppen war, in den ihnen zugewiesenen Gebieten «die jüdische Frage zu lösen», d. h. diese Gebiete «judenfrei» zu machen. In Simferopol wurden außer der «Judenfrage» gleichzeitig auch noch die «Krimtschaken-» und die «Zigeunerfrage» «bereinigt». Die Berichte sprechen immer wieder von «systematischer Säuberungsarbeit», «restloser Beseitigung», «völliger Ausmerzung» und «allgemeiner» Vernichtung der Juden [13]. Der Führer der Einsatzgruppe D, Ohlendorf, gab später in Nürnberg zu: «Es war die Weisung erteilt, daß in dem Arbeitsraum der Einsatzgruppen im russischen Territorium die Juden zu liquidieren seien, ebenso wie die politischen Kommissare der Sowjets.» An anderer Stelle seiner Vernehmung erklärte er: «Es war

10 Dok. 180-L, IMT XXXVII, 670 ff., 687, 672 (Stahlecker-Bericht).
11 SchwG Ulm Ks 2/57
12 Fotokopie bei der ZStL.
13 Einsatzgruppen-Urteil: Text bei Kempner, SS im Kreuzverhör, S. 21 ff.

ja der Befehl, daß die jüdische Bevölkerung total ausgerottet werden sollte.» Frage: «Einschließlich der Kinder?» Antwort: «Jawohl». Frage: «Wurden alle jüdischen Kinder ermordet?» Antwort: «Jawohl» [14]. Der Höhere SS- und Polizeiführer von dem Bach-Zelewski sagte in Nürnberg ebenfalls aus, daß die Hauptaufgabe der Einsatzgruppen in der Vernichtung der Juden, Zigeuner und der politischen Kommissare bestanden habe [15]. Obwohl schriftliche Weisungen sich oft vorsichtiger ausdrückten und z.B. von der Erschießung von «Juden in Partei- und Staatsstellungen» sprachen [16], besteht doch heute, auch nach den Ergebnissen der Prozesse, kein Zweifel mehr daran, daß den Einsatzgruppen auf mündlichem Wege der Befehl zur völligen Vernichtung der jüdischen Bevölkerung erteilt worden ist [17]. Der Befehl wurde nach Ohlendorfs Aussage «zum erstenmal über Himmler, Heydrich, Streckenbach an die Einsatzgruppen gegeben und zum zweitenmal von Himmler persönlich wiederholt» [18].

Im ersten Nürnberger Prozeß ist von verschiedenen Angeklagten und Zeugen, die es eigentlich gewußt haben müssen, ein Zusammenhang zwischen Judenvernichtung und Partisanenkampf bestritten und der Anteil der Juden an den Partisanenverbänden als gering bezeichnet worden. Der Zeuge von dem Bach-Zelewski etwa, selbst als Chef der Bandenkampfverbände mit der Materie vertraut, meinte, «daß bei einzelnen Partisanengruppen entsprechend der jüdischen Bevölkerungszahl auch Juden beteiligt waren». Befragt, ob das eher eine Ausnahme gewesen sei, erklärte er: es sei bestimmt eine Ausnahme gewesen. Der Zeuge bejahte jedoch, daß der Partisanenkampf ein Vorwand für die Ausrottung der slawischen und jüdischen Bevölkerung gewesen sei [19]. In ähnlichem Sinne erklärte auch der Angeklagte Jodl: «Unter den Partisanen befanden sich so gut wie keine Juden» [20]. Ein Generalstabsoffizier, dessen Abteilung ab Spätsommer 1942 die Federführung im Bandenkampf innehatte, sagte aus: «Ich kann mich nicht entsinnen, daß in den vielen hundert Meldun-

14 IMT IV, 344 ff., 350, 374
15 IMT IV, 530
16 Vgl. An., II, S. 364
17 Krausnick, An. II, S. 365
18 IMT IV, 377
19 IMT IV, 541 f., 538
20 IMT XV, 446

gen, die ich über den Bandenkampf bekommen habe, überhaupt einmal von Juden die Rede gewesen ist. Wenn in den Banden Juden waren, kann das nur in beschränktem Umfang der Fall gewesen sein.» Frage: «Es ist hier behauptet worden, daß dieser Bandenkampf geführt worden sei zur Ausrottung der Juden?» Zeuge: «Davon ist mir nie etwas bekannt geworden»[21].

Auch der frühere SS-Brigadeführer Professor Six erklärte anläßlich des Eichmann-Prozesses bei einer amtsgerichtlichen Vernehmung: «Ich habe die jüdische Zivilbevölkerung (in den Gebieten, wo die Einsatzgruppen tätig waren) nicht als gefährlich für die Sicherheit der Truppe angesehen»[22]. Bereits ein zeitgenössischer Bericht, den ein Angehöriger einer deutschen wehrwirtschaftlichen Dienststelle in der Ukraine am 2.12.1941 an den Chef des Wehrwirtschafts- und Rüstungsamtes im OKW richtete, stellte fest: «Die Haltung der jüdischen Bevölkerung war von vornherein ängstlich-willig. Sie suchte alles zu vermeiden, um der deutschen Verwaltung zu mißfallen. Daß sie die deutsche Verwaltung und Armee im Inneren haßte, ist selbstverständlich und kann nicht wundernehmen. Es ist aber nicht beweisbar, daß die Juden geschlossen oder auch nur in größerem Umfang an Sabotageakten u.a. beteiligt waren. Sicher hat es unter ihnen – genauso wie unter den Ukrainern – einige Terroristen oder Saboteure gegeben. Daß die Juden als solche aber irgendeine Gefahr für die deutsche Wehrmacht darstellten, kann nicht behauptet werden.»[23]

Bei der Unterscheidung zwischen kriegsbedingten Exekutionen und Vernichtungsaktionen auf rassistischer Grundlage kann man auch nicht vom Vokabular des nationalsozialistischen Regimes ausgehen, ohne der damals üblichen Verschleierungssprache zum Opfer zu fallen. Entscheidend ist nicht, wie eine Vernichtungsaktion bezeichnet wurde, sondern was sie bezweckte. Die Tatsache etwa, daß die Judenvernichtung im internen Sprachgebrauch oft als «sicherheitspolizeiliche Maßnahme» bezeichnet wurde, besagt nicht, daß die Sicherheit tatsächlich durch die Juden gefährdet war.

Das soll an einem Beispiel illustriert werden. Bereits am Tage des Angriffs auf Rußland, in einem Augenblick also, als die Partisanen-

21 IMT XV, 618
22 Vgl. Kempner, SS im Kreuzverhör, S. 285
23 Zit. nach Kempner, a. a. O., S. 54, Siehe auch: An. II, S. 368

bekämpfung noch keine Rolle spielte[24], erging an das Tilsiter Einsatzkommando der mündliche Befehl, innerhalb eines etwa 25 km breiten Grenzstreifens ostwärts der damaligen Reichsgrenze «die Sonderbehandlung sämtlicher Juden einschließlich der Frauen und Kinder sowie der kommunistenverdächtigen Litauer durchzuführen.» Obwohl der rassistische Charakter dieses Befehls eindeutig war, hieß es in den späteren Ereignismeldungen: den Einsatzkommandos sei die «Genehmigung» erteilt worden, die neubesetzten Gebiete «sicherheitspolizeilich zu bearbeiten und zu säubern». Eine andere Ereignismeldung erwähnt «Säuberungsaktionen von Heckenschützen pp.»[25]. Auch der Bericht der Einsatzgruppe A (Stahlecker-Bericht) rechnet die Judenvernichtung zur «spezifisch sicherheitspolizeilichen Arbeit». Dazu gehörte z. B. die Auslösung von Pogromen durch antisemitische Kreise der einheimischen Bevölkerung. Ausdrücklich heißt es in dem Bericht: «Es war von vornherein zu erwarten, daß allein durch Pogrome das Judenproblem im Ostlande nicht gelöst werden würde. Andererseits hatte die sicherheitspolizeiliche Säuberungsarbeit (!) gemäß den grundsätzlichen Befehlen eine möglichst umfassende Beseitigung der Juden (!) zum Ziel»[26].

Eine völlig eindeutige Sprache sprechen auch die in den Berichten der Einsatzgruppen und Einsatzkommandos enthaltenen Zahlenangaben. Aus dem erwähnten Bericht der Einsatzgruppe A ergibt sich, daß in den ersten vier Monaten des Rußlandkrieges in Nordrußland und den besetzten baltischen Staaten 135 567 Personen erschossen wurden. Der Bericht unterscheidet zwischen Juden und Kommunisten. Nach seiner detaillierten Aufstellung wurden während der Berichtszeit in Litauen 80 311 Juden gegenüber 860 Kommunisten, in Lettland 30 025 Juden gegenüber 1843 Kommunisten, in Estland 474 Juden gegenüber 684 Kommunisten und in Weißrußland 7620 Juden erschossen. Die im altrussischen Raum exekutierten «Juden, Kommunisten und Partisanen» (hier werden die Partisanen also ausdrücklich aufgeführt) werden mit 2000 beziffert[27]. Die zahlenmäßige Aufschlüsselung des Berichtes ergibt, daß der Anteil der Ju-

24 Vgl. Dallin, Deutsche Herrschaft in Rußland, S. 221 f.

25 Ereignismeldungen UdSSR Nr. 11 v. 3. 7. 1941 u. Nr. 6 v. 27. 6. 1941, zit. n. SchwG Ulm Ks 2/57

26 Dok. 180-L, IMT XXXVII, 670 ff., 687

27 A. a. O.

den an der Gesamtzahl der von der Einsatzgruppe A erschossenen Menschen 97,21 % betrug[28].

Die Analyse eines Tätigkeitsberichts des Einsatzkommandos 3 über die bis zum 1. Dezember 1941 vorgenommenen Erschießungen führt zu ganz ähnlichen Ergebnissen[29]. Danach wurden von dieser Einheit in der Zeit vom 4. Juli bis zum 29. November 1941 insgesamt 133 346 Menschen erschossen[30]. Davon waren 131 385 (98,45 %) Juden. Von den erwähnten 113 Exekutionen oder Exekutionskomplexen (d. h. Exekutionen, die sich über mehrere Tage hinzogen) betrafen mindestens 72 ausschließlich Judenerschießungen. Bemerkenswert ist, daß der Anteil der Frauen und Kinder mit 67,42 % weit über dem der Männer (32,58 %) liegt; bei den Nichtjuden ist das Verhältnis umgekehrt: 85,75 % waren Männer, 14,25 % Frauen und Kinder. Die Gruppe der nichtjüdischen Opfer umfaßte 1359 «Kommunisten, Terroristen, Partisanen u. ä.» (1,02 %) – einmal wird ein Partisan erwähnt! –, 653 Geisteskranke (0,49 %) und 51 «Sonstige», nämlich «Zigeuner, Kriegsgefangene, Verbrecher pp». (0,04 %)[31].

Aus dem mehrseitigen Bericht, der hier seines Umfanges wegen im einzelnen nicht reproduziert werden kann, sollen zur Illustration jedenfalls einige Eintragungen wörtlich wiedergegeben werden. So heißt es etwa:

25. und 26. 8. 1941	Seduva	230 Juden, 275 Jüdinnen 159 Judenkinder	664
26. 8. 1941	Zarasai	767 Juden, 1113 Jüdinnen, 1 lit. Kom., 687 Judenkinder, 1 russ. Kommunistin	2569
26. 8. 1941	Pasvalys	402 Juden, 738 Jüdinnen, 209 Judenkinder	1349
26. 8. 1941	Kaisiadorys	alle Juden, Jüdinnen und Judenkinder	1911

28 Aufschlüsselung durch die ZStL.

29 Wie Anm. 12

30 Bei richtiger Addition: 133 448.

31 Zum Teil Aufschlüsselung durch die ZStL.

Bei manchen Exekutionen befanden sich unter den Opfern auch Nichtjuden. So heißt es beispielsweise:

1. 8. 1941	Ukmerge	254 Juden, 42 Jüdinnen, 2 pol. Komm., 2 lit. NKWD-Agenten, 1 Bürgermeister von Janova, der den Befehl zum Anzünden der Stadt Janova gab	300
22. 8. 1941	Dünaburg	3 russ. Komm., 5 Letten (dabei war 1 Mörder), 1 russ. Gardist, 3 Polen, 3 Zigeuner, 1 Zigeunerin, 1 Zigeunerkind, 1 Jude, 1 Jüdin, 1 Armenier, 2 Politruks (Gefängnis-Überprüfung in Dünaburg)	22
1. 9. 1941	Mariampole	1763 Juden, 1812 Jüdinnen, 1404 Judenkinder, 109 Geisteskranke, 1 deutsche Staatsangehörige, die mit einem Juden verheiratet war, 1 Russin	5090

Bei der Analyse des Berichts fällt auf, daß 1. Juden und Partisanen begrifflich eindeutig voneinander unterschieden werden, 2. bei den nichtjüdischen Opfern oft eine Begründung für die Erschießung stichworthaft hinzugefügt ist, z. B.: kommunistischer Funktionär, politischer Kommissar, NKWD-Agent, Repressalie für Sabotage-Handlung, Mörder, Verbrecher, Strafaktion, während bei den Juden fast immer eine besondere Motivierung fehlt, 3. in Einzelfällen jedoch auch bei Juden ein Erschießungsgrund angeführt wird, z. B. Verstoß gegen Ghettogesetze. «Hetz. i. A.-Lag.» (heißt wohl: Hetze im Arbeitslager), und 4. zum Teil Gründe genannt sind, die unzweifelhaft erkennen lassen, daß völlig andere Gesichtspunkte als Kriegsnotwendigkeiten eine Rolle spielten, nämlich: «Gefängnisüberprüfung»; «Umsiedler» aus Berlin, München, Frankfurt, Wien, Breslau; Kranke oder Seuchenverdächtige; «Säuberung des Ghettos von überflüssigen Juden».

Bei einzelnen ausdrücklich motivierten Erschießungen muß man davon ausgehen, daß ein äußerer Anlaß zum Vorwand einer Massenerschießung gemacht worden ist, z. B. wenn eine Erschießung von 315 Juden, 712 Jüdinnen und 818 Judenkindern am 4. Oktober 1941 in Kauen mit dem Zusatz kommentiert wird: «Strafaktion, weil im Ghetto auf einen deutschen Polizisten geschossen wurde.» Bereits die Zahl der Opfer steht in einem krassen Mißverhältnis zu dem «Strafgrund», das selbst für die damalige Situation ganz ungewöhnlich ist. So ordnete der Chef des Oberkommandos der Wehrmacht am 16. September 1941 in einer die «kommunistische Aufstandsbewegung in den besetzten Gebieten» betreffenden Weisung an, daß «als Sühne für ein deutsches Soldatenleben» im allgemeinen «die Todesstrafe für 50–100 Kommunisten als angemessen gelten» könne; die Weisung gibt zu bedenken, «daß ein Menschenleben in den betroffenen Ländern vielfach nichts gilt und eine abschreckende Wirkung nur durch ungewöhnliche Härte erreicht werden kann»[32]. Einzelberichte erwähnen gelegentlich «Sühnemaßnahmen« im Verhältnis 100 : 1, z. B. die Erschießung von 2100 Juden und Zigeunern als Vergeltung für den Tod von 21 deutschen Soldaten[33].

Daß auch dem Begriff «Partisan» gegenüber Zurückhaltung angebracht ist, zeigt ein Vermerk über Erschießungen am 2. Oktober 1941 in dem Ort Zagare. Danach wurden an diesem Tag 633 Juden, 1107 Jüdinnen und 496 Judenkinder erschossen. Der Bericht fügt jedoch hinzu: «Beim Abführen dieser Juden entstand eine Meuterei, die jedoch sofort niedergeschlagen wurde. Dabei wurden 150 Juden so-

32 Dokumentation An. II, 259 f., 260: Anordnung des OKW, gezeichnet von Keitel. Siehe auch Dallin, a. a. O., S. 87

33 Vgl. Kempner, a. a. O., S. 25

fort erschossen. 7 Partisanen wurden verletzt.» Die Hervorhebung der Partisanen läßt drei Deutungen zu: Entweder wurden bereits solche Juden, die sich nicht völlig widerstandslos zu den Erschießungsstätten führen ließen, als «Partisanen» bezeichnet, so wie der Widerstand in derartigen Situationen ja auch «Meuterei» genannt wurde; oder die Begriffe Juden und Partisanen wurden hier nahezu unterschiedslos gebraucht, so daß von Partisanen in Wahrheit nicht gesprochen werden kann, zu denen die 496 Judenkinder ohnehin wohl kaum gehört haben dürften; schließlich könnten aber auch die vielfach mit den Einsatzkommandos kollaborierenden litauischen Partisanen gemeint sein, also bei dem Aufstand verwundete Mittäter, nicht Opfer, wofür spricht, daß nur von der Verletzung der Partisanen die Rede ist.

Außerdem werden in dem Bericht vereinzelt auch aggressive Handlungen der Opfer erwähnt: eine Sabotagehandlung, Unterstützung russischer Partisanen durch die Bevölkerung, Abbrennen der Stadt Janova, Schießen auf einen deutschen Polizisten, Schießen auf deutsche Soldaten; bei den Tätern handelt es sich jedoch kaum jemals um Juden; nur in einem Fall wurde drei Juden zur Last gelegt, auf deutsche Soldaten geschossen zu haben. An einer Stelle ist von 15 Terroristen die Rede, bei denen es sich offensichtlich ebenfalls nicht um Juden handelte; in dem ganzen Bericht wird nur eine einzige Person in die Rubrik «Partisanen», eine Rubrik, die es also durchaus gab, eingereiht.

In anderen Einsatzgruppen und Einsatzkommandos war die Situation offenbar ähnlich. Einsatzgruppe C beispielsweise erschoß bis zum 3. November 1941 insgesamt etwa 75000 Juden und 5000 Nichtjuden[34].

Die jüdischen Opfer wurden in den Berichten im allgemeinen deutlich von anderen Exekutionsopfern unterschieden. So wurden von einem Zug des Sonderkommandos 4 am 4. Oktober 1941 insgesamt 752 und am 16. Oktober 1951 357 «jüdische Kriegsgefangene, darunter einige Kommissare und 78 vom Lagerarzt übergebene jüdische Verwundete» erschossen. Gleichzeitig exekutierte der Zug «24 Partisanen und Kommunisten, die vom Ortskommandanten in Borispol festgenommen worden waren». Ein Zug des Sonderkommandos 4a wurde «in Lubny tätig und exekutierte störungslos (!) 1865 Juden, Kommunisten und Partisanen und einige jüdische Flintenweiber».

34 Dok. NO-3157. Vgl. Hilberg, S. 192

Von den 186 Personen, die das Sonderkommando 4b in der Woche vom 4. bis 10. Oktober 1941 erschoß, waren «21 politische Funktionäre, 4 Saboteure und Plünderer und 161 Juden». Einsatzkommando 5 berichtete, daß innerhalb einer Woche «20 politische Funktionäre, 21 Saboteure und Plünderer und 1047 Juden erschossen worden» seien[35].

Schon aus den Dokumenten, die im Nürnberger Einsatzgruppenprozeß gegen Ohlendorf u. a. vorlagen[36], ergibt sich, daß die Opfer dieser Einheiten in ihrer weit überwiegenden Zahl Juden waren. Zum Teil läßt bereits die nähere Kennzeichnung der Opfer erkennen, daß ihre Erschießung keinen militärischen Zielen diente. Das gilt etwa für alle Fälle, in denen sich die Juden nicht in Freiheit, sondern in Ghettos und Lagern befanden. Berichte erwähnen z. B. die Erschießung von «ca. 4000 Juden des Rigaer Ghettos» oder die «Durchkämmung» eines Zivilgefangenenlagers. Zum Teil handelte es sich bei den Opfern ausgesprochen um Jugendliche, Alte, Kranke und Verletzte. In Minsk-Stadt wurden nach einem Bericht des Generalkommissars für Weißruthenien «rund 10000 Juden liquidiert», davon, wie es heißt, «6500 russische Juden – überwiegend Alte, Frauen und Kinder –, der Rest bestand aus nicht einsatzfähigen Juden, die überwiegend aus Wien, Brünn, Bremen und Berlin im November des v. Js. nach Minsk auf Befehl des Führers geschickt worden sind».

Auch sonst gehörten zu den Opfern ja zahllose Juden, die aus dem Reich stammten und überhaupt erst durch ihre Deportation nach Osteuropa gekommen waren. Daß diese Juden in den Osten geschickt worden wären, wenn sie dort eine Gefahr für die deutschen Truppen dargestellt hätten, ist ebenso unwahrscheinlich wie die Annahme, daß von «nicht einsatzfähigen» Juden eine Bedrohung für die Wehrmacht ausgegangen sein könnte.

Zum Teil werden in den Berichten auch rassistische oder «hygienische» Gründe hervorgehoben, so etwa, daß die Erschießungen «wegen Seuchengefahr» vorgenommen wurden oder daß es sich bei den Juden um «durchaus minderwertige Elemente mit vorwiegend asiatischem Einschlag» handele. Man sollte auch bedenken, auf welche Weise viele der Opfer in die Hände ihrer Henker gerieten. So heißt

35 An. II, S. 194

36 Die folgenden Details nach dem bei Kempner abgedruckten Einsatzgruppen-Urteil, S. 21 ff.

es in einer Meldung: «Die Juden der Stadt waren aufgefordert worden, sich zwecks zahlenmäßiger Erfassung und zur Unterbringung in einem Lager an bestimmter Stelle einzufinden. Es meldeten sich etwa 34000 einschließlich der Frauen und Kinder. Alle wurden, nachdem sie ihre Wertsachen und Kleidungsstücke hatten abgeben müssen, getötet, was mehrere Tage in Anspruch nahm.» In Kiew «fanden sich über 30000 Juden ein, die infolge einer überaus geschickten Organisation bis unmittelbar vor der Exekution noch an ihre Umsiedlung glaubten». Man braucht nicht davon auszugehen, daß Partisanen sich ihrem Gegner in so argloser Weise gestellt hätten. Wenn also etwas bemerkenswert ist an diesem Vorgang, so nicht, wie groß, sondern wie gering die Bedrohung war, die von den Juden ausging, obwohl sie sich doch selbst in tödlicher Gefahr befanden[37].
In anderen Fällen finden sich in den Berichten fadenscheinige Begründungen, die entweder der Tarnung oder der Selbstrechtfertigung gedient haben müssen. So war gelegentlich von «Juden und Saboteuren» die Rede. Dabei wurde der Begriff «Saboteur» jedoch oft großzügig und pauschal verwandt. Die Einsatzgruppe B etwa erwähnt den Versuch der Juden in Mogilew, «ihre Überstellung in das Ghetto zu sabotieren, indem eine allgemeine Abwanderung nach auswärts einsetzte. Das Einsatzkommando 8 riegelte daher unter Hinzuziehung der Ordnungspolizei die Ausfallstraßen ab und brachte 113 Juden zur Liquidierung». In anderen Berichten heißt es: «Vielfach wird die Erfahrung gemacht, daß die jüdischen Frauen ein besonders aufsässiges Verhalten an den Tag legen. Aus diesem Grunde mußten in Krugolje 28 und in Mogilew 337 Jüdinnen erschossen werden.» Auch wurden Juden erschossen, weil sie «frech und herausfordernd» auftraten, den deutschen Behörden gegenüber ein «feindseliges Verhalten» zutage treten ließen, ihre Arbeit «mit Widerwillen» ausführten, Flugblätter und Broschüren verteilt haben sollten, oder in dem «Verdacht» standen, «Kommunisten zu sein oder (!) Brandstiftung begangen zu haben».
Nicht zu bezweifeln ist, daß außer rassistischen Massenvernichtungen auch noch andere Exekutionen durchgeführt wurden: sie spielten jedoch, wie wir schon sahen, eine vergleichsweise geringe Rolle. Die Einsatzgruppe C erwähnte z. B. folgende Exekutionsmotive: «politische Funktionäre, Plünderer und Saboteure, aktive Kommunisten und politische Ideenträger, Juden, die unter falschen Angaben

37 A. a. O.

die Entlassung aus dem Gefangenenlager erschlichen haben, Agenten und Zuträger des NKWD, Personen, die durch Falschaussagen und Zeugenbeeinflussung maßgeblich an der Verschickung von Volksdeutschen beteiligt waren, jüdischer Sadismus und Rachgier, unerwünschte Elemente, Asoziale, Partisanen, Politruks, Pest- und Seuchengefahr, Angehörige russischer Banden, Freischärler, Versorgung russischer Banden mit Lebensmitteln, Aufrührer und Hetzer, verwahrloste Jugendliche.» Dann folgt der Zusatz: «Juden allgemein»[38]. Diese Zusammenstellung zeigt, daß die Partisanen eine kleine, von den Juden deutlich unterschiedene Einzelgruppe darstellten und die Ermordung der Juden von irgendwelchen zusätzlichen Gründen unabhängig war.

Mit Recht bezeichnet das Nürnberger Einsatzgruppenurteil die Aufführung bestimmter Einzelkategorien von Juden – z. B. Juden, die «ihre Entlassung erschlichen» hätten – als «gespenstische Verhüllung des Tatbestandes», daß Juden generell in die Vernichtung einbezogen waren. Daß im übrigen die Zahl der nichtjüdischen Opfer der Einsatzgruppe C nur einen kleinen Bruchteil der Gesamtzahl (5000 von insgesamt 80 000) darstellte, sahen wir schon.

Das für die Partisanenthese beigebrachte Material[39] krankt daran, daß es nahezu ausschließlich aus dem Bereich der Wehrmacht stammt, den speziellen Funktionskreis der nach ideologischen Prinzipien operierenden paramilitärischen Einheiten der Sicherheitspolizei und des SD dagegen weitgehend unberücksichtigt läßt. Zwischen Wehrmacht und Einsatzgruppen ist jedoch insofern ein grundsätzlicher Unterschied zu machen, als die Wehrmacht an der Judenvernichtung nur situativ, nicht aber institutionell beteiligt war.

In Ermittlungs- und Strafverfahren haben allerdings verschiedentlich Massenvernichtungen eine Rolle gespielt, an denen auch die Wehrmacht mitgewirkt hat. So wurde auf Anordnung des Oberbefehlshabers der 6. Armee, Generalfeldmarschall von Reichenau, und auf Grund von Einzelbefehlen der Generale von Puttkammer und v. Rocques im September 1941 durch die 1. SS-Brigade eine «Säuberungsaktion» durchgeführt, der angeblich 73 Freischärler, 155 Funktionäre und 1658 Juden zum Opfer fielen[40]. Nicht völlig

38 Kempner, a. a. O., S. 24

39 Aschenauer, KB.

40 Dok. NOKW-1165, OKW-Prozeß Grüne Bände XI, S. 633 f. (ZStL-Mitteilung)

geklärt ist bisher die Mitwirkung von Einheiten der 11. Armee an der Liquidierung der Juden von Simferopol[41]. Außerdem scheint der Befehl zur Erschießung von Juden der weißruthenischen Städte Sluzk und Smolewitsche von der 707. Infanteriedivision ausgegangen zu sein[42]. Schließlich soll der Feldkommandant von Glebokie die Erschießung aller Juden im Ort selbst und in seiner Umgebung befohlen haben. In einem Bericht des Generalkommissars für Weißruthenien vom 31. Juli 1942 heißt es, daß durch einen «Übergriff des rückwärtigen Heeresgebietes» die «von uns getroffenen Vorbereitungen für die Liquidierung der Juden im Gebiet Glebokie gestört worden» seien: «Das rückwärtige Heeresgebiet hat, ohne Fühlung mit mir zu nehmen, 10000 Juden liquidiert, deren systematische Ausmerzung von uns sowieso vorgesehen war.»[43]

Obwohl also auch die Wehrmacht an Massenerschießungen von Juden beteiligt war, die Mitschuld des Oberkommandos und eines Teiles der Generalität am Vernichtungsterror groß ist und auch im Militärbereich schwerste Verbrechen, die wir nun allerdings wohl meistens als echte Kriegsverbrechen zu betrachten haben, vorgekommen sind[44], kann doch der prinzipielle Unterschied, der zwischen der Wehrmacht und den Einsatzgruppen bestand, nicht übersehen werden. Er bestand darin, daß der Wehrmacht ein genereller Befehl zur Judenvernichtung nicht erteilt worden ist. Auch der in Nürnberg vernommene Zeuge von dem Bach-Zelewski machte deutliche institutionelle Unterschiede, als er sagte: für die Partisanenbekämpfung seien Formationen der Waffen-SS, der Ordnungspolizei und in erster Linie der Wehrmacht herangezogen worden, während die Aufgabe der Einsatzgruppen in der Vernichtung von Juden, Zigeunern und politischen Kommissaren bestanden habe[45]. Daß die «Partisanenbekämpfung» zum Teil auch verschleierte Judenvernichtung gewesen sein wird, steht dabei auf einem anderen Blatt.

Das Nürnberger Einsatzgruppen-Urteil hat ebenfalls auf die insti-

41 Dazu IMT IV, 352 u. XXI, 10 sowie Bd. IV, 324 der «Grünen Bände». Ermittlungsverfahren sind nach den vorliegenden Informationen noch nicht abgeschlossen. (ZStL).

42 SchwG Kassel 3a Ks/1/61 (Schw 1/61) in der Strafsache Lechthaler u. a.

43 Siehe IMT XXXII, 279. Dok. 3428-PS. Mitteilung ZStL.

44 Bemerkenswert ist, daß gerade Angeklagte aus dem Bereich der Einsatzkommandos auf diese Verbrechen hinweisen, wie mehrere mir übersandte Schriftsätze und Schriftstücke beweisen.

45 IMT IV, 530

tutionelle Verschiedenartigkeit zwischen Wehrmacht und ideologischer Vernichtungsorganisation hingewiesen und gefragt, weshalb kein Militär zu den Terroraufgaben hinzugezogen worden sei, wenn doch – nach Meinung mancher Verteidiger – «die Aufgaben bei den Einsatzgruppen streng militärisch waren». Es hat weiterhin daran erinnert, daß nur wenige Kommandoführer Soldaten waren und den meisten von ihnen eine Ausbildung für die Leitung einer militärischen Organisation fehlte. Nach den Feststellungen dieses Urteils war es offensichtlich, daß die Angehörigen der Einsatzgruppen «nicht als Feldsoldaten nach Rußland geschickt wurden, sondern als ideologische Exponenten. Im Felde waren sie ein wanderndes RSHA, eine Gestapo auf Rädern.» [46]

Aus all diesen Gründen ist es nicht möglich, Befehlsmaterial und Vorgänge aus dem Militärbereich heranzuziehen, um aus ihnen verallgemeinernde Schlüsse über die Situation während des Rußlandkrieges zu ziehen, die auch auf die Einsatzgruppen übertragen werden können.

b) Ideologisierung des Krieges

Von den Massentötungen auf ideologischer Grundlage ist eine allgemeine Ideologisierung des gegen die Sowjetunion geführten Krieges zu unterscheiden. Manche im Bereich der Wehrmacht erteilten Befehle hatten zwar die Tendenz, die Kriegführung zu verschärfen und den Krieg insgesamt zu «totalisieren», ohne jedoch gleichzeitig systematische Ausrottungsmaßnahmen anzuordnen. Vor allem das Oberkommando und die fanatischen Nationalsozialisten unter den Armeeführern versuchten, in der Truppe die Überzeugung zu stärken, daß es sich bei dem im Osten geführten Krieg um «mehr als nur einen Kampf der Waffen» handele, nämlich um die Auseinandersetzung zweier Weltanschauungen, die bis zur völligen Vernichtung des Gegners zu Ende geführt werden müsse [47]. Für die Machthaber selbst war der Krieg ohnehin nur das Mittel, ihre ideologischen Pläne zu verwirklichen; Krieg und weltanschauliche Auseinandersetzung waren für sie daher weitgehend identische Begriffe. Für

46 Zit. nach Kempner, a. a. O.
47 Hierzu Jacobsen, An. II, S. 166 f. Vgl. dazu auch Hilberg, S. 222.

Goebbels waren Krieg und Eroberung nur eine in größerem Maßstab durchgeführte, in der Dimension geänderte «Revolution», deren Grundmodell der einstmals auf Deutschland begrenzte politische Kampf um die Macht war[48]; aber auch Hitler erläuterte im März 1941 der Partei- und Wehrmachtsführung den von ihm geplanten Feldzug im Osten als eine «Revolution großen Ausmaßes»[49]. Vor allem Himmlers Begriff des «Rassenkrieges»[50] macht deutlich, daß für die nationalsozialistische Ideologie die Grenzen zwischen Krieg und Genocid fließend waren. Der Krieg war das Instrument zur Durchführung des Völkermordes.

Obwohl militärische Befehle sich verschiedentlich mit dieser offiziellen Doktrin identifizierten oder sich wenigstens der damals üblichen Terminologie anpaßten, können sie doch nicht einfach als ideologische Vernichtungsanordnungen gedeutet werden. Untersucht man den Inhalt solcher «ideologischen» Kriegsbefehle, so stellt man fest, daß in ihnen ein gewisses Grundschema immer wiederkehrt. Im allgemeinen begannen sie mit einer Art politischer Präambel, in der noch einmal ganz im Sinne des nationalsozialistischen Sprachgebrauchs die Kriegsziele dargelegt wurden. In den «Richtlinien für das Verhalten der Truppe in Rußland», die kurz vor Beginn des Unternehmens «Barbarossa» (des Angriffs auf die Sowjetunion) erlassen wurden, heißt es beispielsweise gleich zu Anfang: «Der Bolschewismus ist der Todfeind des nationalsozialistischen deutschen Volkes. Dieser zersetzenden Weltanschauung und ihren Trägern gilt Deutschlands Kampf.»[51] Verschiedentlich wurde in solche ideologischen Einleitungen die nationalsozialistische These der Identität von Bolschewismus und Judentum übernommen. So bezeichnet ein Befehl des Generalfeldmarschalls von Reichenau als «das wesentlichste Ziel des Feldzugs gegen das jüdisch-bolschewistische System ... die völlige Zerschlagung der Machtmittel und die Ausrottung des asiatischen Einflusses im europäischen Kulturkreis.» Der «geschichtliche Auftrag» bestand für Reichenau darin, «das deutsche Volk von der asiatisch-jüdischen Gefahr ein für allemal zu befreien»[52].

Mit der These von der «jüdisch-bolschewistischen Weltanschauung»[53]

48 Zit. nach An. II, S. 163
49 A. a. O., S. 166
50 Zit. nach An. I, S. 300
51 An. II, S. 223 (Dokumentation)
52 Abgedruckt bei Jacobsen, 1939–1945, S. 416 f.

war verschiedentlich die Behauptung verknüpft, daß Erhebungen im Rücken der Wehrmacht «erfahrungsgemäß stets von Juden angezettelt wurden»[54]. Das «Judentum», heißt es auch in einem Befehl Mansteins, bilde «den Mittelsmann zwischen dem Feind im Rücken und den noch kämpfenden Resten der Roten Wehrmacht und der Roten Führung». Es halte alle Schlüsselpunkte der politischen Führung und Verwaltung, des Handels und des Handwerks besetzt und bilde «die Zelle für alle Unruhen und alle möglichen Erhebungen». Deshalb müsse das «jüdisch-bolschewistische System» ein für allemal ausgerottet werden[55]. Auch der Befehl Reichenaus spricht unmißverständlich von der «erbarmungslosen Ausrottung artfremder Heimtücke und Grausamkeit» und bezeichnet sie als Maßnahme der «Sicherung des Lebens der deutschen Wehrmacht in Rußland»[56]. Bereits in Richtlinien, die vor Beginn des Rußlandfeldzuges erlassen wurden, ist die Tendenz zu erkennen, auf die «Eigenart des östlichen Gegners» hinzuweisen und es als unzweifelhaft hinzustellen, «daß er seine Waffe der Zersetzung heimtückisch und aus dem Hinterhalt» gegen die «im Kampf stehende und das Land befriedende (!) deutsche Wehrmacht» gebrauchen werde.

Ideologische Verdrehung der Wirklichkeit war also auch im Militärbereich nicht unüblich, und es mutet nicht wenig merkwürdig an, in solchen Richtlinien die vielen Vorwürfe und Klagen über die Hinterlist des künftigen Gegners formuliert zu finden, lange bevor man ihn angegriffen hatte. Auch werden oft schon die strafbaren Handlungen erwähnt, die Heeresangehörige nach Beginn des Krieges «aus Erbitterung über Greueltaten oder die Zersetzungsarbeit der Träger des jüdisch-bolschewistischen Systems» begehen würden, Verbrechen, die das Oberkommando bereits im Vorwege der kriegsgerichtlichen Verfolgung zu entziehen versuchte[57].

Die ideologische Indoktrination, die in solchen Befehlen und Richtlinien erkennbar wird, zielte offensichtlich darauf hin, die Wehrmacht von kriegsrechtlichen Hemmungen zu entbinden und ihr die Vorstellung zu suggerieren, daß der Krieg gegen die Sowjetunion

53 Befehlsentwurf des OKH über die «Behandlung feindlicher Landeseinwohner», siehe An. II, S. 208

54 Wie Anm. 52

55 Befehl Mansteins vom 20. 11. 1941. Dok. 4064-PS, IMT XXXIV, 129ff. 130

56 Wie Anm. 52

57 Wie Anm. 53

nicht in der «hergebrachten Form» und «allein nach europäischen Kriegsregeln» geführt werde[58]. Damit konnte z. B. die Aufforderung verbunden sein, den Begriff des Soldatentums nicht zu eng und unpolitisch auszulegen. So heißt es in dem zitierten Befehl Reichenaus: «Der Soldat ist im Ostraum nicht nur ein Kämpfer nach den Regeln der Kriegskunst, sondern auch Träger einer unerbittlichen völkischen Idee und der Rächer für alle Bestialitäten, die deutschem und artverwandtem Volkstum zugefügt wurden»[59]. Eine nahezu gleichlautende Passage enthält auch der Manstein-Befehl[60].

Obwohl die Mentalität, die aus diesen Befehlen spricht, sich von der offiziellen Ideologie kaum wesentlich unterschied und die Aufforderung zur Begehung oder Tolerierung von Gewaltakten unüberhörbar ist, fehlen doch konkrete Weisungen, die in ihrer Radikalität denen, die die Einsatzgruppen zu befolgen hatten, vergleichbar wären. In erster Linie sollten der Wehrmacht alle hinderlichen Bedenken in bezug auf den Partisanenkampf genommen werden, der von der Truppe, wie es in Mansteins Befehl heißt, «nicht ernst genug genommen» wurde[61]. «In diesem Kampf», so lautet auch ein Satz Keitels, «hat die Truppe das Recht und die Pflicht, jedes Mittel anzuwenden, das zum Erfolg führt, auch gegen Frauen und Kinder.» Hitler selbst war bereit, alle Gewaltmaßnahmen gegen Partisanen zu sanktionieren, auch wenn sie – wörtlich – «nicht genau den Regeln entsprechen»[62]. Als Hitler die Generalität über die geplante Behandlung der politischen Kommissare belehrte, forderte er von den militärischen Führern «das Opfer», «ihre Bedenken zu überwinden»[63]. Generalstabsoffizieren wurde bei einer Besprechung erklärt, daß im kommenden Einsatz das Rechtsempfinden hinter den Kriegsnotwendigkeiten zurücktreten müsse[64].

Es gab also zweifellos ideologisch gefärbte Befehle, die den Zweck hatten, die Truppe zu scharfem, unter Umständen auch gegen das Kriegs- und Völkerrecht verstoßendem Vorgehen zu veranlassen. Dabei wurden nicht selten, wie wir sahen, die befohlenen Rechts-

58 Wie Anm. 55
59 Wie Anm. 52
60 Wie Anm. 55
61 A. a. O.
62 Zit. n. Dallin, a. a. O., S. 223
63 An. II, S. 174
64 An. II, S. 229

brüche mit den zu erwartenden Rechtsbrüchen der Gegenseite begründet. Im «Kampf gegen den Bolschewismus», so prognostizierten die vor dem Angriff auf Rußland erlassenen «Richtlinien für die Behandlung politischer Kommissare», sei «mit einem Verhalten des Feindes nach den Grundsätzen der Menschlichkeit oder des Völkerrechts nicht zu rechnen». Insbesondere sei «von den politischen Kommissaren aller Art als den eigentlichen Trägern des Widerstandes eine haßerfüllte, grausame und unmenschliche Behandlung unserer Gefangenen zu erwarten». Die Truppe müsse sich deshalb bewußt sein, daß «Schonung und völkerrechtliche Rücksichtsnahme diesen Elementen gegenüber falsch» sei. Gegen solche «Urheber barbarisch asiatischer Kampfmethoden» müsse daher «sofort und ohne weiteres mit aller Schärfe vorgegangen werden»[65].

Andere Befehle hatten den Zweck, die Wehrmacht zu einer Verschärfung des «Kampfes hinter der Front» zu veranlassen. Der Erlaß über die Ausübung der Kriegsgerichtsbarkeit im Gebiet «Barbarossa» ordnete z. B. an, Freischärler «im Kampf oder auf der Flucht schonungslos zu erledigen» und Angriffe feindlicher Zivilpersonen «auf der Stelle mit den äußersten Mitteln bis zur Vernichtung des Angreifers niederzumachen»[66]. Gelegentlich ist auch von Juden die Rede. Die «Richtlinien für das Verhalten der Truppe in Rußland» verlangten «rücksichtsloses und energisches Durchgreifen gegen bolschewistische Hetzer, Freischärler, Saboteure, Juden und restlose Beseitigung jeden aktiven und passiven Widerstandes». Obwohl damit rechtswidrige Maßnahmen gegen die Juden gedeckt waren, wird man die Anordnung doch nicht als generellen Vernichtungsbefehl deuten dürfen, eher schon als Aufforderung, Juden bereits bei geringsten Anlässen des Widerstandes zu verdächtigen und Begriffe wie Hetzer, Freischärler oder Saboteur auf sie möglichst großzügig anzuwenden[67]. Zum Teil waren solche Anordnungen auch mit verklausulierten, jedoch unmißverständlichen Zusätzen versehen, z. B. dem «Verbot, verdächtige Täter zu verwahren»[68], oder der mißbilligenden Bemerkung, daß immer noch «halb uniformierte oder in Zivil gekleidete Heckenschützen und Herumtreiber wie anständige Soldaten behandelt und in die Gefangenenlager abgeführt»

65 An. II, S. 225
66 An. II, S. 216
67 An. II, S. 223
68 An. II, S. 216

würden[69]. Auch menschliches Verhalten gegenüber Landeseinwohnern und Kriegsgefangenen, z.B. ihre Verpflegung aus Truppenbeständen, sollte unterbunden werden[70].

Eine engere Beziehung zu den Massenvernichtungen hatten die Befehle dort, wo sie dem Soldaten «volles Verständnis» für die «Notwendigkeit der harten, aber gerechten Sühne am jüdischen Untermenschentum» abverlangten[71]. Die Befehle hatten hier allerdings wohl nicht die Aufgabe, Verbrechen auszulösen, sondern sie sollten die Tätigkeit der Einsatzgruppen, die der Wehrmacht schließlich nicht verborgen blieb, rechtfertigen, zumal bei manchen Wehrmachtsdienststellen «kein restloses Verständnis» für die «Judenfrage» anzutreffen war[72]. Außerdem kam es verschiedentlich zu einer engeren Berührung beider Bereiche, die schon darauf zurückzuführen war, daß die Einsatzkommandos ihre Mordaktionen im rückwärtigen Heeresgebiet durchführten und sie den Armeen hinsichtlich Marsch, Versorgung und Unterbringung unterstellt waren, auch wenn sie «ihre Aufgaben in eigener Verantwortlichkeit» durchführten[73]. Der Bericht der Einsatzgruppe A bezeichnete die Zusammenarbeit sogar als «im allgemeinen gut», in Einzelfällen sogar «sehr eng, ja fast herzlich»[74]. Auch gab es eine partielle Kooperation im Hinblick auf die Vernichtungsaufgaben, so insbesondere, wenn die Einsatzkommandos der Wehrmacht dabei behilflich waren, «sich umgehend von allen denjenigen Elementen unter den Kr.Gef. (Kriegsgefangenen)» zu «befreien», die als «bolschewistische Triebkräfte» anzusehen waren[75]. Außerdem kehrt in manchen Kriegsbefehlen die Aufforderung wieder, bei Angriffen auf die Truppe von «kollektiven Gewaltmaßnahmen» Gebrauch zu machen[76] und diese in möglichst abschreckender Form durchzuführen[77]. Solche «drakonischen Maßnahmen» sollten auf ganze Ortschaften[78] oder jedenfalls auf die männliche Bevölkerung ausgedehnt werden, «die in der Lage gewesen wäre,

69 Wie Anm. 52
70 A. a. O.
71 Siehe den Reichenau- und den Manstein-Befehl: Anm. 52 u. 55
72 Ereignismeldung UdSSR Nr. 128, NO-3157
73 An. II, S. 202
74 Wie Anm. 10 (Stahlecker-Bericht), S. 671
75 Einsatzbefehl Nr. 8 des Chefs der Sicherheitspolizei und des SD: An. II, S. 242
76 An. II, S. 209 u. 216
77 An. II, S. 260 sowie Dallin, a. a. O., S. 87
78 An. II, S. 209 u. 216

Anschläge zu verhindern oder zu melden»[79]. Daß sich solche «Vergeltungsmaßnahmen» stellenweise vor allem gegen Juden richteten, ist anzunehmen[80].

Die Befehle förderten verschiedentlich bewußt die Begehung spontaner Kriegsverbrechen, indem sie für solche Taten den Verfolgungszwang ausschlossen[81]. So wurde z.B. angeordnet, daß kein Verfolgungszwang bestehen solle für «Handlungen, die Angehörige der Wehrmacht und des Gefolges gegen feindliche Zivilpersonen begehen», und zwar «auch dann nicht, wenn die Tat zugleich ein militärisches Verbrechen oder Vergehen ist». Bemerkenswert ist der Zusatz: «Bei der Beurteilung solcher Taten ist in jeder Verfahrenslage zu berücksichtigen, daß der Zusammenbruch im Jahre 1918, die spätere Leidenszeit des deutschen Volkes und der Kampf gegen den Nationalsozialismus mit den zahllosen Blutopfern der Bewegung entscheidend auf bolschewistischen Einfluß zurückzuführen war (sic!) und daß kein Deutscher dies vergessen hat.» Eine Strafverfolgung sollte nur ausnahmsweise durchgeführt werden, insbesondere dann, wenn es aus Gründen der Disziplin oder der Sicherheit erforderlich war[82].

In manchen Anordnungen wurde zwar in scharfem Ton «rücksichtsloses und energisches Durchgreifen» gegen Juden gefordert; die konkrete Weisung bestand dann jedoch nur in dem Verbot, mit der jüdischen Zivilbevölkerung zusammenzuarbeiten, einzelne Juden zu irgendwelchen bevorzugten Hilfsdiensten für die Wehrmacht heranzuziehen oder ihnen Ausweise auszustellen, die ihnen ihre Verwendung für Zwecke der Wehrmacht bestätigten[83].

Verbrecherische Ziele des Oberkommandos sind vor allem in bezug auf die «Behandlung» von Kriegsgefangenen und politischen Kommissaren zu erkennen. Allerdings scheint «diese Art der revolutionären, traditionswidrigen Kriegsführung» im ganzen gesehen wenig Beifall im Heer gefunden zu haben und der Kommissarbefehl vielfach restriktiv ausgelegt oder umgangen worden zu sein[84]. Auch die

79 Wie Anm. 52
80 Vgl. dazu Aschenauer, KB.
81 An. II, S. 209 (wie Anm. 53)
82 Erlaß über die Ausübung der Kriegsgerichtsbarkeit im Gebiet «Barbarossa» und über besondere Maßnahmen der Truppe. An. II, S. 216 ff., 217
83 Anordnung des OKW, Dok. 878 - PS. An. II, S. 250
84 Jacobsen, An. II, S. 185

ideologische Haltung, wie wir sie etwa in dem Befehl Reichenaus angetroffen haben, war im Heer, wenn wir der Darstellung Dallins folgen können, «eher eine Ausnahme als die Regel»[85].

c) *Folgerungen*

Der kriminologische Sinn einer solchen Gegenüberstellung von ideologischer Massenvernichtung und ideologisierter Kriegführung kann nur sein, deutlich zu machen, daß eine Überschneidung beider Bereiche, die den Charakter der Verbrechen für den einzelnen Beteiligten verdunkelt haben könnte, in größerem Ausmaß nur in der Wehrmacht möglich war. Hier ist unter Umständen denkbar, daß ideologisch bedingter Terror durch pseudomilitärische Befehle verschleiert und das militärische Befehlsgefüge außermilitärischen, ideologischen Zwecken dienstbar gemacht wurde[86]. Für den Bereich der Einsatzgruppen dagegen ist eine solche Deutung unrealistisch. Dabei können Ausnahmesituationen natürlich nicht ausgeschlossen werden, und Aschenauers Hinweis, daß zwischen Sicherheitsmaßnahmen und Vernichtungsaktionen auf rassistischer Grundlage unterschieden werden müsse, verdient jedenfalls insofern Berücksichtigung, als nicht unbedingt jede einzelne Judenerschießung mit dem generellen Mordbefehl im Zusammenhang gestanden haben muß. An der grundsätzlichen Tatsache, daß die Einsatzgruppen das Instrument eines planmäßigen Rassenmordes waren, ändert das jedoch nichts.

85 Dallin, a. a. O., S. 83

86 Im Sinne der Formulierungen Buchheims, An. I, S. 274 f.

2. Grundsätzliche Unterschiede

Nachdem wir zunächst zu der Spezialfrage Stellung genommen haben, ob es bestimmte Teilbereiche des Massenmordes an Juden gab, auf die eine rassistische Deutung und damit der Begriff Genocid nicht zutrifft, soll nun versucht werden, einige allgemeinere kriminologische Kriterien des Völkermordes herauszuarbeiten, die ihn von Kriegshandlungen und Kriegsverbrechen unterscheiden.

a) Verfolgungszusammenhang

Eine zutreffende Deutung des Völker- und Gruppenmordes ist überhaupt nur möglich, wenn man in ihm kein isoliertes, aus umfassenderen historischen Zusammenhängen herauslösbares Ereignis sieht, sondern die Endstufe eines kollektiven Aggressionsprozesses, der durch die Stationen Entrechtung – Verfolgung – Vernichtung gekennzeichnet ist. Dabei sind Auslösung und Verlauf dieses Prozesses an sich vom Bestehen eines Krieges unabhängig, auch wenn die Koinzidenz mit kriegerischen Auseinandersetzungen für ihn förderlich sein und ihn beschleunigen, eine Situation äußeren Friedens dagegen die Erreichung seines allerletzten Stadiums verhindern kann. Jedenfalls ist die Ausgangslage des Völkermordes nicht der militärische, sondern der innergesellschaftliche Konflikt, der auch mit völlig anderen Symptomen einsetzt: vor allem mit der Entrechtung einer Gruppe oder Minorität, verbunden mit kleineren, lokalisierten Aggressionsausbrüchen vom Typ des Einzel- oder Bandenverbrechens und Pogroms. Genocid ist also in seinen Anfängen durch eine pathologische Veränderung des Rechtszustandes in der Gesellschaft gekennzeichnet, durch die eine auf Totalvernichtung hinzielende Entwicklung überhaupt erst möglich wird.
Die Geschichte der Verfolgungen läßt erkennen, daß der Prozeß der Rechtszerstörung glücklicherweise nicht immer, sondern nur ausnahmsweise in den Massenmord einmündet und in vielen Fällen – nicht selten unter dem «Druck des Friedens», der zur Rücksichtnahme zwingt und das soziale und rechtliche Gefüge am völligen Zusammenbrechen hindert – im Stadium der Entrechtung und Un-

terdrückung stehen bleibt. So erleben wir auch heute überall dort, wo Rassen- und Gruppenkonflikte bestehen, die sich auf den Rechtsstatus eines Bevölkerungsteils auswirken, potentielle Genocide, die nicht zum Ausbruch kommen, deren aggressive Dynamik jedoch unter der Oberfläche fortschwelt und sich in kleineren Gewaltakten entlädt.

Bei der nationalsozialistischen Judenausrottung ist jedoch der progrediente, stufenförmig sich steigernde Charakter der Verfolgung mit fast gesetzmäßig zu nennender Konsequenz zutage getreten: einsetzend mit Entrechtung und spontanen Einzelverbrechen, durchlief der Prozeß Übergangsphasen der Zwangsaussiedlung, der terroristischen Utopie (Madagaskarplan), der territorialen Konzentrierung und Ghettoisierung, bis schließlich nach solchen vorläufigen «Lösungen» der Weg für eine «Endlösung» als «letzte Verfolgungstat» [87] frei war.

Diesen Vorgang kann man nur in seiner Kontinuität und Gesamtheit betrachten, wenn man nicht zu falschen Bewertungen gelangen will. Das Leben der Juden in Deutschland war durch das totalitäre Regime längst verneint und durch zunehmende Diffamierung und Entwürdigung untergraben, bevor von Völkermord im wörtlichen und eigentlichen Sinne die Rede war: die Massentötung stellte nur noch die Organisation und Ausführung dessen dar, was in der Staatswirklichkeit systematisch vorbereitet und im Geiste schon vollendet war, als die Bande der menschlichen Solidarität rissen und das wahnhafte Bild des Juden als eines parasitären Untermenschen und Volksschädlings etabliert war. Ist eine Minorität erst dem Ungeziefer gleichgestellt, so ist der Schritt zum «Ausrottungs»-Vorsatz nicht mehr allzu groß. Den Opfern waren Menschenwürde und Leben abgesprochen, lange bevor sich ihnen die Gaskammern öffneten: ein jahrelanger Entwicklungsprozeß brauchte nur noch bis zu seiner letzten Konsequenz vorangetrieben zu werden.

b) Innergesellschaftliche Gruppenspannung

Diese Eingliederung des Völkermordes in einen umfassenden, schon frühzeitig einsetzenden Zustand der Verfolgung, mit dem er grund-

87 Adler, Die Erfahrung der Ohnmacht, S. 207

sätzliche Aggressionsrichtung und Motivhintergrund gemeinsam hat, macht es schwer, wenn nicht unmöglich, ihn zum Kriegsgeschehen in eine mehr als nur äußerliche, allenfalls noch kollektivpsychologische Beziehung zu setzen. Beide, Krieg und Genocid, gehören ganz verschiedenen Konfliktbereichen und kollektiven Kausalzusammenhängen an: der Krieg ist ein äußerer, internationaler Konflikt; Verfolgung und Genocid dagegen haben, wie gerade an ihren Anfangsstadien abzulesen ist, in innerstaatlichen Gruppenspannungen und «innergesellschaftlicher Feindseligkeit» [88] ihren Ausgangspunkt, wie sie auch mit bestimmten sozialpathologischen Erscheinungen, z. B. Massenwahn und aggressiven Vorurteilen, verbunden sind [89].

An dieser Konstellation ändert sich, jedenfalls prinzipiell, auch dadurch nichts, daß mit einem gleichzeitigen Expansionskrieg eine Ausweitung des Herrschaftsbereichs und damit des Terrors einhergehen kann, durch die auch Angehörige fremder Staaten – und diese sogar in erster Linie [90] – in die Vernichtung einbezogen werden. Trotzdem bleibt die grundsätzliche, d. h. rassistische, religiöse oder ethnische «Frontenstellung» die gleiche und der Angehörige der verfolgten Gruppe, auch wenn er fremder Nationalität ist, primär der «innere Feind» und «Sozialschädling», der unter ganz anderen Gesichtspunkten als dem der Kriegsnotwendigkeit und militärischen Gegnerschaft «bekämpft» wird.

Diese Situation scheint auch der Bewußtseinslage vieler nationalsozialistischer Täter entsprochen zu haben, auch wenn sie durch Krieg und Indoktrinaton einiges an Deutlichkeit eingebüßt hat. Immerhin kannten die Funktionäre das «Judenproblem» aus der Kampf- und Vorkriegszeit; es stellte sich ihnen nicht erst in dem Augenblick, als der Krieg ausbrach. Auch Höß bezeichnet es in seinen Memoiren als die damals offiziell propagierte Auffassung, daß die SS den Staat «vor allem im Inneren vor jeder Gefahr zu schützen» habe, auch wenn der ideologische Versuch gemacht wurde, «die Vernichtung des Staatsfeindes im Innern» mit der «Vernichtung des Feindes draußen

88 Über Vorurteile als Ausdrucksform der Aggressivität und ihren Bezug zur «innergesellschaftlichen Feindseligkeit» siehe Heintz, Soziale Vorurteile, S. 83.

89 Vgl. den in der Bibliographie angeführten Band «Vorurteile« sowie Heintz a. a. O.

90 Nach Ormond, Frankfurter Hefte 12 (1965), S. 827 ff., 832, waren 95 % der in Auschwitz ermordeten Menschen Nichtdeutsche. Broszat, An. II, S. 98, erwähnt, daß sich bei Kriegsende nur noch eine Minderheit von 5–10 % deutscher Häftlinge in den Lagern befand.

an der Front» in eine «kriegsethische» Parallele zu setzen[91]. Obwohl der Begriff «Staatsfeind» oder «Reichsfeind», den auch Eichmann gebrauchte[92], bewußt vage und vieldeutig gefaßt war, um den politischen Gegner mit einbeziehen zu können, läßt doch der konkrete Inhalt, den man ihm gab, keinen Zweifel daran zu, daß ein «innerer», wenn auch angeblich durch «äußere Mächte» («Weltjudentum», «Bolschewismus», Freimaurer) unterstützter Feind gemeint war. Das wird schon an der Organisation der Gegnerbekämpfung, etwa der Struktur des RSHA, deutlich, bei der Sekten, Kirchen, Freimaurerei und Juden auf eine Ebene gestellt wurden[93].

c) Euthanasieparallele

Es trägt nicht wenig zur Verdeutlichung dieser völlig andersartigen «Frontenstellung» der Verfolgung und damit des Genocids bei, wenn man sich die Zusammenhänge ins Bewußtsein ruft, die zwischen Judenvernichtung und «Euthanasie» bestanden. Zwar war die «Euthanasie» nicht Genocid im strengen Sinne des Wortes und des strafrechtlichen Tatbestandes; sie stand zur «Endlösung der Judenfrage» jedoch in einer engen äußeren und und inneren Beziehung.

Beide, Euthanasie und Endlösung, entsprangen derselben rasseideologischen Konzeption einer Ausrottung «minderwertiger» Bevölkerungsteile; ja in die Vernichtung «lebensunwerten» Lebens waren bereits Fälle einbezogen, die man nur als Tötungen aus «politischer» oder «rassischer» Indikation bezeichnen kann.

So fand man, um nur ein Beispiel zu erwähnen, bei einem Euthanasiearzt Lichtbilder von Häftlingen, denen das Regime den «Gnadentod gewährt» hatte. Auf der Rückseite dieser Bilder war jeweils die «Diagnose» vermerkt, die zur Tötung des Häftlings geführt hatte; sie enthielt z. B. Vermerke wie: «Schrieb fortgesetzt deutschfeindliche Hetzartikel über die kirchenpolitische Lage in Deutschland»; «Schwerer Deutschenhasser, Hetzer»; «Krankenschwester. Fortgesetzte Rassenschande. Tarnte ihre jüdische Abstammung durch

91 Höß, Autobiographie, S. 71 und 74
92 Etwa in den Sassen-Protokollen
93 Zum Aufbau des RSHA Hilberg, S. 184 f.

Katholizismus» u. a.[94]. Auch im Bereich der Einsatzgruppen bestand insofern ein gewisser Zusammenhang, als manche dieser Einheiten die Liquidierung von «Juden und Geisteskranken» durchführten; zur Vernichtung «lebensunwerten» Lebens gehörte also, selbst wenn in solchen Fällen keine äußere Verknüpfung mit der «Gnadentod-Aktion» bestanden haben dürfte, auch die «Euthanasie durch Erschießen», die bis in die Endphase des Krieges hinein in manchen Krankenanstalten vorkam[95].

Ebenfalls in den Lagern verwischten sich oft die Unterschiede zwischen Kranken- und Judenvernichtung. Die Arbeitsfähigkeit wurde zum Kriterium der Selektion, die Seuchengefahr zum Tötungsgrund. Im konkreten Fall konnte also die Tötung eines Häftlings in erster Linie Kranken- und erst in zweiter Judenmord sein. Einen Grenzbereich stellte auch die sogenannte «Aktion 14 f 13» dar, die sich zunächst nur auf geisteskranke Häftlinge bezog, später jedoch auf kranke Häftlinge ausgedehnt wurde, deren Arbeitsfähigkeit nicht innerhalb von vier bis sechs Wochen wiederhergestellt war[96].

Auch äußerlich bestanden Zusammenhänge: organisatorisch, da die Krankenvernichtung in mancher Beziehung die «Generalprobe» für die Endlösung war, und personell, weil ein Teil der Täter, die bereits in den Krankenanstalten «Erfahrungen» gesammelt hatten, in die später geschaffenen Vernichtungslager in Polen – Treblinka, Belzec, Sobibor – übernommen wurde[97].

Würde man also die Judenvernichtung als Teil des Kriegsgeschehens oder gar als «Krieg gegen die Juden» ansehen, so wäre der Weg nicht mehr weit bis zur Annahme, daß sich das nationalsozialistische Deutschland auch mit den Geisteskranken im Kriegszustand befunden hätte; ein Vergleich, der, so makaber er ist und so zugespitzt er auf den ersten Blick hin erscheinen mag, doch wegen der Verflechtung von Euthanasie und Endlösung einen durchaus realen Hintergrund hat. Außerdem sind nur solche drastischen Vergleiche imstande, die Assoziation, die in der Vorstellung weiter Kreise zwischen

94 Nach Langbein, Wir haben es getan, S. 33 f.

95 Siehe z. B. den in Kap. I, Anm. 66, erwähnten Tatkomplex.

96 Feststellungen in der Strafsache Kremer: SchwG Münster 6 Ks 2/60. Zur Aktion 14 f 13 und zu den Überschneidungen zwischen Kranken- und Judenvernichtung siehe z. B. Henkys, a. a. O., S. 65.

97 Vgl. z. B. Henkys, a. a. O., S. 103. Die personellen Zusammenhänge sind in verschiedenen Verfahren, z. B. dem Düsseldorfer Treblinka-Prozeß, deutlich zutage getreten.

Krieg und Genocid besteht, zu lockern und die Meinung, es habe sich um «Kriegsverbrechen» gehandelt, zu korrigieren. Auch Adolf Arndt wies in einer Bundestagsrede mit Hilfe solcher Sachzusammenhänge die Interpretation des ideologischen Massenmordes als eines «Kriegsverbrechens» zurück, indem er sagte, wir hätten ja schließlich auch keinen Krieg gegen die Katholische Aktion, die Bekennende Kirche, die Schwachsinnigen, die Bettnässer und die Geisteskranken geführt – ebensowenig wie gegen jüdische Frauen, Schwangere, Kinder, Säuglinge, Greise und Männer: «Das hat mit Krieg gar nichts zu tun, das war eine eiskalte, unter Einsatz der ganzen Staatsmaschinerie geplante, überlegte Mordaktion»[98].

d) Zeitlicher Aspekt

Daß im übrigen der Kriegsausbruch, auch wenn er für die Durchführung des Vernichtungsprogramms weitreichende Konsequenzen hatte, den Terror nicht auslöste, sondern nur verschärfte, der Beginn des Zweiten Weltkriegs also nicht auch Beginn des Angriffs auf die Juden war, wird schon daran deutlich, daß manche der antisemitischen Gewaltverbrechen bereits vor diesem Zeitpunkt verübt wurden, ohne daß man sagen könnte, daß sie sich von den späteren Taten qualitativ unterschieden. In manchen Fällen, in denen Angeklagte wegen ganzer Serien von Mord- und Gewalttaten in Konzentrationslagern verurteilt wurden, fielen einige der Verbrechen bereits in die Vorkriegszeit[99]. Das Stadium des generellen Vernichtungsplanes, der Endlösung, wurde allerdings erst im Kriege kurz vor dem Überfall auf die Sowjetunion erreicht.

Immerhin scheint die Zahl der vor dem Krieg ums Leben gekommenen Häftlinge erheblich gewesen zu sein, auch wenn sie mit den späteren Zahlen nicht vergleichbar ist. Kogon schätzt sie bis zum Jahre 1937 auf etwa 40000, bis 1939 auf etwa 140000[100]. Dabei möge uns hier weniger die quantitative als die qualitative Seite

98 170. Sitzung (Verjährungsdebatte) des 4. Bundestages vom 10. 3. 1965, zit. nach: Das Parlament Nr. 11 v. 17. 3. 1965, S. 8

99 Siehe z. B. Fall Sorge: KZ-Verbrechen, S. 346 ff., 351 (Taten ab 1935) oder Fall Seuß, SchwG München II, 2 Ks 2/60 (Tat 1937)

100 SS-Staat, S. 158; erwähnt auch bei Henkys, a. a. O., S. 37

interessieren; denn man muß sich fragen, worin eigentlich der Unterschied der Novemberpogrome des Jahres 1938 und der späteren Verbrechen – abgesehen von Ausmaß und Systematik – bestanden haben könnte. Im einen Fall von Mord im üblichen Sinne, im anderen von Kriegsverbrechen zu sprechen, wäre absolut willkürlich. Auch daß 1938 noch «Frieden mit den Juden» herrschte, während 1939 der «Krieg» mit ihnen begann, wird man kaum ernstlich behaupten können. Der «Krieg gegen die Juden» war längst vor dem 1. September 1939 eröffnet, und die gelegentlich zitierte «Kriegserklärung» Chaim Weizmanns 1939 auf dem Zionistenkongreß, daß der Krieg der westlichen Demokratien der Krieg des jüdischen Volkes sei[101], war schließlich nichts anderes als die Antwort auf den antijüdischen Terror, der im nationalsozialistischen Deutschland schon jahrelang bestand[102].

Alle Anzeichen sprechen im übrigen dafür, daß im Falle eines Sieges des nationalsozialistischen Systems die Massenmorde in noch größerem Stil fortgesetzt worden wären, der Völkermord also in die «Nachkriegspolitik» übernommen worden wäre.

Gedanken dieser Art sind damals vor allem von Frank ausgesprochen worden. Die Praktiken der «AB-Aktion» gegen die polnische Intelligenzschicht sollten z. B. nach dem Kriege beibehalten werden: «Ich mache ausdrücklich darauf aufmerksam», erklärte er auf einer Sitzung am 30. Mai 1940, «daß sich an dieser Behandlung nichts ändern wird durch einen allenfallsigen (sic!) Friedensschluß. Dieser würde nur bedeuten, daß wir dann als Weltmacht noch viel intensiver als bisher unsere allgemeinen politischen Aktionen durchführen würden, es würde bedeuten, daß wir in noch großzügigerem Maße zu kolonisieren haben, aber ändern würde er an dem Prinzip nichts.»[103] Und etwa zwei Jahre später: «Der Führer weiß, daß erst nach dem Kriege die Möglichkeiten bestehen werden, die Siedlungsfrage in ganz großem Umfange zu klären.»[104] Berücksichtigt man,

101 Vgl. Nellessen, S. 270

102 Vgl. dazu auch Hannah Arendt, Eichmann in Jerusalem, S. 158, die es im übrigen, im Anschluß an den israelischen Anklagevertreter im Eichmann-Prozeß, Hausner, gerade als das Unglück der Juden bezeichnet, daß sie vom nationalsozialistischen Regime nicht als kriegführende Nation anerkannt wurden, «denn dann hätte man sie in Kriegsgefangenenlager und in Internierungslager für Zivilisten gesteckt, wo die Chancen zum Überleben vergleichsweise groß waren».

103 Zit. nach Langbein, Wir haben es getan, S. 115

104 A. a. O., S. 118

wie eng Siedlung, Umsiedlung, Eroberung, Großraumplanung und rassenpolitische Ausrottung miteinander verbunden waren, so kann an dem Sinn dieser Worte wohl kein Zweifel bestehen, zumal Frank 1944 – wesentlich drastischer – meinte: «Wenn wir den Krieg einmal gewonnen haben, dann kann meinetwegen aus den Polen und aus den Ukrainern und dem, was sich hier herumtreibt, Hackfleisch gemacht werden, es kann gemacht werden, was will.»[105] Es ist daher keine allzu waghalsige Prognose, wenn Hannah Arendt in einem im «Merkur» veröffentlichten Briefwechsel mit Enzensberger schreibt, daß Auschwitz «der Beginn einer Entvölkerungspolitik» war, «die nur durch die Niederlage Deutschlands aufgehalten wurde; Hitler hätte, wie wir wissen, auch im Frieden weiter ‹ausgemerzt›».[106]

e) Intention

Entscheidend für die Kennzeichnung des Genocids ist vor allem die Intention, die hinter dem Terror stand, oder – wie Jaspers es ausdrückt – das «Prinzip»[107]. Selbst schwersten Kriegsverbrechen ist, auch wenn sie zur Vernichtung großer Menschenmassen führen, die Absicht der Niederringung des militärischen Gegners eigen[108]; mindestens handelt es sich um situative Gewaltausbrüche, für die das Kriegsgeschehen oder die Feindschaft gegenüber dem Kriegsgegner ursächlich ist. Damit ist über ihren Unrechtsgehalt nicht das geringste gesagt; nur fügt es sie in einem völlig anderen Zusammenhang ein.

Die «Endlösung» hatte mit dieser Motivlage nichts zu tun. Sie verfolgte das Ziel, ein Volk – wie es Himmler ausdrückte – «von der Erde verschwinden zu lassen»[109], nicht weil damit ein Kriegsziel erreicht oder ein militärischer Konflikt beendet worden wäre, son-

105 A. a. O., S. 124
106 Merkur Nr. 205, S. 385; ähnlich: Eichmann in Jerusalem, S. 305
107 Interviews in «Monat» und «Spiegel»; vgl. Anm. 5
108 Ähnlich Karl Barth in einer 1945 erschienenen Schrift (s. Bibliographie) unter Hinweis auf den Gesichtspunkt der kriegsnotwendigen Brechung des Angriffs und Widerstandes eines total kriegsmobilisierten Volkes (S. 49 f.).
109 Zit. nach An. II, S. 447

dern weil das Regime es notwendig fand, «all diese negativen Geschöpfe aus dem deutschen Volk auszumerzen»[110]. Völkermord ist also, wie Jaspers es formuliert, der «Vollzug eines Urteils über eine andere Menschengruppe, über ein Volk, das nicht auf der Erde leben soll». Die totalitäre Herrschaft schließt den Anspruch ein, «darüber zu entscheiden, welche Menschengruppen und Völker auf Erden leben dürfen oder nicht, und diesen Anspruch durch die Tat der Ausrottung durchzuführen»[111].

Der Vernichtung lag demnach kein militärisches, sondern ein «rassehygienisches» Motiv zugrunde: sie war «Schädlingsbekämpfung» und «soziale Desinfektion» (Buchheim)[112]. Sie ist daher viel prägnanter und treffender charakterisiert, wenn man sie begrifflich mit dem Kriegsgeschehen überhaupt nicht erst in Verbindung bringt, sondern – wie Hannah Arendt es tut – als (verbrecherische) «Bevölkerungspolitik» bezeichnet, «die systematisch oder fabrikmäßig darangeht, die ‹lebensuntauglichen und minderwertigen Rassen und Individuen› ... zu vernichten»[113].

Dieser spezifisch totalitäre Aspekt der «negativen Bevölkerungspolitik»[114] oder «Entvölkerungspolitik»[115] gerät, sobald man von «Kriegsverbrechen» spricht, völlig in den Hintergrund; dabei ist gerade dies die Kategorie, von der aus die nationalsozialistischen Machthaber ihre Taten selbst gesehen haben. Bezeichnend ist insofern der Zusammenhang, der zwischen Massenvernichtung und Massensterilisation bestand; er tritt auch in dem schon ausführlicher erwähnten Bericht des Einsatzkommandos 3 zutage, dessen Führer nach Abschluß der «Judenaktionen» in Litauen als nächste Maßnahme die Sterilisation der von den Erschießungen zunächst noch ausgenommenen «männlichen Arbeitsjuden» empfahl, «um eine Fortpflanzung zu verhindern». Andererseits sollten die weiblichen Arbeitsjuden, falls sie schwanger würden, «liquidiert» werden[116]. Der «bevölkerungspolitische» Hintergrund wird damit völlig deutlich; ihn hat auch der Völkermord-Tatbestand des Strafgesetzbuchs berücksichtigt, wenn er außer der Tötung von Gruppenmitgliedern «Maß-

110 Zit. nach Fraenkel/Manvell, Himmler, S. 99
111 Im Anm. 5 erwähnten Spiegel-Interview, S. 57
112 Buchheim, Totalitäre Herrschaft, S. 52
113 Elemente totaler Herrschaft, S. 256
114 Hannah Arendt, Eichmann in Jerusalem, S. 305
115 Hannah Arendt, Merkur Nr. 205, S. 385
116 Wie Anm. 12

regeln, die Geburten innerhalb der Gruppe verhindern sollen», aber auch das gewaltsame Überführen von Kindern der terrorisierten Gruppe in eine andere Gruppe als Genocid bewertet[117].

f) Vernichtungszweck

Während die Massenvernichtung im Krieg das verbrecherische Mittel sein kann, den militärischen Gegner, z. B. durch planmäßige Luftangriffe gegen die Zivilbevölkerung, niederzuzwingen, ist die Vernichtung im Falle des Genocids nicht Mittel, sondern Zweck. Begriffe wie «Niederlage» oder «Kapitulation» sind hier ohne jeden Sinn, da sie nicht das angestrebte Ziel der Aggression darstellen; dieses ist vielmehr erst mit der völligen Ausrottung erreicht. Das Typische des Völkermordes ist daher gerade, daß der Gegner, wie Rolf Schroers mit Recht hervorhebt, sich weder ergeben noch Frieden schließen kann[118].

g) Selektives Prinzip

Dem «bevölkerungspolitischen Säuberungsprogramm» des Systems entsprach die selektive, «auslesende» Art seiner Durchführung. Auch sie steht in krassem Gegensatz zu jeder Form der militärischen Aktion; denn es standen sich nicht zwei gerüstete Kollektive gegenüber, sondern das System «sortierte» die «rassisch und biologisch Minderwertigen» als Einzelwesen aus der Menschheit aus. Der Angriff richtete sich also, obwohl mittelbar gegen die Gruppe, primär gegen das Individuum, das nicht wegen seiner Zugehörigkeit zu einem wehrfähigen, im Kriegszustand befindlichen Kollektiv «unschädlich gemacht», sondern wegen einer bestimmten «belastenden» Eigenschaft «ausgesondert» wurde; es mußte bestimmte rassisch-biologische Kriterien aufweisen, in seiner Person also einen zu seiner Vernichtung prädestinierenden «Tatbestand» erfüllen. In der tota-

117 § 220 a StGB
118 Merkur Nr. 196, S. 581

litären Terminologie lautete das etwa so: «Der erfaßte Personenkreis entspricht den gegebenen Richtlinien» [119].
Daß die Richtlinien oft nicht völlig klar waren oder großzügig – zu Lasten der Opfer – gehandhabt wurden, ändert nichts an dieser grundsätzlichen Tatsache. So fanden z. B. auch nichtjüdische Gefangene in großer Zahl den Tod, da manche Funktionäre ihr rassisches Urteil «intuitiv» fällten, indem sie sich bei der Diagnose mit den Gesichtszügen der Opfer begnügten. Gelegentlich konnte es zu kuriosen, für die Betroffenen tragischen Irrtümern kommen, etwa wenn stellenweise Mohammedaner in die Exekutionen einbezogen wurden, weil sie beschnitten waren [120]. Zu welch merkwürdigen Vorgängen das selektive Prinzip führen konnte, hat eine Zeugenaussage deutlich gemacht, nach der Himmler bei einer Exekution einem «jungen blonden Juden» einzureden versuchte, daß unter seinen Vorfahren sicherlich auch «Arier» gewesen seien; der Mann habe jedoch stolz darauf bestanden, daß er Jude sei, und sei daraufhin zusammen mit den anderen erschossen worden [121]. Es gab also in gewissen Grenzen für die Opfer die Möglichkeit, sich zu «entlasten», d. h. den Beweis anzutreten, daß sie nicht zu der Gruppe, über die das Todesurteil gesprochen war, gehörten. Auch dies ist ein Merkmal, das den Genocid von Kriegsvorgängen deutlich unterscheidet.
Wie wenig sich das System von militärischen Interessen leiten ließ, geht auch daraus hervor, daß die Chance von Frauen, Kindern, Greisen und Kranken, den Terror zu überleben, besonders gering war. Das hatte seinen Grund zwar weniger im «Prinzip» des Völkermords als dem der Ausbeutung, zeigt aber doch, daß die Vernichtung keineswegs in erster Linie gegen diejenigen gerichtet war, die man allenfalls noch als «Kombattanten» des «Rassenkrieges» bezeichnen könnte. Die große Zahl gerade der Frauen und Kinder unter den Ermordeten ist uns schon in anderen Zusammenhängen begegnet [122]; sie soll aber auch hier noch einmal durch Beispiele belegt werden. So lautet z. B. eine Meldung vom 8. März 1943 aus Auschwitz:

119 So ein bei Kempner, Eichmann und Komplizen, S. 217, abgedrucktes Schriftstück.
120 Vgl. Dallin, a. a. O., S. 431
121 Pressebericht: Die Welt v. 13. 3. 1964
122 Siehe oben S. 336.

«Transport aus Berlin, Eingang 5. 3. 43, Gesamtstärke 1128 Juden. Zum Arbeitseinsatz gelangten 389 Männer (Buna) und 96 Frauen. Sonderbehandelt wurden 151 Männer und 492 Frauen und Kinder. Transport aus Breslau, Eingang 5. 3. 43. Gesamtstärke 1405 Juden. Zum Arbeitseinsatz gelangten 406 Männer (Buna) und 190 Frauen. Sonderbehandelt wurden 125 Männer und 684 Frauen und Kinder. Transport aus Berlin, Eingang 7. 3. 43. Gesamtstärke 690 einschließlich 25 Schutzhäftlingen. Zum Arbeitseinsatz gelangten 153 Männer und 25 Schutzhäftlinge (Buna) und 65 Frauen. Sonderbehandelt wurden 30 Männer und 417 Frauen und Kinder.» [123]

Auch Höß erwähnt an einer Stelle seiner Aufzeichnungen, daß die Ärzte «laut RFSS-Befehl die Kranken, besonders die Kinder unauffällig zu beseitigen» hatten[124]. Bei den Einsatzgruppen scheint der Befehl zur generellen Vernichtung zeit- und stellenweise durch die Anordnung modifiziert gewesen zu sein, daß Juden bis zum Alter von 16 Jahren und im Alter von über 36 Jahren der «Sonderbehandlung zugeführt», während die Altersklassen von 16 bis 36 zum Arbeitseinsatz verwendet werden sollten[125]. Die Mordaktion richtete sich hier also gegen solche Opfer, die gerade nicht, geht man von militärisch-kriegerischen Gesichtspunkten aus, zu den «wehrfähigen Jahrgängen» gehörten.

h) Unabhängigkeit vom Kampfgeschehen

Die Unabhängigkeit der Verbrechen vom Kampfgeschehen versteht sich bei vielen Tatkomplexen im Grunde von selbst. Allerdings ist sie bei den einzelnen Verbrechensbereichen unterschiedlich groß. Eine Beurteilung der subjektiven Situation der Täter könnte eine Unterscheidung zwischen «kriegsnäheren» und «kriegsferneren» Taten nötig machen. So waren die Einsatzgruppenmorde durchweg um einige Grade «kriegsnäher» – und zwar nicht nur in einem räumlichen Sinne – als die Massentötungen in den Euthanasieanstalten

123 Nach Krausnick, An. II, S. 439 f.

124 A. a. O., S. 111

125 Nach der Aussage eines ehemaligen Einsatzgruppenführers vor der Kriminalpolizei: StA Ulm Ks 2/57

und Vernichtungslagern. Die Lage, in der sich ein Befehlsempfänger kurz hinter der Front befand, läßt sich psychologisch mit der Tatsituation des Sanitäters, der im Häftlingskrankenbau mit der Injektionsspritze tötete, nicht ohne weiteres vergleichen. Beide Taten werden zwar strafrechtlich oft in gleicher Weise zu bewerten sein; die Bewußtseinslagen können jedoch nicht unerheblich voneinander abweichen.

Trotz solcher Differenzierungen, die sich im Hinblick auf die Zuordnung der Einzeltaten zum Kriegsgeschehen ergeben können, läßt sich ziemlich generell sagen, daß zum Tatbild die Situation des unmittelbaren Kampfes und der akuten militärischen Feindseligkeiten eigentlich niemals gehörte, sondern im Gegenteil eine jedenfalls relativ stabilisierte Herrschaft über das zu «säubernde» Territorium. Ein Zustand der Machtausübung, Kontrolle und Ordnung mußte hergestellt werden, bevor sich der Terror voll entfalten konnte.

Das Nürnberger Einsatzgruppenurteil bezeichnet es geradezu als das Diabolische des Ausrottungsprogramms, «daß die Exekutionen ausnahmslos nicht in der Hitze und dem Durcheinander des Kampfes oder einer Verteidigungsaktion erfolgten, sondern nachdem die Kampfhandlungen zu Ende waren». Die jüdische Bevölkerung wurde sogar oft im unmittelbaren Anschluß an die Kampfhandlungen zunächst unbehelligt gelassen. Erst Wochen, zum Teil Monate, mindestens aber Tage später erschienen die Formationen der Einsatzgruppen, um die Erschießungen durchzuführen [126]. Daß die Morde «Herrschaftsverbrechen» waren, weil sie voraussetzten, daß die militärische Unterwerfung schon vollendet war und die totalitäre Apparatur bereits sicher Fuß gefaßt hatte, trifft für die Verbrechen in den Konzentrations-, Arbeits- und Vernichtungslagern natürlich erst recht zu; hier bestand, als fast völliges Gegenteil des militärischen Kampfes, die durch Kontrolle und Terror abgesicherte Ordnung der totalen Unterdrückung, ja die Konzentrationslager dienten, wie Hannah Arendt mit Recht hervorhebt, gerade dem Zweck, die totale Beherrschbarkeit des Menschen wie in einem Laboratorium herauszuexperimentieren [127].

Der zuletzt erwähnte Gesichtspunkt der Zusammenfassung der Opfer zu einer total beherrschten Menschenmasse läßt übrigens eine der Paradoxien der Kriegsthese deutlich werden: im Falle der Ju-

126 Siehe: Fall 9, S. 76, oder Kempner, SS im Kreuzverhör, S. 54
127 Elemente totaler Herrschaft, S. 229

denverfolgung existierte ja nicht nur kein militärisch gerüstetes und durchorganisiertes Kollektiv als «Gegenseite», sondern die sich über große Teile Europas erstreckende Menschenjagd konzentrierte die Juden in ihrer Verstreutheit sogar erst zu einem Kollektiv, bevor sie «bekämpft» werden konnten. Die Tatsache, daß in diesem «Kampf» dem totalitären Machtapparat letztlich nur eine Vielheit wehrloser einzelner gegenüberstand, wird, wie wir sehen, in den verschiedensten Sinnzusammenhängen immer wieder deutlich.

i) Einseitigkeit des Terrors

Der Völkermord war also, wie es das Nürnberger Einsatzgruppenurteil formuliert, eine «einseitige Schlacht» [128]. Das ist zwar ein bildhafter, einprägsamer Begriff, der jedoch, da auch er militärische Assoziationen beschwört, noch immer zu euphemistisch ist. Mit einer Schlacht hatte der Terror gegen die vielen einzelnen, die sich zumeist widerstandslos in ihr Schicksal fügten, nicht die geringste Ähnlichkeit. Auch für die Täter war die Situation von der Kriegsbeteiligung grundverschieden. Während der Krieg für den einzelnen mit einer Gefährdung verbunden ist und dabei mindestens die Möglichkeit für ihn besteht, selbst getötet zu werden [129], war die Beteiligung an der Massenvernichtung für den Funktionär so gut wie risikolos. Die Fälle, in denen die Opfer Gewalt anwandten oder es zu Aufständen kam, sind zahlenmäßig bedeutungslos; sie begründeten keine größere Gefahr, als sie Strafvollzugsbeamten durch Meuterei und Gefangenenrevolte droht. Der Funktionär hatte im übrigen alle Machtmittel auf seiner Seite, um sich gegen solche Angriffe zur Wehr zu setzen.

Manche Anhaltspunkte sprechen im übrigen dafür, daß das Personal der Lager sich dieser Sicherheit bewußt war, ja daß sie einer der Gründe dafür war, weshalb manche Lagerfunktionäre – mitten in einem menschenmordenden Krieg – an ihren Posten weitab vom Frontgeschehen festhielten. Wahrscheinlich wird man hier die Erklärung dafür suchen müssen, daß Anträge, an die Front versetzt

128 Siehe Kempner, SS im Kreuzverhör, S. 85

129 Diesen Gesichtspunkt erwähnt auch Löwith als psychologisches Merkmal des Tötens im Krieg. Siehe: Töten, Mord und Selbstmord. S. 170

zu werden, nur selten gestellt wurden. In den Personalakten der Angeklagten des ersten Frankfurter Auschwitz-Prozesses waren z. B. solche Gesuche nicht zu finden, obwohl bei der damals bestehenden Kriegslage und der Einberufung der letzten Wehrtauglichen kein Grund erkennbar ist, weshalb solchen Gesuchen, zumal wenn sie patriotisch motiviert wurden, nicht stattgegeben worden sein sollte. Außerdem haben SS-Zeugen ausgesagt, daß ihren Versetzungsgesuchen Erfolg beschieden war[130].

k) Interessengegensätze

Im ganzen können wir davon ausgehen, daß das Völkermordprogramm «völlig außerhalb der militärischen Fragen» stand[131] und keinerlei Einfluß auf Kriegsgeschehen und Kriegsverlauf hatte[132]. Allenfalls noch könnte von negativen Auswirkungen gesprochen werden. Denn so günstig der Krieg für den Völkermord war, so ungünstig und hinderlich konnte das ideologische Vernichtungsprogramm für die Kriegführung sein. So scheinen innerhalb der SS-Apparatur zeitweilig Spannungen und Meinungsgegensätze bestanden zu haben, die sich auf die Frage bezogen, ob die zügige Durchführung der Judenvernichtung oder aber die Interessen der Rüstungsindustrie mit ihrem Bedarf an billigen Arbeitssklaven den Vorrang haben sollten. Obwohl die Konzentrationslager nach dem Bericht von Höß mit Kriegsbeginn aufhörten, «Selbstzweck» zu sein, und das Prinzip der Ausbeutung der Arbeitskraft in den Vordergrund trat, sind die wirtschaftlichen Interessen später von den rassistischen wieder überwuchert worden[133].

An manchen Einzelsituationen ist zu erkennen, daß die Terrormaß-

130 Nach Ormond, Plädoyer, S. 28 f. Siehe dazu auch die Kasuistik im Kapitel über den Befehlsnotstand.

131 Siehe bereits das Einsatzgruppen-Urteil: Kempner, a. a. O., S. 70

132 In diesem Sinne auch: Hannah Arendt, Eichmann in Jerusalem, S. 305; Henkys, a. a. O., S. 164 u. a.; Langbein, Im Namen des deutschen Volkes, S. 21 f.; Mulisch, Strafsache 40/61, S. 111; allgemein: Hilberg, a. a. O., S. 670 ff.

133 Höß, a. a. O., S. 98, 138, 163. Zur Strukturänderung der KL durch den Krieg und die Ausnützung der Häftlingsarbeiter für die Rüstung siehe den Bericht des Chefs des Wirtschafts- und Verwaltungshauptamtes vom 30. 4. 1942 an Himmler. Dok. 129-R, IMT XXXVIII, 362 ff.

nahmen mit den Erfordernissen der Kriegführung kollidierten. Nicht selten wurden Juden «ausgesiedelt», die als Handwerker und Facharbeiter dringend benötigt wurden und gegen deren Deportation sich daher die Zivilverwaltung, wenn auch meistens vergeblich, zur Wehr setzte[134]. Kriegswichtige Projekte konnten nicht durchgeführt und umfangreiche Bauvorhaben nicht verwirklicht werden, weil Betriebe innerhalb weniger Tage Hunderte ihrer Arbeiter verloren[135]. Das in Auschwitz angewandte Prinzip der Selektion der Arbeitsfähigen stellte in gewissem Sinne einen Kompromiß dar, indem es die Arbeitsfähigen von der Vernichtung ausnahm, um sie zunächst noch der Industrie nutzbar zu machen.

Daß die riesenhafte Apparatur der Vernichtung negative Rückwirkungen auf die Kriegführung haben mußte, versteht sich eigentlich von selbst. Mitten im Kriege und bei offensichtlichem Mangel an Transportmitteln wurden Millionen von Juden in die Lager verschleppt und kostspielige Vernichtungsfabriken angelegt und bedient[136]. Allein die Deportation der Juden aus Ungarn war nur mit Hilfe von 147 Güterzügen, von denen zwei bis drei Züge täglich mit jeweils 3000 Personen in Richtung Auschwitz abfuhren, durchführbar[137], und dies zu einer Zeit, als die Kriegslage schon äußerst angespannt und prekär war. Auch die Tätigkeit der Einsatzgruppen war der Kriegführung offensichtlich abträglich. Ein Bericht klagt darüber, daß «bei Mangel an Kraftfahrzeugen und Benzin, den großen Entfernungen, den schwierigen Wegeverhältnissen und den geringen Kräften der Sicherheitspolizei und des SD» die Erschießungen oft nur «unter Anspannung aller Kräfte möglich» seien[138]. Das Nürnberger Einsatzgruppen-Urteil vermerkt außerdem, daß selbst zu einer Zeit, als an allen Fronten bereits der Rückzug angetreten worden war, «viele auf dem Schlachtfeld dringend benötigte Truppen für die so wahnsinnige Ausrottungsaufgabe abgezweigt» wurden. «Unter Mißachtung aller militärischen und wirtschaftlichen Logik wurden unzählbare Arbeitskräfte umgebracht.»[139] Auch hier also wird eine Gegenläufigkeit von Krieg und Genocid deutlich.

134 Kempner, a. a. O., S. 52
135 An. II, S. 441
136 Bauer, Die Wurzeln faschistischen und nationalsozialistischen Handelns, S. 8
137 Eichmann-Urteil, zit. nach Nellessen, S. 217
138 Kempner, a. a. O., S. 33
139 Kempner, a. a. O., S. 52

l) Angriffsobjekt

Die Besonderheit des Völkermordes ist gelegentlich noch darin gesehen worden, «daß eine gänzlich andere Ordnung zerstört und eine gänzlich andere Gemeinschaft verletzt» wird als bei anderen Verbrechen: nämlich die «Ordnung der Menschheit»[140]. Bereits in der Nachkriegsrechtsprechung und der Literatur zum Völkerstrafrecht ist der Gedanke aufgetaucht, daß durch diese Verbrechen die Menschheit selbst als Träger und Schützer des ideellen Menschenwertes angegriffen werde[141].

Dieser Gesichtspunkt ist in jüngster Zeit wieder besonders hervorgehoben worden. Das «Verbrechen gegen die Menschheit» bedroht nach einer Äußerung von Jaspers «das Dasein der Menschheit überhaupt», da es «das Modell kommender Verbrechen», das «Beispiel eines künftigen Rassenmordes» sein könnte, «der Hunderte von Millionen mit den modernen technischen Mitteln treffen würde»[142]. Durch den totalitären Anspruch, über die Existenz oder Auslöschung ganzer Menschengruppen entscheiden zu können, wird nach Jaspers – und auch nach der Auffassung Hannah Arendts – das Interesse der Menschheit unmittelbar berührt; nur von einer von ihr geschaffenen Instanz könnten daher solche Fälle abgeurteilt werden[143].

Obwohl damit die besondere Tragweite und Angriffsrichtung des Völkermordes richtig gekennzeichnet ist, hören jedoch gerade hier Völkermord und bestimmte extreme Kriegsverbrechen auf, sich noch klar voneinander zu unterscheiden. Denn daß im Zeitalter nuklearer Zerstörungsmittel, die die Bezeichnung «Waffen» nicht mehr verdienen, das Interesse der Menschheit durch solche kriegerischen Formen der Massenvernichtung unmittelbar betroffen ist und die Anwendung dieser Ausrottungsmittel als Modell und Beispiel künftiger Totalvernichtungen sich gegen die «Ordnung der Menschheit» direkt richtet, wird man wohl ernstlich nicht bezweifeln können.

140 Hannah Arendt, Eichmann in Jerusalem, S. 321 f.
141 Nachweise bei Jescheck (vgl. Anm. 3), S. 363
142 Vgl. Anm. 5. Monat-Interview, S. 17
143 Jaspers, a. a. O., sowie Hannah Arendt, Eichmann in Jerusalem, insbes. S. 318

3. Kriminologische Zusammenhänge

Das Phänomen des Völkermordes hebt sich also vom Kriegsgeschehen mit großer Deutlichkeit ab. Dennoch lassen sich gewisse Zusammenhänge und Parallelitäten, auch wenn sie im einzelnen nur schwer nachweisbar sind, nicht völlig übersehen. Sie verändern jedoch nicht den grundsätzlichen Charakter der Verbrechen, den wir genauer zu definieren versucht haben, sondern stellen nur einen bestimmten, wenn auch wichtigen Ausschnitt des kriminologischen Ursachenhintergrundes dar. Die «Euthanasie» etwa wird nicht dadurch zum Kriegsverbrechen, daß der Krieg sich auf ihre Durchführung günstig auswirkte, ja sie überhaupt erst möglich machte.

Diesen Unterschied zwischen dem spezifischen Unrechtscharakter eines Verbrechens und den Faktoren, die sich fördernd auf seine Begehung auswirken, meinte offenbar auch Eichmanns Verteidiger Servatius, als er in Jerusalem erklärte, die Judenverfolgung sei keine Kriegshandlung, es bestehe aber «ein enger Zusammenhang zwischen dem Krieg und dem Kampf gegen das Judentum» [144]. Dieser Zusammenhang ist auch wohl kaum von der Hand zu weisen. Kempner etwa spricht von der «Zwillingsnatur», der «Einheit» und dem «Zusammenspiel» von Angriffskrieg und Judenausrottung [145]. Damit kann allerdings wohl nur eine partielle Verknüpfung an sich eigengesetzlich verlaufender Kollektivereignisse gemeint sein, die man im einzelnen noch näher konkretisieren müßte.

Fragt man nach der kriminologischen Bedeutung, die der Krieg für die «Entvölkerungspolitik» des nationalsozialistischen Systems gehabt hat, so wird man seinen Einfluß auf das verbrecherische Gesamtunternehmen von seinen psychologischen Wirkungen auf die Täter unterscheiden müssen. Die kollektive Bedeutung des Krieges wird man im wesentlichen in folgenden Auswirkungen zu sehen haben: in der Ausweitung des totalitären Herrschaftsbereichs, die dem System erst die Möglichkeit gab, den Terror über die Grenzen Deutschlands hinaus auf weite Teile Europas, vor allem die Gebiete Osteuropas mit ihrem großen jüdischen Bevölkerungsanteil, auszudehnen; in der nur im Kriege durchführbaren Verheimlichung und

144 Plaidoyer, S. 74
145 Eichmann und Komplizen, S. 63 ff.

Tarnung; in der Möglichkeit, auf politische Rücksichten zu verzichten, zu denen auch ein totalitär beherrschter Staat gezwungen ist, solange er relativ normale Beziehungen zu der übrigen Welt unterhält; in der Absorbierung des Interesses der eigenen Bevölkerung durch die Anforderungen, die der Krieg stellte, und durch die menschlichen Belastungen, mit denen er verbunden war; schließlich in der veränderten Haltung zum Töten überhaupt, die jeder Krieg mit sich bringt.

a) Taktische Erwägungen

Deutlich erkennbar ist, daß sich die Führung der taktischen Bedeutung des Krieges für die Verwirklichung ihrer Vernichtungsabsichten schon frühzeitig bewußt war. So ist ein Ausspruch Hitlers aus dem Jahre 1935 überliefert, «daß, wenn ein Krieg sein soll, er diese Euthanasiefrage aufgreifen und durchführen werde», weil «ein solches Problem im Kriege zunächst glatter und leichter durchzuführen» sei und «offenbare Widerstände, die von kirchlicher Seite zu erwarten wären, in dem allgemeinen Kriegsgeschehen nicht diese Rolle spielen würden wie sonst» [146]. Tatsächlich ist denn auch dieser Plan bald nach Kriegsbeginn verwirklicht worden, obwohl ein unmittelbarer sachlicher Zusammenhang zwischen den Anstaltsmorden und dem Krieg nicht bestand.
Taktische Rückwirkungen hatte das Kriegsgeschehen offenbar auch auf die Massenerschießungen in Polen. Jedenfalls war es für Generalgouverneur Frank «klar», daß bis zur Westoffensive im Mai 1940, also «bis zu diesem Augenblick, wo das Weltscheinwerferlicht auf diesem Gebiet lag, von uns ja nichts Derartiges in großem Ausmaße geschehen konnte. Aber mit dem 10. Mai ist uns nun diese Greuelpropaganda in der Welt vollkommen gleichgültig. Jetzt müssen wir den Augenblick benutzen, der uns zur Verfügung steht.» [147]
Auch die Judenvernichtung wurde durch den Krieg in vielfacher Beziehung begünstigt. Ein SS-Gruppenführer zitierte bei seiner richter-

146 Aussage Karl Brandt über eine Äußerung Hitlers gegenüber dem Reichsärzteführer Dr. Wagner. Zit. nach Mitscherlich-Mielke, S. 184.
147 Frank-Tagebuch, zit. nach Langbein, Wir haben es getan, S. 105

lichen Vernehmung eine Äußerung Hitlers: «die Lösung des Judenproblems auf diese Weise sei nur möglich im Rahmen der derzeit ablaufenden gewaltigen Kriegsgeschehnisse.» [148] Hitler sah also ganz offensichtlich im Krieg ein taktisches Mittel zur Erreichung ideologischer Ziele: inmitten des allgemeinen Geschehens würden die ideologisch motivierten Maßnahmen kein solches Aufsehen erregen, wie sie es in Normalzeiten notwendig getan hätten. So hatte denn der Partisanenkrieg für ihn «auch wieder seinen Vorteil: er gibt uns die Möglichkeit, auszurotten, was sich gegen uns stellt» [149].

Auch die psychologischen Wirkungen des Krieges scheinen Hitler, der ja einen ausgeprägten Sinn für massenpsychologische Vorgänge hatte, klar gewesen zu sein: «Jeder Krieg», sagte er einmal, «kostet Blut, und der Blutgeruch bringt die Menschen wieder in alle Instinkte hinein, die eben seit Anbeginn der Welt in uns liegen: Gewalttat, Mordrausch und vieles andere. Alles andere ist Geschwätz.» [150]

b) Krieg als Ausnahmezustand

Das totalitäre System nützte also, wie Broszat es formuliert, die Gelegenheit, «hinter dem Schirm des durch den Krieg eingetretenen Ausnahmezustandes bestimmte gewaltsame Eingriffe zur ‹Reinigung des Volkskörpers› zu vollziehen, die nach nationalsozialistischer Weltanschauung grundsätzlich geboten schienen, die man aber in den Friedenszeiten mit Rücksicht auf die Öffentlichkeit des In- und Auslandes nicht hatte verwirklichen können» [151]. Dieser Ausnahmezustand erlaubte es, «die Brücken abzubrechen zu der nichttotalitären Welt und die nazistische Fiktion einer Rassegesellschaft mit Hilfe fabrikmäßig betriebener Ausrottung aller ‹rassisch Minderwertigen› wenigstens zeitweise total zu verwirklichen» [152].

Der Krieg als der große Ausnahmezustand relativierte den Wert des menschlichen Lebens, und zwar ohne daß sich dieser psychologische Prozeß in den Grenzen dessen hielt, was durch die «Kriegsnotwen-

148 LG Düsseldorf U I 11/60
149 Dallin, a. a. O., S. 87
150 Zit. nach Fest, das Gesicht des Dritten Reichs, S. 87
151 An. II, S. 111
152 Hannah Arendt, Elemente totaler Herrschaft, S. 207

digkeit» geboten erschien. Er führte zur großen Freigabe des Tötens, die sich fast beliebig ausweiten ließ: auf Juden, Zigeuner, Geisteskranke, Polen, politische Gegner, Arbeitsunfähige und «nutzlose Esser». So sagte auch Eichmann: «Man sah Tote überall – und man hat eine – sagen wir – persönliche Einstellung zu den Dingen gehabt, wie man sie eben heute nicht mehr hat.» Zu dieser Einstellung gehörten auch Gleichgültigkeit und Abstumpfung; so sei es ihm, meinte Eichmann, «völlig egal» gewesen, «ob wir heute sterben oder erst morgen sterben»[153]. Allerdings hat diese Äußerung einen fatalistischen Klang, der mit seiner damaligen Aktivität schwer in Einklang zu bringen ist; doch dürfte die Tatsache, daß Krieg war, auch auf ihn nicht ohne Einfluß gewesen sein. Als er bei seiner Vernehmung auf den Unterschied zwischen kriegsbedingten und nichtkriegerischen Aktionen hingewiesen wurde, reagierte er nur mit den Worten: «Na ja, das ist ja alles im Kriege passiert.»[154] Daß der Krieg für viele Beteiligte an den Verbrechen zur alles umfassenden Generalrechtfertigung wurde, wird man wohl kaum zu bezweifeln brauchen. Auch Mitscherlich nimmt an, daß die «rationalisierende Verdeckung der beunruhigenden Wirklichkeit . . . tausend Variationen» hatte und eine sehr geläufige unter ihnen war, «den Krieg als ein Absolutum zu nehmen. Nun war eben Krieg, man hatte sich zu fügen»[155].

c) Totalitäre Lebensbedingungen

Nicht eine Kriegsfolge, wohl aber eine Gemeinsamkeit zwischen Krieg und totalitärer Herrschaft wird man in der für beide charakteristischen Tendenz zu sehen haben, die persönliche Existenz weitgehend aufzuheben und das Individuum den Zielen des Kollektivs unterzuordnen. Man kann daher den Zustand im totalitären Herrschaftssystem dem einer permanenten Mobilmachung vergleichen, wie Leibholz es in seiner Studie über das Phänomen des totalen Staates tut[156], und damit die Annahme verbinden, daß die Situation

153 Vernehmungsprotokolle IV, 1935; s. auch Hannah Arendt, Eichmann in Jerusalem, S. 140
154 Vernehmungsprotokolle IV, 2068
155 Mitscherlich-Mielke, a. a. O., S. 11
156 A. a. O., S. 156 ff.

totalitärer Herrschaft auch außerhalb des Krieges Wertvorstellungen hervorrufen konnte, wie sie sonst nur der Kriegszustand hervorzubringen vermag[157].

d) *Indoktrination*

Dies ist eine mögliche Erklärung dafür, daß kriegsethische Vorstellungen offenbar relativ mühelos auf außermilitärische und außerkriegerische Situationen übertragen werden konnten. Bereits am ersten Kriegstag, berichtet Höß, wurden dem Lagerpersonal Reden gehalten, in denen es z. B. hieß, «daß nun die harten Gesetze des Krieges ihr Recht verlangten»[158]. Auch später wurden die Funktionäre in den Lagern dazu angehalten, «kriegsmäßig denken» zu lernen[159]. Selbst unmittelbar vor seiner Hinrichtung berief sich Eichmann noch auf die «Gesetze des Krieges», denen er gehorcht habe[160].

Die Fähigkeit, Begriffe auszuweiten und Tatsachen umzudeuten, ging oft erstaunlich weit. Sie konnte zu Rationalisierungen führen, die zu der offen zutage liegenden Wirklichkeit in krassem Widerspruch standen; so etwa, wenn die Verbrechen in den Vernichtungslagern zur soldatischen Pflichterfüllung umgemünzt und Vorstellungen, die an der Front Berechtigung gehabt haben mögen, auf die Situation in den Lagern transponiert wurden.

Im Auschwitz-Prozeß erwähnte ein Angeklagter zum Beispiel den Ausspruch Himmlers: «Auschwitz ist Frontdienst.»[161] Auch der Rampendienst wurde gelegentlich als «Frontdienst» bezeichnet[162]. Schon vor dem Krieg wurde Totenkopfverbänden in den Konzentrationslagern erklärt: sie «stünden als einzige Soldaten auch in Friedenszeiten Tag und Nacht am Feind, am Feind hinter dem Draht»[163].

157 Den Umkehrvorgang erwähnt Broch in seiner Massenpsychologie, S. 317: «Im Krieg wird jeder Staat volltotalitär.»
158 Höß, S. 71
159 A. a. O., S. 184
160 Nach Nellessen, Der Prozeß von Jerusalem, S. 311
161 Langbein, Auschwitz-Prozeß, Bd. I, S. 182
162 Nach der mündlichen Urteilsbegründung in der Strafsache gegen Mulka u. a. (Auschwitz-Prozeß)
163 Höß, S. 58

Im Lagerjargon wurden Funktionäre, deren Aufgabe darin bestand, Häftlinge «abzuspritzen», zu «Stacheldrahtkämpfern» und «KZ-Hasen»[164]. Aus einem Einsatzkommando-Prozeß wissen wir, daß dem Befehl zur Massenerschießung Nachdruck verliehen wurde durch den Zusatz, der Frontsoldat könne sich seinen Platz auch nicht aussuchen[165].

Wie bewußt die Assoziation zwischen Völkermord und Krieg propagandistisch gepflegt wurde, zeigt auch ein Ausspruch Himmlers bei einem Besuch in Auschwitz, der von Eichmann erwähnt worden ist: «Dies sind die Schlachten», heißt es angesichts der Gaskammern und Krematorien, «die die kommenden Generationen nicht zu schlagen brauchen.» Eichmann hat berichtet, daß dieses «Reichsführer-Wort» nicht nur Höß, sondern auch seinen Männern «innere Beruhigung» gegeben habe[166]. Auch sonst wurden Begriffe gedehnt und Unterschiede verwischt. So betonte Frank bei einer Sitzung in Warschau: «Zimperlich dürfen wir nicht sein, wenn wir die Zahl von 17000 Erschossenen hören. Diese Erschossenen sind eben auch Kriegsopfer. Wenn wir diese Zahl in ein Verhältnis setzen zu dem, was das deutsche Volk ununterbrochen jeden Tag und jede Stunde an unersetzlichsten (sic!) Blutopfern bringt, so fällt sie überhaupt nicht ins Gewicht.»[167]

Zur ideologischen Indoktrination gehörte auch die Ausweitung des Feindbegriffs. Sie zielte darauf hin, im Funktionärstum kriegerische Verteidigungshaltungen und Abwehrimpulse wachzurufen, um sie dann der Vernichtung nutzbar machen zu können. Frank erwähnt beispielsweise in seinem Tagebuch eine Äußerung Hitlers: «Wenn es der vereinigten Judenschaft wieder gelingen wird, einen Weltkrieg zu entfesseln, dann werden die Blutopfer nicht nur von den in den Krieg gehetzten Völkern gebracht werden, sondern dann wird der Jude in Europa sein Ende gefunden haben».[168] Dem entspricht die Reichstagsrede vom 30. Januar 1939, in der Hitler «wieder ein Prophet sein» wollte: «Wenn es dem internationalen Finanzjudentum

164 Kremer-Tagebuch, zit. n. Langbein, Wir haben es getan, S. 92

165 SchwG Berlin (500) 3 P (K) Ks 1/62 (23/61) in der Sache gegen Dr. Filbert u. a.

166 Sammelband «Auschwitz», S. 253

167 Langbein, Wir haben es getan, S. 119; auszugsweise auch bei Poliakov-Wulf, Das Dritte Reich und die Juden, S. 101.

168 Zit. nach Langbein, a. a. O., S. 47

innerhalb und außerhalb Europas gelingen sollte, die Völker noch einmal in einen Weltkrieg zu stürzen, dann wird das Ergebnis nicht die Bolschewisierung der Erde und damit der Sieg des Judentums sein, sondern die Vernichtung der jüdischen Rasse in Europa!»[169] Als aus dieser Prophezeiung dann später Wirklichkeit wurde, sprach Himmler von dem «moralischen Recht», ja der «Pflicht gegenüber unserem Volk, dieses Volk, das uns umbringen wollte, umzubringen»[170]. Daß solche Propaganda ihre Wirkung bei vielen Gefolgsleuten nicht verfehlte, wird man annehmen dürfen.

e) Zusammenfassung

Der Einfluß des Krieges auf den Genocid und die kriminologische Verknüpfung beider Bereiche wurden hier nur mit wenigen Strichen angedeutet. Dabei wurden vier Aspekte, die wahrscheinlich von einigem Gewicht sind, hervorgehoben: die taktische Ausnützung des Kriegszustands für außermilitärische, verbrecherische Maßnahmen, die im Frieden nicht ohne weiteres durchführbar gewesen wären; der durch den Krieg geschaffene Ausnahmezustand mit seinen nicht nur auf das Kriegsverhalten beschränkten psychologischen Auswirkungen; die Gemeinsamkeit zwischen Krieg und totalitärer Herrschaft in bezug auf die «totale Mobilmachung» als Lebensweise; schließlich die Indoktrination, zu der in erster Linie die «Vortäuschung einer Kampfsituation»[171], die Usurpation militärischer und kriegsethischer Begriffe gehörte. Das sind natürlich nur relativ grobe Kategorien; aber der Stand der Kriminologie totalitärer Verbrechen reicht vorerst zu differenzierteren Aussagen über das psychologische Verhältnis von Krieg und Völkermord noch nicht aus.

169 An. II, S. 340
170 Posener Rede: Dok. 1919-PS, IMT XXIX, 145 f.
171 Vgl. Buchheim, An. I, S. 336

4. Rechtsethischer Ausblick

Zum Schluß wird eine Frage gestellt, die zwar in ihrem Ansatz noch mit dem Gegenstand dieser Untersuchung zu tun hat, im Grunde jedoch weit über ihn hinausweist und daher hier nur – als Zukunftsaspekt einer sich sonst ganz auf die Vergangenheit konzentrierenden Arbeit – angeschnitten, nicht aber gründlicher behandelt werden kann. Der Verfasser verbindet mit ihr die Hoffnung, daß sie bei einer künftigen Erörterung totalitärer oder staatlicher Verbrechen in die Betrachtung einbezogen sein möge.

In den Selbstrechtfertigungen nationalsozialistischer Täter ist immer wieder das Argument zu finden, daß ihre Taten nicht anders zu bewerten seien als das Verhalten des Soldaten im Krieg. Vor allem die Luftkriegsparallele spielt eine erhebliche Rolle. Eichmann verglich seine Handlungsweise mit der des Bombenfliegers, der an Angriffen gegen die Zivilbevölkerung mitwirkt[172], oder der des Fallschirmspringers, der Vernichtungsaufträge ausführt[173]. Auch Höß fragt in seinen Aufzeichnungen: «Was würde mit dem Geschwaderkommodore geschehen sein, der sich geweigert hätte, einen Angriff auf eine Stadt zu fliegen, von der er genau wußte, daß es dort keine Rüstung, kein wehrwichtiges Unternehmen, keine militärischen Anlagen von Bedeutung gab? Wo er wußte, daß seine Bomben hauptsächlich nur Frauen und Kinder töten würden?» Er meinte, daß beide Situationen, die des Geschwaderführers und die eines Kommandanten von Auschwitz, vergleichbar seien[174].

Manchmal stützen sich solche Selbstverteidigungen geradezu auf «Erwägungen sozusagen ethischer Natur»[175]. So vermochte Ohlendorf, der in Nürnberg angeklagte und zum Tode verurteilte Führer der Einsatzgruppe D, «eine Tat moralisch nicht besser zu bewerten, die einem einzelnen durch einen Druck auf den Knopf ermöglicht, eine unverhältnismäßig viel größere Zahl von Menschen, von Zivilbevölkerung, von Greisen, Männern, Frauen und Kindern zu töten, ja auf Generationen hin zu schädigen, als die Tat jenes einzelnen, der aus demselben Kriegszweck heraus – nämlich das Ziel des Krieges zu

172 Vernehmungsprotokolle IV, 2067
173 Sassenprotokolle (Fotokopie)
174 Höß, Autobiographie, S. 142
175 Reitlinger, Die Endlösung, S. 205

erreichen – hier einzelne Personen persönlich erschießen muß.» Mit dieser Äußerung war allerdings sein eigenes Verhalten und sein eigener Anteil an der Vernichtung kaum zutreffend und ausreichend umschrieben. Darum geht es in diesem Zusammenhang jedoch nicht, sondern um die von ihm im Prozeß vorgebrachte Überzeugung, daß die Zeit da sei, die moralischen Unterschiede zwischen Tötungen zu einem bestimmten kriegerischen und solchen zu einem politischen oder ideologischen Zweck aufzuheben[176]. Das Problem taucht im Gerichtssaal immer wieder auf: die Erörterung der Ereignisse, die durch Namen wie Auschwitz und Treblinka symbolisiert sind, zieht die Erwähnung von Hiroshima und Dresden fast zwangsläufig nach sich. Auch der öffentlichen Diskussion sind solche Gleichsetzungen nicht ungeläufig.

Die Fragwürdigkeit, ja Fatalität einer derartigen Argumentation liegt nicht in dem Vergleich selbst, dessen ethische Legitimität keineswegs prinzipiell bestritten werden soll, sondern in der neutralisierenden Wirkung, die von solchen Begriffseinebnungen ausgeht, sowie in der Selbstdispensierung, die mit aufrechnenden Gegenvorwürfen im allgemeinen angestrebt wird[177]. Hätten wir es wirklich mit Erwägungen ethischer (und nicht nur «sozusagen ethischer»[178]) Natur zu tun, die angesichts der neuartigen Formen des Vernichtungskrieges, des Flächenbombardements und der nuklearen Zerstörung auf eine Veränderung der Wertmeßstäbe hinzielten, so würde sich über sie reden lassen.

Ein solcher Impuls liegt derartigen Selbstrechtfertigungen jedoch völlig fern, da sie die ethische Verwerfung kollektiven Tötens nicht auf den modernen Krieg auszudehnen, sondern im Gegenteil die eigenen Taten in die noch immer weitgehend als wertfrei betrachtete Sphäre kriegerischer Gewaltanwendung einzubeziehen versuchen. Gerade diese – nicht moderne, der technischen Situation angepaßte, sondern an herkömmlichen Vorstellungen über den Krieg festhaltende – Bewußtseinslage macht es nötig, Genocid vom Krieg zu unterscheiden und ihn nicht nur als Sonderfall kriegerischer Verwick-

176 Deutsche Protokolle, S. 530; außerdem S. 674, 759. Dazu auch Crankshaw, Die Gestapo, S. 230.

177 Auch Adorno, Eingriffe, S. 127, wendet sich gegen die verbreitete Aufrechnung der Schuld und bezeichnet mit Recht die «Aufstellung solcher Kalküle» als «etwas Unmenschliches».

178 Wie Anm. 175

lungen und des «totalen Streits der maßlosen Kollektive»[179] zu betrachten, der die Weltgeschichte durchzieht.

Davon völlig unabhängig, ja in der Richtung entgegengesetzt, ist die Frage, ob nicht auf die Dauer kriegerischen Massenvernichtungen eine ähnliche Bewertung zuteil werden müßte, wie sie sich allmählich in bezug auf den ideologischen Völkermord durchzusetzen beginnt. In der völkerrechtlichen Diskussion sind z. B. Tendenzen zu erkennen, die Anwendung von Atomwaffen unter dem Gesichtspunkt des Genocids und der Genocidkonvention zu betrachten, auch wenn ein solches internationales Abkommen kaum der entscheidende Faktor sein dürfte, sie zu verhindern[180]. Auch die ethische Erörterung kreist gelegentlich, ohne daß man sie deshalb unlauterer Motive verdächtigen müßte, um die Möglichkeit einer Gleichsetzung der atomaren Massenvernichtung mit dem totalitären Entvölkerungsexperiment. Gaskammer und nukleares «Gerät», Sonderbehandlungs- und Megatod-Vokabular, technifizierte Ausrottung und strategisches Vernichtungs-Planspiel, rassistische und atomare «Endlösung» sind verschiedentlich psychologisch und ethisch zueinander in Beziehung gesetzt worden[181]. Die Forderung ist laut geworden, in Zukunft über die Auslöschung ganzer Städte und ihrer Bevölkerungen – Hiroshima, Dresden – ein ähnliches Urteil zu fällen wie über die Untaten in Treblinka oder Bergen-Belsen[182]. Auch die hier vorgenommenen Unterscheidungen zwischen Krieg und Genocid dürfen nicht als Bagatellisierung des Kriegsverbrechens, sondern nur als begrifflicher Klärungsversuch verstanden werden, der verhindern soll, daß Spezifisches und Partikulares im Allgemeinen untergeht[183]. Die Bewertung der kriegerischen Massenvernichtung wird durch ihn nicht präjudiziert.

Nur darf bei all solchen Überlegungen nicht in Vergessenheit geraten, daß die Vernichtungsangriffe auf Dresden und Hiroshima – hier stellvertretend genannt für vieles, was im Kriege geschehen ist –

179 Servatius, Plaidoyer, S. 80

180 Hinweis bei Menzel, Völkerrecht, S. 372

181 So z. B. von Enzensberger, Politik und Verbrechen, S. 9 ff., insbes. 36 ff., sowie im Briefwechsel mit Hannah Arendt, Merkur Nr. 205, S. 382

182 So etwa Rolf Hochhuth in einer im «Stern» abgedruckten Äußerung vom Februar 1965. Auch die Schriften von Günther Anders weisen in ähnliche Richtung.

183 Im Sinne von Hannah Arendt, Merkur Nr. 205, S. 381

End- und Gipfelpunkte und damit Teil eines kriegerischen Konflikts gerüsteter Staaten waren, auch wenn ihnen, wie mindestens der Zerstörung Dresdens, militärische Notwendigkeiten nicht zugrunde lagen[184]. Mit ihnen wird die rechtliche und ethische Bewertung des Krieges insgesamt – und nicht nur einiger besonders extremer Ereignisse – neu zur Diskussion gestellt. Auschwitz und Treblinka dagegen sind zu Symbolen jenes erbarmungslosen Terrors geworden, der sich gegen das hilf- und wehrlose, jedes militärischen Schutzes beraubte Individuum richtet, dessen Todesurteil von einer Ideologie gefällt und von einem Machtapparat vollstreckt wird. Mit der eindeutigen Verurteilung solcher Verbrechen brauchen wir nicht zu warten, bis sich eine neue Einstellung zur kriegerischen Gewaltanwendung, so notwendig diese für den Fortbestand der Menschheit auch ist, gefestigt und durchgesetzt hat.

184 Dazu: David Irving, Der Untergang Dresdens, mit dem Vorwort des Luftmarschalls Sir Robert Saundby, der auf S. 7 schreibt: «Daß die Bombardierung Dresdens eine erschütternde Tragödie war, kann niemand leugnen. Daß sie militärisch wirklich notwendig gewesen ist, werden nach Lektüre dieses Buches nur noch wenige glauben.» Zu Hiroshima siehe etwa: G. Hoffmann, Strafrechtliche Verantwortung im Völkerrecht, S. 171, Fußn. 1, wo unter Berufung auf einen 1958 in Paris erschienenen Artikel von Robert Jungk bezweifelt wird, daß die beiden Atombombenangriffe auf Hiroshima und Nagasaki erforderlich waren, um eine Kapitulationsbereitschaft Japans herbeizuführen.

Gedanken zur Kriminologie kollektiver Verbrechen (1980)

I.

Die Kriminologie hat ihr Erkenntnisinteresse bisher fast ausschließlich der individuellen Kriminalität zugewandt, kollektive Verbrechen dagegen als Randerscheinung betrachtet, die nur in gesellschaftlichen Extremsituationen Bedeutung erlangt, und sie daher in der empirischen Forschung und theoretischen Reflexion weitgehend vernachlässigt[1]. Damit bleiben ausgerechnet die in ihrer destruktiven Wirkung besonders gravierenden und gefährlichen Großformen kollektiver Gewalt aus der kriminologischen Untersuchung ausgeblendet, die den ganz überwiegenden und folgenreichsten Teil menschlichen Aggressionsverhaltens ausmachen: Verbrechen im Zusammenhang mit Kriegen, Völker- und Massenmorden, totalitärer Herrschaft, staatlicher Repression, Minderheitenverfolgung, Kultur- und Religionskonflikten, Guerillakämpfen, revolutionären und gegenrevolutionären Bewegungen, akuten politischen Massensituationen und anderen kollektiven Ausnahmezuständen.

Erklären läßt sich eine solche Fragmentarisierung der Kriminologie wohl vor allem mit ihrer immer noch einseitigen Orientierung an justitiablen Formen der Alltagskriminalität, die darüber hinausreichende ätiologische Klärungsbedürfnisse nicht aufkommen läßt. Außerdem hängt sie mit der Unsicherheit rechtlicher Bewertungen im Bereich fremder Rechtssysteme und des Kriegs- und Völkerrechts sowie einer verbreiteten Tendenz zur Rechtfertigung und Neutralisierung von Verbrechen zusammen, die Folgeerscheinungen politischer Konflikte und Auseinandersetzungen sind[2]. Entscheidend scheint mir jedoch die Schwierigkeit zu sein, individuell zurechenbare Verhaltensweisen und Aktionsanteile in ihrer objektiven wie

[1] Ansätze einer Kollektivkriminologie finden sich neuerdings z. B. bei Brauneck 1974, Schneider 1975, 1976, Hess 1976, Pfeiffer/Scheerer 1979, Eisenberg 1979, 1980. Generell bedeutsam zur Theorie kollektiven Verhaltens: Heinz/Schöber 1973.

[2] Pfeiffer und Scheerer 1979, S. 87 ff., sprechen wohl mit einem gewissen Recht von einem «Syndrom wohlwollender Vernachlässigung», wobei allerdings ungeklärt bleibt, worauf dieses Wohlwollen beruht.

subjektiven Bedingtheit ins Blickfeld zu bekommen, die auch bei Kollektivphänomenen der Gegenstandsbereich kriminologischer Analyse bleiben.

Kollektivverbrechen werden unter Bedingungen begangen, die sich von denen individueller Delinquenz grundlegend unterscheiden. Vor allem zwei Besonderheiten scheinen für sie charakteristisch zu sein und die Kriminologie mit neuartigen und ungewohnten Problemen zu konfrontieren: 1. die mit ihnen verbundenen kollektiven Veränderungen moralischer Wertorientierung, die zur Schwächung oder sogar völligen Suspendierung sonst wirksamer Normvorstellungen, Kulturverbote, Hemmungen und Schuldmechanismen führen, sowie 2. die besondere Bedeutung situativer Einflüsse, externer Handlungsbedingungen und gruppendynamischer Anpassungszwänge, die Einzelne zu Handlungen veranlassen, zu denen sie aus eigenem Antrieb niemals fähig wären.

Gerade bei den in ihren Auswirkungen schwersten Verbrechen ist daher die individuelle Zurechenbarkeit mancherlei Zweifeln ausgesetzt. Das Gesamtausmaß kollektiv bewirkter Schädigungen kann von Einzelnen nicht verantwortet, ihr individueller Wirkungsanteil oftmals nicht hinreichend isoliert werden. Befehlszwänge, Konformitätsdruck, Gruppendynamik, aber auch Herabminderungen des Unrechtsbewußtseins machen überdies auch die subjektive Zurechnung schwierig.[3] Die Kriminologie sieht sich außerdem bei solchen Verbrechen vor die grundsätzliche Frage gestellt, ob kollektive Verhaltensweisen mit Hilfe individueller Deutungsmuster zu erklären sind, ja ob es überhaupt sinnvoll sein kann, Persönlichkeitsstrukturen, individuelle Dispositionen, Einstellungen und Sozialisationsbedingungen in die Analyse einzubeziehen.

Diese Besonderheiten verleiten dazu, kollektive Verbrechen als ausschließlich makrosozial zu interpretierende Ereignisse aufzufassen, die Untersuchung daher auf die Entstehung politischer Strukturen und sozialer Bewegungen zu beschränken und die individuelle Dimension kollektiven Verhaltens entweder völlig zu übersehen oder doch jedenfalls für unwesentlich zu halten. Die Bewegungen klein-

3 In strafrechtlichen Kategorien ausgedrückt, betrifft das die Entschuldigungsgründe des Notstands, der Schuldunfähigkeit und des Verbotsirrtums. Gruppendynamische Einflüsse als Schuldaufhebungs- oder Schuldminderungsgrund werden neuerdings von Schumacher, 1980 B, unter dem Gesichtspunkt der «tiefgreifenden Bewußtseinsstörung» diskutiert.

ster Partikel widersetzen sich, wie Laqueur[4] bemerkt hat, in der Politik wie in der Physik oft jeglicher Erklärung, und sie können daher, wie sich folgern läßt, getrost aus dem Spiel bleiben. Die Kriminologie kann sich jedoch auf diese Perspektive bereits von ihrem Gegenstand her nicht einlassen; denn sie hat es ja mit eben diesen «kleinsten Teilen», d. h. mit Verbrechen als individuellen Verhaltensweisen, zu tun, mit kollektiven Prozessen dagegen nur, soweit diese als Ursachen oder Entstehungsbedingungen solcher Verhaltensweisen in Betracht zu ziehen sind. Nur ein genau auf seine objektiven und subjektiven Bedingungen hin untersuchtes Verhalten ist als kriminell etikettierbar, und auch Kollektivverbrechen sind nichts anderes als individuelle Verbrechen im Kollektiv.

Weder sozialstrukturell noch sozialpsychologisch orientierte Theorien kriminellen Verhaltens können also ignorieren, daß gesellschaftliche Strukturen und Bedingungen irgendwie durch das Nadelöhr der individuellen Biographie und daß kollektive Umwertungsprozesse im Einzelbewußtsein und in der individuellen Motivation repräsentiert sein müssen, wenn sie handlungsrelevant werden sollen. Historische und sozialwissenschaftliche Analysen auf der Makroebene können daher nur die halbe Wahrheit zutage fördern[5]. Der Kriminologie kommt bei Kollektivverbrechen zunächst einmal vor allen Erklärungsversuchen die Aufgabe zu, durch Sichtbarmachung der individuellen Dimension, d. h. die gleichsam mikroskopisch genaue Betrachtung von Verhaltensweisen, Handlungsspielräumen, Beteiligungsmotiven und Wertorientierungen einzelner Täter, das Realitätsbild zu ergänzen und zu komplettieren.

II.

Kollektive Gewalt ist vor allem durch Rechtfertigungen, Neutralisationen, Umwertungen bis hin zu Zuständen vollständiger «moralischer Anästhesie»[6] gekennzeichnet, durch die tradierte Wertungen eliminiert oder «umgepolt»[7] werden. Besonders deutlich wird dies

4 Laqueur 1977, S. 79.
5 Vgl. hierzu Sack 1974, S. 212 ff.
6 Der Begriff stammt von Viktor v. Weizsäcker 1949, S. 172.
7 Stierlin 1978, S. 233.

in der Situation des Tötens im Krieg. Hier muß der Einzelne «in aller Eile sowohl etwa mitgebrachte wie auch kulturell erworbene Tötungshemmungen verlernen»[8], um dann ebenso schnell Normen mit nahezu konträren Anforderungen zu verinnerlichen. In welchem Maße und wie ihm das überhaupt gelingt, ist trotz einzelner empirischer Untersuchungen über das Kriegsverhalten im Grunde ungeklärt[9]. Vorstellbar ist eigentlich nur, daß durch die Sozialisation vor allem Konformitätserwartungen und erst an zweiter Stelle Verletzungsverbote vermittelt werden, so daß bei gleichbleibender Anpassung die moralischen Inhalte wechseln können. Die Gesellschaft nimmt, wie Arno Plack diesen Sachverhalt vielleicht etwas überpointiert ausgedrückt hat, dem Einzelnen, der einen Mord begeht, nicht übel, daß er tötet, sondern «daß er es auf eigene Faust tut»[10]. Eigentlich nur so läßt sich auch erklären, daß im öffentlichen Bewußtsein das Verbrechen im individuellen Massenmord kulminiert, die Kollektivkriminalität dagegen bereits jenseits des Wahrnehmungshorizonts liegt[11].

Im allgemeinen wird in der human- und sozialwissenschaftlichen Literatur, soweit sie sich auf die psychologischen Bedingungen kollektiven Verhaltens einläßt, angenommen, daß kollektive Gewalt ziemlich allgemein und nicht nur das Töten im Krieg belastungsfrei, d. h. ohne Schuldgefühl, erlebt wird[12]. Werden ausnahmsweise

[8] Brauneck 1974, S. 158, die ausführlicher, als es in der kriminologischen Literatur üblich ist, auf die Situation des Krieges und auf Kriegsverbrechen eingeht, u. a. auf das Massaker in My Lai während des Vietnamkrieges.

[9] Hervorzuheben ist vor allem die Untersuchung von Stouffer u. a. über den amerikanischen Soldaten.

[10] Plack 1967, S. 308.

[11] Eine 1968 in der Bundesrepublik durchgeführte Umfrage ergab, daß es der öffentlichen Meinung Mühe bereitete, darüber zu entscheiden, ob Hitler oder der des vierfachen Kindermordes überführte Jürgen Bartsch der größte Verbrecher dieses Jahrhunderts sei. Die Mehrheit entschied sich letztlich für Hitler – anders die Frauen –, gab Bartsch aber den Vorrang vor Stalin, Eichmann und Himmler (vgl. «Stern» Nr. 50/1968). Ganz ähnlich war die amerikanische Bevölkerung im Jahre 1973 sehr rasch bereit, die sexuell motivierte Ermordung von 27 jungen Leuten in Texas als den größten Massenmord in der Geschichte der Vereinigten Staaten einzustufen, und es bedurfte des korrigierenden Hinweises eines Mitarbeiters der «New York Times»: «Nothing like My Lai!» (vgl. G. Mauz, «Spiegel» Nr. 34/1973), um das Bild wieder zurechtzurücken.

[12] Äußerungen in diesem Sinne finden sich verstreut an manchen Stellen der Literatur; sie sind hier nicht vollständig aufführbar. Vgl. im übrigen Anm. 14.

«auffällige» nachträgliche Reaktionen publik wie im Fall des an der Vernichtung von Hiroshima beteiligten amerikanischen Fliegers Eatherly, wird dies sehr schnell unter dem Aspekt von Normalität und Abweichung gedeutet[13]. Einzelne Veröffentlichungen der letzten Jahre, die sich mit den Entlastungsmechanismen bei Völker- und Massenmord befaßt haben, gehen von der weitgehenden Minimierung bestehender Hemmungen und Schuldgefühle aus[14]. Eigene Untersuchungen über die unter totalitärer Herrschaft verübten Verbrechen lassen diese Annahme zwar als differenzierungsbedürftig, jedoch tendenziell zutreffend erscheinen[15].

Mit dem theoretischen Ansatz von Sykes und Matza möchte ich davon ausgehen, daß Rechtfertigungstheorien und Neutralisationstechniken, durch die sich das Individuum gegen Selbstvorwürfe und Vorwürfe anderer immunisiert, auch in diesem Bereich nicht nur die Bedeutung nachträglicher Selbstentlastungen haben, sondern daß sie dem kriminellen Verhalten vorausgehen, ihm psychologisch den Weg ebnen und es auf diese Weise ermöglichen[16]. Erst recht werden anomische Bindungslosigkeit und abweichende Gruppennormen, bei denen Schuldgefühle nicht nur durch Rationalisierungen überdeckt werden, sondern überhaupt nicht erst aufkommen, diese entlastende und damit aggressives Verhalten freisetzende Wirkung haben. Den in gesellschaftlichen Ausnahmezuständen beobachtbaren Veränderungen der Wertorientierung und Gewissensreaktion kommt daher bei der Erklärung kollektiver Verbrechen zweifellos eine entscheidende Bedeutung zu.

Versucht man, die in der Diskussion befindlichen Bedingungen und Mechanismen, von denen Selbstentlastungen abhängig sind, zu systematisieren, so könnte man folgende Varianten unterscheiden[17]:

13 Zum Fall Eatherly vgl. Eatherly/Anders 1961 und Huie 1964. Die Thematik ist auch zwischen G. Anders und mir in einem Briefwechsel des Jahres 1964 diskutiert worden, in dem es um die Frage ging, ob psychische Störungen und abweichendes Verhalten als Reaktionen auf einen Atombombenangriff «normal» oder «pathologisch» seien.

14 Vgl. Duster 1973, Schumacher 1980 A.

15 Jäger 1967.

16 Sykes und Matza 1968, S. 360 ff. Vgl. dazu auch Scott und Lyman 1973, S. 294 ff.

17 Vgl. Jäger 1967, Duster 1973, Scott und Lyman 1973, Stierlin 1978, Bandura 1979.

1. Entlastungen durch die Berufung auf höherrangige politische Zielsetzungen, kollektive Interessen sowie politische oder militärische Notwendigkeiten, 2. Entlastungen durch gruppendynamische Einflüsse, Gruppenbindungen und Gruppenloyalitäten, durch die gegenläufige moralische Verpflichtungen begründet werden, 3. Schwächungen des Mitgefühls durch distanzierte Täter-Opfer-Beziehungen, etwa durch die Entpersönlichung, Dehumanisation oder Stigmatisierung des Opfers oder Gegners, 4. generelle sozialpsychologische Gesetzmäßigkeiten, die zur Folge haben, daß soziale Entfernung oder optische und akustische Wahrnehmungsdistanz gegenüber dem Opfer und den Wirkungen des eigenen Handelns die Hemmungen und Schuldgefühle mindern[18], 5. Desensibilisierungsprozesse, die mit der Beteiligungsdauer an kollektiver Gewalt und Gewöhnungsvorgängen zusammenhängen, 6. die Möglichkeit, das eigene Handeln von Verhaltensweisen, die dem stigmatisierenden Alltagsverständnis von Kriminalität entsprechen, abzugrenzen.

Insgesamt ist es wohl unumgänglich, von einer relativen Reichweite empathischer Reaktionen auszugehen, die von unterschiedlichsten situativen und konstanten Bedingungen beeinflußt wird. Auf die Abhängigkeit des Verantwortungs- und Mitgefühls von sozialer Nähe und Distanz hat vor allem Anne-Eva Brauneck in ihrer «Allgemeinen Kriminologie» (1974) aufmerksam gemacht. An der dort getroffenen Unterscheidung von Nah- und Fernraumdelikten ist für die kollektive Kriminalität vor allem bedeutsam, daß keine scharfe Trennung zwischen der kriminellen Schädigung sozial Fernstehender und dem Aggressionsverhalten im Krieg vorgenommen wird, sondern beide Situationen als graduell abgestufte Fernraumbeziehungen aufgefaßt werden, bei denen das persönliche Verantwortungsgefühl wegen der menschlichen Ferne des Opfers «nicht auf der Höhe» ist[19]. Hemmung und Schuldgefühl sind daher Reaktionsweisen, die vor allem der Primärgruppe gegenüber wirksam sind, sich im sozialen Fernraum dagegen zunehmend verlieren. Das wäre eine Erklärung dafür, daß gerade bei kollektiven Verbrechen einfühlsamer und sensibler Kontakt im Nahraum mit gefühllosem

18 Die Auswirkungen der Wahrnehmungsdistanz sind vor allem durch Milgrams Gehorsams-Experimente eindrucksvoll bestätigt worden.

19 Brauneck 1974, S. 105. Die Unterscheidung von Nah- und Fernraumkriminalität ist wohl der zentrale, an den verschiedensten Stellen des Buches auftauchende Grundgedanke des dort vertretenen theoretischen Konzepts.

Verhalten gegenüber Opfern aus dem sozialen Fernraum in einer Person vereint sein können[20].

III.

Die Betrachtung sozialpsychologischer Bedingungen kollektiven Verhaltens könnte auf den ersten Blick hin einer makrosozialen Sichtweise recht geben: es müßte im Grunde genügen, bestimmte kollektive Mechanismen und Prozesse zu untersuchen, um die Determinanten dieser Kriminalität zu erkennen und zu verstehen, ohne auf individualpsychologische oder lebensgeschichtliche Faktoren Rückgriff zu nehmen. Muß es nicht absurd erscheinen, so ließe sich fragen, das Verhalten eines Bomberpiloten, eines an Kriegsmassakern beteiligten Soldaten oder des Funktionärs eines totalitären Systems mit seiner Persönlichkeitsstruktur oder Biographie in Zusammenhang zu bringen, statt es, was so naheliegend zu sein scheint, auf jene politischen oder gesellschaftlichen Verhältnisse zurückzuführen, ohne die es zu solchen Taten niemals gekommen wäre? So ist denn auch kontrovers geblieben, ob die Verbrechen des am Massaker von My Lai beteiligten amerikanischen Leutnants Calley überwiegend aus der besonderen Situation des Krieges und der «Zweideutigkeit der Rechtslage»[21] herzuleiten oder als Freisetzung «latenter krimineller Tendenzen» zu interpretieren sind, für die der Krieg nur den Hintergrund abgibt[22].

Die Kriminologie hat es hier mit ähnlichen Attributionsschwierigkeiten zu tun wie die intuitive Urteilsbildung der Öffentlichkeit: in der Regel neigt sie dazu, die empirisch schwer faßbaren situativen Bedingungen zu unterschätzen und das jeweilige Verhalten den relativ stabilen Dispositionen der beteiligten Individuen zuzurechnen[23], zumal dann, wenn es persönliche und lebensgeschichtliche Anhaltspunkte für solche Deutungen gibt; umgekehrt ist aber in der Öffentlichkeit auch die Tendenz zu erkennen, den anonym in eine Organisationsstruktur eingebundenen Mittäter kollektiver Verbre-

20 Beispiele hierfür bieten sowohl die nationalsozialistische Gewaltkriminalität wie der Terrorismus auf unterschiedliche Weise.

21 Brauneck 1974, S. 158–161.

22 Schneider 1976, S. 179.

23 Vgl. dazu Bierbrauer 1978, S. 150.

chen allzu leicht und oft vorschnell als unpersönlich handelndes Ausführungsorgan zu verstehen, für dessen Handlungsweisen individualisierende Erklärungen nicht in Sicht sind.

Die Untersuchung totalitärer Verbrechen als eines herausragenden Beispiels kollektiver Kriminalität hat trotz völligen Fehlens individualpsychologischer und biographischer Analysen das monolithische Bild kollektiven und organisatorischen Handelns deutlich relativiert, indem sie individuelle und phänomenologische Differenzierungen im Hinblick auf unterschiedliche Verhaltensweisen, Initiativen, Zwänge, Motiv- und Bewußtseinslagen aufgedeckt hat[24]. Die dabei gewonnenen Erkenntnisse reichen für psychologische Erklärungen, die ohnehin nur ergänzend in Betracht zu ziehen wären, gewiß nicht aus, müssen aber gegenüber der Deutung kollektiver Verbrechen als allein situativ bedingter «persönlichkeitsfremder» Taten doch skeptisch stimmen[25]. Im ganzen möchte ich aus der Analyse gerade dieses Kriminalitätsbereichs den Schluß ziehen, daß die individuelle Dimension an der Entstehung kollektiver Verbrechen nicht unwesentlich beteiligt ist. Zwar gibt es keinen Erklärungszusammenhang zwischen individueller Persönlichkeitsentwicklung und den Intentionen und organisatorischen Zielsetzungen, die zu dem destruktiven Kollektivgeschehen insgesamt geführt haben; wohl aber werden Art und Grad der Verstrickung und Beteiligung durch individuelle Faktoren mitbestimmt. Für die Reaktion auf Konformitätsdruck, Erwartungshaltungen, Rechtfertigungen und kollektive Freisetzungen aggressiven Handelns ist das Spektrum von Gefühlen, Einstellungen, Wertorientierungen und persönlichen Eigenarten, das in die kriminogene Situation eingebracht wird, offenbar nicht so bedeutungslos, wie oftmals angenommen wird[26]. Auch über die sozialpsychologischen Prozesse der Minimierung des Schuld- und Unrechtsbewußtseins, die maßgeblichen Anteil an der Entstehung kollektiver Verbrechen haben, läßt sich ohne individualisierende Betrachtung nur Unverbindliches sagen.

24 Jäger 1967.

25 Generelle Bedenken gegenüber dem Begriff der «persönlichkeitsfremden» Tat hat W. Rasch 1967, S. 73, angemeldet. Der Begriff beinhaltet für ihn letztlich nicht mehr als die Verbrämung der laienhaften Frage, ob man einem Menschen eine bestimmte Tat «zugetraut» hätte.

26 Ähnlich auch Milgram 1974, S. 60, für die experimentelle Situation seiner Gehorsamsversuche.

IV.

Die aktuelle Bedeutung einer Kriminologie kollektiven Verhaltens sehe ich nicht allein in der Notwendigkeit, den kriminologischen Forschungshorizont auf historische oder gegenwärtige Verbrechen in gesellschaftlichen Sondersituationen auszuweiten, sondern mehr noch darin, daß sich möglicherweise manche der von ihr bereits gewonnenen Erkenntnisse und Hypothesen auf bestimmte Bereiche der innerstaatlichen Kriminalität übertragen lassen. So scheint die Terrorismusforschung die Kriminologie vor in mancher Hinsicht vergleichbare Probleme zu stellen[27].

Gerade bei den terroristischen Aktivitäten der letzten Jahre handelt es sich ja um kollektive Konflikte, die mit festen Freund-Feind-Zuordnungen verbunden sind und in deren Ideenwelt Vorstellungen von Krieg, Kampf und Militanz eine zentrale Rolle spielen. Eine kleine, aus dem gesellschaftlichen Zusammenhang herausgelöste und zumal in der Situation des Untergrunds isolierte Gruppe erlebt das sie umgebende Umfeld als politisches Feindesland und reagiert darauf mit paramilitärischen Methoden. Ähnlich wie bei den bereits angeführten kollektiven Verhaltensweisen entwickeln sich in terroristischen Organisationen abweichende politisch-ideologische Wertorientierungen mit affektiv besetzten Gruppenbindungen, Loyalitätsvorstellungen und Feindbildern. Rechtfertigungsstrategien und Neutralisationstechniken, inzwischen in unterschiedlichster Weise formuliert und dokumentiert[28], bestimmen und beeinflussen das kollektive Handeln dort wie hier. Auch bei Terroristen scheinen sie, soweit erkennbar, die Wirksamkeit von Hemmungen und Schuldmechanismen herabzusetzen, die «Nahraum-Moral» dagegen im wesentlichen intakt zu lassen. Daß in den Rechtfertigungstheorien durchgängig die Vorstellung auftaucht, sich mit dem Staat oder System in einer Art Kriegszustand zu befinden, scheint jedenfalls dem subjektiven Erleben vieler Beteiligter zu entsprechen und nicht nur Teil einer aufgesetzten Propagandastrategie zu sein. Der Einbeziehung «kriegspsychologischer» Aspekte in die Interpretation solcher Verbrechen mit kollektivem Feindbild kommt

27 Jäger, H., in: Jäger, H., Schmidtchen, G., Süllwold, L., 1981, wie insgesamt die Reihe Analysen zum Terrorismus (4 Bände), 1981/82.

28 Vgl. texte der RAF, Malmö 1977.

Anne-Eva Braunecks Auffassung entgegen, daß die psychologischen Übergänge zwischen Fernraumdelikten und Kriegsverhalten gleitend sind und es sich bei manchen innerstaatlichen Verbrechen um «kriegsähnliche Fernraumdelikte»[29] handelt, bei denen empathische Reaktionen ähnlich wie im Kriegsverhalten kaum noch zu vermuten sind.

Ebenso wenig wie bei anderen kollektiven Verhaltensweisen ist es aber auch für eine Kriminologie des Terrorismus möglich, individuelle Entwicklungen und Handlungsbedingungen zu übersehen, und zwar unabhängig davon, ob letztlich sozialstrukturellen oder täterorientierten Theorien der Vorrang gegeben wird. Die Entstehung terroristischer Gewalt ist ja schon deshalb nicht allein von makrosozialen Bedingungen her verstehbar, weil diese, soweit sie die Entwicklung zum Terrorismus beeinflussen, nur für eine verschwindend kleine Zahl von Menschen verhaltensrelevant geworden sind. Die individuelle Sozialisation in die terroristischen Gruppenzusammenhänge und Extremsituationen hinein bedarf daher genauer Untersuchung, selbst wenn in bestimmten Tatmomenten gruppendynamische Einflüsse übermächtig geworden sein sollten[30]. Auch wenn in der Theorie, aber ebenso in den Konfrontationen der Terroristenprozesse eine individualisierende Betrachtungsweise immer wieder als Aberkennung politischer Motive, Reduktion auf individualpsychologische Erklärungsmuster und Immunisierung gegen die im Terrorismus enthaltene radikale Gesellschaftskritik befehdet wird[31], kommt doch keine Analyse daran vorbei, die individuelle Dimension mit ihren konkreten Verhaltensweisen, biographischen Verläufen, lebensgeschichtlichen und politischen Erfahrungen, Motiv- und Bewußtseinslagen sichtbar zu machen, ohne deren genaue Betrachtung jede theoretische Deutung letztlich spekulativ bleibt.

29 Brauneck 1974, S. 15.

30 Die Bedeutung gruppendynamischer Faktoren ist gerade für diesen Bereich noch nicht zureichend geklärt, so daß sich darüber bisher keine fundierten Aussagen machen lassen. Vgl. im übrigen zur Problematik Schumacher 1980 A, 1980 B.

31 Vgl. dazu neuerdings auch Clemenz 1980, S. 161 ff.

KRIMINOLOGIE KOLLEKTIVER VERBRECHEN 1980

Literatur

BANDURA, A.: Aggression. 1979.

BIERBRAUER, G.: Die Zuschreibung von Verantwortlichkeit. In: Hassemer, W., und Lüderssen, K. (Hrsg.), Sozialwissenschaften im Studium des Rechts, Band III: Strafrecht, S. 130–152

BRAUNECK, A.-E.: Allgemeine Kriminologie. 1974

CLEMENZ, M.: Familienterror und öffentlicher Terror. In: Kriminologisches Journal 1980, S. 161–178

DUSTER, T.: Bedingungen für Massenmord ohne Schuldgefühl. In: Steinert, H. (Hrsg.), Symbolische Interaktion. 1973, S. 76–87

EATHERLY, C., und ANDERS, G.: Off limits für das Gewissen, hrsgg. v. R. Jungk. 1961

EISENBERG, U.: Kriminologie. 1979

EISENBERG, U.: Kriminologisch bedeutsames Verhalten von Staatsführungen und ihren Organen. In: MschrKrim. 1980, S. 217–231

HEINZ, W. R. und SCHÖBER, P.: Theorien kollektiven Verhaltens (2 Bände). 1973

HESS, H.: Repressives Verbrechen. In: Kriminologisches Journal 1976, S. 1–22

HUIE, W. B.: Der Hiroshima-Pilot. 1964

JÄGER, H.: Verbrechen unter totalitärer Herrschaft. Erstausgabe 1967

JÄGER, H., SCHMIDTCHEN, G., SÜLLWOLD, L.: Lebenslaufanalysen (Reihe Analysen zum Terrorismus 2). 1981

LAQUEUR, W.: Terrorismus. 1977

MILGRAM, ST.: Das Milgram-Experiment. 1974

PFEIFFER, D. K., und SCHEERER, S.: Kriminalsoziologie. 1979

PLACK, A.: Die Gesellschaft und das Böse. 1967

RASCH, W.: Schuldfähigkeit: In: Ponsold, A., Lehrbuch der Gerichtlichen Medizin, 3. Aufl., 1967

SACK, F.: Makro- und Mikrobereich. In: Kaiser, G., u. a. (Hrsg.), Kleines Kriminologisches Wörterbuch. 1974, S. 212–215

SCHNEIDER, H. J.: Viktimologie. 1975

SCHNEIDER, H. J.: Kriminologie, Jugendstrafrecht, Strafvollzug. 1976

SCHUMACHER, W.: Psychologische Mechanismen bei der Manipulation des Rechtsbewußtseins in totalitären Systemen. In: Lüderssen, K., und Sack, F. (Hrsg.), Vom Nutzen und Nachteil der Sozialwissenschaften für das Strafrecht, stw 327, 1980 A, S. 169–199

SCHUMACHER, W.: Gruppendynamik und Straftat. In: NJW 1980 B, S. 1880–1884

SCOTT, M. B., und LYMAN, ST. M.: Verantwortungen. In: Steinert, H. (Hrsg.), Symbolische Interaktion. 1973, S. 294–314

STIERLIN, H.: Delegation und Familie. 1978

STOUFFER, S. A., u. Mitarb.: The American Soldier. 1949/1950

SYKES, G. M., und MATZA, D.: Techniken der Neutralisierung: Eine Theorie der Delinquenz. In: Sack, F., und König, R. (Hrsg.), Kriminalsoziologie. 1968, S. 360–371

texte der RAF. Malmö 1977

WEIZSÄCKER, V. v.: Begegnungen und Entscheidungen. 2. Aufl. 1949

Adalbert Rückerl
Nachwort zur Neuauflage von Herbert Jäger, ‹Verbrechen unter totalitärer Herrschaft›

Im Frühjahr 1966, einundzwanzig Jahre nach dem Ende des Zweiten Weltkrieges und dem Zusammenbruch des nationalsozialistischen Regimes, hatte Herbert Jäger seine dem vorliegenden Buch zugrundeliegenden Untersuchungen abgeschlossen. Die von den Staatsanwaltschaften und Gerichten in der Bundesrepublik Deutschland zunächst nur unsystematisch und ohne besonderen Nachdruck betriebene, seit 1958 jedoch intensivierte Strafverfolgung nationalsozialistischer Verbrechen hatte damals nahezu ihren Höhepunkt erreicht. Ein Jahr vorher, im März 1965, hatte sich der deutsche Bundestag aus Anlaß des seinerzeit drohenden Ablaufs der Verjährungsfrist für Mord in zwei ausführlichen und mit großem Engagement geführten Debatten mit der Frage der weiteren Verfolgbarkeit nationalsozialistischer Gewaltverbrechen auseinandergesetzt und sich schließlich mit deutlicher Mehrheit für eine Fortsetzung der sogenannten NS-Prozesse ausgesprochen. Im August 1965 war nach zwanzigmonatiger Dauer der erste Auschwitz-Prozeß vor dem Schwurgericht in Frankfurt a. M. zu Ende gegangen. Andere – beispielsweise der sogenannte Treblinka-Prozeß und der Sobibor-Prozeß – waren ebenso wie der Auschwitz-Prozeß in erster Instanz mit einer Verurteilung der Mehrzahl der Angeklagten zu lebenslangen oder langjährigen Freiheitsstrafen abgeschlossen worden. Einige andere Verfahren hatten dagegen mit spektakulären Freisprüchen oder mit Verurteilungen zu auffallend milden Strafen geendet. Eine Reihe weiterer großer NS-Prozesse befanden sich zu dieser Zeit gerade im Stadium der Hauptverhandlung.

In der deutschen Öffentlichkeit war die Verfolgung und gerichtliche Ahndung nationalsozialistischer Gewaltverbrechen inzwischen immer mehr zum Gegenstand heißer Diskussionen geworden. Man fragte sich besorgt, wie lange und in welcher Weise es auf diesem Gebiet wohl noch so weitergehen würde.

Schon drei Jahre zuvor, im März 1963, hatten sowohl der Rat der Evangelischen Kirchen Deutschlands wie auch der Deutsche Koordinierungsrat der Gesellschaften für christlich-jüdische Zusammenarbeit in öffentlichen Erklärungen beziehungsweise in einem offenen Brief an die Strafrechtslehrer an den deutschen Universitäten ihr Unbehagen über ein von ihnen erkanntes oder befürchtetes Mißverhältnis zwischen Urteilen über Verbrechen aus der NS-Zeit und Urteilen über «Verbrechen aus unseren Tagen» zum Ausdruck gebracht. Im Frühjahr 1966 hatte sich schließlich die ständige Deputation des Deutschen Juristentages veranlaßt gesehen, einen Kreis von Sachverständigen, bestehend aus Rechtswissenschaftlern, Richtern, Staatsanwälten und Rechtsanwälten, zu einer mehrtägigen Klausurtagung einzuladen, auf der die mit der Verfolgung und Ahndung der nationalsozialistischen Gewaltverbrechen zusammenhängenden strafrechtlichen und strafprozessualen Probleme erörtert wurden. Einen breiten Raum nahmen dabei Fragen der Abgrenzung von Mord und Totschlag, von Täterschaft und Beihilfe und das Problem des sogenannten Befehlsnotstandes ein. In einer einstimmig gefaßten Entschließung brachten schließlich die dort Versammelten, unter ihnen auch mehrere prominente Strafverteidiger aus NS-Prozessen, ihre ernste Besorgnis zum Ausdruck, daß die Ahndung solcher Verbrechen deren Unrechtsgehalt nicht mehr gerecht werde. Sie erklärten übereinstimmend, daß die Bewährung der Rechtsordnung und der Schutz des menschlichen Lebens eine weitere Verfolgung und Bestrafung der NS-Verbrecher erfordere.

In eine ganz andere Richtung gingen jedoch vielfach die Diskussionen, die zu diesem Thema im Familien- und Bekanntenkreis, am Arbeitsplatz und an den Stammtischen geführt wurden. Je häufiger in den Medien über NS-Prozesse berichtet wurde, um so eindringlicher beschäftigte man sich mit der Frage: Was hätten die an solchen Verbrechen Beteiligten, jene kleinen, angeblich jederzeit auswechselbaren Rädchen in einer großen, fürchterlichen und unüberschaubaren Maschinerie, seinerzeit tun können, um sich davon fernzuhalten? Drohte ihnen nicht doch im Falle einer Befehlsverweigerung selbst eine Gefahr für Leib und Leben? Durften sie nicht doch der Ansicht sein, das was sie befehlsgemäß, aber innerlich widerstrebend taten, sei rechtens, weil es – wie ihnen damals immer wieder eingetrichtert worden war – dem Willen «des Führers» entsprach, dessen Wort damals doch quasi Gesetzeskraft hatte?

Das vorliegende erstmals im Jahre 1967 erschienene Buch Herbert Jägers bot jedem, dem es ernsthaft um eine Beantwortung dieser Fragen zu tun war, die Gelegenheit zur sachlichen Information. Es hat den Anschein, als hätten jedenfalls zwar nicht wenige der an den NS-Prozessen in irgendeiner Form beteiligten Juristen, leider aber wohl auch nur diese, von der ihnen gebotenen Informationsmöglichkeit Gebrauch gemacht.

Seither sind mehr als fünfzehn Jahre vergangen. In der Bundesrepublik Deutschland standen in dieser Zeit über fünfhundert weitere Angeklagte unter dem Vorwurf vor Gericht, an nationalsozialistischen Mordtaten beteiligt gewesen zu sein. Über siebzig davon wurden zu lebenslanger, mehr als zweihundertdreißig zu zeitiger Freiheitsstrafe verurteilt; in etwa zweihundert Fällen erfolgte ein Freispruch, eine Einstellung des Verfahrens wegen inzwischen eingetretener Verjährung oder die Gerichte sahen – in wenigen Fällen – bei untergeordneten, nicht-exzessiven Tatbeteiligten trotz Schuldspruchs gemäß § 47 Abs. 2 des zur Tatzeit geltenden Militärstrafgesetzbuches von einer Bestrafung ab. Die Prozeßwelle, die mit dem im Sommer 1981 nach fünfeinhalbjähriger Hauptverhandlung in erster Instanz abgeschlossenen, in der Öffentlichkeit heiß umstrittenen Majdanek-Prozeß nochmals einen Kulminationspunkt erreicht hatte, ebbt unverkennbar und unaufhaltsam ab.

Wenn nun heute Herbert Jägers Buch praktisch unverändert in einer neuen Ausgabe erscheint, drängen sich zwangsläufig die Fragen auf: Gelten die aufgrund der Ergebnisse der damaligen Untersuchungen getroffenen Feststellungen und die daraus gezogenen Schlußfolgerungen noch heute? Was hat sich in den zurückliegenden fünfzehn Jahren verändert?

Geändert haben sich in der Zwischenzeit einschlägige gesetzliche Vorschriften. Gewandelt hat sich vor allem aber auch das Prozeßverhalten der Angeklagten und ihrer Verteidiger. Die Untersuchungsergebnisse Herbert Jägers und seine darauf sich gründenden Aussagen haben dagegen nicht nur in vollem Umfange ihre Bestätigung gefunden; sie wurden vielmehr in manchen Punkten noch weiter untermauert.

Nach wie vor gehen die Gerichte davon aus, daß bei NS-Verbrechen – abgesehen von den ausschließlich aus individuellem Antrieb begangenen Straftaten – als Haupttäter Hitler, Himmler, Heydrich und andere an der Spitze der damaligen Hierarchie stehende Personen zu gelten haben. Entsprechend der vom Bundesgerichtshof vertretenen, keineswegs unumstrittenen subjektiven Teilnahmelehre werden befehlsgemäß handelnde Tatteilnehmer, soweit sie sich keiner Exzesse schuldig gemacht haben, von den Gerichten dann nur wegen Beihilfe zum Mord verurteilt, wenn sie durch ihre individuelle Betätigung zwar den vollen Tatbestand des Mordes gemäß § 211 StGB erfüllt haben, sich dabei jedoch ohne eigenes Interesse am Taterfolg dem Willen anderer, nämlich der obengenannten Haupttäter, unterordneten und mit ihrem Handeln lediglich deren Verbrechen fördern wollten.

§ 49 StGB (in der bis zum 31. Dezember 1974 geltenden Fassung) drohte dem Mordgehilfen die gleiche Strafe an wie dem Täter und räumte lediglich die Möglichkeit einer Strafmilderung ein. Das bedeutete, daß für Mord und Beihilfe zum Mord dieselbe Verjährungsfrist galt. Eine am 1. Oktober 1968 in Kraft getretene Änderung des § 50 Abs. 2 des Strafgesetzbuches hatte jedoch – vom Gesetzgeber offenbar unbeabsichtigt – zur Folge, daß Beihilfehandlungen zu den aus nationalsozialistischer Gesinnung begangenen Mordtaten unter bestimmten Umständen wegen inzwischen eingetretener Verjährung nicht mehr verfolgt werden konnten. Die im Einführungsgesetz zum Gesetz über die Ordnungswidrigkeiten bekanntgemachte Neufassung des § 50 Abs. 2 StGB lautete:

> «Fehlen besondere persönliche Eigenschaften, Verhältnisse oder Umstände (besondere persönliche Merkmale), welche die Strafbarkeit des Täters begründen, beim Teilnehmer, so *ist* dessen Strafe nach den Vorschriften über die Bestrafung des Versuchs zu mildern.»

Der Bundesgerichtshof entschied in einem Urteil vom 20. Mai 1969 – 5 StR 658/68 –, daß das Tatbestandsmerkmal «niedrige Beweggründe» – im Gegensatz zu den Tatbestandsmerkmalen «grausam» und «heimtückisch» – als ein täterbezogenes besonderes persönliches Merkmal im Sinne des § 50 Abs. 2 StGB anzusehen ist. War somit dem Gehilfen an einem von den Haupttätern aus Rassenhaß begangenen Mord nicht nachzuweisen, daß das Motiv seines persönlichen Handelns ebenfalls Rassenhaß war, so schrieb das Gesetz – falls nicht darüber hinaus tatbezogene Merkmale gegeben waren – eine Strafmilderung nunmehr zwingend vor. Dies wiederum bedeutet, wie der Bundesgerichtshof in der genannten Entscheidung im einzelnen erläuterte, daß in einem solchen Fall mit der am 1. Oktober 1968 erfolgten Änderung des § 50 Abs. 2 StGB rückwirkend zum 8. Mai 1960 die Verjährung eingetreten war, falls nicht vor diesem

Zeitpunkt der Ablauf der Verjährungsfrist durch eine entsprechende richterliche Handlung unterbrochen worden war.*

Gerichte und Staatsanwaltschaften sahen sich deshalb fortan veranlaßt, besonderes Gewicht auf die Erforschung der Motivation der Beschuldigten und Angeklagten zu legen. Daß einer von ihnen – auch im Falle eines Eingeständnisses seines objektiven Tatbeitrages – als Motiv seines Handelns persönlichen Haß auf Juden oder Zigeuner nennen würde, war kaum zu erwarten. Bei Tatbeteiligten, denen nicht nachzuweisen war, daß sich ihr Gehilfenvorsatz auch auf die grausame oder heimtückische Tatausführung erstreckte, mußte nun versucht werden, gestützt auf Indizien ihre innere Einstellung zur Rassenideologie des Nationalsozialismus zu ergründen. Es zeigte sich dabei, daß bei nicht-exzessiven Teilnehmern an NS-Verbrechen der Rassenhaß als Motiv zurücktrat hinter Karrieredenken, Anpassungsstreben und irrtümlich angenommene Befehlsnotstandslage.

Mehrere zum Teil sehr umfangreiche Ermittlungs- und Strafverfahren gegen Tatbeteiligte der Kategorie der sogenannten Schreibtischtäter, aber auch Verfahren gegen unmittelbar Beteiligte an solchen Einzeltötungen, die nicht unter grausamen oder heimtückischen Umständen begangen worden waren, mußten eingestellt werden, weil den Betreffenden zwar der Gehilfenvorsatz, nicht aber das Vorhandensein eigener niedriger Beweggründe nachgewiesen werden konnte. Als Beispiel seien hier nur genannt die zahllosen vom Reichssicherheitshauptamt angeordneten Einzelexekutionen von polnischen oder russischen Zwangsarbeitern wegen Verstößen gegen die ihnen auferlegten Lebensregeln, wie etwa das Verbot sexueller Beziehungen zu deutschen Frauen. In Verfahren wegen Massenexekutionen und Massenvergasungen spielten solche Erwägungen jedoch eine untergeordnete Rolle, weil die Gerichte in der Regel davon ausgingen, daß auch die nicht am Tatort anwesenden mittelbaren Teilnehmer die in solchen Fällen zwangsläufig grausame Tatausführung in ihre Vorstellung aufgenommen hatten.

* Seit dem 1. Januar 1975 schreibt § 27 Abs. 2 StGB in jedem Falle der Beihilfe eine Strafmilderung zwingend vor. Durch Einfügen entsprechender Bestimmungen hat der Gesetzgeber jedoch dafür gesorgt, daß diese Gesetzesänderung ohne Auswirkungen auf die zu diesem Zeitpunkt geltenden Verjährungsvorschriften blieb.

Die so durch die Änderung des Gesetzes bewirkte Quasi-«Aufwertung» der (im Gegensatz zu den niedrigen Beweggründen) tatbezogenen Merkmale der Grausamkeit und Heimtücke führten dazu, daß – von Ausnahmen abgesehen – nur noch solche Teilnehmer an NS-Verbrechen auf die Anklagebank kamen, die im Zeitpunkt der Tat den Opfern Auge in Auge gegenübergestanden hatten oder die auf andere Weise über die grausamen oder heimtückischen Umstände der Tatausführung informiert gewesen waren beziehungsweise zumindest mit solchen Umständen hatten rechnen müssen. Diese äußeren Umstände waren nun aber meist in einem Grade unmenschlich, daß sich die Frage nach dem Unrechtsbewußtsein der Täter und Tatgehilfen ernsthaft gar nicht mehr stellen konnte. Kaum einer der Angeklagten, die in den letzten Jahren vor Gericht standen, hat versucht sich mit der Behauptung zu verteidigen, er habe angesichts der äußeren Umstände der Tatausführung die außerhalb jeder Kampfhandlungen erfolgte Tötung wehrloser Zivilisten, darunter vorwiegend Kinder, Frauen und Greise, für rechtmäßig gehalten.
Es lag nun die Erwartung nahe, die Angeklagten würden sich fortan möglicherweise in einem noch viel stärkeren Maße als bisher auf eine ihnen seinerzeit unausweichlich erscheinende Befehlsnotstandslage berufen. Dies traf jedoch nicht zu.
Wohl erklären nach wie vor zahlreiche Beschuldigte – soweit sie überhaupt eine Beteiligung an den ihnen zur Last gelegten Straftaten einräumen –, sie hätten nur unter dem ihnen unausweichlich erscheinenden Druck einer im Falle einer Befehlsverweigerung drohenden Gefahr für Leib und Leben an den Mordaktionen teilgenommen. Soweit ein Teilnehmer an einem NS-Verbrechen imstande ist, für den Zeitpunkt der Tat das Vorliegen gewichtiger Gründe nachzuweisen, welche die Annahme eines Nötigungsnotstandes glaubhaft erscheinen lassen, und wenn darüber hinaus auf Grund der gesamten Umstände davon ausgegangen werden kann, daß er nur durch die von ihm irrtümlich angenommene Notstandslage und nicht etwa durch andere Beweggründe veranlaßt wurde, einen verbrecherischen Befehl auszuführen, erhebt die Staatsanwaltschaft nach wie vor in der Regel keine Anklage.
In den Hauptverhandlungen vor den Schwurgerichten spielte dagegen in den letzten Jahren die Frage nach dem Befehlsnotstand bei weitem nicht mehr die Rolle, die ihr noch Ende der 60er und An-

fang der 70er Jahre zukam. Seinerzeit hielten es Gerichte, Staatsanwälte, vor allem aber auch die Verteidiger noch in nahezu allen NS-Prozessen für erforderlich, Zeugen und Sachverständige zu hören, die ohne ausdrücklichen Bezug auf den Gegenstand des jeweiligen Strafverfahrens ganz allgemein und ausschließlich zum Problem des Befehlsnotstandes aussagen sollten. So wurden beispielsweise in dem sogenannten ersten Treblinka-Prozeß von insgesamt mehr als einhundert zur Hauptverhandlung geladenen Zeugen mehr als zwanzig auf Antrag der Verteidigung ausschließlich über ihre Kenntnisse und Wahrnehmungen zum Befehlsnotstand vernommen. Unter ihnen befanden sich fünf frühere SS-Richter, mehrere zur Tatzeit im Generalsrang stehende SS-Führer und schließlich auch noch der damals bereits im Ruhestand befindliche ehemalige Staatssekretär im Bundeskanzleramt Globke.

Die Bemühungen der Verteidiger, den Gerichten auch nur einen einzigen Fall zu präsentieren, in dem die Weigerung der Ausführung eines rechtswidrigen Tötungsbefehls eine im Sinne der gesetzlichen Bestimmungen objektive Gefahr für Leib und Leben des Befehlsempfängers mit sich gebracht hätte, blieben bis heute ohne Erfolg. Kennzeichnend erscheint in diesem Zusammenhang folgende Begebenheit: Ein ehemals hoher SS-Führer, promovierter Jurist, der während des Krieges zeitweilig eine Schlüsselstellung im Reichssicherheitshauptamt eingenommen hatte und der bis zu seiner Verhaftung im Jahre 1969 mehrfach als Zeuge in NS-Verfahren zum Problem des Befehlsnotstands vernommen worden war, beantwortete die Bitte eines Rechtsanwalts um Benennung eines Zeugen dafür, daß die Befehlsverweigerung eines Polizeiangehörigen «unweigerlich dessen Liquidierung bedeutete», wie folgt:

> «Nachdem ich selbst während des Krieges keinen Fall einer Bestrafung wegen Befehlsverweigerung erlebt hatte, habe ich nach dem Kriege, – als ich in meiner ‹Nebenpraxis› alten Kameraden zu helfen versuchte – mich bemüht, solche Fälle zur Verwendung in den laufenden Strafverfahren festzustellen. Trotz Befragung zahlreicher ‹zuständiger› Männer – besonders SS- und Wehrmachtsrichter – gelang es mir nicht, einen einzigen brauchbaren Fall festzustellen.
>
> Daraufhin drehte ich den Spieß um und stellte an die Spitze meiner Aussagen über den Befehlsnotstand die Feststellung, daß nach meiner Überzeugung Fälle der Bestrafung von Befehlsver-

weigerungen mir deshalb nicht bekannt geworden seien, weil wir alle damals der Überzeugung waren, daß eine Befehlsverweigerung unmöglich sei und weil deshalb solche Fälle nicht oder kaum vorkamen.»*

Es kamen aber sehr wohl während des Krieges Fälle von Befehlsverweigerung vor. In Herbert Jägers Buch sind eine ganze Reihe davon mit Quellenangaben aufgeführt. Man konnte sie schon im Jahre 1967 dort nachlesen. Es mag dahingestellt bleiben, ob ein Zusammenhang besteht zwischen dem Erscheinen des Buches und der Tatsache, daß in den darauf folgenden Jahren in den NS-Prozessen das Argument einer zur Tatzeit bestehenden objektiv unausweichlichen Notstandslage von Angeklagten und Verteidigern mit immer geringeren Engagement vorgetragen wurde. Festzustellen bleibt, daß seit dem Erscheinen des Buches in den vergangenen fünfzehn Jahren weder im Zuge der Ermittlungs- und Strafverfahren noch im Rahmen der zeitgeschichtlichen Forschung Erkenntnisse gewonnen werden konnten, die geeignet erscheinen, die damaligen Aussagen Herbert Jägers zum Problem des Befehlsnotstandes in qualitativer oder quantitativer Hinsicht in Frage zu stellen.

Diese Feststellung beschränkt sich jedoch keineswegs auf die Ausführungen zum Befehlsnotstand. In der Zwischenzeit aufgefundene und ausgewertete Dokumente wie seither in den Prozessen angefallene Vernehmungsprotokolle geben auch im übrigen keinen Anlaß zu Einschränkungen, Ergänzungen oder Berichtigungen, sei es nun zu Fragen des Unrechtsbewußtseins, der damaligen Geheimhaltung oder des Verhältnisses zwischen dem Partisanenkampf und den Morden an Juden und Zigeunern.

Geändert und der vorgegebenen Situation angepaßt hat sich jedoch die Verteidigungsstrategie der Angeklagten. In früheren Strafprozessen wegen NS-Verbrechen hatten die Angeklagten häufig in objektiver Hinsicht eine Beteiligung an den ihnen zur Last gelegten Straftaten eingeräumt, sich dabei aber auf das Vorliegen einer unabwendbaren Befehlsnotstandslage oder, wenn auch seltener, auf fehlendes Unrechtsbewußtsein berufen. Da diese Argumente angesichts der zum Problem des Befehlsnotstands zwischenzeitlich gewonnenen Erkenntnisse und der zumeist kaum vorstellbaren Un-

* Kopie des Briefes bei den Akten der Zentralen Stelle der Landesjustizverwaltungen in Ludwigsburg.

menschlichkeit der Tatausführung weitgehend an Überzeugungskraft verloren, gingen die Angeklagten immer mehr dazu über, alle für sie ungünstig erscheinenden Tatsachen auch dann schlicht zu bestreiten, wenn sie damit rechnen mußten, von Augenzeugen massiv belastet zu werden. Wegen der infolge des Zeitablaufs zwangsläufig wachsenden Schwierigkeiten, einen lückenlosen, zur Verurteilung ausreichenden Zeugenbeweis zu führen, hatten sie mit dieser Methode oft genug Erfolg.

Auch wenn in den Gerichtssälen aus gutem Grund nicht mehr so häufig wie früher von Befehlsnotstand und mangelndem Unrechtsbewußtsein die Rede ist, in den Köpfen eines großen Teil vor allem der älteren Generation hierzulande hält sich – oft wohl bewußt oder unbewußt zur Verdrängung eigener Schuldgefühle – nach wie vor die Vorstellung, unter dem NS-Regime sei eine Befehlsverweigerung meist gleichbedeutend mit Tod oder Konzentrationslager gewesen und das, «was seinerzeit als Recht gegolten habe, könne heute doch unmöglich Unrecht sein».

Die vor fünfzehn Jahren erstmals erschienene Studie Herbert Jägers zur nationalsozialistischen Gewaltkriminalität hat deshalb bis heute nichts von ihrer Aktualität eingebüßt. Sie trägt dazu bei, von der so bequemen und deshalb weitverbreiteten kollektiven Betrachtungsweise historischer Ereignisse und historischer Schuld hinzuführen zur Erkenntnis individueller Zurechenbarkeit. Die Tatsache, daß aus dieser Erkenntnis heraus heute noch Strafprozesse gegen Personen geführt werden, die vor mehr als einem halben Menschenalter an den vom damaligen Regime befohlenen Verbrechen teilgenommen hatten, kann heute vor allem den jungen Menschen zeigen, daß unter rechtsstaatlichen Verhältnissen jeder für sein individuelles Handeln einzustehen hat und sich nicht hinter den Anordnungen einer pervertierten Obrigkeit verstecken kann. Unter diesem Aspekt sind sowohl die NS-Prozesse wie auch nicht zuletzt Herbert Jägers Buch geeignet, den hierzulande nach wie vor dringend nötigen Lernprozeß in Sachen Demokratie zu fördern.

Bibliographie

ADLER, H. G.: Theresienstadt 1941–1945, 2. Aufl. 1960
— Die Erfahrung der Ohnmacht. 1964
ADLER, H. G., LANGBEIN, H., LINGENS-REINER, E. (Hrsg.): Auschwitz, Zeugnisse und Berichte. 1962
ADORNO, Th. W., FRENKEL-BRUNSWIK, E., LEVINSON, D. J., SANFORT, R. N.: The Authoritarian Personality. 1950
ADORNO, Th. W.: Minima Moralia. 2. Aufl. 1962
— Eingriffe. 1963
ANDERS, G.: Die Antiquiertheit des Menschen. 1961
— Thesen zum Atomzeitalter. (Sonderdruck) o. J.
— Wir Eichmann-Söhne. 1964
ARENDT, H.: Sechs Essays. 1948
— Elemente totaler Herrschaft. 1958
— Eichmann in Jerusalem. 1964
Die Kontroverse. Hannah Arendt, Eichmann und die Juden. 25 Beiträge. 1964
— Über die Revolution. 1965
ARENDT, H., und ENZENSBERGER, H. M.: Politik und Verbrechen. Ein Briefwechsel. In: Merkur Nr. 205 (1965), S. 380
ARNDT, A.: Zu den Einsatzgruppen-Prozessen. NJW 1964, 486 ff., 487
ASCHENAUER, R.: Kriegsbefehle (hektographierte Ausarbeitung). 1964
AUERBACH, H.: Die Einheit Dirlewanger. Vjh. f. Zeitgesch. 10 (1962), S. 250 ff.
v. BAEYER-KATTE, W.: Das Unrechtsbewußtsein im terroristischen Antisemitismus. In: Vorurteile. Politische Psychologie, Band 3 (1964), S. 29 ff.
v. BAEYER-KATTE, BAUMERT, JACOBSEN, SCHARMANN, WIESBROCK (Hrsg.): Autoritarismus und Nationalismus — ein deutsches Problem? Schriftenreihe «Politische Psychologie». Bd. 2 (1963)
v. BAEYER-KATTE, BAUMERT, JACOBSEN, MOEBUS, SCHARMANN, WIESBROCK (Hrsg.): Vorurteile. Ihre Erforschung und ihre Bekämpfung. Schriftenreihe «Politische Psychologie» Bd. 3 (1964)
BARTH, K.: Wie können die Deutschen gesund werden? 2. Aufl. 1945
BAUER, F.: Die Kriegsverbrecher vor Gericht. 1945
— Das Problem der Schuld im Strafprozeß mit politischem Hintergrund. (Unveröffentlichter Vortrag.) 1961
— Genocidium (Völkermord). In: Hwb. Krim. Bd. I (1965) S. 268 ff.
— Im Namen des Volkes. In: Hammerschmidt, H. (Hrsg.): Zwanzig Jahre danach. 1965. S. 301 ff.
— (Hrsg.) Widerstand gegen die Staatsgewalt. 1965
— Die Wurzeln faschistischen und nationalsozialistischen Handelns. 1965
BAUMANN, J.: Probleme der Fahrlässigkeit bei Straßenverkehrsunfällen. In: Kriminalbiol. Gegenwartsfragen. Heft 4 (1960), S. 100 f.
— Schuld und Verantwortung. In: Freiburger Rundbrief 53/56 (1962), S. 29 ff.
— Gedanken zum Eichmann-Urteil. JZ 1963, S. 110 ff.

— Beihilfe bei eigenhändiger voller Tatbestandserfüllung. NJW 1963, S. 561 ff.
— Strafrecht Allgem. Teil. 3. Aufl. 1964
— Rechtmäßigkeit von Mordgeboten? NJW 1964, S. 1398 ff.
— Die Psychologie des bürokratisch organisierten Mordes. In: Frankfurter Hefte 21 (1966), Heft 3. S. 199 ff.
Bayle, F.: Psychologie et Ethique du National-Socialisme. 1953
Behrendt, R. F.: Der Mensch im Licht der Soziologie. 1962
Berber, F.: Lehrbuch des Völkerrechts. II. Band: Kriegsrecht. 1962
Berning, C.: Vom «Abstammungsnachweis» zum «Zuchtwart». Vokabular des Nationalsozialismus. 1964
Bettelheim, B.: Aufstand gegen die Masse. 1964
Boberach, H. (Hrsg.): Meldungen aus dem Reich. Auswahl aus den geheimen Lageberichten des Sicherheitsdienstes der SS 1933–1944. 1965
Bockelmann, P.: Einführung in das Recht. 1963
Boveri, M.: Der Verrat im XX. Jahrhundert. Bd. I. 1956
Broch, H.: Erkennen und Handeln. Essays Bd. II. 1955
— Massenpsychologie. 1959
Broszat, M.: Der Nationalsozialismus. Weltanschauung, Programm und Wirklichkeit. 2. Aufl. 1960
— Nationalsozialistische Polenpolitik 1939–1945. 1961 (Fischer-Bücherei Bd. 692. 1965)
— (Hrsg.) Kommandant in Auschwitz. Autobiographische Aufzeichnungen des Rudolf Höß. 1963
— Nationalsozialistische Konzentrationslager 1933–1945. In: Buchheim u. a., Anatomie des SS-Staates (s. d.), Bd. II, S. 9 ff.
Buchheim, H.: Die Lebensbedingungen unter totalitärer Herrschaft. In: Forster (s. d.) S. 89 ff.
— Totalitäre Herrschaft. Wesen und Merkmale. 1962
— Die SS – das Herrschaftsinstrument. In: Buchheim u. a., Anatomie des SS-Staates, (s. d.), Bd. I, S. 13 ff.
— Befehl und Gehorsam. In: Buchheim u. a., Anatomie des SS-Staates, (s. d.), Bd. I, S. 13 ff.
Buchheim, H., Broszat, M., Jacobsen, H.-A., und Krausnick, H.: Anatomie des SS-Staates. 2 Bände. 1965
Bundesjustizministerium (Hrsg.): Die Verfolgung nationalsozialistischer Straftaten im Gebiet der Bundesrepublik Deutschland seit 1945. 1964
Burckhardt, C. J.: Meine Danziger Mission 1937–1939. 1962
Bullock, A.: Hitler. Eine Studie über Tyrannei. 1960
Camus, A.: Fragen der Zeit. 1960
Crankshaw, E.: Die Gestapo. 1959
Dallin, A.: Deutsche Herrschaft in Rußland, 1941–1945. 1958
van Dam, H. G., und Giordano, R. (Hrsg.): KZ-Verbrechen vor deutschen Gerichten. 1962
Dombrowski, H.: Kriegsstrafrecht. 5. Aufl. 1942
Ehrhardt, H.: Euthanasie und Vernichtung «lebensunwerten» Lebens. 1965
Enzensberger, H. M.: Politik und Verbrechen. 1964
Fest, J. C.: Das Gesicht des Dritten Reiches. 1963

FLITNER, A. (Hrsg.): Deutsches Geistesleben und Nationalsozialismus. 1965
FORSTER, K. (Hrsg.): Möglichkeiten und Grenzen für die Bewältigung historischer und politischer Schuld in Strafprozessen.
Studien und Berichte der Katholischen Akademie in Bayern. Heft 19. 1962
FRAENKEL, E.: Judenfrage.
In: Staat und Politik (Fischer-Lexikon). 2. Aufl. 1964. S. 140ff.
FRAENKEL, H. und MANVELL, R.: Himmler. Kleinbürger und Massenmörder. 1965
FRANK, H. (Hrsg.): Nationalsozialistisches Handbuch für Recht und Gesetz. 1935
FREISLER, R.: Nationalsozialistisches Recht und Rechtsdenken. 1938
FREYER, H.: Theorie des gegenwärtigen Zeitalters. 1963
FRIEDRICH, C. J.: Totalitäre Diktatur. 1957
FRISCH, M.: Tagebuch, 1946–1949 (Taschenbuchausgabe). 1965
GAMM, H.-J.: Der braune Kult. 1962
GEHLEN, A.: Anthropologische Forschung. 1961
GEIGER, Th.: Vorstudien zu einer Soziologie des Rechts. 1964
GILBERT, G. M.: Nürnberger Tagebuch. 1962
GOLDSCHMIDT, D.: Soziologische Überlegungen zur Strafrechtsreform angesichts der Prozesse gegen nationalsozialistische Gewaltverbrecher.
In: Universitätstage 1964, S. 71ff.
— Ein Volk und seine Mörder.
In: Henkys (s. d.), S. 323ff.
GRAML, H.: Der 9. November 1938. Schriftenreihe der Bundeszentrale für Heimatdienst, Heft 2. 6. Aufl. 1958
GRITSCHNEDER, O.: Himmelschreiendes Unrecht sühnen.
In: Rheinischer Merkur Nr. 42 (1963), S. 14
GÜDE, M.: Justiz im Schatten von gestern.
In: Akademie-Vorträge zu sozialethischen Grundfragen in Wirtschaft, Gesellschaft und Kirche, Heft 3. 1959
GUMBEL, E. J.: Vom Fememord zur Reichskanzlei. 1962
HARTUNG: Der Rechtsirrtum in der Rechtsprechung des Reichsgerichts.
DRZ 1949, S. 342ff.
HEINTZ, P.: Soziale Vorurteile. 1957
HEINZE-SCHILLING: Die Rechtsprechung der Nürnberger Militärtribunale. 1952
HENKEL, H.: «Kollektivschuld».
In: Kraft-Festschrift. 1955
— Einführung in die Rechtsphilosophie. 1964
HENKYS, R.: Die nationalsozialistischen Gewaltverbrechen. 1964
HILBERG, R.: The Destruction of the European Jews. Chicago 1961
v. HIPPEL, F.: Die nationalsozialistische Herrschaftsordnung als Warnung und Lehre.
In: «Recht und Staat in Geschichte und Gegenwart», Nr. 129, 2. Aufl. 1947
— Die Perversion von Rechtsordnungen. 1955
HITLER, A.: Mein Kampf. 2 Bände. 1933
HOCHE, A. E.: Das Rechtsgefühl in Justiz und Politik. 1932
HOCHHUTH, R.: Der Stellvertreter. Schauspiel. 1963
HOFFMANN, G.: Strafrechtliche Verantwortung im Völkerrecht. 1962
HÖSS, R.: Kommandant in Auschwitz.
Siehe: Broszat (Hrsg.)

Hofer, W.: Der Nationalsozialismus.
Dokumente 1933–1945. 1960
Honolka, B.: Die Kreuzelschreiber. 1961
Hubatsch, W.: Hitlers Weisungen für die Kriegführung. 1965
Irving, D.: Der Untergang Dresdens. 1964
Jacobsen, H.-A.: 1939–1945. Der Zweite Weltkrieg in Chronik und Dokumenten. 1959
— Kommissarbefehl und Massenexekutionen sowjetischer Kriegsgefangener. (Mit Dokumentation).
In: Buchheim u. a., Anatomie des SS-Staates (s. d.), S. 163 ff.
Jäger, H.: Betrachtungen zum Eichmann-Prozeß.
Mschr. Krim. 45 (1962), H. 3/4, S. 73 ff (Nachdruck: Freiburger Rundbrief Nr. 57/60, 1963/64, S. 47 ff).
Jagusch, H. und Mezger, E. (Hrsg.): Leipziger Kommentar zum Strafgesetzbuch. 8. Aufl. Bd. I. 1957 (Zit.: LK)
Jaspers, K.: Interview zum Eichmann-Prozeß.
In: Der Monat Nr. 152 (1961), S. 15 ff.
— Für Völkermord gibt es keine Verjährung.
In: Der Spiegel Nr. 11 (1965), S. 49 ff. Nachgedruckt in: Wohin treibt die Bundesrepublik? 1966. S. 19 ff.
Jescheck, H.-H.: Die Verantwortlichkeit der Staatsorgane nach Völkerstrafrecht. 1952
Kaufmann, A.: Das Unrechtsbewußtsein in der Schuldlehre des Strafrechts. 1949
— Das Schuldprinzip. 1961
— Gesetz und Recht.
In: Festschrift für E. Wolf. 1962. S. 357 ff.
— Die Irrtumsregelung im Strafgesetz-Entwurf 1962.
ZStW 76 (1964) 543 ff.
Kempner, R. M. W.: Eichmann und Komplizen. 2. Aufl. 1961
— SS im Kreuzverhör. 1964
Kluge, A.: Lebensläufe. 1964
Kogon, E.: Der SS-Staat. 4. Aufl. 1958
— Rechtsgrundsätze des Auschwitz-Urteils. NJW 1965, S. 1901 f.
Kolakowski, L.: Der Mensch ohne Alternative. 1961
Korn, H.-J.: Täterschaft und Teilnahme bei staatlich organisierten Verbrechen. NJW 1965, S. 1206 ff.
Krausnick, H.: Hitler und die Morde in Polen.
In.: Vjh. f. Zeitgesch. 11 (1963), Heft 2, S. 196 ff.
— Judenverfolgung.
In: Buchheim u. a., Anatomie des SS-Staates (s. d.) Bd. II, S. 283 ff.
Langbein, H.: Im Namen des deutschen Volkes. 1963
— Wir haben es getan.
Selbstporträts in Tagebüchern und Briefen 1939—1945. 1964
— Der Auschwitz-Prozeß. Eine Dokumentation. 2 Bände. 1965
Lange, R.: Zum Denunziantenproblem. SJZ 1948, S. 302 ff.
Laternser, H.: Die andere Seite im Auschwitz-Prozeß 1963/65. 1966 (erschienen nach Drucklegung dieses Buches).

LEIBHOLZ, G.: Das Phänomen des totalen Staates.
In: Festschrift für H. Kraus. 1954, S. 156 ff.
LESZCZYNSKI, K. (Hrsg.): Fall 9. Das Urteil im SS-Einsatzgruppenprozeß. 1963
LEWALD, W.: Das Dritte Reich — Rechtsstaat oder Unrechtsstaat?
NJW 1964, S. 1658 ff.
LÖWITH, K.: Töten, Mord und Selbstmord.
In: Die Frage der Todesstrafe (zwölf Antworten). 1962, S. 167 ff.
LORENZ, K.: Über das Töten von Artgenossen.
In: Jahrb. d. Max-Planck-Gesellsch. 1955, S. 105 ff.
— Das sogenannte Böse. 1963
LUDWIG, G.: Massenmord im Weltgeschehen. 1951
LUDZ, P. Chr.: Offene Fragen in der Totalitarismus-Forschung.
In: Pol. Vjschr. 2 (1961), Heft 4, S. 319 ff.
MARCUSE, H.: Kultur und Gesellschaft, 2. Bd. 1965
MARTINI, W.: Der «Regimetäter».
In: Die dritte Gewalt XV (1964), Nr. 13, S. 1 ff.
MAURACH, R.: Deutsches Strafrecht. Allgem. Teil. 3. Aufl. 1965
MAYER, H.: Strafrechtsreform für heute und morgen. 1962
MENZEL, E.: Völkerrecht. 1962
MEZGER, E.: Rechtsirrtum und Rechtsblindheit.
In: Kohlrausch-Festschrift. 1944. S. 180 ff.
MEZGER-BLEI: Strafrecht (I. Allgem. Teil). 9. Aufl. 1960, 11. Aufl. 1965
MILGRAM, St.: Behavioral Study of Obedience
In: Journal of Abnormal and Social Psychology 67 (1963), S. 371 ff.
MILLER, A.: Die Frage ohne Antwort.
In: «Die Welt» v. 21. 3. 1964
MITSCHERLICH, A.: Meditationen zu einer Lebenslehre der modernen Massen.
In: Merkur Nr. 109 (1957) S. 201 ff.
— Zur Psychologie des Vorurteils.
In: Vorurteile. Politische Psychologie, Band 3 (1964), S. 41 ff.
MITSCHERLICH, A. und MIELKE, F.: Medizin ohne Menschlichkeit. 1960
MÜHLMANN, W. E.: Krieg und Frieden.
In: Bernsdorf-Bülow, Wörterbuch der Soziologie, 1955, S. 269 ff.
MULISCH, H.: Strafsache 40/61. 1963
NAUMANN, B.: Auschwitz. 1965
NELLESSEN, B.: Der Prozeß von Jerusalem. 1964
NÜRNBERGER PROZESSE, FALL IX: Verfahren des AMT gegen Angehörige der Einsatzgruppen. Deutsche Protokolle.
ORMOND, H.: Plädoyer im Auschwitz-Prozeß.
In: Sonderreihe aus «gestern und heute», Heft 7. 1965
— Replik im Auschwitz-Prozeß.
In: Frankfurter Hefte 20 (1965), Heft 12, S. 827 ff.
PARETO, V.: Allgemeine Soziologie. 1955
PENDORF, R.: Mörder und Ermordete. 1961
PETERS, K.: Gedanken eines Juristen zum Eichmann-Prozeß.
Eckart-Jahrbuch 1961/1962 (1962) S. 229 ff.
PICKER, H.: Hitlers Tischgespräche im Führerhauptquartier 1941–1942.
2. Aufl. 1965

Poliakov, L., und Wulf, J.: Das Dritte Reich und seine Diener. 2. Aufl. 1956
— Das Dritte Reiche und die Juden. 1961
Police d'Israel, Quartier General, 6-ème Bureau. Vernehmungen Adolf Eichmanns durch Hauptmann Less. Tonbandprotokolle. 6 Bände (hektographiert). 1960
Presse- und Informationsamt der Bundesregierung:
Die Verfolgung nationalsozialistischer Straftaten in der Bundesrepublik. o. J.
Der Prozeß gegen die Hauptkriegsverbrecher vor dem Internationalen Militärgerichtshof. Sitzungsprotokolle und Beweisurkunden. Bd. 1–XLII. 1947–1949 (Zit.: IMT).
Radbruch, G.: Zur Diskussion über die Verbrechen gegen die Menschlichkeit. SJZ 1947, S. 131 ff.
— Gesetzliches Unrecht und übergesetzliches Recht.
In: Radbruch, G., Rechtsphilosophie, 1950. S. 347 ff.
Redeker, R.: Bewältigung der Vergangenheit als Aufgabe der Justiz.
NJW 1964, S. 1097 ff.
Reichmann, E.: Flucht in den Haß. o. J.
Reitlinger, G.: Die Endlösung. 4. Aufl. 1961
Reiwald, P.: Eroberung des Friedens. 1944
— Die Gesellschaft und ihre Verbrecher. 1948
— Vom Geist der Massen. Handbuch der Massenpsychologie. 3. Aufl. 1948
Richter, H.-E.: Mörder aus Ordnungssinn.
In: »Die Zeit« Nr. 29 (1963), S. 3
Roesen, A.: Unvermögen zur Wahrheitsfindung.
In: Rheinischer Merkur Nr. 42 (1963), S. 14
— Rechtsfragen der Einsatzgruppen-Prozesse. NJW 1964, S. 133 ff.
— Nochmals: Rechtsfragen der Einsatzgruppen-Prozesse. NJW 1964, S. 1111 ff.
Rothfels, H.: Die deutsche Opposition gegen Hitler. 1958
Roxin, C.: Täterschaft und Tatherrschaft. (Hamburger Rechtsstudien H. 50). 1963
— Straftaten im Rahmen organisatorischer Machtapparate. GA 1963, S. 193 ff.
Sartre, J.-P.: Vorwort zu: H. Alleg, Die Folter.
In: Europäische Dokumente, Heft 12. 1958
— Drei Essays. 1960
Schmidhäuser, E.: Über Aktualität und Potentialität des Unrechtsbewußtseins.
In: Festschrift für Hellmuth Mayer. 1966. S. 317 ff.
Schnabel, R.: Macht ohne Moral. Eine Dokumentation über die SS. 1957
Schoenberner, G.: Der gelbe Stern.
Die Judenverfolgung in Europa 1933 bis 1945. 4. Aufl. 1961
— (Hrsg.): Wir haben es gesehen. Augenzeugenberichte über Terror und Judenverfolgung im Dritten Reich. 1962
Schönke-Schröder: Strafgesetzbuch (Kommentar). 12. Aufl. 1965
Schorn, H.: Der Richter im Dritten Reich. 1959
— Die Gesetzgebung des Nationalsozialismus als Mittel der Machtpolitik. 1963
Schroeder, F. Chr.: Der Täter hinter dem Täter. 1965
Schroers, R.: Der banale Eichmann und seine Opfer.
In: Merkur Nr. 196 (1964) S. 578 ff.
Schüle, E.: Die strafrechtliche Aufarbeitung des Verhaltens in totalitären Systemen. Der Eichmann-Prozeß aus deutscher Sicht.
In: Forster (s. d.), S. 63 ff.

— Die Zentrale Stelle der Landesjustizverwaltungen zur Aufklärung nationalsozialistischer Gewaltverbrechen in Ludwigsburg. JZ 1962 S. 241
Schwarz-Dreher: Strafgesetzbuch und Nebengesetze. (Kurzkommentar) 27. Aufl. 1965
Schwinge, E.: Militärstrafgesetzbuch. 5. Aufl. 1943. 6. Aufl. 1944
Servatius, R.: Verteidigung Adolf Eichmann, Plaidoyer. 1961
Sieverts, R.: (Hrsg.): Handwörterbuch der Kriminologie. Bd. I, 2. Aufl. 1965
Staff, I.: Justiz im Dritten Reich. 1964
— Hitler ist kein Alibi. In: «Die Zeit» Nr. 9 (1964) S. 5
Steiner, F.: Die Freiwilligen – Idee und Opfergang. 1958
Stratenwerth, G.: Verantwortung und Gehorsam. 1958
Tesar, H.: Die naturrechtlichen Grundlagen der «Crimes against Humanity». In: Festschrift für R. Laun. 1953. S. 423 ff.
Wassermann, R.: Die Prozesse gegen die nationalsozialistischen Gewaltverbrecher. JR 1964, S. 16 f.
v. Weber, H.: Die strafrechtliche Verantwortlichkeit für Handeln auf Befehl. MDR 1948, S. 34 ff.
Wegner, A.: Der strafrechtliche Schutz des Völkerrechts. Materialien zur Strafrechtsreform I. S. 357.
Welzel, H.: Vom irrenden Gewissen. In: Recht und Staat, 145. 1949
— Gesetzmäßige Judentötungen? NJW 1964, S. 521 ff.
— Das deutsche Strafrecht. 9. Aufl. 1965
Wulf, J.: Das Dritte Reich und seine Vollstrecker. 1961

Ausgewählte weiterführende Literatur seit 1967

Hanack, E.-W.: Zur Problematik der gerechten Bestrafung nationalsozialistischer Gewaltverbrecher. 1967.
Jäger, H.: Strafrecht und nationalsozialistische Gewaltverbrechen. Kritische Justiz 2 (1968), S. 143 ff.; nachgedruckt in: Redaktion Kritische Justiz (Hrsg.), Der Unrechts-Staat. 1979. S. 143 ff.
Jäger, H.: Das Problem des Unrechtsbewußtseins. In: Schneider, P., und Meyer, H. J. (Hrsg.), Rechtliche und politische Aspekte der NS-Verbrecherprozesse. 1968. S. 50 ff.
Jäger, H.: Verbrechen unter totalitärer Herrschaft. In: Sieverts, R., und Schneider, H. J. (Hrsg.), Handwörterbuch der Kriminologie, Bd. 3, 1975. S. 453 ff.
Jäger, H.: Gedanken zur Kriminologie kollektiver Verbrechen. Mschr.Krim. 63 (1980), H. 6, S. 358 ff.
Oppitz, U.-D.: Strafverfahren und Strafvollstreckung bei NS-Gewaltverbrechen. 2. Aufl. 1979.
Rückerl, A.: NS-Prozesse. 1971.
Rückerl, A.: NS-Vernichtungslager im Spiegel deutscher Strafprozesse (dtv 2904). 1977.

Schumacher, W.: Psychologische Mechanismen bei der Manipulation des Rechtsbewußtseins in totalitären Systemen. In: Lüderssen, K., und Sack, F. (Hrsg.), Vom Nutzen und Nachteil der Sozialwissenschaften für das Strafrecht (stw 327). 1980. S. 169 ff.

Steinbach, P.: Nationalsozialistische Gewaltverbrechen. Die Diskussion in der deutschen Öffentlichkeit nach 1945. Beiträge zur Zeitgeschichte, Bd. 5. 1981.

Abkürzungen

Am. Dok. Mat.	Amerikanisches Dokumentenmaterial der Zentralen Stelle der Landesjustizverwaltungen in Ludwigsburg.
An.	Buchheim, Broszat, Jacobsen, Krausnick: Anatomie des SS-Staates (s. Bibliographie)
BA	Bundesarchiv
BGH	Bundesgerichtshof
BGHSt.	Entscheidungen des Bundesgerichtshofes in Strafsachen
BGHZ	Entscheidungen des Bundesgerichtshofes in Zivilsachen
Dok.	Dokument
DRZ	Deutsche Rechts-Zeitschrift
EK	Einsatzkommando
Fall 9	Leszczyński, Fall 9, Das Urteil im SS-Einsatzgruppenprozeß, (s. Bibliographie)
Frkf. Hefte	Frankfurter Hefte
GA	Goltdammers Archiv für Strafrecht
Gestapo	Geheime Staatspolizei
GStA	Generalstaatsanwalt
Hwb. Krim.	Sieverts, Handwörterbuch der Kriminologie 2. Aufl. (s. Bibliographie)
IfZ	Institut für Zeitgeschichte, München
IMT	Internationales Militärtribunal in Nürnberg Siehe in der Bibliographie: Der Prozeß gegen die Hauptkriegsverbrecher vor dem Internationalen Militärgerichtshof. Bd. I–XLII.
JZ	Juristenzeitung
KB	Aschenauer, Kriegsbefehle (s. Bibliographie)
KL	Konzentrationslager (offizielle Abkürzung)
KZ	Konzentrationslager
KZ-Verbrechen	van Dam – Giordano: KZ-Verbrechen vor deutschen Gerichten (s. Bibliographie)
LG	Landgericht
LK	Leipziger Kommentar zum Strafgesetzbuch
Mat.	Materialien zur Strafrechtsreform
MDR	Monatsschrift für deutsches Recht
Mschr. Krim.	Monatsschrift für Kriminologie und Strafrechtsreform
MStGB	Militärstrafgesetzbuch
NJW	Neue Juristische Wochenschrift
OGHSt	Oberster Gerichtshof für die britische Zone, Entscheidungen in Strafsachen
OLG	Oberlandesgericht
RGSt	Reichsgericht, Entscheidungen in Strafsachen

RGBl.	Reichsgesetzblatt
RN	Randnummer
RSHA	Reichssicherheitshauptamt
SA	Sturmabteilung
Sammelband «Auschwitz»	Adler, Langbein, Lingens-Reiner: Auschwitz. Zeugnisse und Berichte (s. Bibliographie)
SchwG	Schwurgericht. Zitiert mit Aktenzeichen. Klammerzusatz bezieht sich auf den Angeklagten bzw. Hauptangeklagten des Verfahrens, stellenweise auch auf den im Text erwähnten Angeklagten.
SD	Sicherheitsdienst
SJZ	Süddeutsche Juristenzeitung
Sowj. Dok. Mat.	Sowjetrussisches Dokumentenmaterial der Zentralen Stelle der Landesjustizverwaltungen in Ludwigsburg
SS	Schutzstaffel
StA	Staatsanwaltschaft
StGB	Strafgesetzbuch
Vjh. f. Zeitgesch.	Vierteljahreshefte für Zeitgeschichte
VO	Verordnung
ZStL	Zentrale Stelle der Landesjustizverwaltungen in Ludwigsburg (Hinweis auf Material oder Auskünfte der Zentralen Stelle)
ZStW	Zeitschrift für die gesamte Strafrechtswissenschaft

Freiheitliche demokratische Grundordnung

Materialien zum Staatsverständnis und zur Verfassungswirklichkeit in der Bundesrepublik
Herausgegeben von Erhard Denninger
stw 150. Zwei Bände. 1030 Seiten

Die »streitbare Demokratie« – wie sie in der Möglichkeit von Partei- oder Vereinsverbot, von Grundrechtsverwirkung, in den zahlreichen Verboten des politischen Strafrechts, in Aktivitäten des Verfassungsschutzes und der Polizei, neuerdings verstärkt in der Fernhaltung sog. »verfassungsfeindlicher Kräfte« vom öffentlichen Dienst zum Ausdruck kommt – darf, folgt man dem Grundgesetz, niemals Selbstzweck sein. Die Unterscheidung zwischen abzuwehrender wirklicher »Verfassungsfeindschaft« und verfassungsmäßiger, im freien demokratischen Prozeß sogar notwendiger, auch radikaler Kritik an einer schlechten Verfassungswirklichkeit ist nicht einfach. Wird die »Demokratie« so »streitbar«, daß sie nahezu jede Kritik an bestehenden Zuständen im Namen der Freiheit unterdrückt, so schaufelt sie sich selbst ihr Grab. Es ist ein Anfang in dieser Richtung, wenn man die Legitimität der »freiheitlichen demokratischen Grundordnung« gegen die freiheitsverbürgende Legalität des Rechtsstaates auszuspielen beginnt. Man tut einen zweiten Schritt auf dem Wege zur Selbstzerstörung der freiheitlichen Demokratie, wenn man tatbestandlich bestimmte rechtsstaatliche Legalität mit politisch manipulierbaren Generalklauseln und konturlosen Blankettbegriffen durchsetzt und damit zersetzt. Die administrative und justizielle Handhabung der Formel »Freiheitliche demokratische Grundordnung« belegt, daß sie zu dieser Gefahr beiträgt. Die Auswahl der Dokumente soll die Reflexion über den Bedingungszusammenhang zwischen Staats- und Demokratieverständnis in der Bundesrepublik und »fdGO«-Praxis fördern; sie soll zugleich konkrete Anschauung von einer Praxis vermitteln, die um der Freiheit in dieser Demokratie willen Kritik verdient.

Polizei und Strafprozeß im demokratischen Rechtsstaat

Von Erhard Denninger und Klaus Lüderssen
stw 228. 323 Seiten

Seminar: Abweichendes Verhalten I–IV

Herausgegeben von Klaus Lüderssen und Fritz Sack

I Die selektiven Normen der Gesellschaft stw 84
II Die gesellschaftliche Reaktion auf Kriminalität 1 stw 85
III Die gesellschaftliche Reaktion auf Kriminalität 2 stw 86
IV Kriminalpolitik und Strafrecht stw 87

Die Isolierung der Rechtswissenschaft von (anderen) Sozialwissenschaften stößt zunehmend auf Kritik. Hand in Hand damit geht eine Neuorientierung in bezug auf das Verhältnis von Theorie und Praxis in der Jurisprudenz. Sowohl die Vorstellung von der Praxis über Theorie wie die der Theorie über Praxis sind in tiefgreifenden Wandlungen begriffen. Der Wunsch nach Veränderungen ertönt daher allenthalben, seine Realisierung ist indessen über Programme nicht hinausgelangt. Diese Programme haben streckenweise schon den Charakter einer beachtlichen monographischen Literatur; systematisch angelegte und konkretisierbare Konzeptionen gibt es noch nicht und kann es auch noch nicht geben. Die in Gang gesetzten Forschungs- und Lernprozesse können aber an eine Fülle von schon bruchstückhaft Vorhandenem anknüpfen. Die Sichtung und zusammenhängende Publizierung dieses Materials ist zum gegenwärtigen Zeitpunkt nicht nur bereits möglich, sondern auch geboten, weil gerade auf diesem Wege die Intensivierung und Ausbreitung eines neuen Selbstverständnisses der Jurisprudenz gefördert werden kann.
Relativ weit vorgeschritten ist die sozialwissenschaftliche und praxisbezogene Arbeit auf dem Gebiet der Kriminalpolitik. Die Erklärungen, die für »abweichendes Verhalten« gegeben werden, und die Reaktionen darauf offenbaren zugleich besonders deutlich, welches Verhältnis eine Gesellschaft ganz allgemein zu den Normen hat, die sie hervorbringt und die sie beherrschen.

Vom Nutzen und Nachteil der Sozialwissenschaften für das Strafrecht

Herausgegeben von Klaus Lüderssen und Fritz Sack
stw 327. 765 Seiten

Klaus Lüderssen
Kriminalpolitik auf verschlungenen Wegen

Aufsätze zur Vermittlung von Theorie und Praxis
stw 347. 483 Seiten

»Kriminalpolitik betrifft als Teil der Politik den kriminalrechtlich verankerten Gesellschaftsschutz.« Andere Definitionen sind noch enger, erschöpfen sich in der wegwerfenden Wendung: »Das mag juristisch korrekt sein, ist aber kriminalpolitisch sinnlos.« Dieser Gegensatz ist künstlich. Das Gerechte kann zweckmäßig und das Zweckmäßige kann gerecht sein Es kommt nur darauf an, welche Entscheidungen man bei der Konkretisierung der Begriffe trifft.
Die Theorie der Kriminalpolitik kann nur eine interdisziplinäre sein. Sie kann nicht antizipiert werden; es bedarf einer Koordination der beteiligten Fächer. Diese ist schwierig, weil unterschiedliche Relevanzstrukturen aufeinanderstoßen. Sie sind ohne Rekonstruktion geschichtlicher Entwicklungen, insbesondere der strafenden Gesellschaft und ihrer Institutionen nicht aufzuhellen; auch braucht man biographisch-autobiographisches Material über die Forscher und die Praktiker auf dem Gebiet der Sozialkontrolle.

Autor und Täter

Herausgegeben von Klaus Lüderssen
und Thomas-Michael Seibert
stw 261. 294 Seiten

Der Ausdruck »Autor und Täter« bezieht sich auf ein soziales und literarisches Phänomen: Es gibt viele Täter – Strafgefangene–, die Romane und Berichte über ihre eigene Entwicklung schreiben; und die Literaturgeschichte kennt viele Autoren, deren Romane und Erzählungen von Straftaten handeln. »Autor und Täter« lenkt die Aufmerksamkeit von der Gattung auf die Schreiber.
Der Band enthält zwei Abhandlungen zum Thema und eine charakteristische Textauswahl.

Kriminologie im Strafprozeß

Zur Bedeutung psychologischer, soziologischer und kriminologischer Erkenntnisse für die Strafrechtspraxis
Herausgegeben von Herbert Jäger
stw 309. 203 Seiten

Die Auseinandersetzungen über die Bedeutung der Human- und Sozialwissenschaften für das Strafrecht sind neuerdings in eine intensiv geführte Spezialdiskussion eingemündet, in der es um die Konsequenzen kriminologischer, soziologischer und psychologischer Erkenntnisse für die Strafrechtspraxis geht. Mit zunehmender Ungeduld wird danach gefragt, welche verändernden Auswirkungen auf die Strafrechtswirklichkeit von solchen Erkenntnissen zu erwarten sind. Die Diskussion hierüber befindet sich noch in den Anfängen. Am weitesten fortgeschritten, aber auch besonders kontrovers ist die Erörterung der strafrechtlichen Relevanz tiefenpsychologischer Einsichten. Dieses Problem ist zu einer Art Testfall der Integrationsfähigkeit kriminologischer und psychologischer Erkenntnisse geworden. Mit ihm befassen sich aus unterschiedlichen Blickrichtungen die in diesem Band enthaltenen Beiträge.

Karl F. Schumann
Der Handel mit Gerechtigkeit

Funktionsprobleme der Strafjustiz und ihre Lösungen – am Beispiel des amerikanischen plea bargaining
stw 214. 264 Seiten

Wie sieht der Alltag in den Gerichten aus? Wie reagiert die Justiz auf den Massenanfall von Strafakten?
Im ersten Teil seines Buches gibt Schumann eine eher theoretische Darstellung der Arbeitsbedingungen und Arbeitsformen der Strafgerichtsbarkeit in den westlichen Industriegesellschaften (mit Blick auf die Bundesrepublik und die USA). Im zweiten Teil dokumentiert er im einzelnen das Aushandeln von Schuld und Strafe vor amerikanischen Strafgerichten. Im dritten schließlich versucht er die Funktion zu bestimmen, die der Handel mit Gerechtigkeit in der amerikanischen Strafjustiz hat und in der deutschen (bald?) haben könnte.

Uwe Wesel
Aufklärungen über Recht

Zehn Beiträge zur Entmythologisierung
stw 368. 160 Seiten

Das Demokratiegebot des Grundgesetzes ist am schwächsten verwirklicht im Bereich der dritten Gewalt. Im Gegensatz zum Parlament und zur Regierung entzieht sich die Justiz weitgehend einer öffentlichen Kontrolle, weil ihre Sprache, Begrifflichkeit und die Kompliziertheit ihrer logisch-systematischen Argumentation hohe Barrieren aufrichtet für eine Nachprüfung durch Außenstehende. Tagtäglich ergehen im Namen des Volkes unzählige juristische Entscheidungen, die das Leben der Gesellschaft genauso beeinflussen und steuern wie dic Tätigkeit von Parlament und Regierung. Einsichtig sind sie selten. Eine Kritik von außen ist kaum möglich. An diesem Problem setzen Uwe Wesels Beiträge ein.

Uwe Wesel
Der Mythos vom Matriarchat

Über Bachofens Mutterrecht und die Stellung von Frauen in frühen Gesellschaften
stw 333. 168 Seiten

Bachofens Mutterrecht von 1861 ist bis heute aktuell geblieben. Aber es gibt keine zusammenfassende Überprüfung seiner Lehre. Der erste Teil dieser Studie beschäftigt sich deshalb – nach einer Beschreibung des Buches und der Geschichte seiner Wirkung bis heute – mit der Nachprüfung der von Bachofen angeführten Zeugnisse aus der Antike. Der zweite Teil der Studie versucht im wesentlichen an Hand ethnologischen Materials den Gang der Entwicklung zu rekonstruieren, die Geschichte der Familie in Jägergesellschaften und bei frühen Ackerbauern zu beschreiben und die Gründe zu nennen für die zunehmende Unterdrückung der Frauen.

Alphabetisches Verzeichnis der suhrkamp taschenbücher wissenschaft